4th Edition

파고다 토익

LC

기본 완성

4th Edition

파고다 토익 LC

기본 완성

초 판	1쇄	발행	2016년	5월	2일
개정 2판	1쇄	발행	2016년	12월	26일
개정 3판	1쇄	발행	2019년	1월	5일
개정 4판	1쇄	인쇄	2025년	1월	3일
개정 4판	1쇄	발행	2025년	1월	10일

지 은 이 | 파고다교육그룹 언어교육연구소, 김주현(오드리)
펴 낸 이 | 박경실
펴 낸 곳 | **PAGODA Books** 파고다북스
출판등록 | 2005년 5월 27일 제 300-2005-90호
주   소 | 06614 서울특별시 서초구 강남대로 419, 19층(서초동, 파고다타워)
전   화 | (02) 6940-4070
팩   스 | (02) 536-0660
홈페이지 | www.pagodabook.com

저작권자 | ⓒ 2024 파고다아카데미, 파고다에스씨에스

ISBN 978-89-6281-904-5 (13740)

파고다북스	www.pagodabook.com
파고다 어학원	www.pagoda21.com
파고다 인강	www.pagodastar.com
테스트 클리닉	www.testclinic.com

❙ 낙장 및 파본은 구매처에서 교환해 드립니다.

4th Edition

파고다 토익 LC

LC

파고다교육그룹 언어교육연구소, 김주희(오드리) ㅣ 저

기본 완성

PAGODA Books

파고다 토익 프로그램

독학자를 위한 다양하고
풍부한 학습 자료

각종 학습 자료가 쏟아지는
파고다 토익 공식 온라인 카페
http://cafe.naver.com/pagodatoeicbooks

교재 Q&A
교재 학습 자료
나의 학습 코칭
정기 토익 분석 자료
기출 분석 자료
예상 적중 특강
논란 종결 총평

온라인 모의고사 2회분
받아쓰기 훈련 자료
단어 암기장
단어 시험지
MP3 기본 버전
추가 연습 문제 등 각종 추가 자료

파고다 토익 기본 완성 LC/RC
토익 기초 입문서
토익 초보 학습자들이 단기간에 쉽게 접근할 수
있도록 토익의 필수 개념을 집약한 입문서

600+

파고다 토익 실력 완성 LC/RC
토익 개념&실전 종합서
토익의 기본 개념을 확실히 다질 수 있는
풍부한 문제 유형과 실전형 연습 문제를 담은 훈련서

700+

파고다 토익 고득점 완성 LC/RC
최상위권 토익 만점 전략서
기본기를 충분히 다진 토익 중상위권들의 고득점
완성을 위해 핵심 스킬만을 뽑아낸 토익 전략서

800+

파고다 토익 입문서 LC/RC
기초와 최신 경향 문제 완벽 적응 입문서
개념-핵심 스킬-집중 훈련의 반복을 통해 기초와
실전에서 유용한 전략을 동시에 익히는 입문서

파고다 토익 종합서 LC/RC
중상위권이 고득점으로 가는 도움닫기 종합서
고득점 도약을 향한 한 끗 차이의 간격을 좁히는 종합서

이제는 인강도 밀착 관리!
체계적인 학습 관리와 목표 달성까지 가능한
파고다 토익 인생 점수반
www.pagodastar.com

최단기간 목표 달성 보장
X10배속 토익
현강으로 직접 듣는 1타 강사의 노하우
파고다 토익 점수 보장반
www.pagoda21.com

파고다 토익 적중 실전 LC/RC
최신 경향 실전 모의고사 10회분
끊임없이 변화하는 토익 트렌드에 대처하기 위해
적중률 높은 문제만을 엄선한 토익 실전서

900+

VOCA+

파고다 토익 실전 1000제 LC/RC
LC/RC 실전 모의고사 10회분(1000제)
문제 구성과 난이도까지 동일한 최신 경향 모의고사
와 200% 이해력 상승시키는 온라인 및 모바일
해설서 구성의 실전서

파고다 토익 VOCA
LC, RC 목표 점수별 필수 어휘 30일 완성
600+, 700+, 800+, 900+ 목표 점수별,
우선순위별 필수 어휘 1500

목차

PART 1

PART 2

PART 3

PART 4

MINI TEST 5회분 & ACTUAL TEST 1회분 문제 및 해설은 www.pagodabook.com에서 무료로 다운로드 가능합니다.

이 책의 구성과 특징

>> PART 1 사진의 유형을 이해하고 유형별 사진 공략법과 시제와 태 표현을 정확하게 구분한다.

>> PART 2 의문사 의문문, 비의문사 의문문에 따른 다양한 응답 표현 및 빈출 오답 유형을 익힌다.

>> PART 3 빠르게 전개되는 대화를 정확하게 파악하는 직청·직해 능력과 더불어 문맥 파악 및 논리력 판단을 길러야 한다.

>> PART 4 출제되는 담화 유형을 익히고 해당 지문에 자주 나오는 빈출 어휘 및 표현을 학습한다.

OVERVIEW

본격적인 학습의 준비 단계로 각 Part별 출제 경향 및 문제 유형, 그에 따른 접근 전략을 정리하였다.

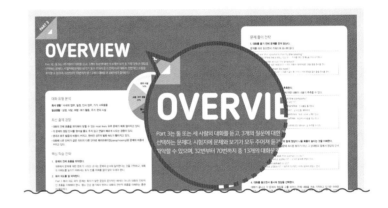

문제 풀이 전략

해당 Part의 기본 개념을 예문과 함께 익히고, 정답에 쉽게 접근할 수 있는 풀이 전략을 제시하였다.

핵심 문제 유형

문제 풀이 전략에서 학습한 내용을 바로 적용해 볼 수 있도록 해당 문제 유형의 대표 문제들을 제시하였다.

Warm-up / Exercise

실전 문제 풀이에 들어가기에 앞서 학습한 이론과 토익 핵심 유형 문제를 제대로 이해했는지를 확인하기 위한 문제들로 구성하였으며 딕테이션(Dictation) 연습을 위한 공간도 마련하여 듣기 실력이 향상되도록 하였다.

Practice

해당 UNIT에 해당하는 다양한 유형의 실전 문제를 접할 수 있도록 핵심 빈출 유형과 고난도 문제를 각 Part별로 골고루 구성하였다.

PART 1: 12문항   **PART 2**: 12문항
PART 3: 12문항   **PART 4**: 12문항

REVIEW TEST

각 Part별 학습한 내용을 마무리할 수 있도록 토익과 동일한 유형과 난이도로 구성하였다.

MINI TEST

실전 모의고사를 학습하기에 앞서 총 30문항으로 구성되어있는 MINI TEST 5회분을 먼저 학습해볼 수 있도록 구성하였다.
(www.pagodabook.com에서 무료로 다운로드 가능)

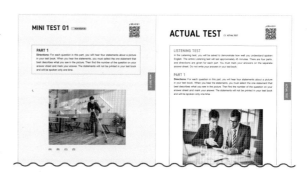

ACTUAL TEST

토익 시험 전 학습한 내용을 점검할 수 있도록 실제 정기토익과 가장 유사한 형태의 모의고사 1회분을 제공하였다.
(www.pagodabook.com에서 무료로 다운로드 가능)

토익이란?

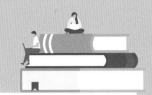

TOEIC(Test of English for International Communication)은 영어가 모국어가 아닌 사람들을 대상으로 일상생활 또는 국제 업무 등에 필요한 실용 영어 능력을 평가하는 시험입니다.

상대방과 '의사소통할 수 있는 능력(Communication ability)'을 평가하는 데 중점을 두고 있으므로 영어에 대한 '지식'이 아니라 영어의 실용적이고 기능적인 '사용법'을 묻는 문항들이 출제됩니다.

TOEIC은 1979년 미국 ETS(Educational Testing Service)에 의해 개발된 이래 전 세계 160개 이상의 국가 14,000여 개의 기관에서 승진 또는 해외 파견 인원 선발 등의 목적으로 널리 활용하고 있으며 우리나라에는 1982년 도입되었습니다. 해마다 전 세계적으로 약 700만 명 이상이 응시하고 있습니다.

≫ 토익 시험의 구성

	파트	시험 형태		문항 수	시간	배점
듣기 (LC)	1	사진 묘사		6	45분	495점
	2	질의응답		25		
	3	짧은 대화		39		
	4	짧은 담화		30		
읽기 (RC)	5	단문 공란 메우기 (문법/어휘)		30	75분	495점
	6	장문 공란 메우기		16		
	7	독해	단일 지문	29		
			이중 지문	10		
			삼중 지문	15		
계		7 Parts		200문항	120분	990점

참고: 듣기(LC) 100문항, 읽기(RC) 100문항

1979 첫 토익

2006 NEW 토익

2016 신 토익

Present

토익 시험 접수와 성적 확인

토익 시험은 TOEIC 위원회 웹사이트(www.toeic.co.kr)에서 접수할 수 있습니다. 본인이 원하는 날짜와 장소를 지정하고 필수 기재 항목을 기재한 후 본인 사진을 업로드하면 간단하게 끝납니다.

보통은 두 달 후에 있는 시험일까지 접수 가능합니다. 각 시험일의 정기 접수는 시험일로부터 2주 전에 마감되지만, 시험일의 3일 전까지 추가 접수할 수 있는 특별 접수 기간이 있습니다. 그러나 특별 추가 접수 기간에는 응시료가 4,800원 더 비싸며, 희망하는 시험장을 선택할 수 없는 경우도 발생할 수 있습니다.

성적은 시험일로부터 12~15일 후에 인터넷이나 ARS(060-800-0515)를 통해 확인할 수 있습니다.

성적표는 우편이나 온라인으로 발급받을 수 있습니다. 우편으로 발급 받을 경우는 성적 발표 후 대략 일주일이 소요되며, 온라인 발급을 선택하면 유효 기간 내에 홈페이지에서 본인이 직접 1회에 한해 무료 출력할 수 있습니다.

시험 당일 준비물

시험 당일 준비물은 규정 신분증, 연필, 지우개입니다. 허용되는 규정 신분증은 토익 공식 웹사이트에서 확인하시기 바랍니다. 필기구는 연필이나 샤프펜만 가능하고 볼펜이나 컴퓨터용 사인펜은 사용할 수 없습니다. 수험표는 출력해 가지 않아도 됩니다.

시험 진행 안내

시험 진행 일정은 시험 당일 고사장 사정에 따라 약간씩 다를 수 있지만 대부분 아래와 같이 진행됩니다.

＞＞ 시험 시간이 오전일 경우

AM 9:30~9:45	AM 9:45~9:50	AM 9:50~10:05	AM 10:05~10:10	AM 10:10~10:55	AM 10:55~12:10
15분	5분	15분	5분	45분	75분
답안지 작성에 관한 Orientation	수험자 휴식 시간	신분증 확인 (감독 교사)	문제지 배부, 파본 확인	듣기 평가(LC)	읽기 평가(RC) 2차 신분증 확인

* 주의: 오전 9시 50분 입실 통제

＞＞ 시험 시간이 오후일 경우

PM 2:30~2:45	PM 2:45~2:50	PM 2:50~3:05	PM 3:05~3:10	PM 3:10~3:55	PM 3:55~5:10
15분	5분	15분	5분	45분	75분
답안지 작성에 관한 Orientation	수험자 휴식 시간	신분증 확인 (감독 교사)	문제지 배부, 파본 확인	듣기 평가(LC)	읽기 평가(RC) 2차 신분증 확인

* 주의: 오후 2시 50분 입실 통제

파트별 토익 소개

PART 1

PHOTOGRAPHS
사진 묘사 문제

PART 1은 제시한 사진을 올바르게 묘사한 문장을 찾는 문제로, 방송으로 사진에 대한 4개의 짧은 설명문을 한 번 들려준다. 4개의 설명문은 문제지에 인쇄되어 있지 않으며 4개의 설명문을 잘 듣고 그중에서 사진을 가장 정확하게 묘사하고 있는 문장을 답으로 선택한다.

문항 수	6문항(1번~6번에 해당합니다.)
Direction 소요 시간	약 1분 30초(LC 전체 Direction 약 25초 포함)
문제를 들려주는 시간	약 20초
다음 문제까지의 여유 시간	약 5초
문제 유형	1. 1인 중심 사진 2. 2인 이상 사진 3. 사물/풍경 사진

>>시험지에 인쇄되어 있는 모양

1.

>>스피커에서 들리는 음성

Number 1. Look at the picture marked number 1 in your test book.

(A) They're writing on a board.
(B) They're taking a file from a shelf.
(C) They're working at a desk.
(D) They're listening to a presentation.

정답 **1.** (C)

PART 2

QUESTION-RESPONSE
질의응답 문제

PART 2는 질문에 대한 올바른 답을 찾는 문제로, 방송을 통해 질문과 질문에 대한 3개의 응답문을 각 한 번씩 들려준다. 질문과 응답문은 문제지에 인쇄가 되어 있지 않으며 질문에 대한 가상 어울리는 응답문을 답으로 선택한다.

문항 수	25문항(7번~31번에 해당합니다.)
Direction 소요 시간	약 25초
문제를 들려주는 시간	약 15초
다음 문제까지의 여유 시간	약 5초
문제 유형	- Who·When·Where 의문문 - Why·What·Which·How 의문문 - 일반·간접 의문문 - 부정·부가 의문문 - 제안·제공·요청문 - 선택 의문문·평서문

>> 시험지에 인쇄되어 있는 모양

7. Mark your answer on your answer sheet.

>> 스피커에서 들리는 음성

Number 7. How was the English test you took today?

(A) I took the bus home.

(B) I thought it was too difficult.

(C) I have two classes today.

정답 7. (B)

PART 3

SHORT CONVERSATIONS
짧은 대화 문제

PART 3은 짧은 대화문을 듣고 이에 대한 문제를 푸는 형식으로, 먼저 방송을 통해 짧은 대화를 들려준 뒤 이에 해당하는 질문을 들려준다. 문제지에는 질문과 4개의 보기가 인쇄되어 있으며 문제를 들은 뒤 제시된 보기 중 가장 적절한 것을 답으로 선택한다.

문항 수	13개 대화문, 39문항(32번~70번에 해당합니다.)
Direction 소요 시간	약 30초
문제를 들려주는 시간	약 30~40초
다음 문제까지의 여유 시간	약 8초
지문 유형	- 회사 생활, 일상생활, 회사와 일상의 혼합 - 총 13개 대화문 중 '2인 대화문 11개, 3인 대화문 2개'로 고정 출제 - 주고받는 대화 수: 3~10번
질문 유형	- 일반 정보 문제: 주제·목적, 화자의 신분, 대화 장소 - 세부 정보 문제: 키워드, 제안·요청, 다음에 할 일/일어날 일 - 화자 의도 문제(2문제 고정 출제) - 시각 정보 문제(62~70번 사이에서 3문제 고정 출제)

▶▶ 시험지에 인쇄되어 있는 모양

32. What is the conversation mainly about?
    (A) Changes in business policies
    (B) Sales of a company's products
    (C) Expanding into a new market
    (D) Recruiting temporary employees

33. Why does the woman say, "There you go"?
    (A) She is happy to attend a meeting.
    (B) She is frustrated with a coworker.
    (C) She is offering encouragement.
    (D) She is handing over something.

34. What do the men imply about the company?
    (A) It has launched new merchandise.
    (B) It is planning to relocate soon.
    (C) It has clients in several countries.
    (D) It is having financial difficulties.

▶▶ 스피커에서 들리는 음성

Questions 32 through 34 refer to the following conversation with three speakers.

M1: How have you two been doing with your sales lately?

W: Um, not too bad. My clients have been ordering about the same amount of promotional merchandise as before.

M2: I haven't been doing so well. But I do have a meeting with a potential new client tomorrow.

W: There you go. I'm sure things will turn around for you.

M1: Yeah, I hope it works out.

W: It's probably just temporary due to the recession.

M2: Maybe, but I heard that the company may downsize to try to save money.

M1: Actually, I heard that, too.

정답 **32.** (B) **33.** (C) **34.** (D)

PART 4

SHORT TALKS
짧은 담화 문제

PART 4는 짧은 담화문을 듣고 이에 대한 문제를 푸는 형식으로, 먼저 방송을 통해 짧은 담화를 들려준 뒤 이에 해당하는 질문을 들려준다. 문제지에는 질문과 4개의 보기가 인쇄되어 있으며 문제를 들은 뒤 제시된 보기 중 가장 적절한 것을 답으로 선택한다.

문항 수	10개 담화문, 30문항(71번~100번에 해당합니다.)
Direction 소요 시간	약 30초
문제를 들려주는 시간	약 30~40초
다음 문제까지의 여유 시간	약 8초
지문 유형	- 전화·녹음 메시지, 회의·사내 공지, 연설·인물 소개, 안내 방송, 방송·광고, 관광·견학
질문 유형	- 일반 정보 문제: 주제·목적, 화자/청자의 신분, 담화 장소 - 세부 정보 문제: 키워드, 제안·요청, 다음에 할 일/일어날 일 - 화자 의도 문제(3문제 고정 출제) - 시각 정보 문제(95~100번 사이에서 2문제 고정 출제)

▶▶ 시험지에 인쇄되어 있는 모양

71. Where most likely is the speaker?
(A) At a trade fair
(B) At a corporate banquet
(C) At a business seminar
(D) At an anniversary celebration

72. What are the listeners asked to do?
(A) Pick up programs for employees
(B) Arrive early for a presentation
(C) Turn off their mobile phones
(D) Carry their personal belongings

73. Why does the schedule have to be changed?
(A) A speaker has to leave early.
(B) A piece of equipment is not working.
(C) Lunch is not ready.
(D) Some speakers have not yet arrived.

▶▶ 스피커에서 들리는 음성

Questions 71 through 73 refer to the following talk.

I'd like to welcome all of you to today's employee training and development seminar for business owners. I'll briefly go over a few details before we get started. There will be a 15-minute break for coffee and snacks halfway through the program. This will be a good opportunity for you to mingle. If you need to leave the room during a talk, make sure to keep your wallet, phone, and … ah… any other valuable personal items with you. Also, please note that there will be a change in the order of the program. Um… Mr. Roland has to leave earlier than originally scheduled, so the last two speakers will be switched.

정답 **71.** (C) **72.** (D) **73.** (A)

학습 플랜

4주 플랜

DAY 1	DAY 2	DAY 3	DAY 4	DAY 5
UNIT 01. 시제와 태 UNIT 02. 인물 중심 사진	UNIT 03. 사물·풍경 중심 사진 PART 1 REVIEW TEST	UNIT 04. When· Where 의문문 UNIT 05. Who·What· Which 의문문	UNIT 06. How·Why 의문문 UNIT 07. 일반·부정· 부가 의문문	UNIT 08. 선택 의문문· 제안·요청· 제공 의문문 UNIT 09. 간접 의문문· 평서문

DAY 6	DAY 7	DAY 8	DAY 9	DAY 10
PART 2 REVIEW TEST	UNIT 10. 문제 유형 UNIT 11. 일상생활 1 쇼핑·여가 생활	UNIT 12. 일상생활 2 편의 시설 UNIT 13. 회사 생활 1 인사·일반 업무· 사무기기	UNIT 14. 회사 생활 2 행사·시설 관리· 마케팅·재무	PART 3 REVIEW TEST

DAY 11	DAY 12	DAY 13	DAY 14	DAY 15
UNIT 15. 문제 유형 UNIT 16. 공지·안내 방송	UNIT 17. 전화· 녹음 메시지 UNIT 18. 방송·보도	UNIT 19. 연설·인물 소개 UNIT 20. 광고·관광·견학	PART 4 REVIEW TEST	MINI TEST 01

DAY 16	DAY 17	DAY 18	DAY 19	DAY 20
MINI TEST 02	MINI TEST 03	MINI TEST 04	MINI TEST 05	ACTUAL TEST

8주 플랜

DAY 1
PART 1 OVERVIEW

DAY 2
UNIT 01. 시제와 태

DAY 3
UNIT 02. 인물 중심 사진

DAY 4
UNIT 03. 사물·
풍경 중심 사진

DAY 5
PART 1 REVIEW TEST

DAY 6
PART 1 전체 다시 보기
- 틀린 문제 다시 풀어 보기
- 모르는 단어 체크해서
  암기하기

DAY 7
PART 2 OVERVIEW

DAY 8
UNIT 04. When·
Where 의문문

DAY 9
UNIT 05. Who·What·
Which 의문문

DAY 10
UNIT 06. How·
Why 의문문

DAY 11
UNIT 07. 일반·부정·
부가 의문문

DAY 12
UNIT 08. 선택 의문문·
제안·요청·
제공 의문문

DAY 13
UNIT 09. 간접 의문문·
평서문

DAY 14
PART 2 REVIEW TEST

DAY 15
PART 2 전체 다시 보기
- 틀린 문제 다시 풀어 보기
- 모르는 단어 체크해서
  암기하기

DAY 16
PART 3 OVERVIEW

DAY 17
UNIT 10. 문제 유형

DAY 18
UNIT 11. 일상생활 1
쇼핑·여가 생활

DAY 19
UNIT 12. 일상생활 2
편의 시설

DAY 20
UNIT 13. 회사 생활 1
인사·일반 업무·
사무기기

DAY 21
UNIT 14. 회사 생활 2
행사·시설 관리·
마케팅·재무

DAY 22
PART 3 REVIEW TEST

DAY 23
PART 3 전체 다시 보기
- 틀린 문제 다시 풀어 보기
- 모르는 단어 체크해서
  암기하기

DAY 24
PART 4 OVERVIEW

DAY 25
UNIT 15. 문제 유형

DAY 26
UNIT 16. 공지·안내 방송

DAY 27
UNIT 17. 전화·
녹음 메시지

DAY 28
UNIT 18. 방송·보도

DAY 29
UNIT 19. 연설·인물 소개

DAY 30
UNIT 20. 광고·관광·견학

DAY 31
PART 4 REVIEW TEST

DAY 32
PART 4 전체 다시 보기
- 틀린 문제 다시 풀어 보기
- 모르는 단어 체크해서
  암기하기

DAY 33
MINI TEST 01

DAY 34
MINI TEST 02

DAY 35
MINI TEST 03

DAY 36
MINI TEST 04

DAY 37
MINI TEST 05

DAY 38
MINI TEST 01~05
다시 보기
- 틀린 문제 다시 풀어 보기
- 모르는 단어 체크해서
  암기하기

DAY 39
ACTUAL TEST

DAY 40
ACTUAL TEST
다시 보기
- 틀린 문제 다시 풀어 보기
- 모르는 단어 체크해서
  암기하기

리스닝
기초 다지기

미국식 발음 vs 영국식 발음

음원 바로 듣기

🎧 미국 vs 영국

토익 리스닝 시험에서는 미국식 발음뿐만 아니라, 영국, 호주, 뉴질랜드, 캐나다 등 미국 외의 다른 영어권 나라의 발음으로 문제가 출제되기도 한다. 한국의 토익 학습자들에게는 미국식 발음이 익숙하겠지만, 그 외 나라의 발음도 숙지해 두어야 발음 때문에 문제를 풀지 못하는 당황스러운 상황을 피할 수 있다.

캐나다 발음은 미국식 발음과, 호주와 뉴질랜드 발음은 영국식 발음과 유사하므로 이 책에서는 크게 미국식 발음과 영국식 발음으로 나누어 학습하도록 한다.

자음의 대표적인 차이

1. /r/ 발음의 차이

미국: 항상 발음하며 부드럽게 굴려 발음한다.
영국: 단어 첫소리에 나오는 경우만 발음하고 끝에 나오거나 다른 자음 앞에 나오면 발음하지 않는다.

>> 단어 끝에 나오는 /r/

	미국식 발음	영국식 발음		미국식 발음	영국식 발음
car	[카r]	[카-]	wear	[웨어r]	[웨에-]
her	[허r]	[허-]	where	[웨어r]	[웨에-]
door	[도r]	[도-]	there	[데어r]	[데에-]
pour	[포우어r]	[포우어-]	here	[히어r]	[히어-]
mayor	[메이어r]	[메에-]	year	[이여r]	[이여-]
sure	[슈어r]	[슈어-]	repair	[뤼페어r]	[뤼페에-]
later	[레이러r]	[레이터-]	chair	[췌어r]	[췌에-]
author	[어떠r]	[오떠-]	fair	[f페어r]	[f페에-]
cashier	[캐쉬어r]	[캐쉬어-]	hair	[헤어r]	[헤에-]

>> 자음 앞에 나오는 /r+자음/

	미국식 발음	영국식 발음		미국식 발음	영국식 발음
airport	[에어r포트]	[에-포-트]	short	[쇼r트]	[쇼-트]
award	[어워r드]	[어워드]	turn	[터r언]	[터-언]
board	[보r드]	[보-드]	alert	[얼러r트]	[얼러트]
cart	[카r트]	[카-트]	first	[퍼r스트]	[퍼스트]
circle	[써r클]	[써-클]	order	[오r더r]	[오-더]
concert	[컨써r트]	[컨써트]	purse	[퍼r스]	[퍼-스]

2. /t/ 발음의 차이

미국: 모음 사이의 /t/를 부드럽게 굴려 [d]와 [r]의 중간으로 발음한다.
영국: 모음 사이의 /t/를 철자 그대로 발음한다.

	미국식 발음	영국식 발음		미국식 발음	영국식 발음
bottom	[바름]	[버틈]	computer	[컴퓨러r]	[컴퓨터]
better	[베러r]	[베터]	item	[아이럼]	[아이틈]
chatting	[최링]	[최팅]	later	[레이러r]	[레이터]
getting	[게링]	[게팅]	meeting	[미링]	[미팅]
letter	[레러r]	[레터]	notice	[노리스]	[노티스]
little	[리를]	[리틀]	patio	[패리오]	[패티오]
matter	[매러r]	[매터]	water	[워러r]	[워타]
potted	[파리드]	[파티드]	waiter	[웨이러r]	[웨이터]
setting	[쎄링]	[쎄팅]	cater	[케이러r]	[케이터]
sitting	[씨링]	[씨팅]	competitor	[컴패리러r]	[컴패티터]
putting	[푸링]	[푸팅]	data	[데이러]	[데이터], [다터]

3. 모음 사이의 /nt/ 발음의 차이

미국: /t/를 발음하지 않는다.
영국: /t/를 철자 그대로 발음한다.

	미국식 발음	영국식 발음		미국식 발음	영국식 발음
Internet	[이너r넷]	[인터넷]	twenty	[트웨니]	[트웬티]
interview	[이너r뷰]	[인터뷰]	advantage	[어드배니쥐]	[어드반티쥐]
entertainment	[에너r테인먼트]	[엔터테인먼트]	identification	[아이데니피케이션]	[아이덴티피케이션]
international	[이너r내셔널]	[인터내셔널]	representative	[레프레제네리브]	[레프리젠터티브]

4. /tn/ 발음의 차이

미국: /t/로 발음하지 않고 한번 숨을 참았다가 /n/의 끝소리를 [응] 또는 [은]으로 콧소리를 내며 발음한다.
영국: /t/를 그대로 살려 강하게 발음한다.

	미국식 발음	영국식 발음		미국식 발음	영국식 발음
button	[벋 · 은]	[버튼]	mountain	[마운 · 은]	[마운튼]
carton	[카r · 은]	[카튼]	written	[륃 · 은]	[뤼튼]
important	[임포r · 은트]	[임포턴트]	certainly	[써r · 은리]	[써튼리]

5. /rt/ 발음의 차이

미국: /t/ 발음을 생략한다.
영국: /r/ 발음을 생략하고 /t/ 발음은 그대로 살려서 발음한다.

	미국식 발음	영국식 발음		미국식 발음	영국식 발음
party	[파리]	[파-티]	reporter	[뤼포러r]	[뤼포-터]
quarter	[쿼러r]	[쿼-터]	property	[프라퍼리]	[프로퍼-티]

모음의 대표적인 차이

1. /a/ 발음의 차이

미국: [애]로 발음한다.
영국: [아]로 발음한다.

	미국식 발음	영국식 발음		미국식 발음	영국식 발음
can't	[캔트]	[칸트]	pass	[패쓰]	[파스]
grant	[그랜트]	[그란트]	path	[패쓰]	[파스]
plant	[플랜트]	[플란트]	vase	[베이스]	[바스]
chance	[챈스]	[찬스]	draft	[드래프트]	[드라프트]
advance	[어드밴쓰]	[어드반쓰]	after	[애프터]	[아프터]
answer	[앤써r]	[안써]	ask	[애스크]	[아스크]
sample	[쌤쁠]	[쌈플]	task	[태스크]	[타스크]
class	[클래스]	[클라스]	behalf	[비해프]	[비하프]
grass	[그래스]	[그라스]	rather	[래더r]	[라더]
glass	[글래스]	[글라스]	man	[맨]	[만]

2. /o/ 발음의 차이

미국: [아]로 발음한다.
영국: [오]로 발음한다.

	미국식 발음	영국식 발음		미국식 발음	영국식 발음
stop	[스탑]	[스톱]	bottle	[바를]	[보틀]
stock	[스탁]	[스톡]	model	[마를]	[모들]
shop	[샵]	[숍]	dollar	[달러r]	[돌라]
got	[갓]	[곧]	copy	[카피]	[코피]
hot	[핫]	[홋]	possible	[파써블]	[포쓰블]
not	[낫]	[놋]	shovel	[셔블]	[쇼믈]
parking lot	[파r킹 랏]	[파킹 롣]	topic	[타픽]	[토픽]
knob	[납]	[놉]	doctor	[닥터]	[독타]
job	[잡]	[죱]	borrow	[바로우]	[보로우]
box	[박스]	[복스]	document	[다큐먼트]	[도큐먼트]

3. /i/ 발음의 차이

/i/가 영국식 발음에서 [아이]로 발음되는 경우가 있다.

	미국식 발음	영국식 발음		미국식 발음	영국식 발음
direct	[디렉트]	[다이렉트]	mobile	[모블]	[모바일]
either	[이더r]	[아이더]	organization	[오r거니제이션]	[오거나이제이션]

4. /ary/, /ory/ 발음의 차이

/ary/, /ory/ 가 영국식 발음에서 /a/, /o/를 빼고 [ry]만 발음되는 경우가 있다.

	미국식 발음	영국식 발음		미국식 발음	영국식 발음
laboratory	[래보러토리]	[러보러트리]	secretary	[쎄크러테뤼]	[쎄크러트리]

기타 발음의 차이

	미국식 발음	영국식 발음		미국식 발음	영국식 발음
advertisement	[애드버r타이즈먼트]	[어드버티스먼트]	garage	[거라쥐]	[개라쥐]
fragile	[프래절]	[프리쟈일]	often	[어픈]	[오프튼]
however	[하우에버r]	[하우에바]	schedule	[스케쥴]	[쉐쥴]

연음의 차이

	미국식 발음	영국식 발음		미국식 발음	영국식 발음
a lot of	[얼라럽]	[얼로톱]	not at all	[나래롤]	[나태톨]
get in	[게린]	[게틴]	out of stock	[아우롭스탁]	[아우톱스톡]
in front of	[인프러넙]	[인프론톱]	pick it up	[피끼럽]	[피키텁]
it is	[이리즈]	[잇티즈]	put on	[푸론]	[푸톤]
look it up	[루끼럽]	[룩키텁]	talk about it	[터꺼바우릿]	[토커바우팃]

발음 듣기 훈련

다음 문장을 듣고 빈칸을 채우세요. 음성은 미국식, 영국식으로 두 번 들려줍니다.

1. The _____ will be held next week. 취업 박람회가 다음 주에 개최됩니다.
2. She's the _____ a best-selling book. 그녀는 베스트셀러 도서의 작가입니다.
3. The _____. 시장님은 출장 중입니다.
4. _____ network technicians? 네트워크 기술자들을 더 고용하면 안 될까요?
5. We need to advertise _____.
   스포츠 신발 신제품 라인의 광고를 해야 합니다.
6. She is _____ into glasses. 그녀는 잔에 물을 붓고 있다.
7. You _____ last fall.
   작년 가을에 귀하의 업체가 저희 회사 야유회에 음식을 공급했습니다.
8. _____ for me. 여섯 시 이후가 저에겐 편합니다.
9. Some _____ have been placed in a waiting area. 대기실에 몇 개의 화분이 놓여 있다.
10. _____ are the same. 많은 물건들이 똑같다.
11. Please sign on the _____. 마지막 페이지 하단에 서명해 주시기 바랍니다.
12. Do you know of a _____ in this area? 이 지역의 좋은 의사를 아시나요?
13. _____. 전혀요.
14. _____ posted on the website.
    웹사이트에 게시된 구인 광고를 봤습니다.
15. Why don't you _____ and speak to him? 의사에게 전화해서 말해 보는 게 어때요?
16. What's _____ to the bank? 은행까지 가장 빠른 길은 무엇입니까?
17. _____ if she's available. 그녀가 시간이 괜찮은지 물어보겠습니다.
18. I'm so happy to see that _____ are here today.
    모든 무용수 여러분이 오늘 여기에 온 것을 보니 매우 기쁩니다.
19. _____ holds some flowers. 유리로 된 화병에 꽃이 있다.
20. _____ travel in the morning or in the evening?
    오전, 오후 중 언제 이동하겠습니까?
21. The shipment is _____. 배송이 지연되고 있습니다.
22. _____ is fine with me. 둘 중 아무거나 상관없습니다.
23. _____. 저도 해본 적이 없습니다.
24. Why wasn't _____ printed in the magazine?
    왜 우리 광고가 잡지에 인쇄되지 않았나요?
25. Can you get me _____? 실험실 가는 길을 좀 알려주실 수 있나요?

정답
1. job fair   2. author of   3. mayor is out of town   4. Can't we hire more   5. our new line of sports footwear
6. pouring water   7. catered our company outing   8. After six is better   9. potted plants   10. A lot of the items
11. bottom of the last page   12. good doctor   13. Not at all   14. I saw your job ad   15. call your doctor
16. the fastest way   17. I'll ask her   18. all you dancers   19. A glass vase   20. Would you rather
21. behind schedule   22. Either one   23. Neither have I   24. our advertisement   25. directions to the laboratory

PAR

RT1

사진 문제

OVERVIEW

Part 1은 주어진 사진을 보고, 들려주는 4개의 보기 중에서 가장 적절하게 묘사한 문장을 답으로 선택하는 문제로, 1번부터 6번까지 총 6문제가 출제된다.

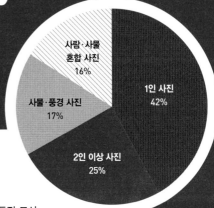

문제 유형 분석

1인 사진 | 한 사람이 등장하며, 사람의 상태 및 동작, 옷차림 등 묘사

2인 이상 사진 | 두 사람 이상이 등장하며, 사람의 공통/상호/개별 상태 및 동작 묘사

사물·풍경 사진 | 사람이 등장하지 않으며, 사물과 풍경 중심, 사물의 위치나 전체적 풍경 묘사

사람·사물 혼합 사진 | 사람과 사물이 함께 등장하며, 동시에 혼합적인 묘사

최신 출제 경향

- 사람이 등장하는 사진이 주를 이루며, 사람 중심 사진에서 주변 사물이나 풍경을 묘사하는 정답도 출제된다.
- 사진 속에 등장하는 사물을 4개의 보기 모두에서 언급하여 혼동을 주는 함정이 많이 출제된다.
- 영국과 호주 발음의 비중이 커졌고, 원어민 성우의 빠른 발화 속도로 인해 문제 난이도가 높아지고 있다.
- Part 1 후반부로 갈수록 문제 난이도가 높아지며, 최근 고난이도 어휘의 출제 빈도도 높아지고 있다.

핵심 학습 전략

1. **시험에 자주 등장하는 빈출 표현을 암기한다.**

   사진 속 상황별 빈출 표현뿐만 아니라 새롭게 알게 된 어휘가 있다면 반드시 그 어휘들을 따로 정리하여 암기한다.

2. **혼동하기 쉬운 유사 발음이나 다의어를 학습한다.**

   Part 1에서는 유사 발음의 어휘나 다의어를 이용하여 답으로 혼동하기 쉽게 출제하므로 각 어휘를 확장하여 학습한다.

3. **받아쓰기와 듣고 따라 말하는 청취 훈련을 한다.**

   문제 풀이에서 익숙지 않아 잘 들리지 않던 발음, 연음 현상 발음 등을 중점적으로 반복 청취하면서, 문장 단위의 받아쓰기(dictation) 연습 및 듣고 따라 말하는(shadowing) 청취 훈련을 꾸준히 할 필요가 있다.

문제 풀이 전략

1. **사진을 먼저 보고 표현을 떠올린다.**

   보기를 듣기 전, 사진 속 사람의 상태나 동작, 사물의 위치나 상태를 대략적으로 파악한다. 사진과 어울리는 관련 표현을 미리 떠올리며 보기를 듣는다.

2. **귀로만 듣는 것이 아닌 정답과 오답을 기록하며 듣는다.**

   보기를 하나씩 들을 때마다 정답이면 O, 잘 모를 때는 △, 오답이면 X로 기록하면서 정답을 찾아 나간다.

3. **정답이 안 들리더라도 당황하지 않고 오답 소거법을 이용한다.**

   확실한 오답인 보기를 소거하고 사진의 모습을 가장 잘 나타낸 보기를 정답으로 선택한다.

PART 1 오답 소거법

1. 혼동되는 상태 동사와 동작 동사를 이용한 오답

(A) He is wearing glasses. ◎
남자는 안경을 착용한 상태이다.

(B) He is putting on glasses. ✕
남자는 안경을 착용하는 중이다.

2. 사물의 상태나 위치를 잘못 표현한 오답

(A) Some paintings have been mounted on the wall. ◎
몇몇 그림들은 벽면에 고정되어 있다.

(B) A sofa has been placed in a corner of the room. ✕
소파가 방 한구석에 놓여 있다.

3. 사진에 없는 어휘가 들리면 오답

(A) He is holding a lid of a machine. ◎
남자는 기계의 덮개를 손으로 잡고 있다.

(B) He is putting some papers on a machine. ✕
남자는 기계 위에 서류를 놓고 있다.

4. 사진 속 사람, 사물, 풍경 동작을 이용한 오답

(A) She is riding a bicycle. ◎
여자는 자전거를 타고 있다.

(B) Some trees are being planted. ✕
몇몇 나무들이 심기고 있다.

5. 고난도 어휘를 이용한 오답

(A) Some crates are filled with crops. ◎
몇몇 상자들이 농작물로 채워져 있다.

(B) A water sprinkler is irrigating the farm. ✕
스프링클러가 농장에 물을 대고 있다.

PART 1 주의해야 할 유사 발음 어휘

[p] / [f]	copy 복사하다 / coffee 커피	peel 껍질을 벗기다 / feel 느끼다
	pan 냄비 / fan 선풍기, 부채	pull 당기다 / full 가득 찬
	pass 지나가다 / fast 빠른	pile 더미; 쌓다 / file 파일(을 철하다)
[b] / [v]	base (사물의) 맨 아랫부분 / vase 꽃병	cupboard 찬장 / cover 덮개; 덮다
	bend 구부리다 / vend 팔다	curb 도로 경계석 / curve 커브
[s] / [θ]	boss 상사 / both 둘 다	pass 지나가다 / path 길
[s] / [z]	close 가까운 / clothes 옷	race 경주 / raise 들어 올리다
[l] / [r]	cloud 구름 / crowd 군중	lap 무릎 / lab 실험실 / wrap 싸다
	glass 잔 / grass 잔디	lead 이끌다 / read 읽다
	lace 끈 / race 경주	lock 잠그다 / rock 바위
	lamp 등 / ramp 경사로	lid 뚜껑 / rid 없애다
	lane 차선 / rain 비	tile 타일 / tire 타이어
[t] / [d]	letter 편지 / ladder 사다리	writing 쓰기 / riding 타기
기타	alone 혼자 / along ~을 따라서 / long 긴	sail 항해하다 / sell 팔다
	horse 말 / hose 호스	stack 더미; 쌓다 / stock 채우다

PART 1 주의해야 할 다의어

assemble	모이다 / 조립하다	plant	식물 / 공장 / 심다
board	게시판 / 이사회 / 타다	point	요점 / 가리키다
book	책 / 예약하다	wave	파도 / 흔들다
carry	운반하다 / 취급하다	produce	농작물 / 생산하다
check	수표 / 확인하다	sign	간판, 표지판 / 서명하다
place	장소 / 놓다	take off	이륙하다 / 벗다, 풀다
water	물 / 물을 주다	light	(전)등 / 가벼운 / 불을 붙이다
cover	덮다, 씌우다 / 포함하다	locate	두다 / ~의 위치를 찾아내다
park	공원 / 주차하다	lot	부지 / 많은
present	선물 / 참석한 / 보여 주다, 제시하다		

UNIT 01 시제와 태

PART 1에 출제되는 사진 속에는 일상생활이나 비즈니스 상황에서 흔히 볼 수 있는 다양한 장면이 순간적으로 포착되어 있다. 사진에 포착된 사람의 모습은 대부분 현재진행으로 묘사되며, 사물의 모습은 현재 시제, 현재 수동태, 현재완료 수동태로 묘사된다.

✔ 주요 시제와 태

인물 묘사 문장의 90% 이상은 현재진행이고, 사물 묘사 문장은 대부분 현재 시제, 현재완료 수동태이다.

	동사의 형태	주요 묘사 대상	출제 빈도
현재진행	be동사(is/are) + 현재분사(V-ing)	동작이나 움직임 또는 상태 묘사	60%
현재진행 수동태	be동사(is/are) + being + 과거분사(p.p.)	사물 주어로 인물의 동작 묘사	5%
현재완료	has/have + 과거분사(p.p.)	이미 완료된 동작이나 움직임 묘사	3%
현재 시제	be동사(is/are) + 전치사구/형용사/일반 동사의 현재형	위치나 상태 또는 풍경 묘사	12%
현재 수동태	be동사(is/are) + 과거분사(p.p.)	위치나 상태 또는 풍경 묘사	12%
현재완료 수동태	has/have + been + 과거분사(p.p.)	사물의 위치나 상태 또는 풍경 묘사	10%

1. 현재진행: be동사 + V-ing

▶ PART 1에서 가장 많이 등장하는 현재진행은 '지금 일어나고 있는 일'을 의미한다.

▶ 주로 인물의 동작이나 상태를 묘사하지만, 사물의 움직임이나 상태를 묘사하기도 한다.

주어가 ~하는 중이다
⋯ 주어 + is/are + V-ing

Ⓐ The man **is looking** at a watch. 남자가 시계를 보고 있다. [동작]

The man **is wearing** a watch. 남자가 시계를 착용하고 있다. [상태]

Ⓑ The boat **is sailing** on the river. 배가 강에서 항해하고 있다. [움직임]

The buildings **are overlooking** the river. 건물들이 강을 내려다보고 있다. [상태]

2. 현재진행 수동태: be동사 + being + p.p.

▶ 현재진행 수동태는 '주어가 (지금) ~되고 있다[당하고 있다]'라는 의미이다.
PART 1 사진 묘사에서 현재진행 수동태는 주로 '사물 주어'에게 어떤 동작이 가해지고 있는지를 묘사한다.

주어가 ~되는 중이다
··· 주어 + is / are + being + p.p.

C A sofa **is being moved**. 소파가 옮겨지고 있다. [현재진행 수동태]
= They are moving a sofa. 사람들이 소파를 옮기고 있다. [현재진행 능동태]

3. 현재완료: has / have + p.p.

▶ 현재완료는 '이미 완료한 일'을 의미한다. 사진이 포착된 순간까지 주어의 어떤 동작이나 움직임이 완료된 상태임을 나타낸다.

주어가 ~했다
··· 주어 + has / have + p.p.

D Some people **have gathered** at a table. 사람들이 식탁에 모였다. [동작이 완료된 상태]
E The train **has arrived** at the station. 기차가 역에 도착했다. [움직임이 완료된 상태]

🎧 P1-01

Warm-up 음성을 듣고 사진을 바르게 묘사한 보기를 고른 후, 빈칸을 채우세요. (보기는 세 번 들려줍니다.) 해설서 p.2

1.

(A) The woman _____ some cooking utensils in a container.
(B) Some meals _____.

2.

(A) Some cars are _____ a garage.
(B) Some cars have _____ at a traffic light.

4. 현재 시제 1: be동사 + 전치사구

▶ 「be동사 + 장소/위치를 나타내는 전치사구」는 '~에 있다'라는 의미이다. 주로 사물의 위치나 사람이 있는 장소를 묘사한다.

주어가 ~에 있다
··· 주어 + is / are + 전치사구

~에 주어가 있다
··· There is / are + 주어 + 전치사구

Ⓐ A potted plant **is beside** the couch. 화분이 소파 옆에 있다.

There is a picture **on** the wall. 벽에 액자가 걸려 있다.

Ⓓ **There is** a vent **over** the cooking area. 조리 구역 위에 환기구가 있다.

5. 현재 시제 2: be동사 + 형용사

▶ 「be동사 + 형용사」는 사물의 상태를 묘사한다.

주어가 ~인 상태이다
··· 주어 + is / are + 형용사

Ⓐ The sofa **is unoccupied**. 소파가 비어 있다[자리가 비어 있다].

Ⓒ A bench **is occupied**. 벤치가 사용 중이다.

Ⓓ A door **is open**. 문이 열려 있다.

Ⓔ A table **is empty**. 테이블이 비어 있다.

Ⓕ The walkway **is paved**. 도로가 포장되어 있다.

6. 현재 시제 3: 일반 동사의 현재형

▶ 현재 시제는 사물의 위치나 상태, 또는 풍경을 묘사한다. 풍경을 묘사할 때는 '뻗어 있다(extend)', '~으로 이어져 있다(lead to)', '나뉘어 있다(separate)' 등이 자주 출제된다.

주어가 ~하다
··· 사물 주어 + 일반 동사 (+ 전치사구)

E Some decorations **separate** the table. 몇몇 장식품이 테이블을 분리하고 있다.
F A path **extends** along the water. 길이 물가를 따라 나 있다.

7. 현재 수동태: be동사 + p.p.

▶ 현재 수동태는 주로 사물의 위치 또는 상태를 묘사한다. 인물 묘사에서는 '앉아 있다(be seated)'와 '모여 있다(be gathered)' 등이 자주 출제된다.

주어가 ~돼 있다
··· 주어 + is / are + p.p. + 전치사구

A A potted plant **is placed** beside the couch. 화분이 소파 옆에 놓여 있다.
B Some merchandise **is displayed** on shelves. 몇몇 상품이 선반에 진열되어 있다.
C They **are seated** side by side. 사람들이 나란히 앉아 있다.

8. 현재완료 수동태: has/have + been + p.p.

▶ 현재완료 수동태는 사물이 과거부터 지금까지 같은 상태를 유지하고 있을 때 쓰인다. 단, 사진은 어떤 한순간을 포착한 것이므로 PART 1에서는 현재 수동태와 현재완료 수동태의 의미를 동일하게 표현할 수 있다.

주어가 ~되어 있다
··· 사물 주어 + has / have + been + p.p.

A A potted plant **has been placed** beside the couch. 화분이 소파 옆에 놓여 있다.
B Some merchandise **has been displayed** on shelves. 몇몇 상품이 선반에 진열되어 있다.
E The table **has been set** for a meal. 식탁이 차려져 있다.

🎧 P1-02

Warm-up 음성을 듣고 사진을 바르게 묘사한 보기를 고른 후, 빈칸을 채우세요. (보기는 세 번 들려줍니다.) 해설서 p.2

3.

(A) _____ a plate on the table.
(B) A plate _____ on the table.

4.

(A) Some shipping boxes _____ on a pier.
(B) Some boats _____ at a pier.

Exercise

🎧 P1-03 음성을 듣고 사진을 바르게 묘사한 보기를 두 개씩 고른 후, 빈칸을 채우세요. (보기는 세 번 들려줍니다.) 해설서 p.2

1.

(A) Some people are _____ in a field.

(B) Some farmers are _____ some produce.

(C) A basket is _____ .

2.

(A) A man _____ a bicycle.

(B) A man _____ a tire.

(C) A man _____ along the road.

3.

(A) A man is _____ to open a window.

(B) A ladder is _____ a panel.

(C) A man is _____ a ladder.

4.

(A) A boat _____ to a pier.

(B) A boat _____ with supplies.

(C) The surface of the water _____ .

5.

(A) He is _____ a counter.

(B) He is _____ an apron.

(C) Some items _____ in a corner.

6.

(A) A woman _____ bread from an oven.

(B) Vegetables _____ on a cutting board.

(C) A man _____ glasses.

🎧 P1-04 음성을 듣고 사진을 가장 잘 묘사한 보기를 고르세요.

해설서 p.3

1.

(A)

(B)

(C)

(D)

4.

(A)

(B)

(C)

(D)

2.

(A)

(B)

(C)

(D)

5.

(A)

(B)

(C)

(D)

3.

(A)

(B)

(C)

(D)

6.

(A)

(B)

(C)

(D)

7.

(A)
(B)
(C)
(D)

10.

(A)
(B)
(C)
(D)

8.

(A)
(B)
(C)
(D)

11.

(A)
(B)
(C)
(D)

9.

(A)
(B)
(C)
(D)

12.

(A)
(B)
(C)
(D)

시제와 태 필수 표현 *EXPRESSION*

1. 사람의 동작을 묘사하는 표현: 『be동사 + being + p.p.(되고 있다)』

- Some plates **are being put** in a cupboard. 몇 개의 접시가 찬장 안에 놓이고 있다.
- A plant **is being placed** next to a window. 식물이 창문 옆에 놓이고 있다.
- Some equipment **is being moved** into a barn. 몇몇 장비가 창고 안쪽으로 옮겨지고 있다.
- Some snow **is being removed** from a path. 눈이 산책로로부터 치워지고 있다.
- Some files **are being put away**. 몇몇 파일들이 치워지고 있다.
- Some benches **are being cleaned**. 몇몇 벤치들이 청소되고 있다.
- A counter **is being wiped off**. 카운터가 닦이고 있다.
- Some waste papers **are being swept** into a dustpan. 버려진 종이들이 쓰레받기 안쪽으로 쓸려 가고 있다.
- Some lines **are being painted** in a parking area. 몇 개의 선들이 주차 구역에 칠해지고 있다.
- The floor **is being vacuumed**. 바닥이 진공청소기로 청소되고 있다.
- A brick wall **is being measured**. 벽돌 벽의 치수가 측정되고 있다.
- Some light fixtures **are being installed** on the ceiling. 몇몇 조명 기구들이 천장에 설치되고 있다.
- The roof of a home **is being repaired**. 집의 지붕이 수리되고 있다.
- A box **is being loaded** into a vehicle. 상자가 차에 실리고 있다.
- Some building materials **are being unloaded**. 건설 자재들이 내려지고 있다.
- A road **is being paved**. 도로가 포장되고 있다.

2. 반드시 알아야 할 상황별 표현

공연	People are **performing** outdoors. 사람들이 야외에서 공연하고 있다. People are **marching** in rows. 사람들이 여러 줄로 행진하고 있다. Musicians are tuning their **musical instruments**. 음악가들이 그들의 악기를 조율하고 있다. The **band** is performing in a concert hall. 밴드는 콘서트홀에서 공연하고 있다.
상점	Some **clothes** are hanging on a rack. 옷들이 걸이대에 걸려 있다. **Merchandise** is displayed on shelves. 제품이 선반들 위에 진열되어 있다. Some desks are separated by an **aisle**. 책상들은 통로에 의해서 구분돼 있다. The woman is working behind a **counter**. 여자가 카운터 뒤에서 일하고 있다.
호수·강· 바다	The man is fishing from a **dock**. 남자가 부두에서 낚시하고 있다. A tourist is **rowing** a boat. 여행객이 보트의 노를 젓고 있다. Some boats are **sailing** under a bridge. 몇몇 배들이 다리 아래를 항해하고 있다. Some trees are **reflected** in the water. 몇몇 나무들이 물에 반사되고 있다.
식당	Some **plates** are stacked next to a cash register. 접시들은 계산대 옆에 쌓여 있다. A **tray** has been left on a countertop. 쟁반이 주방용 조리개 위에 놓여 있다. The man is bending over a **sink**. 남자가 싱크대 위로 몸을 구부린 상태이다. Some people are **setting a table**. 몇몇 사람들이 식탁을 차리고 있다.
가사·집	A **potted plant** has been positioned in a corner. 화분 한 개가 구석에 위치해 있다. Some bushes are growing on a **fence**. 몇몇 덤불들이 울타리에서 자라고 있다. He is **emptying** a trash container. 남자는 쓰레기통을 비우는 중이다. People are **raking** leaves in a yard. 사람들이 마당에서 나뭇잎들을 갈퀴로 긁어모으고 있다.
공사장	A worker is working at a **construction site**. 작업자가 공사장에서 일하고 있다. The man is laying some **bricks** on the ground. 남자가 땅에 벽돌들을 깔고 있다. He is wearing a **safety helmet**. 남자는 안전모를 착용하고 있다. Some snow is being **shoveled** off a walkway. 눈이 인도에서 삽으로 퍼지고 있다.
여가	A bench is next to a water **fountain**. 벤치가 분수대 옆에 있다. They're walking bicycles down a **path**. 사람들이 자전거를 끌고 길을 걷고 있다. The woman is **jogging** in the park. 여자가 공원에서 조깅하고 있다. Some people are **working out** on the grass. 몇몇 사람들이 잔디에서 운동하고 있다.

인물 중심 사진

PART 1의 사진은 크게 사람이 등장하는 사진과 사물이나 풍경이 나오는 사진으로 나뉜다. 사람이 등장하는 인물 중심 사진은 주로 인물의 동작이나 상태를 가장 정확하게 묘사하는 보기가 정답이 된다.

⚙ 문제 풀이 전략 한 사람이 등장하는 사진

한 사람이 책상에서 컴퓨터를 사용하거나 사무기기나 기계 등을 다루는 모습, 전화 통화하는 모습, 쇼핑하는 모습, 집안일을 하거나 정원을 가꾸는 모습 등이 자주 출제된다.

1. 인물의 동작 묘사 1: 현재진행

▶ 1인 중심 사진의 보기는 대부분 사진 속 인물이 주어이다. 주어(She, He, The woman, The man)가 동일하므로 답은 동사에 있다.

▶ 인물의 동작은 주로 현재진행(be동사 + V-ing)으로 묘사한다.

Ⓐ He **is using** a computer. ◎ 남자가 컴퓨터를 사용하고 있다.

He **is fixing** a machine. ✕ 남자가 기계를 수리하고 있다.

Ⓑ She **is painting** the ceiling. ◎ 여자가 천장을 칠하고 있다.

She **is carrying** a ladder. ✕ 여자가 사다리를 옮기고 있다.

Ⓒ The woman **is shopping** for some merchandise. ◎ 여자가 상품을 쇼핑하고 있다.

The woman **is carrying** a bag. ✕ 여자가 가방을 들고 있다.

2. 인물의 동작 묘사 2: 현재진행 수동태

▶ 사물에 행해지는 인물의 동작을 현재진행 수동태(be동사 + being + p.p.)로 묘사할 수 있다. 주어는 사물이지만 실제로는 사람의 동작을 묘사한다.

A A laptop **is being used**. 노트북이 사용되고 있다. [사물 주어 + is/are + being + p.p.]

= He **is using** a laptop. 남자가 노트북을 사용하고 있다. [사람 주어 + is/are + V-ing]

B The ceiling **is being painted**. 천장이 페인트칠 되고 있다. [사물 주어 + is/are + being + p.p.]

= She **is painting** the ceiling. 여자가 천장을 페인트칠하고 있다. [사람 주어 + is/are + V-ing]

3. 인물의 상태 묘사: 현재진행

▶ 인물의 상태 묘사는 주로 인물의 복장이나 소지품, 또는 자세를 묘사한다. 안경이나 시계 등을 착용한 모습이나 무언가 들여다보거나 서 있는 모습 등을 현재진행(be동사 + V-ing)으로 묘사한다.

A He **is wearing** glasses. 남자가 안경을 쓰고 있다.

He **is sitting** at a desk. 남자가 책상에 앉아 있다.

B She **is standing** on a ladder. 여자가 사다리 위에 서 있다.

C A woman **is examining** a product. 여자가 물건을 살펴보고 있다.

A woman **is holding** a product. 여자가 물건을 들고 있다.

주의! 상태 동사와 동작 동사를 서로 잘못 묘사한 오답이 자주 출제된다.

상태	동작
be wearing 입고 있는 상태	be putting on, be trying on 입는 중인 동작 be taking off, be removing 벗는 중인 동작
be holding 들고 있는 상태 be grasping 움켜잡고 있는 상태	be carrying, be moving 나르는 중인 동작 be picking up, be lifting 들어 올리는 중인 동작
be riding 타 있는 상태 be sitting 앉아 있는 상태	be getting on/into, be boarding, be entering 타는 중인 동작 be getting out/off, be exiting, be disembarking 내리는 중인 동작

4. 인물 주변의 사물·배경 묘사: There is/are + 주어 + 전치사구, be동사 + 전치사구

▶ 인물 중심 사진이지만 주변 사물이나 배경을 묘사하는 정답이 출제되기도 한다.

A **There is** a monitor **beside the man**. 남자 옆에 모니터가 있다.

B **There are** objects scattered **on the floor**. 바닥에 물건들이 널려 있다.

A bucket **is on the floor**. 양동이가 바닥에 있다.

Q1

(A) She is moving a flower pot.

(B) She is putting on an apron.

(C) She is holding a watering can.

(D) She is planting some trees.

❶ 인물의 동작이나 상태 확인하기

여자가 물뿌리개를 들고 식물에 물을 주고 있는 장면이다.

❷ 오답 소거하기

(A) ❌ 여자가 식물을 옮기고 있는 동작이 아니므로 오답이다.

(B) ❌ 여자가 지금 앞치마를 매고 있는 동작(is putting on)이 아니므로 오답이다.

(C) ⭕ 여자가 물뿌리개를 들고 있는 모습을 적절히 묘사했으므로 정답이다.

(D) ❌ 여자가 나무를 심는 동작이 아니므로 오답이다.

⚠️ 오답 유형 정리

1. 사진에 없지만 연상하기 쉬운 사물을 사진 속 인물의 동작과 연결한 오답

2. 사진 속 장면에서 연상하기 쉬운 동작을 이용한 오답

3. 상태 동사와 동작 동사를 바꾸어 묘사한 오답

1.

오답 표현 ❌

She is serving a meal.
여자가 식사를 내오고 있다.

정답 표현 ⭕

She is holding a baking tray.
여자가 구이판을 잡고 있다.

Warm-up 음성을 듣고 사진을 바르게 묘사한 보기를 고른 후, 빈칸을 채우세요. (보기는 세 번 들려줍니다.)

해설서 p.5

(A) A man is _____ a telescope.

(B) A man is _____ a microscope.

(A) A woman is _____ the ladder.

(B) A woman is _____ a letter.

(A) A man is _____ a bicycle down the road.

(B) A man is _____ a bicycle across a street.

(A) A woman is _____ some goods.

(B) A woman is _____ some goods.

(A) A man is _____ some firewood.

(B) A man is _____ some wood.

(A) He is _____ a document on a board.

(B) He is _____ some photocopies.

2.

오답 표현 ❌

She is riding a bicycle.
여자가 자전거를 타고 있다.

정답 표현 ⭕

She is pushing her bike.
여자가 자전거를 끌고 가고 있다.

3.

오답 표현 ❌

The man is picking up a power tool.
남자가 전동 공구를 들어 올리고 있다.

정답 표현 ⭕

The man is using a power tool.
남자가 전동 공구를 사용하고 있다.

⚙ 문제 풀이 전략 두 사람 이상이 등장하는 사진

사무실에서 두 사람이 대화를 나누거나 여러 사람이 회의하는 모습, 상점이나 식당에서 점원이 고객을 응대하는 모습, 거리를 지나가는 사람들의 모습이나 공원 등에서 야외 활동을 하는 사람들의 모습이 자주 출제된다.

1. 인물들 사이의 공통된 동작·상태 묘사

▶ 여러 사람이 함께 무엇을 보고 있거나 탁자에 둘러앉아 있는 모습, 또는 공통된 옷차림 등을 묘사한다.

▶ 두 사람이 악수하거나 손을 잡고 걷는 모습, 물건을 함께 나르는 모습 등을 묘사한다.

전체를 묘사하는 주어: The audience, The crowd, They, People, The women, The men

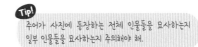

> **Tip!**
> 주어가 사진에 등장하는 전체 인물들을 묘사하는지 일부 인물들을 묘사하는지 주의해야 해.

Ⓐ **The audience** is watching a presentation. 청중이 발표를 보고 있다.
   People are gathered in a group. 사람들이 무리 지어 모여 있다.
Ⓑ **They** are looking at a map. 사람들이 지도를 보고 있다.
   They are sitting next to each other. 사람들이 나란히 앉아 있다.
Ⓒ **Some people** are watching a performance outdoors. 몇몇 사람들이 밖에서 공연을 보고 있다.
   The men are playing the guitar. 남자들이 기타를 치고 있다.

2. 한 사람 또는 일부의 동작·상태 묘사

▶ 등장하는 인물들 중에서 일부 사람들 또는 한 사람만 하는 행동을 묘사한다.

일부를 묘사하는 주어: Some people / men / women / workers / customers, Some of them
여러 명 중 한 명을 묘사하는 주어: A man / woman, The man / woman, One of the people, One of them

Ⓐ **A woman** is standing near the chart. 여자가 차트 근처에 서 있다.
   The audience is watching a presentation. 청중이 발표를 보고 있다.
Ⓑ **The man** is wearing a camera. 남자가 카메라를 메고 있다.
   The woman is holding a map. 여자가 지도를 들고 있다.
Ⓒ **Two men** are playing the guitar. 두 남자가 기타를 치고 있다.
   Some people are sitting in chairs. 몇몇 사람들이 의자에 앉아 있다.

3. 인물들의 동작과 상태를 서로 바꿔서 잘못 묘사하는 오답

▶ 두 명 이상이 서로 다른 동작을 하는 사진이 나오면 주어를 정확히 듣고 남자와 여자가 하는 행동을 구분해야 한다.

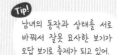

A **A woman** is standing near the board. ◉ 여자가 보드 근처에 서 있다.
A man is standing near the board. ✕ 남자가 보드 근처에 서 있다.

B **The man** is wearing a camera. ◉ 남자가 카메라를 메고 있다.
The woman is wearing a camera. ✕ 여자가 카메라를 메고 있다.
The woman is holding a map. ◉ 여자가 지도를 들고 있다.
The man is holding a map. ✕ 남자가 지도를 들고 있다.

> **Tip!**
> 남녀의 동작과 상태를 서로 바꿔서 잘못 묘사한 보기가 오답 보기로 출제가 되고 있어.

4. 한 사람 또는 일부의 동작·상태를 전체 인물의 공통 동작·상태로 잘못 묘사하는 오답

▶ 인물 전체를 묘사하는 all, every, both, each, entire, none이 들리면 공통적인 동작·상태인지를 확인해야 한다.

A **Some people** are sitting in chairs. ◉ 몇몇 사람들이 의자에 앉아 있다.
They are **all** sitting in chairs. ✕ 사람들은 모두 의자에 앉아 있다.

B **A man** is wearing a hat. ◉ 남자가 모자를 쓰고 있다.
They are **both** wearing hats. ✕ 사람들은 둘 다 모자를 쓰고 있다.

핵심 문제 유형

Q2

(A) Shoppers are browsing in a store.

(B) One of the men is picking up a shopping bag.

(C) One of the men is standing behind a counter.

(D) Customers are trying on some clothes.

1 인물들의 공통된 동작·상태 또는 개별적인 동작·상태 확인하기

옷 가게에서 쇼핑을 하는 여자와 남자, 그리고 남자 점원이 등장하고 있다.

2 오답 소거하기

(A) ❌ 가게를 둘러보는 것이 아니라 계산대에서 계산하고 있으므로 오답이다.

(B) ❌ 사진에서 쇼핑백은 보이지 않으며, 집어 올리는 동작도 볼 수 없으므로 오답이다.

(C) ⭕ 남자 점원이 계산대 뒤에 서 있는 모습을 묘사했으므로 정답이다.

(D) ❌ 고객들이 옷을 입어 보고 있지 않으며 흔히 옷 가게에서 일어날 수 있는 동작을 연상 지어 묘사했으므로 오답이다.

⚠️ 오답 유형 정리

1. 한 사람의 동작을 모든 사람들의 공통 동작으로 묘사한 오답

2. 사진에 없는 사물을 인물의 동작과 연결한 오답

3. 사진 속 장소에서 흔히 일어날 수 있는 동작을 연상하여 묘사한 오답

1.

오답 표현 ❌

Some people are playing instruments.

몇몇 사람들이 악기를 연주하고 있다.

정답 표현 ⭕

Some people are standing on the street.

몇몇 사람들이 길에 서 있나.

Warm-up

음성을 듣고 사진을 바르게 묘사한 보기를 고른 후, 빈칸을 채우세요. (보기는 세 번 들려줍니다.)

해설서 p.5

(A) People are _____ a bus.

(B) People are _____ a bus.

(A) They're _____ hands.

(B) They're _____ their hands.

(A) The man is _____ from a glass.

(B) The woman is _____ an apron.

(A) Some workers are _____ some glass windows.

(B) Some people are _____ on a roof.

(A) A woman is _____ a shopping basket.

(B) They are _____ some produce.

(A) They're _____ a _____.

(B) They're _____.

2.

오답 표현 ❌

People are reading some handouts.

사람들이 유인물을 보고 있다.

정답 표현 ⭕

People are listening to a speaker.

사람들이 발표자의 말을 듣고 있다.

3.

오답 표현 ❌

Some people are setting the table.

몇몇 사람들이 식탁을 차리고 있다.

정답 표현 ⭕

Some people are seated at the table.

몇몇 사람들이 식탁에 앉아 있다.

Exercise

🎧 P1-09 음성을 듣고 사진을 바르게 묘사한 보기를 두 개씩 고른 후, 빈칸을 채우세요. (보기는 세 번 들려줍니다.)   해설서 p.6

1.

(A) He is _____ the windowpane.

(B) He is _____ on the phone.

(C) He is _____ some _____ .

2.

(A) A man is _____ a towel.

(B) A man is _____ a counter.

(C) A man is _____ his hands.

3.

(A) A woman is _____ over.

(B) Plates _____ in the dishwasher.

(C) A woman is _____ dishes in a sink.

4.

(A) Cyclists are   along the street.

(B) Cyclists are   the same direction.

(C) People are   their bicycles.

5.

(A) Some people   to a presentation.

(B) Some people   laptop computers.

(C) A potted plant   in a corner.

6.

(A) Some people are   an escalator.

(B) One of the women is   the railing.

(C) Some people are   through a door.

음원 바로 듣기

🎧 P1-10 음성을 듣고 사진을 가장 잘 묘사한 보기를 고르세요.

해설서 p.7

1.

(A)
(B)
(C)
(D)

2.

(A)
(B)
(C)
(D)

3.

(A)
(B)
(C)
(D)

4.

(A)
(B)
(C)
(D)

5.

(A)
(B)
(C)
(D)

6.

(A)
(B)
(C)
(D)

7.

(A)
(B)
(C)
(D)

10.

(A)
(B)
(C)
(D)

8.

(A)
(B)
(C)
(D)

11.

(A)
(B)
(C)
(D)

9.

(A)
(B)
(C)
(D)

12.

(A)
(B)
(C)
(D)

1. 눈 관련 동작 표현

be looking at the magazine 잡지를 보고 있다

be looking through a book 책을 살펴보고 있다

be looking into a microscope 현미경 안을 보고 있다

be reviewing a document 서류를 검토하고 있다

be inspecting a tire 타이어를 검사하고 있다

be checking an engine 엔진을 점검하고 있다

be gazing at a computer screen 컴퓨터 화면을 바라보고 있다

be browsing the bookshelves 책장들을 둘러보고 있다

be looking out a window 창밖을 보고 있다

be looking in a mirror 거울을 들여다보고 있다

be viewing a map 지도를 보고 있다

be examining a flyer 전단지를 살펴보고 있다

be watching a performance 공연을 보고 있다

be staring at a notebook 공책을 보고 있다

be studying a menu 메뉴를 살펴보고 있다

be reading a newspaper 신문을 읽고 있다

2. 입 관련 동작 표현

be eating food 음식을 먹고 있다

be dining at a restaurant 식당에서 식사를 하고 있다

be having a meal 식사를 하고 있다

be drinking a beverage 음료수를 마시고 있다

3. 손 관련 동작 표현

be holding a cup 컵을 들고 있다

be folding an apron 앞치마를 접고 있다

be turning on a lamp 램프를 켜고 있다

be typing on the keyboard 키보드를 치고 있다

be loading a vehicle 차량에 짐을 실어 올리고 있다

be moving a sofa 소파를 옮기고 있다

be stacking books 책들을 쌓고 있다

be pointing at a sign 간판을 가리키고 있다

be shoveling snow 눈을 삽으로 치우고 있다

be packing a backpack 배낭을 싸고 있다

be copying a document 서류를 복사하고 있다

be organizing files 파일을 정리하고 있다

be sweeping a walkway 도보를 쓸고 있다

be mowing the lawn 잔디를 깎고 있다

be stirring a pot 냄비를 휘젓고 있다

be grasping an umbrella 우산을 잡고 있다

be distributing an invitation 초대장을 나눠주고 있다

be plugging in an appliance 가전제품의 플러그를 꽂고 있다

be carrying a bag 가방을 들고 있다

be hanging a painting 그림을 걸고 있다

be putting away a chair 의자를 치우고 있다

be reaching into a drawer 서랍 안쪽으로 손을 뻗고 있다

be planting a tree 나무를 심고 있다

be taking note 메모하고 있다

be pushing a cart 카트를 밀고 있다

be wiping a table 테이블을 닦고 있다

be cleaning the kitchen 주방을 청소하고 있다

be vacuuming the floor 진공청소기로 바닥을 청소하고 있다

be assembling tents 텐트들을 조립하고 있다

be pouring a beverage 음료수를 붓고 있다

4. 발 관련 동작 표현

be walking under an awning 차양 아래로 걷고 있다
be going up a staircase 계단을 올라가고 있다
be climbing up a ladder 사다리를 타고 올라가고 있다
be getting into a taxi 택시에 오르고 있다
be crossing the street 길을 건너고 있다

be walking up the steps 계단을 올라가고 있다
be descending some stairs 계단을 내려가고 있다
be getting out of a train 기차에 내리고 있다
be approaching a park 공원으로 다가가고 있다
be passing through the forest 숲을 가로질러 가고 있다

5. 자세 관련 동작 표현

be standing on the ground 바닥에 서 있다
be sharing a bench 벤치에 같이 앉아 있다
be bending over a sink 싱크대 위로 몸을 숙이고 있다
be crouching to grab an item 물건을 잡기 위해 웅크리고 있다
be resting one's arms on the desk 팔을 책상에 올려놓고 있다

be sitting on a stool 등받이 없는 의자에 앉아 있다
be leaning against the railing 난간에 기대고 있다
be kneeling on a walkway 인도에 무릎을 꿇고 있다
be facing away from the desk 책상을 등지고 있다
be resting on a bench 벤치에 쉬고 있다

6. 사무실 관련 표현

be having a conversation 대화하고 있다
be having a discussion 토론하고 있다
be giving a speech 연설하고 있다
be talking on the phone 전화 통화를 하고 있다
be dialing a phone 전화를 걸고 있다
be greeting each other 서로 인사를 나누고 있다

be chatting with a colleague 동료와 대화하고 있다
be attending a meeting 회의에 참석하고 있다
be giving a presentation 발표하고 있다
be shaking hands 악수하고 있다
be making a call 전화를 걸고 있다
be hanging up a telephone 전화를 끊고 있다

7. 사람을 나타내는 주요 명사들

worker 직원, 작업자
cashier 계산원
customer 손님
diner 식당의 손님
musician 음악가
crowd 군중, 많은 사람
lecturer 강연자
presenter 발표자
audience 청중
pedestrian 보행자
hiker 도보 여행자
passenger 승객

clerk 직원, 점원
server 종업원
shopper 쇼핑하는 손님
artist 예술가
performer 연주자
a group 단체
speaker 연설자
participant 참가자
spectator 관중
cyclist 자전거 타는 사람
tourist 관광객
conductor 지휘자, (버스나 기차의) 승무원

사물·풍경 중심 사진

음원 바로 듣기

사물·풍경 중심 사진은 인물이 전혀 등장하지 않는 유형으로, 주로 사물의 위치나 배열 상태를 묘사하는 보기가 정답이다.

⚙ 문제 풀이 전략

사물·풍경 사진에서 사람을 주어로 하는 보기가 등장하거나 사진에 등장하지 않은 사물이 들리면 바로 소거한다.

▶ 자주 나오는 사물 주어: **car** 자동차 | **merchandise** 상품 | **path** 작은 길 | **plant** 식물 | **table** 탁자, 식탁

▶ 자주 나오는 동사: **be arranged** 정리되어 있다 | **be displayed** 진열되어 있다 | **be left** ~인 채로 있다 | **be lined up** 줄지어 있다 | **be located** ~에 있다 | **be placed** 놓여 있다 | **be put** 놓여 있다 | **be set up** 차려져 있다 | **be sorted** 분류되어 있다 | **be on a cart** 카트에 있다 | **be on display** 진열/전시 중이다

1. 사람을 언급하거나 사진에 없는 사물을 언급한 오답

▶ 사물·풍경 사진에서 주어가 사람인 보기는 무조건 오답이다.

Ⓐ **A woman** is reading a book. ❌ 여자가 책을 읽고 있다.

Ⓒ **Pedestrians** are crossing the road. ❌ 보행자들이 길을 건너고 있다.

2. 사물의 위치·상태 묘사 1: 현재 수동태와 현재완료 수동태

▶ 사물의 위치나 상태는 주로 be displayed, be placed 등과 같이 현재 수동태(be동사 + p.p.)로 묘사한다. PART 1 처럼 어떤 한순간을 포착한 사진을 묘사하는 경우에는 현재 수동태와 현재완료 수동태(has/have been + p.p.) 둘 다 '주어가 ~되어 있다'라는 의미로 쓰인다.

Ⓐ A light **is[has been] turned on**. 전등이 켜져 있다.
A book **is[has been] left** open. 책이 펼쳐져 있다.
A laptop **is[has been] placed** on the table. 식탁에 노트북이 놓여 있다.
Shelves **are[have been] filled with** books. 책장이 책들로 채워져 있다.

Ⓑ Guitars **are[have been] displayed** in rows. 기타들이 여러 줄로 진열되어 있다.

3. 사물의 위치·상태 묘사 2: 현재 시제와 현재진행

▶ 「There is/are」나 「be동사 + 전치사구/형용사」로 사물의 위치나 상태를 묘사하기도 한다.

▶ 현재진행(be동사 + V-ing)은 주로 사람의 동작이나 상태를 묘사할 때 쓰이지만, lean이나 lie 등과 같은 동사는 사물이나 풍경을 묘사할 때 사용되기도 한다.

▶ extend, lead to, overlook, separate 등의 현재 시제도 정답으로 종종 출제된다.

| There is/are + 사물 주어 + 전치사구 |

B **There are** guitars **on the wall**. 벽에 기타들이 있다.

C **There are** buildings **in the distance**. 저 멀리 건물들이 있다.

| 사물 주어 + is/are + 전치사구/형용사 |

A A laptop **is on the table**. 노트북이 탁자 위에 있다.

The shelves **are full of** books. 책꽂이가 책으로 가득 차 있다.

The table **is unoccupied**. 탁자가 비어 있다[자리가 비어 있다].

B Some musical instruments **are on display**. 악기 몇 개가 진열돼 있다.

| 사물 주어 + 현재 시제 |

C The bridge **extends** over the river. 다리가 강 위로 뻗어 있다.

Some buildings **overlook** the water. 몇몇 건물들이 물을 내려다보고 있다.

| 사물 주어 + 현재진행 |

A A light **is hanging** above the table. 탁자 위로 등이 매달려 있다.

C A boat **is floating** on the water. 보트가 물 위에 떠 있다.

Some buildings **are overlooking** the water. 몇몇 건물들이 물을 내려다보고 있다.

4. 현재진행 수동태를 이용한 오답

▶ 현재진행 수동태(be동사 + being + p.p.)는 사물에 대한 인물의 동작을 묘사하는 표현이므로 사람이 등장하지 않는 사물·풍경 사진에서는 오답이다.

A Bookcases **are being assembled**. ✗ 책꽂이들이 조립되는 중이다.

Bookcases **have been assembled**. ○ 책꽂이들이 조립되어 있다.

B Guitars **are being hung** on the wall. ✗ 기타가 벽에 걸리는 중이다.

Guitars **have been hung** on the wall. ○ 기타가 벽에 걸려 있다.

핵심 문제 유형

Q1

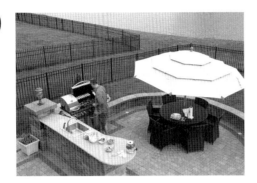

(A) A seating area overlooks a city.

(B) A table has been set for a meal.

(C) An umbrella has been opened.

(D) Food is being prepared on a counter.

❶ 사물의 위치와 상태 확인하기
counter, umbrella, grill, fence

❷ 오답 소거하기
(A) ❌ 앉는 자리가 내려다보는 곳은 도심이 아니므로 오답이다.
(B) ❌ 식사가 차려진 모습은 보이지 않으므로 오답이다.
(C) ⭕ 파라솔이 펼쳐져 있으므로 정답이다.
(D) ❌ 음식은 조리대가 아닌, 그릴에서 조리되고 있으므로 오답이다.

⚠️ 오답 유형 정리

1. 사진 속 사물의 위치를 잘못 묘사한 오답

2. 사물의 상태를 현재진행 수동태로 묘사한 오답

오답 표현 ❌
A plant has been placed next to the door.
식물이 문 옆에 놓여 있다.

정답 표현 ⭕
A plant has been placed by the window.
식물이 창문 옆에 놓여 있다.

Warm-up

음성을 듣고 사진을 바르게 묘사한 보기를 고른 후, 빈칸을 채우세요. (보기는 세 번 들려줍니다.)   해설서 p.9

1
(A) A window _____ with blinds.
(B) A rug _____ in front of a sofa.

2
(A) Lampposts _____ in a row.
(B) _____ streetlights in rows.

3
(A) Some documents _____ on the desk.
(B) Some papers _____ on the desk.

4
(A) The buildings _____ a canal.
(B) Some buildings _____.

5
(A) A row of trees _____ along a road.
(B) A row of trees _____ along a road.

6
(A) Some plants are _____ in a garden.
(B) A bench is _____ some benches.

2.

오답 표현 ❌
The mirror is being wiped with a towel.
수건으로 거울을 닦고 있다.

정답 표현 ⭕
A candle is reflected in a mirror.
양초가 거울에 비친다.

Exercise

1.

(A) Some clothes are _____ outside a vehicle.

(B) Some camping furniture is _____.

(C) The chair is _____.

2.

(A) _____ a bed between the _____.

(B) The lamps _____.

(C) An armchair _____ near a window.

3.

(A) The table _____ for a meal.

(B) _____ some _____ next to a sink.

(C) Some chairs _____ around the table.

4.

(A) A shadow   on the sand.

(B)   a shadow   the umbrella.

(C) All of the chairs   .

5.

(A) Some cushions   on a sofa.

(B) Some artworks are   above a sofa.

(C) The walls are   .

6.

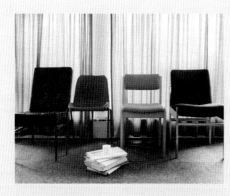

(A) The chairs   on the floor.

(B) The chairs are placed   .

(C) File folders   in front of the chairs.

P1-14 음성을 듣고 사진을 가장 잘 묘사한 보기를 고르세요.

해설서 p.11

1.

(A)
(B)
(C)
(D)

4.

(A)
(B)
(C)
(D)

2.

(A)
(B)
(C)
(D)

5.

(A)
(B)
(C)
(D)

3.

(A)
(B)
(C)
(D)

6.

(A)
(B)
(C)
(D)

7.

(A)
(B)
(C)
(D)

10.

(A)
(B)
(C)
(D)

8.

(A)
(B)
(C)
(D)

11.

(A)
(B)
(C)
(D)

9.

(A)
(B)
(C)
(D)

12.

(A)
(B)
(C)
(D)

사물·풍경 사진 필수 표현 EXPRESSION

1. 사물의 위치를 나타내는 전치사 표현

위	on ~ 위에	over ~ 위쪽에
	above ~ 위쪽에	on top of ~의 위에
아래	under ~ 아래에	below ~의 아래쪽에
사이	between ~ 사이에	
앞뒤	in front of ~ 앞에	behind ~ 뒤에
	at the back of ~ 뒤쪽에	
중앙	in the middle of ~의 중앙에	
가장자리	in the corner of ~의 구석에	at the edge of ~의 가장자리에
근처	by ~ 옆에	next to ~ 옆에
	beside ~ 옆에	near ~ 근처에
	close to 아주 가까이에서	around ~ 주변에
안팎	in ~ 안에	inside ~ 안에
	outside ~ 밖에	into ~ 안으로
	out of ~ 밖으로	at ~에서
방향	to ~으로	toward ~ 쪽으로
	in the same direction 같은 방향으로	in the opposite direction 반대 방향으로
나란히	along ~을 따라서	alongside ~옆에 나란히
	in a line 한 줄로	in a row 일렬로
	in lines 여러 줄로	in rows 여러 줄로
	in several rows 여러 줄로	next to each other 나란히
	side by side 나란히	
기타	through ~을 통해서	against ~에 기대어
	across ~ 건너편에	

2. 사람이 없어도 답이 될 수 있는 『be동사 + being + p.p.』 표현

Some merchandise **is being displayed** on a shelf. 몇몇 상품들이 선반에 진열되고 있다.

A shadow **is being cast** on the ground. 땅에 그림자가 드리워지고 있다.

Plants **are being grown** on the lawn. 식물들이 잔디밭에서 자라고 있다.

Breads **are being baked** in an oven. 빵이 오븐에서 구워지고 있다.

The grass **is being watered**. 잔디에 물을 주고 있다.

A car **is being towed** on the road. 차가 길에서 견인되고 있다.

3. 사물·풍경의 위치나 상태를 나타내는 표현

Some pottery **has been arranged** on shelves. 도자기가 선반들에 놓여 있다.

Some ropes **are lying** on the ground. 몇 개의 밧줄들이 땅 위에 놓여 있다.

A plate **has been laid out** on the table. 접시가 테이블에 놓여 있다.

Some cartons **have been stacked** on the floor. 몇몇 상자들이 바닥에 쌓여 있다.

A parking area **is full of** cars. 주차장이 차들로 가득 차 있다.

Some shelves **have been stocked** with a variety of items. 몇몇 선반들이 다양한 물건들로 채워져 있다.

A mirror **is leaning** against the wall. 거울이 벽에 기대어 있다.

Some columns **have been erected**. 기둥 몇 개가 세워져 있다.

Some books **are organized** on shelves. 책들이 선반에 정리되어 있다.

Leaves **are scattered** on the ground. 나뭇잎들이 땅 위에 흩어져 있다.

A bridge **extends** over a highway. 다리가 고속도로 위로 뻗어 있다.

Some plants **have been lined up** along a walkway. 식물들은 보도를 따라서 줄지어 있다.

A pathway **leads to** a parking area. 산책로는 주차장 쪽으로 이어져 있다.

Some flags **are attached to** poles. 몇몇 깃발들은 기둥들에 부착되어 있다.

A refrigerator door **has been left** open. 냉장고 문이 열려 있다.

A patio **is surrounded by** a fence. 테라스가 울타리로 둘러싸여 있다.

Some boats **are floating** on the water. 몇몇 배들이 물에 떠 있다.

Some couches **are facing** the television screen. 몇몇 소파들은 텔레비전 화면을 향해 있다.

The room **is illuminated** by lamps. 방이 램프로 환히 밝혀져 있다.

The kitchen **is equipped** with appliances. 주방은 가전제품이 갖춰져 있다.

The roof of a building **is covered** with snow. 한 건물의 지붕이 눈으로 덮혀 있다.

Some vehicles **have been parked** in a row. 몇몇 차량들이 일렬로 주차되어 있다.

Some bookshelves **are separated** by an aisle. 책장들은 통로에 의해서 구분되어 있다.

All the seats **are occupied**. 모든 자리가 차 있다.

A parking lot **is vacant**. 주차장이 비어 있다.

The airport **is deserted**. 공항에 사람이 없다.

4. 사물 관련 필수 어휘

의자	sofa 소파		couch 소파
	bench 벤치		armchair 안락의자
	stool (등받이와 팔걸이가 없는) 의자		folding chair 접이식 의자
길	path 작은 길		walkway 인도, 통로
	archway 아치 길, 아치형 입구		doorway 출입구
	waterway (배가 다니는 강, 바다) 수로		driveway 진입로
	stairway 계단		hallway 복도
상품	item 물품, 품목		product 제품, 상품
	goods 상품, 물품		merchandise 상품, 물품
	object 물건, 물체		supplies 물품, 용품

REVIEW TEST 🎧 P1-15 해설서 p.13

음원 바로 듣기

1.

(A)　　(B)　　(C)　　(D)

2.

(A)　　(B)　　(C)　　(D)

3.

(A)   (B)   (C)   (D)

4.

(A)   (B)   (C)   (D)

5.

(A)   (B)   (C)   (D)

6.

(A)   (B)   (C)   (D)

NO TEST MATERIAL ON THIS PAGE

RT2

질의응답

OVERVIEW

Part 2는 질문을 듣고, 이어서 들려주는 3개의 보기 중에서 질문에 가장 적절한 응답을 선택하는 문제로, 7번부터 31번까지 총 25문제가 출제된다.

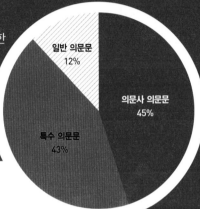

일반 의문문
12%

의문사 의문문
45%

특수 의문문
43%

문제 유형 분석

의문사 의문문 | Who, When, Where, What, Which, How, Why

일반(Yes/No) 의문문 | Be동사 의문문, 조동사 의문문(Have, Do, Can, Will 등)

특수 의문문 | 부정 의문문, 부가 의문문, 선택 의문문, 요청 의문문(제안·요청·제공), 간접 의문문, 평서문

최신 출제 경향

- 의문사 의문문은 10문제 이상 출제되고, 평서문, 제안·요청·제공 의문문, 부가 의문문의 비중이 크다.
- 영국과 호주 발음의 비중이 커지고 있다.
- 막상 스크립트를 보면 어려운 단어는 아니나, 발화 속도를 빠르게 하거나 연음되는 단어들이 많아서 귀로 들을 때 쉽게 파악하지 못하는 경우가 많다.
- 우회적인 응답의 비중이 커지고 있다. 질문은 이해하기 쉽지만, '이게 왜 정답이지?'라고 생각되는 응답을 정답으로 출제하기 때문에 오답 버리기가 핵심이다.

핵심 학습 전략

1. **시험에 자주 등장하는 질문·응답 유형 및 필수 표현을 이해한다.**

   Part 2에 자주 출제되는 질문, 빈출 정답, 빈출 오답 패턴 및 필수 표현을 정리해서 알아두면 직청 직해가 쉬워진다.

2. **우회적인 응답 유형을 학습한다.**

   우회적인 응답의 비중이 커지고 있는 Part 2는 질문의 핵심 키워드에 어울리지 않는 오답을 소거해 정답을 남기는 것이 필수이다.

3. **받아쓰기와 따라 말하는 청취 훈련을 한다.**

   단어의 뜻만 암기한다고 끝이 아니다. 발음을 익혀야 잘 들리므로 음원을 듣고 따라 말하는 (shadowing) 청취 훈련이 필요하다.

문제 풀이 전략

1. **질문 도입부를 집중해서 듣는다.**

   의문사 의문문은 앞부분의 의문사를 포착해야 정답을 선택할 수 있다. 그 외에, 일반 의문문은 동사를 주의 깊게 듣는 것이 중요하다.

2. **귀로만 듣는 것이 아닌 정답과 오답을 기록하며 듣는다.**

   보기를 하나씩 들을 때마다 정답이면 O, 잘 모를 때는 △, 오답이면 X로 기록하면서 정답을 찾아 나간다.

3. **Part 2의 오답 함정에 유의하며 오답 소거법을 이용한다.**

   정답을 찾기보다 확실한 오답인 보기를 소거한 후 가장 알맞은 응답 보기를 정답으로 선택한다.

PART 2 오답 소거법

1. 의문사 의문문에 Yes/No 등으로 답하는 오답

Q. When will Mr. Kim return from the conference? 김 씨는 언제 회의에서 돌아오나요?

(A) He was in the meeting this morning. ◉ 아침 회의에 있었는데요.

(B) **Yes**, he will participate in the conference. ✖ 네, 그는 콘퍼런스에 참가할 거예요.

2. 똑같은 발음 또는 유사한 발음을 이용한 오답

Q. Have you **reviewed** the report? 보고서를 다 검토했나요?

(A) I just got back from my vacation. ◉ 휴가에서 막 돌아왔어요.

(B) It has a nice **view**. ✖ 전망이 참 좋네요.

3. 연상되는 어휘를 이용한 오답

Q. Where is the **museum**? 박물관은 어디에 있나요?

(A) It is on 5th Avenue. ◉ 5번가에 있어요.

(B) It was a great **exhibit**. ✖ 아주 멋진 전시회였어요.

4. 질문과 응답의 주어 불일치 오답

Q. How did **you** enjoy your stay at our hotel? 저희 호텔에서의 숙박은 어떠셨나요?

(A) It was great. ◉ 아주 좋았어요.

(B) **He** stayed late. ✖ 그는 늦게까지 있었어요.

5. 질문과 응답의 시제 불일치 오답

Q. Did Ms. Chambers explain the benefits? 체임버스 씨가 혜택들을 설명해 주었나요?

(A) I will meet her tomorrow. ◉ 내일 그녀를 만날 거예요.

(B) Yes, she **does**. ✖ 네, 그녀가 해요.

PART 2 주의해야 할 유사 발음 어휘

질문에서 들렸던 단어와 똑같은 발음 또는 유사한 발음의 단어가 오답 함정으로 나오는 문제의 출제 비중이 매우 높다. 앞 문제에 신경 쓰느라고 질문을 제대로 못 들었을 때, 들렸던 똑같은 또는 유사한 발음의 단어가 보기에서 들리면 그 응답이 왠지 정답처럼 느껴지지만 그런 것들은 대부분 오답 함정임을 반드시 알아 두어야 한다. 아래에 최근 실제 시험에 나왔던 유사 발음 어휘의 짝을 숙지해 두어 정답률을 높이도록 한다.

hire 고용하다 / higher 더 높은	extension number 내선 번호 / extend 연장하다
product 상품 / production 생산	appointment 약속 / appoint 임명하다
post 게시하다 / post office 우체국	apartment 아파트 / department 부서
contract 계약서 / contact 연락하다	responsible 책임지고 있는 / response 응답
store 가게 / storage 저장, 저장고	cut 자르다, 줄이다 / shortcut 지름길
place 장소, 두다 / replace 교체하다	depart 떠나다, 출발하다 / part 부품
fair 박람회 / pair 짝	directly 직접적으로 / directory 안내 책자
loan 대출 / lawn 잔디밭	form 양식 / inform 알리다
file 파일 / pile 쌓다; 더미	repair 수리하다 / pair 한 쌍 / fair 박람회
move 이사하다, 옮기다 / remove 치우다 / movie 영화	up-to-date 최신의 / update 업데이트하다 / date 날짜
sign 간판 / assign 할당하다 / design 디자인	account 계좌 / count 세다 / accounting 회계
rain 비(가 오다) / train 기차 / training 교육	wait 기다리다 / weight 무게 / weigh 무게를 재다

『모르겠습니다』류의 우회적인 응답 유형

거의 모든 유형의 질문에 응답 가능한 답변으로 매회 적어도 7문제 이상 정답으로 출제되므로 반드시 익혀 두어야 한다.

I'm not sure. 확실하지 않아요.

I have no idea. 잘 모르겠어요.

Nobody told me. 아무도 제게 말해 주지 않았어요.

I haven't been notified yet. 아직 못 들었어요.

I'm still waiting to hear. 아직 소식을 기다리고 있어요.

He didn't give a reason. 그가 이유를 말해 주지 않았어요.

It hasn't been decided. 아직 결정되지 않았어요.

It hasn't been discussed yet. 아직 논의되지 않았어요.

We'll find out in today's meeting. 오늘 회의 때 알게 될 거예요.

Let me check. 확인해 볼게요.

Ask James. 제임스에게 물어보세요.

I'll look it up. (자료 등을) 찾아볼게요.

You can find it on our website. 웹사이트에 있어요.

Check the bulletin board. 게시판을 확인해 보세요.

It depends on the salary. 급여에 따라 달라요.

I'll be on vacation then. 그때 휴가 중일 거예요.

I was out of the office then. 저는 그때 사무실 밖에 있었어요.

UNIT 04 When·Where 의문문

의문사 의문문은 매회 10~13문제가 출제될 만큼 비중이 높다. 그중에서도 When, Where 의문문은 매회 평균 2문제씩 출제되며, 특히 When과 Where의 발음이 비슷하게 들리므로 두 의문사의 소리를 구별하는 훈련을 집중적으로 해야 한다.

⚙ 문제 풀이 전략 When 의문문

1. When 뒤에 오는 be동사·조동사의 시제에 따라 알맞은 시점으로 응답한다.

▸ 과거의 일을 물으면 과거 시점으로, 앞으로의 계획이나 일정을 물으면 미래 시점으로 응답한다.

▸ 시각, 요일, 날짜, 월, 연도, 계절, 아침·점심·저녁, 어제·오늘·내일 등 시간을 나타내는 부사구로 응답한다.

▸ 미래의 시점을 묻는 질문에 과거 시제로 답하는 문제가 정답으로 종종 출제된다.

Q. When did you send the e-mail? 언제 그 이메일을 보냈나요? [과거의 일]
A. Last Wednesday. 지난 수요일에요.

Q. When is the meeting? 회의는 언제인가요? [앞으로의 계획·일정]
A. In three hours. 세 시간 후에요.

Q. When will the train from Chicago arrive? 시카고에서 오는 기차는 언제 도착하나요? [앞으로의 계획·일정]
A. Soon at 10:00 A.M. 곧 오전 10시에요.
A. It already arrived at platform 6. 이미 6번 플랫폼에 도착했어요.

2. 우회적인 응답과 빈출 오답 유형을 파악한다.

▸ '잘 모르겠습니다', '확인해 보겠습니다', '아직 결정되지 않았습니다' 등의 우회적인 답변이 나올 수 있다.

▸ 「For / Since + 시간」과 같이 How long 의문문에 어울리는 응답(기간)이 오답으로 출제된다.

▸ When과 발음이 유사한 Where 의문문에 어울리는 응답(장소)이 오답으로 출제된다.

▸ How 의문문에 어울리는 응답(방법, 교통수단)이 오답으로 출제된다.

Q. When should I submit the report? 제가 보고서를 언제 제출해야 하나요?
A. Let me check the schedule. 일정을 확인해 볼게요. [우회적인 응답]

Q. When are you going to the conference? 언제 콘퍼런스에 가세요?
A. For a week. ❌ 일주일 동안이요. [기간: How long 의문문 응답]
A. In New York. ❌ 뉴욕에서요. [장소: Where 의문문 응답]
A. By train. ❌ 기차를 타고요. [방법: How 의문문 응답]

해설서 p.14

🎧 P2-01 미국 ↔ 호주

Q1 When 의문문

When will the band arrive?

(A) A musical performance.
(B) At the airport, I think.
(C) In 15 minutes.

❶ 질문의 의문사와 시제 파악하기
When은 과거 또는 앞으로 일어날 일의 시점을 묻는 질문이다. When 뒤에 오는 동사가 현재 시제나 미래 시제면 앞으로 일어날 일의 시점에 대해 묻는다.

❷ 질문의 핵심어와 정답 유형 파악하기
「**When + will** + band + **arrive**?」 밴드의 도착 시간을 묻고 있으므로 시간을 나타내는 부사구로 대답한다.

❸ 오답 소거하기
(A) ❌ 질문의 band를 듣고 연상할 수 있는 어휘(musical performance)를 이용한 오답이다.
(B) ❌ Where 의문문에 어울리는 장소(At the airport)로 대답했으므로 오답이다.
(C) ⭕ 시간을 나타내는 부사구(In 15 minutes.)로 대답했으므로 정답이다.

🎧 P2-02

Warm-up 질문을 듣고 알맞은 답을 고른 후, 빈칸을 채우세요. (대화는 세 번 들려줍니다.)

해설서 p.14

1. _____ the award ceremony?

(A) It's tomorrow morning.　　　　(B) Next to the convention center.

2. _____ the budget reports due?

(A) For five months.　　　　(B) At the end of this year.

3. _____ you meet the supervisor?

(A) A new department supervisor.　　　　(B) Nearly two months ago.

4. _____ your plane leave?

(A) At 4 o'clock sharp.　　　　(B) To London.

5. _____ the video conference begin?

(A) Not until 11 in the morning.　　　　(B) Yes, you're right.

6. _____ I take these vitamins?

(A) At a pharmacy.　　　　(B) In the morning with your breakfast.

PART 2 UNIT 04

⚙ 문제 풀이 전략 | Where 의문문

1. Where 뒤에 오는 동사나 명사에 따라 장소, 위치, 방향 출처가 정답으로 출제된다.

▶ 장소나 위치를 묻는 질문에는 「전치사 + (구체적인) 장소」 형태의 응답이 정답으로 가장 많이 출제된다.

▶ 동사 Try(~해 보다, 가 보다)를 사용한 응답이 정답으로 자주 출제된다.

Q. **Where** can I **sign up** for the program? 프로그램은 어디에서 등록할 수 있나요? [장소]
A. On the third floor. 3층에서요.

Q. **Where** can I **buy** some office supplies? 어디에서 사무용품을 구입할 수 있나요? [장소]
A. Try the next building. 옆 건물에 가 보세요.

Q. **Where** is Ms. Brown's **new office**? 브라운 씨의 새 사무실은 어디에 있나요? [위치·방향]
A. It's about 30 minutes away from here. 여기서 30분가량 떨어져 있어요.
A. Go straight and turn right. 직진해서 우회전하세요.

2. online, Internet, e-mail, website, program이 정답으로 출제된다.

▶ 정보의 소재 또는 출처를 묻는 질문의 정답으로 online, Internet, e-mail, website, program이 자주 등장한다.

Q. **Where** can I **find** the application form? 지원서를 어디에서 찾을 수 있나요? [정보 출처]
A. You can download one online. 온라인으로 다운로드하실 수 있어요.

Q. **Where** will the annual conference **be held**? 연례 회의가 어디에서 열릴 건가요? [정보 출처]
A. It's on the program. 프로그램에 나와 있어요.

3. 우회적인 응답과 빈출 오답 유형을 파악한다.

▶ 물건이나 정보를 대신 소유하고 있는 사람 이름으로 응답하거나 '모른다, 행사가 취소되었다' 등 우회적으로 응답한다.

▶ Where와 발음이 유사한 When 의문문의 응답(시점)이 오답으로 출제된다.

▶ 장소를 묻는 질문에 위치로 응답한 표현이 오답으로 출제된다. 위치를 나타내는 전치사 키워드를 잡고 내용까지 확인해서 정답을 선택해야 한다.

Q. **Where** is the **manual** for the new copier? 새 복사기 사용 설명서는 어디에 있나요?
A. Ms. Denara has it. ◎ 디네라 씨가 가지고 있어요. [사람으로 응답]

Q. **Where** did you get the **jacket**? 그 재킷은 어디에서 구입했어요?
A. It was a gift. ◎ 선물로 받았어요. [우회적인 응답]

Q. **Where** can I find the **bank**? 은행은 어디에 있어요?
A. From 9 to 4. ✕ 9시부터 4시까지요. [시점: When 의문문 응답]
A. In the filing cabinet. ✕ 서류 캐비닛 안에요. [문맥상 어울리지 않는 응답]
A. It's just around the corner. ◎ 모퉁이를 돌면 바로 있어요. [방향으로 응답]

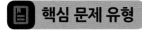
Q2 Where 의문문

Where is the new coffee machine?

(A) It's in the breakroom.
(B) Twenty copies will do.
(C) Iced coffee with no syrup, please.

❶ 질문의 의문사와 동사 파악하기
Where는 어디에 있는지를 묻거나 어디에서 ~하는지를 묻는 질문이다. Where 뒤에 「be동사 + 주어」가 어디에 있는지를 묻는다.

❷ 질문의 핵심어와 정답 유형 파악하기
「**Where** + is + **new coffee machine**?」 새 커피 머신이 어디 있는지 묻고 있으므로 장소를 나타내는 부사구로 대답한다.

❸ 오답 소거하기
(A) ⭕ 커피 머신의 위치를 나타내는 부사구(in the breakroom)로 대답했으므로 정답이다.
(B) ❌ 질문의 coffee와 발음이 유사한 copies를 이용하여 혼동을 준 오답이다.
(C) ❌ 질문의 coffee를 반복 사용하여 혼동을 준 오답이다.

🎧 P2-04

Warm-up 질문을 듣고 알맞은 답을 고른 후, 빈칸을 채우세요. (대화는 세 번 들려줍니다.)

해설서 p.14

7. _____ the village _____ _____?

(A) It should be on their website.   (B) Could you show me the way out?

8. _____ mail these packages?

(A) To the address on the card.   (B) You can pack them now.

9. _____ some cleaning products?

(A) Yes, I use that detergent.   (B) Sorry, I don't work here.

10. _____ want me to _____ these boxes?

(A) That's a great idea.   (B) Leave them at the door.

11. _____ you _____ yesterday?

(A) I dropped by a flower shop.   (B) Yes, I'm going to the office.

12. _____ apply for a reimbursement?

(A) He didn't reply to my question.   (B) That information is posted on our website.

PART 2 UNIT 04

음원 바로 듣기

🎧 P2-05　질문을 듣고 두 개의 답을 고른 후, 빈칸을 채우세요. (대화는 세 번 들려줍니다.)　　　　해설서 p.16

1. _____ the awards ceremony?

(A)

(B)

(C)

2. _____ are these lemons from?

(A)

(B)

(C)

3. _____ the package be sent out?

(A)

(B)

(C)

4. _____ did Gary _____ the supplies?

(A)

(B)

(C)

5. _____ you expect to post the job opening?

(A)

(B)

(C)

6. _____ can I _____ the registration form?

(A)

(B)

(C)

7. _____ did these avocados come from?

(A)

(B)

(C)

8. _____ the budget proposal due?

(A)

(B)

(C)

9. _____ was the last conference _____?

(A)

(B)

(C)

10. _____ the last time you visited Rome?

(A)

(B)

(C)

11. _____ did Jayden _____ his _____?

(A)

(B)

(C)

12. _____ you get back from a business trip?

(A)

(B)

(C)

음원 바로 듣기

해설서 p.18

P2-06 질문을 듣고 가장 알맞은 답을 고르세요.

1. Mark your answer on your answer sheet.　　(A)　(B)　(C)

2. Mark your answer on your answer sheet.　　(A)　(B)　(C)

3. Mark your answer on your answer sheet.　　(A)　(B)　(C)

4. Mark your answer on your answer sheet.　　(A)　(B)　(C)

5. Mark your answer on your answer sheet.　　(A)　(B)　(C)

6. Mark your answer on your answer sheet.　　(A)　(B)　(C)

7. Mark your answer on your answer sheet.　　(A)　(B)　(C)

8. Mark your answer on your answer sheet.　　(A)　(B)　(C)

9. Mark your answer on your answer sheet.　　(A)　(B)　(C)

10. Mark your answer on your answer sheet.　　(A)　(B)　(C)

11. Mark your answer on your answer sheet.　　(A)　(B)　(C)

12. Mark your answer on your answer sheet.　　(A)　(B)　(C)

When·Where 의문문 필수 표현 EXPRESSION

1. When 의문문 필수 표현

대표 질문	**Q.** When is the company banquet? 회사 연회는 언제인가요? **A.** On April 6. 4월 6일이요. **Q.** When do you want to leave? 언제 떠나고 싶으신가요? **A.** I should be leaving in 30 minutes. 30분 후에 떠날 거예요. **Q.** When will I need to check in my bags? 언제 제 가방들을 부쳐야 할까요? **A.** Tomorrow morning. 내일 아침이에요. **Q.** When should we leave for the meeting? 회의하러 언제 나가야 할까요? **A.** As soon as we finish the report. 보고서를 끝내자마자요.

대표 표현	**>> 과거** already 이미 a week ago 일주일 전에 last year 작년에	since 이후로 last week 지난주에 last quarter 지난 분기에	yesterday 어제 last month 지난달에 a while ago 조금 전에
	>> 현재 usually 대개 every day 매일	often 자주 now 지금	regularly 정기적으로 for now 지금은
	>> 미래 soon/any minute 곧 within ten days 10일 이내에 not until next week 다음 주나 되어서야		in about an hour 한 시간쯤 후에 the day after tomorrow 내일모레 later this year 올해 말에

2. Where 의문문 필수 표현

대표 질문	**Q.** Where is the cafeteria? 구내식당이 어디에 있나요? **A.** On the first floor. 1층에 있어요. **Q.** Where did you live before moving here? 이곳으로 이사 오시기 전에는 어디에서 사셨나요? **A.** In Minnesota. 미네소타에서요. **Q.** Where will the seminar be held? 세미나는 어디에서 열리나요? **A.** At the convention center. 컨벤션 센터에서요. **Q.** Where should I go to get a map of the museum? 박물관 지도를 구하려면 어디로 가야 하나요? **A.** You can take mine. 제거 가져가세요.

대표 표현	**>> 장소** at the airport 공항에서 next to the entrance 입구 옆에 near the post office 우체국 근처에	in front of the gate 문 앞에서 by the library 도서관 옆에 behind the warehouse 창고 뒤에
	>> 위치 on the desk 책상 위에 in the top drawer 맨 위에 서랍에 in the bottom cabinet 맨 아래 캐비닛에	under a chair 의자 밑에 on the dotted line 점선 위에 in the folder on top of the desk 책상 위 폴더에

UNIT 05

Who·What·Which 의문문

Who·What·Which 의문문은 매회 1~2문제씩 출제되며, 의문사를 듣고 질문 유형을 파악하는 것이 핵심 전략이다. 잘 모르겠다는 응답이나 돌려 말하는 우회적인 정답이 많이 출제된다.

⚙ 문제 풀이 전략 Who 의문문

1. 사람 이름, 직업명, 직책명, 부서명, 회사명이 정답으로 출제된다.

▸ 업무 수행자 또는 담당자를 물을 때나 사람의 신분을 물을 때 사람 이름, 직책명으로 응답하는 경우가 가장 많다.

Q. **Who** designed this poster? 이 포스터를 누가 디자인했나요?
A. Audrey did. 오드리가 했어요. [사람 이름]
A. The famous artist in London. 런던에서 유명한 예술가요. [직업명]
A. I believe the director did. 부장님이 하신 것 같아요. [직책명]
A. The Graphics Department. 그래픽 디자인부요. [부서명]
A. Charlie Smith Design Services. 찰리 스미스 디자인 서비스 회사가요. [회사명]

2. 인칭대명사나 부정대명사(-one, -body)가 정답으로 출제된다.

▸ 주로 I'll take care of it.(제가 담당할 겁니다.), I think Mr. Johnson did.(존슨 씨가 한 것 같습니다.) 등으로 응답한다.

▸ No one, Anyone, Someone, Nobody 등 부정대명사가 정답이 될 수 있다.

▸ 질문에 나오지 않은 He/She/They로 시작하는 응답은 오답으로 등장할 때가 많다.

Q. **Who** is going to organize the annual party? 누가 연례 파티를 준비할 건가요?
A. I'll take care of it. 제가 담당할 거예요. [1인칭 대명사]
A. I think Ms. Jones will do it. 존스 씨가 할 것 같아요. [1인칭 대명사]

Q. **Who** should I talk to about my application? 제 지원서에 대해 누구에게 문의해야 하나요?
A. You should ask the personnel director. 인사부장에게 물어보세요. [2인칭 대명사]

Q. **Who** is your new assistant? 누가 당신의 새 비서인가요?
A. He's the one sitting next to the printer. 프린터 옆에 앉아 있는 남자예요. [3인칭 대명사]

Q. Who's using conference room A? 누가 A 회의실을 쓰고 있나요?

A. Someone from the Marketing Department. 마케팅 부서 사람이요. [부정대명사]

A. No one, for now. 지금은 아무도 안 쓰고 있어요. [부정대명사]

Q. Who is giving a presentation tomorrow? 내일 누가 발표하나요?

A. Mr. Johnson is. ⊙ 존슨 씨가 합니다.

A. He is going to the Tokyo office. ✗ 그는 도쿄 지사로 갈 겁니다. [질문에 없는 He]

3. 소유를 묻는 질문: 「Whose ~?」, 「Who ~ belong to?」

▶ Whose 의문문과 Who ~ belong to?로 소유자를 물을 때는 사람 이름의 소유격으로 응답한다.

▶ Whose 의문문으로 누구의 차례, 담당, 책임 등을 물을 때는 Who 의문문과 마찬가지로 사람 이름이나 직책 등으로 응답한다.

Q. Whose book is this? 이건 누구 책인가요?

= **Who does** this book **belong to**?

A. That's Claire's. 그건 클레어 거예요. [소유자: 사람 이름]

Q. Whose job is it to submit the budget report? 예산안 제출은 누구 담당인가요?

A. Sue is responsible for that. 슈가 그 일을 담당하고 있어요. [담당: 사람 이름]

4. 우회적인 응답과 빈출 오답 유형을 파악한다.

▶ '잘 모르겠습니다', '확인해 보겠습니다', '아직 결정되지 않았습니다' 등의 우회적인 답변이 나올 수 있다.

▶ When 의문문이나 Where 의문문에 어울리는 시점·장소를 언급하는 응답이 오답이나 정답이 될 수 있다.

Q. Who's installing the new equipment? 누가 새로운 장비를 설치하나요?

A. Here is the schedule. ⊙ 여기 일정표 있어요. [우회적인 응답]

A. I've never done it before. ⊙ 저는 해본 적 없어요. [우회적인 응답]

A. It hasn't been decided yet. ⊙ 아직 결정되지 않았어요. [우회적인 응답]

Q. Who will send out the invitations? 누가 초대장들을 보낼 건가요?

A. In an hour. ✗ 한 시간 후예요. [시점: When 의문문의 응답]

A. At the front desk. ✗ 안내 데스크에서요. [장소: Where 의문문의 응답]

A. I thought it was due next week. ⊙ 저는 다음 주까지라고 생각했어요. [시점: When 의문문의 응답]

A. I'll be out of the office then. ⊙ 저는 그때 사무실에 없을 거예요. [장소: Where 의문문의 응답]

Q1 # Who

Who is the supervisor for today's shift?

(A) Jay has been assigned.
(B) I'll take a quick break instead.
(C) Around eight hours each shift.

❶ 질문의 의문사 파악하기

Who는 누가 했는지 또는 누가 담당인지, 누가 할 것인지를 묻는 질문이다.

❷ 질문의 핵심어와 정답 유형 파악하기

「**Who** + is + the **supervisor**?」 감독관이 누구인지를 묻고 있으므로 사람 이름, 직책명 등으로 대답한다.

❸ 오답 소거하기

(A) ⊙ 제이가 배정되었다며 이름으로 대답했으므로 정답이다.
(B) ✗ 질문의 shift를 듣고 연상할 수 있는 어휘(take a quick break)를 이용한 오답이다.
(C) ✗ 질문의 shift를 반복 사용하여 혼동을 준 오답이다.

🎧 P2-09

Warm-up 질문을 듣고 알맞은 답을 고른 후, 빈칸을 채우세요. (대화는 세 번 들려줍니다.)

해설서 p.20

1. _____ to the train station?

(A) Baek-Ho is.   (B) You need to attend the safety training.

2. _____ speaking at this year's trade expo?

(A) A representative from the sales team.   (B) The following weekend.

3. _____ has already renewed their employment contract?

(A) Chan gave the presentation.   (B) Everyone in the HR team.

Q2 Whose

Whose job is it to print the handouts for the meeting?

(A) Yes, it's in large print.
(B) Kate will take care of it.
(C) He's handling it very well.

❶ 질문의 의문사 파악하기

「Whose + 명사 ~?」는 소유자 또는 담당자를 묻는 질문이다.

❷ 질문의 핵심어와 정답 유형 파악하기

「**Whose + job** ~ to print?」 출력하는 일이 누구 담당인지 묻고 있으므로 사람 이름, 부서명 등으로 대답한다.

❸ 오답 소거하기

(A) ❌ 질문의 print(출력하다)를 다른 의미(활자체)로 반복 사용한 오답이다.
(B) ⭕ 출력할 담당자 이름(Kate)을 언급하며, 그녀가 할 것이라고 대답했으므로 정답이다.
(C) ❌ 주어 He가 가리키는 대상이 불분명한 주어 불일치 오답이다.

PART 2 UNIT 05

....

4. _____ computer will be _____ first?

(A) Mr. Hubbard's, probably. (B) The desk is next to the computer.

5. _____ job is it to _____ the job candidates?

(A) Erica's in charge of that. (B) Please review your résumé.

6. _____ smartphone is this?

(A) We'll call a repairperson. (B) Jennifer from the planning committee.

⚙ 문제 풀이 전략 What 의문문

1. What 바로 뒤에 나오는 명사가 핵심이다. 명사가 나오지 않을 경우 주어를 집중해서 듣는다.

▶ What 의문문은 바로 뒤에 오는 명사 또는 주어에 따라 시점, 종류, 날씨, 문제점, 방법, 가격, 의견 등을 묻는 질문으로 출제된다.

▶ 「What time ~?(몇 시?)」, 「What kind/type/sort of + 명사 ~?(어떤 종류의 ~?)」, 「What + be동사 + weather/problem ~?(날씨는 어떠한가/문제점이 무엇인가?)」, 「What do you think of/about + 명사 ~?(~에 대해 어떻게 생각하는가?)」 등의 형태로 출제된다. 따라서, 반드시 「What + 명사」 또는 What 뒤의 주어를 들어야 한다.

Q. What time is the staff meeting? 직원회의가 몇 시에 있나요? [시점]
A. At 2 o'clock. 2시예요.

Q. What kind of work do you do at the company? 회사에서 어떤 일을 하나요? [종류]
A. I'm an accountant. 저는 회계사예요.

Q. What's the **weather** like today? 오늘 날씨 어떤가요? [날씨]
A. It's colder than yesterday. 어제보다 더 추워요.

Q. What's the **problem** with this fax machine? 이 팩스에 무슨 문제가 있나요? [문제점]
A. It's missing a part. 부품 하나가 빠졌어요.

Q. What's the **quickest way** to the museum? 박물관까지 가는 가장 빠른 방법은 뭔가요? [방법]
A. Take the subway. 지하철을 타세요.

Q. What's the **price** of the computer? 컴퓨터 가격은 얼마입니까? [가격]
A. About 200dollars. 대략 200달러요.

Q. What do you think of our service? 저희 서비스에 대해 어떻게 생각하시나요? [의견]
A. I'm very satisfied. 저는 매우 만족해요.

2. 우회적인 응답과 빈출 오답 유형을 파악한다.

Q. What was **discussed** at today's meeting? 오늘 회의에서 무엇이 논의되었나요?
A. I can show you my notes, if you want. ◎ 원하시면 제가 필기한 걸 보여 드릴게요. [우회적인 응답]
A. I wasn't able to make it. ◎ 저는 못 갔어요. [우회적인 응답]

Q. What do you think of the new line of sportswear? 신상 스포츠 의류에 대해 어떻게 생각하나요?
A. I bought a dress. ✗ 저는 옷을 샀어요. [연상 어휘 오답]
A. I'm not interested in that field. ◎ 저는 그 분야에 관심이 없어요. [우회적인 응답]

Q. What's the **name** of the new manager? 새로 온 팀장의 이름이 뭔가요?
A. Yes, I met him yesterday. ✗ 네, 저는 어제 그를 만났어요. [의문사 의문문에 Yes/No 오답]
A. Why don't you ask Maria? ◎ 마리아에게 물어보는 게 어때요? [우회적인 응답]

Q3 **What**

What should the leaflets include?

(A) I agree. We should do that.
(B) Just the important information.
(C) The keys are on my desk.

1 질문의 의문사 파악하기

What은 뒤에 오는 명사에 따라 시점, 종류, 날씨, 문제점 등 다양한 정보를 물을 수 있고, 명사가 오지 않을 때는 동사를 놓치지 말아야 한다.

2 질문의 핵심어와 정답 유형 파악하기

「**What** + **should** + the **leaflets** + **include**?」 전단에 포함되어야 하는 것을 묻는 질문이다.

3 오답 소거하기

(A) ❌ 질문에 쓰인 should를 반복 사용하여 혼동을 준 오답이다.
(B) ⭕ 중요한 정보라고 하며 전단에 포함되어야 하는 것을 적절히 대답했으므로 정답이다.
(C) ❌ 질문과 무관한 대답이므로 오답이다.

🎧 P2-11

Warm-up 질문을 듣고 알맞은 답을 고른 후, 빈칸을 채우세요. (대화는 세 번 들려줍니다.) 해설서 p.20

7. _____ size room should I book for the company meeting?

(A) The largest one available.　　　　(B) For two hours.

8. _____ kind of _____ do you want to purchase?

(A) She's very kind.　　　　(B) Something warm and stylish.

9. _____ the _____ to the theater?

(A) Take LaSalle Avenue.　　　　(B) It only takes 10 minutes.

10. _____ are you scheduled to leave New York?

(A) My schedule is up to date.　　　　(B) At the end of the year.

11. _____ should we do with these pamphlets?

(A) I'll hand them out to our customers.　　　　(B) Yes, I already read through it.

12. _____ the _____ with this machine?

(A) The one on the right.　　　　(B) It's missing some parts.

⚙️ 문제 풀이 전략 Which 의문문

1. Which 의문문에서 The one이 정답으로 자주 출제된다.

▶ 정해진 범위 내에서 '어느 것'인지를 묻는 질문으로, 「Which + 명사 ~?(어느~?)」로 시작할 때는 주로 The one (~ 것)으로 응답한다.

Q. Which bag is yours? 어느 가방이 당신의 것인가요?
A. The blue one. 파란 거요.
A. The one on the desk. 책상 위에 있는 거요.

2. Which 의문문은 What 의문문과 동일하게 뒤에 나오는 명사를 주의해서 듣는다.

▶ Which 뒤에 사람 명사가 나오면 Who와 의미가 같으므로 Who에 대한 응답이 정답이 될 수 있다.

Q. Which room is the training session being held in? 어느 강의실에서 교육이 열리고 있나요? [명사]
A. In room 406. 406호에서요.

Q. Which accounting software do you recommend? 어느 회계 소프트웨어를 추천하세요? [명사]
A. We use Fund Accounting. 우리는 펀드 회계를 이용해요.

Q. Which flight are you taking? 어떤 비행기 타세요? [명사]
A. The 7 o'clock to Virginia. 7시 버지니아행이요.

Q. Which reporter did you speak with? 어느 기자와 이야기했나요? [사람 명사]
A. That would be Mr. Lucas. 아마 루카스 씨일 겁니다.

3. 우회적인 응답과 기타 응답 유형을 파악한다.

▶ 다양한 우회적 응답이 가능하며, all(모두), both(둘 다), either(둘 중 하나), neither(둘 다 ~ 않다) 등으로도 응답할 수 있다.

Q. Which bus do you take? 어떤 버스를 타세요?
A. I usually drive. 저는 주로 차를 몰고 다녀요. [우회적인 응답]

Q. Which image should I use for the article? 기사에 어떤 이미지를 사용해야 할까요?
A. They are all good. 모두 좋은데요. [all]
A. I like both. 둘 다 좋은데요. [both]

Q. Which restaurant would you like to go to? 어느 식당으로 가고 싶으세요?
A. Either is fine with me. 둘 중 어느 곳이든 괜찮아요. [either]
A. Neither of them. 둘 다 싫어요. [neither]

Q4 Which

Which bank branch did you go to?

(A) Around 7 o'clock.
(B) No, that wasn't it.
(C) The one on Kimberly Street.

❶ 질문의 의문사 파악하기

Which는 뒤에 오는 명사 중에서 어느 것인지를 묻는 질문이다.

❷ 질문의 핵심어와 정답 유형 파악하기

「**Which** bank **branch** + **did** you **go** to?」은행 어느 지점으로 갔는지 묻고 있다. 앞서 언급된 명사를 가리키는 the one을 활용해서 대답할 수 있다.

❸ 오답 소거하기

(A) ✖ When 의문문에 어울리는 응답이므로 오답이다.
(B) ✖ 의문사 의문문은 Yes/No로 대답할 수 없으므로 오답이다.
(C) ◉ 킴벌리가에 있는 것을 가리키며 The one을 사용해서 대답하고 있으므로 정답이다.

🎧 P2-13

Warm-up 질문을 듣고 알맞은 답을 고른 후, 빈칸을 채우세요. (대화는 세 번 들려줍니다.)

해설서 p.20

13. _____ floor is your apartment on?

(A) Three bedrooms and two baths. (B) It's on the 5th floor.

14. _____ is selected for the reception?

(A) This Friday. (B) The first week of May.

15. _____ delivery company are you planning to use?

(A) The usual one. (B) Sure, you could use mine.

16. _____ of the _____ is qualified for the job?

(A) I think Ms. Ohara is. (B) I haven't applied.

17. _____ do you _____?

(A) It's the wrong color. (B) They're both good.

18. _____ are on sale this weekend?

(A) A shopping mall. (B) The ones on this table.

🎧 P2-14   질문을 듣고 두 개의 답을 고른 후, 빈칸을 채우세요. (대화는 세 번 들려줍니다.)   해설서 p.22

1. _____ providing the refreshments for the event?

(A)

(B)

(C)

2. _____ company submitted the work request?

(A)

(B)

(C)

3. _____ should _____ for the business trip?

(A)

(B)

(C)

4. _____ should I _____ to avoid traffic?

(A)

(B)

(C)

5. _____ to the retirement ceremony tonight?

(A)

(B)

(C)

6. _____ has _____ of the park?

(A)

(B)

(C)

7. _____ does the dentist _____ on Saturdays?

(A)

(B)

(C)

8. _____ will demonstrate the new accounting software?

(A)

(B)

(C)

9. _____ did you choose for your room?

(A)

(B)

(C)

10. _____ was the _____ to use the printer?

(A)

(B)

(C)

11. _____ kind of subscription would you like?

(A)

(B)

(C)

12. _____ should I _____ the reports _____?

(A)

(B)

(C)

음원 바로 듣기

해설서 p.24

P2-15 질문을 듣고 가장 알맞은 답을 고르세요.

1. Mark your answer on your answer sheet.   (A)   (B)   (C)

2. Mark your answer on your answer sheet.   (A)   (B)   (C)

3. Mark your answer on your answer sheet.   (A)   (B)   (C)

4. Mark your answer on your answer sheet.   (A)   (B)   (C)

5. Mark your answer on your answer sheet.   (A)   (B)   (C)

6. Mark your answer on your answer sheet.   (A)   (B)   (C)

7. Mark your answer on your answer sheet.   (A)   (B)   (C)

8. Mark your answer on your answer sheet.   (A)   (B)   (C)

9. Mark your answer on your answer sheet.   (A)   (B)   (C)

10. Mark your answer on your answer sheet.   (A)   (B)   (C)

11. Mark your answer on your answer sheet.   (A)   (B)   (C)

12. Mark your answer on your answer sheet.   (A)   (B)   (C)

Who·What·Which 의문문 필수 표현 EXPRESSION

1. Who 의문문 필수 표현

대표 질문	**Q.** Who's picking Steve up from the airport? 누가 스티브를 공항에서 데려올 건가요? **A.** I asked Marisol to take care of it. 제가 마리솔에게 맡아 달라고 부탁했어요. **Q.** Who wrote this report? 누가 이 보고서를 썼나요? **A.** My office manager. 제 사무장님이요. **Q.** Who should I show my invitation to? 제 초대권을 누구에게 보여 줘야 하나요? **A.** Sunita from the Marketing Department. 마케팅 부서의 수니타요.

대표 표현	**≫ 직위·직책·직업** supervisor 관리자, 상사　director (부서 등의) 책임자, 이사　head 팀장 secretary 비서　receptionist 안내원　assistant 보조 사원 vice president 부사장　security guard 경비원, 경호원　technician 기술자 **≫ 회사·부서** firm 회사　headquarters 본사 Maintenance Department 시설관리부　Accounting Department 회계부 Human Resources Department 인사부　Technical Support Team 기술지원 팀

2. What 의문문 필수 표현

대표 질문	**Q.** What's wrong with this copier? 이 복사기에 무슨 문제가 있나요? **A.** It's out of ink. 잉크가 다 떨어졌어요. **Q.** What did you think about the workshop? 워크숍은 어떠셨어요? **A.** It was very informative. 매우 유익했어요. **Q.** What kind of bag are you looking for? 어떤 종류의 가방을 찾고 계시나요? **A.** I'm looking for a backpack. 배낭을 찾고 있어요. **Q.** What's the fee for dry cleaning? 드라이클리닝 하는 데 얼마예요? **A.** Here is a price list. 여기에 가격표 있습니다.

대표 표현	out of order/broken 고장 난　out of stock/sold out 품절된　out of town 부재중인 out of paper 종이가 다 떨어진　interesting 흥미로운　impressive 인상적인 useful 유용한　worthwhile 가치 있는　satisfied 만족하는

3. Which 의문문 필수 표현

대표 질문	**Q.** Which page should I read first? 어떤 페이지를 먼저 읽어야 하나요? **A.** The first page on the list. 목록에 있는 첫 번째 페이지요. **Q.** Which image should we use for our website? 우리 웹사이트에는 어떤 이미지를 사용해야 할까요? **A.** They are both good. 둘 다 좋아요.

대표 표현	The one ~인 것　all 모두 both 둘 다　either 둘 중 하나 neither 둘 다 않다　whichever 무엇이든

음원 바로 듣기

How·Why 의문문

How·Why 의문문은 매회 평균 2문제씩 출제되며, How 의문문의 경우 How 뒤에 나오는 형용사와 부사, be동사나 조동사에 따라 묻는 내용이 달라지므로 용법을 구별해서 듣는 훈련이 필요하다. Why 의문문 역시 이유를 물을 때와 권유, 제안을 구별해서 들을 수 있어야 한다.

⚙ 문제 풀이 전략 How 의문문

1. ### How 뒤에 오는 동사에 따라 방법, 의견, 상태 등으로 응답한다.

▶ 「How + 조동사 + 주어 + 동사 ~?」 형태로 방법이나 수단을 묻는 질문이 가장 많이 출제된다.

▶ 대표적인 응답 유형은 by(~으로), through(~을 통해서), via(~을 통해)로 시작한다.

▶ 「How + be동사 ~?」 형태로 의견이나 상태 등을 묻는 질문에는 주로 형용사나 부사로 응답한다.

▶ How do you like ~? (~은 어때요?), How did ~ go? (~은 어땠어요?), How come ~ (왜 ~) 등의 관용적인 질문이 출제된다.

Q. **How** can I **contact** you? 당신에게 어떻게 연락하면 되나요? [**방법·수단**]
A. By calling my cell phone. 제 휴대전화로 전화해서요.
A. Through my secretary. 제 비서를 통해서요.
A. Via e-mail. 이메일을 통해서요.

Q. **How** can I **get to** the theater? 극장까지 어떻게 가나요? [**방법·수단**]
A. By bus. 버스로요.
A. The subway is your best option. 지하철이 최선의 선택이죠.

Q. **How was** the lecture? 강의는 어땠나요? [**의견**]
A. It was interesting. 재미있었어요.
A. It was too long. 너무 길었어요.

Q. **How do you like** your new assistant? 당신의 새 조수는 어때요? [**의견**]
A. She's nice. 괜찮아요.
A. He is still getting used to it. 그는 아직 적응하는 중이에요.

Q. **How did** your interview **go**? 면접은 어땠어요? [**상태: 진행 상황이나 결과**]
= **How was** your interview?
A. It went very well. 매우 잘 됐어요.
A. It was quite successful. 꽤 성공적이었어요.

Q. **How come** you didn't come to the party last night? 왜 어젯밤 파티에 안 오셨어요? [**이유**]
A. I had to work overtime. 야근을 해야 했어요.
A. I had to visit a client. 고객을 만나야 했어요.

2. How 뒤의 형용사·부사에 따라 질문의 내용과 응답이 다양하게 출제된다.

▸ How 의문문은 뒤에 바로 붙어 나오는 형용사나 부사에 따라 기간, 수량, 빈도, 시점, 거리 등 다양한 정보를 묻는 질문으로 출제된다.

▸ 질문은 주로 「How + (형용사/부사) + 조동사 + 주어 + 동사 ~?」 형태를 취하며, 반드시 「How + 형용사/부사」를 주의 깊게 들어야 한다.

Q. How long is the flight to London? 런던까지 비행시간이 얼마나 되나요? [기간]
A. About three hours. 대략 3시간이요.

Q. How many cups of coffee does the café sell? 그 카페는 커피를 몇 잔 판매하나요? [수량]
A. About a hundred daily. 매일 대략 100잔이요.

Q. How often do you go on business trips? 얼마나 자주 출장을 가나요? [빈도]
A. Once a month. 한 달에 한 번요.

Q. How soon will you be there? 언제쯤 거기에 갈 건가요? [시점]
A. I'll be there in about 5 minutes. 5분 안에 갈 거예요.

Q. How far is the post office from your home? 집에서 우체국까지 거리가 얼마나 되나요? [거리]
A. Around 10 miles away. 약 10마일 정도요.

3. 우회적인 응답과 빈출 오답 유형을 파악한다.

▸ '잘 모르겠습니다', '확인해 보겠습니다', '아직 결정되지 않았습니다' 등의 우회적인 정답이 출제된다.

▸ 다른 How 의문문에 어울리는 응답이 오답으로 출제된다.

Q. How is the new advertising campaign going? 새 광고가 어떻게 진행되고 있나요? [진행 상황을 묻는 질문]
A. John is in charge of it. 존이 담당이에요. [우회적인 응답]

Q. How much was the ticket? 티켓은 얼마였나요? [티켓 가격을 묻는 질문]
A. Ask someone at the information counter. ◉ 안내 창구에 있는 사람에게 물어보세요. [우회적인 응답]
A. Over 20 people. ✖ 20명 이상이요. [How many 의문문의 응답]

4. 「How about ~?」 제안 의문문은 Yes/No로 응답이 가능하다.

▸ Who, When, Where, What, Which, How, Why 의문사 의문문에서 Yes/No가 나오면 오답이지만, How about ~? (~하는 게 어때요?)은 제안 표현이기 때문에 Yes/No로 수락과 거절의 응답이 가능하다.

Q. How about taking a ten-minute break? 10분간 쉬는 거 어때요? [제안]
A. Yes, that sounds great. 네, 좋아요. [수락]

Q1 How

How did you find out about this job position?

(A) Yes, we have an office on Hart Street.
(B) We close on weekends.
(C) From the company website.

❶ 질문의 의문사 파악하기
How 뒤에 「조동사 + 주어 + 동사」가 오면 방법이나 수단을 묻는 질문이다.

❷ 질문의 핵심어와 정답 유형 파악하기
「**How** + did + **find out** + job position?」 일자리를 알게 된 방법을 묻고 있다.

❸ 오답 소거하기
(A) ✗ 의문사 의문문은 Yes/No로 대답할 수 없으므로 오답이다.
(B) ✗ 질문과 무관한 응답이다.
(C) ◉ 회사 웹사이트라고 하여 일자리를 알게 된 방법으로 대답했으므로 정답이다.

🎧 P2-18

Warm-up 질문을 듣고 알맞은 답을 고른 후, 빈칸을 채우세요. (대화는 세 번 들려줍니다.)

해설서 p.26

1. _____ the business convention?

(A) It was great. Thanks.   (B) That's why I go to Sydney often.

2. _____ do I _____ this bookshelf?

(A) Here's the manual.   (B) It's a newly published book.

3. _____ can you speak?

(A) Just two.   (B) I teach English.

Q2 How + 형용사/부사

How much was the new office desk?

(A) What was wrong with the old lady?
(B) Around 300 dollars.
(C) Next to the cabinets.

❶ 질문의 의문사 파악하기

How는 뒤에 오는 형용사나 부사에 따라 수량, 가격, 기간, 시점, 빈도, 거리 등 다양한 정보를 묻는 질문이다.

❷ 질문의 핵심어와 정답 유형 파악하기

「**How** + **much** + the new office desk?」 사무용 책상의 가격을 묻고 있다.

❸ 오답 소거하기

(A) ✘ 질문의 new를 듣고 연상할 수 있는 old를 이용한 오답이다.
(B) ◎ 약 300달러라며 금액으로 대답했으므로 정답이다.
(C) ✘ 질문의 office desk를 듣고 연상할 수 있는 cabinets를 이용한 오답이다.

---

4. _____ is your _____?

(A) To and from the office.   (B) Just two years or so.

5. _____ are the tickets to the basketball game?

(A) I'm so excited.   (B) Over 200 dollars.

6. _____ do I need to clean the storage room?

(A) For a month.   (B) At least twice a week.

⚙ 문제 풀이 전략 Why 의문문

1. Because, to부정사, For, Since, So (that)이 정답으로 출제된다.

▶ 이유: Because, Since, Because of, Due to (∼ 때문에)

▶ 목적: to부정사 (∼하기 위해서), For (∼을 위해서), so that (∼하기 위해서)

Q. Why is the library closed? 왜 도서관이 문을 닫았나요?
A. (Because) Today is a holiday. 오늘은 공휴일이니까요. [이유]
A. Due to the heavy snow. 폭설 때문에요. [이유]
A. To remodel their reading area. 열람 공간을 개조하기 위해서요. [목적]
A. For a system check. 시스템 점검을 위해서요. [목적]

2. 「Why don't you/we/I ∼?」 제안 의문문은 Yes/No로 응답이 가능하다.

▶ 「Why don't you/we/I ∼?」는 이유를 묻는 질문이 아니라 '∼하는 게 어때요?'라는 권유·제안 의문문이다.
따라서, 수락과 거절의 응답으로 출제된다.

▶ 「Why didn't you ∼?」는 '왜 ∼하지 않았나요?'라는 의미로 이유를 묻는 질문이라는 점에 주의한다.

Q. Why don't you come over for dinner tomorrow? 내일 저녁 식사하러 오시겠어요? [제안]
A. That sounds good. 좋아요. [수락]
A. Sorry, I have other plans. 죄송해요, 다른 계획이 있어요. [거절]

Q. Why didn't you come over for dinner yesterday? 왜 어제 저녁 식사에 오지 않으셨어요? [이유]
A. Because I had to meet a client. 고객을 만나야 했기 때문이에요. [이유]

3. 우회적인 응답과 빈출 오답 유형을 파악한다.

▶ '잘 모르겠습니다', '확인해 보겠습니다', '아직 결정되지 않았습니다' 등의 우회적인 답변이 나올 수 있다.

▶ Because, to부정사, For 등으로 시작해도 문맥상 어울리지 않는 이유로 오답으로 출제된다.

▶ 「Why don't you ∼?」 권유·제안 의문문에 이유로 답하는 응답이 오답으로 자주 출제된다.

Q. Why wasn't the manager at the meeting? 그 관리자가 왜 회의에 참석하지 않았나요? [이유]
A. I didn't know he didn't come. ⊙ 그가 안 왔는지 몰랐네요. [우회적인 응답]
A. Because he liked the proposal. ✗ 그가 그 제안서를 마음에 들어 했기 때문이에요. [문맥상 어울리지 않는 이유]

Q. Why don't you join us for lunch? 우리와 함께 점심을 먹는 게 어때요? [권유·제안]
A. Thanks, I'd love to. ⊙ 고마워요, 그러고 싶어요. [수락]
A. Because it's reserved. ✗ 예약되어 있어서요. [이유]

해설서 p.26

🎧 P2-19 | 미국 ↔ 영국 |

Q3 Why

Why is the Internet out on the 5th floor?

(A) I usually shop online.
(B) That will be 60 dollars a month.
(C) Because there's a power cut.

❶ 질문의 의문사 파악하기
Why는 뒤에 「조동사 + 주어 + 동사」나 「be동사 + 주어 ~」 형태를 취하여 이유나 목적을 묻는 질문이다.

❷ 질문의 핵심어와 정답 유형 파악하기
「**Why** + is + the **Internet** + **out**?」 인터넷이 안 되는 이유를 묻고 있다. Because (of) 등의 접속사나 전치사를 이용해서 대답하기도 하지만, 접속사 없는 일반 문장으로 정답이 출제될 때도 많다.

❸ 오답 소거하기
(A) ❌ 질문의 Internet을 듣고 연상할 수 있는 online을 이용한 오답이다.
(B) ❌ How much 의문문에 어울리는 응답이다.
(C) ⊙ 정전이 있었다며 이유로 대답했으므로 정답이다.

🎧 P2-20

Warm-up 질문을 듣고 알맞은 답을 고른 후, 빈칸을 채우세요. (대화는 세 번 들려줍니다.)

해설서 p.26

7. _____ is the repairperson here?

  (A) The AC is out of order.　　　　(B) For three hours.

8. _____ you _____ your oder yet?

  (A) I was waiting for you.　　　　(B) Yes, I ordered them yesterday.

9. _____ you at the seminar?

  (A) OK, I'll be there.　　　　(B) I had a client meeting.

10. _____ were the tree branches trimmed?

  (A) For safety reasons.　　　　(B) Providing some shade.

11. _____ Randolph Street _____ this morning?

  (A) It's not open.　　　　(B) There was an accident.

12. _____ I _____ this file?

  (A) You can just email it to me.　　　　(B) We have enough printer paper left.

음원 바로 듣기

해설서 p.28

🎧 P2-21　질문을 듣고 두 개의 답을 고른 후, 빈칸을 채우세요. (대화는 세 번 들려줍니다.)

1. _____ do you _____ the company headquarters?

(A)

(B)

(C)

2. _____ are there _____?

(A)

(B)

(C)

3. _____ your presentation _____?

(A)

(B)

(C)

4. _____ Sara _____ to the Bristol office?

(A)

(B)

(C)

5. _____ have you _____ here?

(A)

(B)

(C)

6. _____ at the team meeting this morning?

(A)

(B)

(C)

7. _____ the office _____ yet?

(A)

(B)

(C)

8. _____ you _____ Philip Robinson?

(A)

(B)

(C)

9. _____ have a meeting with Joanne?

(A)

(B)

(C)

10. _____ the work so far?

(A)

(B)

(C)

11. _____ Jenny _____ these boxes?

(A)

(B)

(C)

12. _____ our _____ last quarter?

(A)

(B)

(C)

🎧 P2-22 질문을 듣고 가장 알맞은 답을 고르세요.   해설서 p.29

1. Mark your answer on your answer sheet.   (A)   (B)   (C)

2. Mark your answer on your answer sheet.   (A)   (B)   (C)

3. Mark your answer on your answer sheet.   (A)   (B)   (C)

4. Mark your answer on your answer sheet.   (A)   (B)   (C)

5. Mark your answer on your answer sheet.   (A)   (B)   (C)

6. Mark your answer on your answer sheet.   (A)   (B)   (C)

7. Mark your answer on your answer sheet.   (A)   (B)   (C)

8. Mark your answer on your answer sheet.   (A)   (B)   (C)

9. Mark your answer on your answer sheet.   (A)   (B)   (C)

10. Mark your answer on your answer sheet.   (A)   (B)   (C)

11. Mark your answer on your answer sheet.   (A)   (B)   (C)

12. Mark your answer on your answer sheet.   (A)   (B)   (C)

How·Why 의문문 필수 표현 EXPRESSION

1. How 의문문 필수 표현

대표 질문	**Q.** How long have you been playing tennis? 테니스 치신 지는 얼마나 되셨나요? **A.** One week. 일주일이요. **Q.** How many people will attend the seminar? 몇 명이 세미나에 참석할 건가요? **A.** About 30. 약 30명이요. **Q.** How much did you pay for parking? 주차비로 얼마 내셨어요? **A.** Around 15 dollars. 15달러 정도요. **Q.** How often do you buy a new phone? 얼마나 자주 핸드폰을 구매하세요? **A.** Usually once a year. 보통 1년에 한 번이요. **Q.** How far is it to the museum from here? 여기서 박물관이 얼마나 먼가요? **A.** You can speak to the information desk staff. 안내 데스크 직원에게 얘기해 보세요.

대표 표현	**≫ 빈도 관련 어휘**

every day / daily 매일	every month / monthly 매월
every three months / quarterly 매 분기	every year / yearly 매년
every Saturday 매주 토요일마다	every other week 2주마다
twice a week 일주일에 두 번	once a month 한 달에 한 번

≫ 기간 관련 어휘

half an hour 30분	about 3 hours 약 세 시간	an hour 1시간
for 5 years 5년 동안	an hour and a half 1시간 반	for several years 수년간

2. Why 의문문 필수 표현

대표 질문	**Q.** Why is James leaving the firm? 왜 제임스가 회사를 그만두나요? **A.** I heard it was too far to go to work. 일하러 가기 너무 멀다고 들었어요. **Q.** Why was the meeting rescheduled? 왜 회의 일정이 변경됐나요? **A.** Because of the blizzard. 눈보라 때문에요. **Q.** Why didn't you come to the seminar? 왜 세미나에 오지 않으셨어요? **A.** I missed my train. 기차를 놓쳤어요. **Q.** Why isn't there a free shuttle service here? 왜 여기엔 무료 셔틀 서비스가 없나요? **A.** I have no idea. 모르겠어요.

대표 표현	holiday 휴일	traffic jam 교통 체증
	sick 아픈	renovation 개조, 보수
	remodel 개조하다	updated 최신의
	outdated 구식의	assignment 과제, 업무
	miss 놓치다	meet a deadline 마감 일에 맞추다
	work overtime 초과 근무하다	postpone 연기하다, 미루다
	efficient 효율적인	approval 승인

일반·부정·부가 의문문

 음원 바로 듣기

Be동사, Do, Have, Will, Can 등으로 시작하는 일반 의문문은 사실 여부를 확인하는 질문이다. 의문사 의문문과 달리 Yes/No로 대답이 가능하며, 매회 3~4문제 출제된다. 부정 의문문은 「Be동사/조동사 + not」으로 시작하는 의문문이고, 부가 의문문은 평서문 뒤에 꼬리말이 붙는다. 부정·부가 의문문은 특정 사실이나 계획 등을 확인하거나 의견의 동의를 구할 때 쓰이는 의문문이며, 매회 2~3문제가 출제된다.

⚙ 문제 풀이 전략 일반 의문문

1. 일반 의문문에서는 Yes/No 응답이 가능하다.

▶ Yes/No 뒤에 부연 설명을 덧붙인 응답이 정답으로 나오며, Yes/No를 생략한 응답도 자주 출제된다.

▶ 의문문의 첫 단어인 조동사 Be·Do·Have 등의 시제를 정확하게 듣고, 내용상 알맞은 시제로 응답한다.

▶ 질문의 핵심어인 주어, 동사, 목적어를 듣고 질문의 전체 내용을 파악해야 한다.

▶ Yes/No를 뜻하는 Sure/I think so/I hope so/I don't think so/I hope not/I doubt it 등의 응답이 자주 출제된다.

Q. Are you attending the seminar? 세미나에 참석하실 건가요?
A. (Yes,) I am planning to. (네.) 그럴 계획이에요. **[(Yes/No) + 부연 설명]**

Q. Did Mr. Spencer return from his business trip? 스펜서 씨가 출장에서 돌아왔나요?
A. (Yes,) He came back yesterday. (네.) 그는 어제 돌아왔어요. **[과거 시제 응답]**
A. (Yes,) He's in his office now. (네.) 그는 지금 사무실에 있어요. **[현재 시제 응답]**
A. (No,) He will be back next Monday. (아니요.) 그는 다음 주 월요일에 돌아올 거예요. **[미래 시제 응답]**

2. Be동사 의문문

▶ Be동사(Is, Are, Was, Were)와 주어를 듣고 알맞은 시제와 인칭으로 응답해야 한다.

▶ 주로 「Be동사 + 주어 + 형용사/명사/V-ing/p.p. ~?」 형태를 취하며, 동사, 형용사, 그리고 명사를 반드시 들어야 한다.

▶ 현재진행형인 「Be동사 + V-ing」과 「be going to + V」는 앞으로의 일정이나 가까운 미래의 계획을 나타내는 표현으로 쓰인다.

「Be동사 + 주어 + 형용사?」 ···▸ '주어'가 '형용사'한가요?
Q. Are you **free** after work? 퇴근 후에 시간 있으신가요?
A. (No,) I have to work overtime tonight. (아니요.) 오늘 밤 야근을 해야 돼요.

「Be동사 + 주어 + 명사?」 ···▸ '주어'가 '명사'인가요?
Q. Is he the new **sales manager**? 그가 새로 온 영업부장인가요?
A. Yes, we hired him last week. 네, 지난주에 그분을 채용했어요.

「Be동사 + 주어 + p.p.?」 ⟶ '주어'가 '과거분사(p.p.)'되나요?

Q. Is the fax machine still **broken**? 팩스 기계는 아직도 고장 난 상태인가요?

A. (No,) It's been fixed this morning. (아니요.) 오늘 아침에 수리됐어요.

「Be동사 + 주어 + V-ing?」 ⟶ '주어'가 '동사' 중인가요?

Q. Are you **working** on the project? 프로젝트는 진행 중인가요?

A. (No,) I need to handle another urgent assignment. (아니요.) 제가 다른 급한 일을 처리해야 해서요.

「Be동사(과거시제) + 주어 + V-ing?」 ⟶ '주어'가 '동사' 중이었나요?

Q. Was she **preparing** dinner? 그녀가 저녁을 준비하고 있었나요?

A. (Yes,) It should be ready soon. (네,) 곧 준비가 될 거예요.

「Be동사 + 주어 + V-ing?」 ⟶ '주어'가 '동사'할 건가요?

Q. Is Ms. Brown **coming** to the budget meeting? 브라운 씨는 예산 회의에 올 건가요?

A. (No,) Mr. Kim will be attending in her place. (아니요.) 김 씨가 그녀 대신 참석할 거예요.

「Be동사 + 주어 + going to + V?」 ⟶ '주어'가 '동사'할 계획인가요?

Q. Are we **going to buy** a new scanner? 우리는 새 스캐너를 구입할 건가요?

A. Yes, the company will pay for it. 네, 회사가 돈을 지불할 거예요.

「Be동사 + 주어 + supposed to + V?」 ⟶ '주어'가 '동사'해야 하나요?

Q. Is everyone **supposed to attend** the training session? 모두 교육에 참석해야 하나요?

A. (No,) Only new employees are required to participate. (아니요.) 신입 직원들만 참석하면 돼요.

「Be동사 + there + 주어?」 ⟶ '주어'가 있나요?

Q. Are there any **messages** for me? 제게 온 메시지가 있나요?

A. (Yes,) I will forward them to you now. (네,) 제가 지금 그것들을 전달해 드릴게요.

3. Do동사 의문문

▸ 주어의 인칭과 시제에 따라 Do(1인칭, 2인칭, 3인칭 복수), Does(3인칭 단수), Did(과거)로 시작한다.

▸ Do동사를 단서로 질문의 시제를 정확하게 파악한 후, 뒤따라오는 주어와 동사, 목적어를 들어야 한다.

Q. Do I need to make payment in advance? 미리 지불해야 하나요? [1인칭]

A. No, you can pay on the spot. 아니요, 현장에서 지불하시면 돼요.

Q. Do you carry this sweater in a different color? 이 스웨터는 다른 색상이 있나요? [2인칭]

A. Which color are you looking for? 어떤 색을 찾으시나요?

Q. Does the **president** want to see the facility? 사장님이 시설을 보고 싶어 하시나요? [3인칭]

A. Ask Mr. Johnson. 존슨 씨에게 물어보세요.

Q. Did you check your e-mail? 이메일을 확인하셨어요? [과거]

A. Of course, I did. 물론이죠, 확인했어요.

4. Have동사 의문문

▶ Have동사로 시작하는 의문문은 모두 '완료'나 '경험' 여부를 묻는 질문이므로, Have/Has 뒤에 나오는 주어와 동사에 집중해서 듣는다.

▶ Have동사로 시작하는 의문문에 대한 긍정적인 대답은 다양하지만, 부정적인 대답은 보통 '아직 ~ 아니다'라고 해석되는 Not yet이 자주 출제된다.

▶ 'Have/Has + not'의 축약형인 Haven't/Hasn't의 발음에 유의해서 듣는다.

「Have/Has + 주어 + p.p.?」 ···▸ '주어'가 '과거분사(p.p.)' 했나요? [완료]

Q. **Have** you **sent** the packages to Paul? 폴에게 소포 보내셨나요?
A. (Yes,) I sent them this morning. (네,) 오늘 아침에 보냈어요.

Q. **Have** you **reviewed** the annual report? 연례 보고서 검토하셨나요?
A. (No,) I've been too busy. (아니요,) 제가 너무 바빴어요.

「Have/Has + 주어 + p.p.?」 ···▸ '주어'가 '과거분사(p.p.)'해 봤나요? [경험]

Q. **Has** Karen **been** to our new branch? 캐런이 우리 새 지점에 와 봤나요?
A. No, she hasn't. 아니요, 그녀는 안 와 봤어요.

5. 조동사 의문문: Will(Would), Can(Could), Should, May

▶ Will/Can/Would/Could/Should/May ~? 의문문은 '예상, 추측, 가능(~할 것인가요?, ~할 수 있나요?)'을 묻는 질문으로 제안·요청·제공을 묻는 요청 의문문에 더 자주 출제된다.

▶ Can I ~?와 May I ~?는 '허락(~해도 되나요?, ~할까요?)'을 묻고, Should I ~?는 '의무나 제안(~해야 하나요?, ~할까요?)'을 묻는다.

Q. **Will you** review the proposals again? 그 제안서들을 당신이 다시 검토할 건가요? [예상]
A. No, Jane will probably do it. 아니요, 아마도 제인이 할 거예요.

Q. **Can you** translate the contract into French? 계약서를 불어로 번역할 수 있어요? [가능]
A. Let me take a look at it first. 먼저 좀 볼게요.

Q. **Can I** see Dr. Swain on Thursday? 스웨인 박사님을 목요일에 봬도 되나요? [허락]
A. What time would you like to come? 몇 시에 오고 싶으세요?

Q. **Should I** send you the document today? 오늘 서류를 당신에게 보내 드려야 하나요? [의무]
A. Tomorrow is fine. 내일 보내 주셔도 괜찮아요.

Q. **Should we** get tickets for the basketball game? 우리 농구 경기 표를 살까요? [제안]
A. That's a great idea. 좋은 생각이에요.

Q. **May I** ask you some questions? 몇 가지 여쭤봐도 될까요? [허락]
A. Sure, go ahead. 물론이죠, 말해 보세요.

6.

우회적인 응답과 빈출 오답 유형을 파악한다.

▸ '잘 모르겠습니다', '확인해 보겠습니다', '아직 결정되지 않았습니다' 등의 우회적인 답변이 나올 수 있다.

▸ Yes/No와 뒤에 오는 부연 설명이 논리적으로 연결되지 않는 오답이 출제된다.

▸ 질문의 시제와 일치하지 않는 응답이 오답으로 출제된다.

▸ 질문에 사용된 단어를 반복 사용하거나 유사한 발음 또는 연상하기 쉬운 단어를 이용한 오답이 자주 출제된다.

Q. **Are you** transferring to the Beijing office? 베이징 지사로 전근 가시나요?

A. I'm still deciding. ⊙ 아직도 정하고 있어요. [우회적인 응답]

Q. **Are you going** to the office party tonight? 오늘 저녁 사무실 회식에 가세요? [앞으로 할 일을 묻는 질문]

A. No, I'm expecting it. ✕ 아니요, 기대하고 있어요. [비논리적인 부연 설명]

A. Yes, I went to the party. ✕ 네, 파티에 갔어요. [시제 불일치]

A. Only managers will attend. ⊙ 매니저들만 참석할 거예요. [우회적인 응답]

Q. Will you **interview** the candidates? 후보들을 면접할 건가요?

A. How did the interview go? ✕ 면접은 어떻게 됐나요? [질문에 사용된 단어 반복]

A. Didn't you receive the e-mail about that? ⊙ 그것에 대한 이메일을 못 받았어요? [우회적인 응답]

해설서 p.31

🎧 P2-23 [호주 ↔ 미국]

Q1 Be동사 의문문

Is Mr. Jones going to give a speech?

(A) That's what I heard.
(B) He is leaving soon.
(C) The speaker was not working.

❶ 질문을 시작하는 Be동사와 시제 파악하기

「Be동사 + 주어 + going to + V ~?」는 미래의 일을 묻는 질문이다.

❷ 질문의 핵심어 파악하기

「**Mr. Jones** + **give a speech**」 존스 씨가 연설을 할 예정인지를 묻고 있다.

❸ 오답 소거하기

(A) ⊙ 그렇게 들었다고 말하며 존스 씨가 연설을 할 것임을 암시하고 있으므로 정답이다.

(B) ✘ 그가 곧 떠날 것이라는 대답은 논리적으로 맞지 않으므로 오답이다.

(C) ✘ give a speech에서 연상되는 단어 speaker(스피커)를 이용한 오답이다.

🎧 P2-25

Warm-up 질문을 듣고 알맞은 답을 고른 후, 빈칸을 채우세요. (대화는 세 번 들려줍니다.)

해설서 p.31

1. _____ parking permitted here?

(A) He is shopping for a new car.　　(B) Yes, but only for 30 minutes.

2. _____ the bus on platform 13 going to Cleveland?

(A) I can give you a ride to the terminal. (B) Yes, and it is departing in 10 minutes.

3. _____ a convenience store nearby?

(A) I don't think so.　　(B) A variety of drinks.

Q2 Do동사 의문문

Did you review the document I sent you?

(A) Not yet, but I will this afternoon.
(B) The employment agreement.
(C) Yes, I think so too.

❶ 질문을 시작하는 조동사와 시제 파악하기

「Did + 주어 + ~?」는 과거에 한 일을 묻는 질문이다.

❷ 질문의 핵심어 파악하기

「**you** + **review** + document」 서류를 검토했는지 묻고 있다.

❸ 오답 소거하기

(A) ◎ Not yet(아직 검토하지 않았다)으로 답한 후, 하지만 오늘 오후에 할 거라고 부연 설명했으므로 정답이다.

(B) ✗ 질문의 document를 듣고 연상할 수 있는 agreement를 이용한 오답이다.

(C) ✗ Yes로 답했지만 뒤에 이어지는 내용이 질문과 맞지 않으므로 오답이다.

....

4. _____ you _____ the laboratory results?

(A) I've never been to the resort.　　(B) They're on my desk.

5. _____ you _____ a restaurant reservation?

(A) The subway station is close by.　　(B) I think Elaine already did.

6. _____ you _____ the firm's customer _____?

(A) Yes, at least twice a day.　　(B) We received many complaints.

Q3 Have동사 의문문

Have the ovens in the kitchen been cleaned?

(A) It should be in the cargo container.
(B) Yes, Melissa did it this morning.
(C) I threw it out in the garbage bag.

① 질문을 시작하는 조동사와 시제 파악하기
「Have + 주어 + ∼?」는 이미 완료한 일이나 경험한 일을 묻는 질문이다.

② 질문의 핵심어 파악하기
「**the ovens + cleaned**」 오븐이 청소되었는지 묻고 있다.

③ 오답 소거하기
(A) ✖ 질문의 kitchen을 듣고 연상할 수 있는 container를 이용한 오답이다.
(B) ⦿ Yes(청소했다)라고 답한 후 오늘 아침에 했다고 부연 설명한 정답이다.
(C) ✖ 질문의 cleaned를 듣고 연상할 수 있는 garbage bag을 이용한 오답이다.

🎧 P2-28

Warm-up 질문을 듣고 알맞은 답을 고른 후, 빈칸을 채우세요. (대화는 세 번 들려줍니다.)   해설서 p.31

7. _____ the dentist already _____ your teeth?

(A) Yes, and she said they're in great condition.　　(B) A certificate in dental assisting.

8. _____ the _____ repaired the _____?

(A) Yes, he's all done now.　　(B) It's under the sink.

9. _____ you _____ the new _____ yet?

(A) Fifty copies in color, please.　　(B) I finished that yesterday.

Q4 조동사 의문문

Will the lobby remodeling be finished by the end of the year?

(A) It's right down the hallway.
(B) Yes, we're hoping to finish next year.
(C) No, there have been some delays.

❶ 질문을 시작하는 조동사와 시제 파악하기
「Will + 주어 + ~?」는 앞으로 할 일을 묻는 질문이다.

❷ 질문의 핵심어 파악하기
「**lobby remodeling** + be finished + **by the end of the year**」 로비 리모델링이 연말에는 완료될지 묻고 있다.

❸ 오답 소거하기
(A) ❌ 질문의 lobby를 듣고 연상할 수 있는 hallway를 이용한 오답이다.
(B) ❌ Yes(연말에는 공사가 완료된다)라고 답했는데, 완료 희망 시점을 내년으로 말했으므로 오답이다.
(C) ⭕ No(연말에 공사가 완료되지 않는다)로 답하고, 약간 지연됐다고 부연 설명한 정답이다.

---

10. _____ I _____ anything else to the convention?

(A) Did we pack enough brochures?　(B) Most likely in the convention center.

11. _____ Ms. Gladden be _____ today?

(A) Yes, you won't have to wait much longer.　(B) It should be on your desk.

12. _____ the new employee orientation _____ by 7:30?

(A) The schedule was emailed to you.　(B) No, the morning meeting.

🔧 문제 풀이 전략 │ 부정·부가 의문문

1. 부정 의문문

▸ Be동사(Is, Are, Was, Were), Do동사(Do, Does), Have동사(Have, Has) 등에 부정어 not을 붙여 시작하는 의문문으로, 주로 특정 사실이나 계획 등을 확인할 때 사용된다.

▸ 부정의 의미를 생략하고 일반 의문문처럼 해석하며, 대답의 내용이 긍정이면 Yes, 부정이면 No로 대답한다.

Q. Isn't there a workshop scheduled this afternoon? 오늘 오후에 예정된 <u>워크숍이 있지 않나요?</u>
⋯→ 워크숍이 있죠?
A. Yes, in the auditorium. 네, 강당에서 있습니다.

Q. Aren't you going to join us tonight? 오늘 밤에 우리와 <u>함께 가지 않을 건가요?</u>
⋯→ 함께할래요?
A. No, I have other plans. 아니요, 다른 계획이 있어요.

Q. Wasn't this jacket more expensive last month? 지난달에 이 재킷이 <u>더 비싸지 않았어요?</u>
⋯→ 더 비쌌죠?
A. Yes, the price went down recently. 네, 최근에 가격이 내렸어요.

Q. Weren't the office carpets cleaned over the weekend? 주말에 사무실 카펫이 <u>청소되지 않았나요?</u>
⋯→ 청소되었나요?
A. There are a few stains left. 얼룩들 몇 개가 남아있습니다.

Q. Don't you need to take a break? <u>쉬어야 하지 않아요?</u> ⋯→ 쉬어야죠?
A. Yes, but I have a lot of work. 네, 그렇지만 일이 많아요.

Q. Didn't you cancel this afternoon's interview? 오늘 오후 면접을 <u>취소하지 않았나요?</u>
⋯→ 취소했죠?
A. It was rescheduled to tomorrow. 내일로 변경됐어요.

Q. Doesn't Ms. Yang work for a law firm? 양 씨가 법률 회사에 <u>다니지 않나요?</u>
⋯→ 다니죠?
A. No, she retired last year. 아니요, 그녀는 지난해에 은퇴했어요.

Q. Haven't you found your address book yet? 주소록을 아직 <u>못 찾으셨나요?</u>
⋯→ 찾으셨나요?
A. No, and I looked everywhere. 아니요, 모든 곳을 다 찾아 봤습니다.

Q. Hasn't Amy returned from vacation? 에이미가 휴가에서 <u>돌아오지 않았어요?</u>
⋯→ 돌아왔죠?
A. I believe she has. 그녀가 돌아온 걸로 아는데요.
A. No, not yet. 아니요, 아직이요.

2. 부가 의문문

▸ 주로 말하는 사람이 이미 알고 있는 사실이나 정보에 대해 상대방의 동의나 확인을 구할 때 쓰이는 의문문으로, 평서문 뒤에 꼬리말처럼 붙는다.

▸ 긍정의 문장 뒤에는 부정의 부가 의문문이, 부정의 문장 뒤에는 긍정의 부가 의문문이 붙는다.

▸ 부정의 의미를 생략하고 일반 의문문처럼 해석하며, 대답이 긍정이면 Yes, 부정이면 No로 대답한다.

Q. You **are** going to be free this month, **aren't you**? 당신은 이번 달에 **한가하죠, 그렇지 않나요?**
                                                    ⋯ 한가하죠?
A. Yes, I'll be free. 네, 시간이 될 거예요.
A. No, I'm in charge of a new project. 아니요, 신규 프로젝트를 담당하고 있어요.

Q. You **didn't** leave anything important on the table, **did you**?
탁자 위에 중요한 것을 **아무것도 남겨 두지 않으셨죠, 그렇죠?** ⋯ 남겨 두셨죠, 그렇죠?
A. No, I took it all. 아니요, 제가 다 챙겼어요.
A. Sorry, I forgot to bring my glasses. 죄송해요, 안경을 가져오는 것을 잊었네요.

Q. We **should** clean the office today, **shouldn't we**?
우리가 오늘 사무실을 **청소해야 하죠, 그렇지 않나요?** ⋯ 청소하죠?
A. You're right. Let's do it after lunch. 맞아요, 점심 먹고 하죠.
A. I don't think we have enough time. 시간이 충분하지 않을 것 같은데요.

Q. You **haven't** been to this city before, **have you**? 전에 이 도시에 **와 본 적이 없죠, 그렇죠?**
                                                    ⋯ 와 보셨죠, 그렇죠?
A. Yes, two years ago. 네, 2년 전에요.
A. No, it's my first time. 아니요, 처음이에요.

3. 우회적인 응답과 빈출 오답 유형을 파악한다.

▸ '잘 모르겠습니다', '확인해 보겠습니다', '아직 결정되지 않았습니다' 등의 우회적인 답변이 나올 수 있다.

▸ 질문에 사용된 단어를 동일하게 언급하는 오답이 출제된다.

▸ 질문에 사용된 단어를 듣고 연상하기 쉬운 단어를 사용한 오답이 출제된다.

Q. **Weren't you** aiming to finish the proposal today? 그 제안서를 오늘 **끝내기로 하지 않으셨나요?**
A. The deadline has been postponed. ⊙ 마감일이 연기됐어요. [우회적인 응답] ⋯ 끝내기로 했죠?

Q. Didn't you like the hotel you **stayed** in? 머물렀던 호텔이 **마음에 들지 않았나요?** ⋯ 마음에 들었죠?
A. I hope it stays like this. ✕ 계속 이대로 가면 좋겠어요. [질문에 사용된 단어 반복]
A. The Wi-Fi connection was really terrible. ⊙ 와이파이 연결이 정말 형편없었어요. [우회적인 응답]

Q. You will be away on **vacation** next week, won't you? 다음 주에 **휴가 갈 거죠, 그렇지 않나요?**
A. At the travel agency. ✕ 여행사에서요. [질문으로부터 연상 가능한 단어] ⋯ 휴가 가죠?
A. I'm still thinking about it. ⊙ 저는 아직 생각 중이에요. [우회적인 응답]

🎧 P2-29 영국 ↔ 미국

Q5 부정 의문문

Haven't you operated this machinery before?

(A) I bought a new washing machine.
(B) Yes, our operations are expanding.
(C) No, I haven't learned how.

1 질문을 시작하는 조동사와 시제 파악하기

「Haven't + 주어 + ~?」는 과거의 경험에 대한 여부를 묻는 질문이다.

2 질문의 핵심어 파악하기

「you + **operated** + **machinery**」 기계를 조작해 본 적이 있는지를 묻고 있다.

3 오답 소거하기

(A) ❌ 질문의 machinery와 발음이 유사한 machine을 이용한 오답이다.
(B) ❌ 질문의 operated와 발음이 유사한 operations를 이용한 오답이다.
(C) ⭕ 조작해 본 적 없다는 No로 답한 후, 방법을 배운 적이 없다고 알맞게 대답했으므로 정답이다.

🎧 P2-31

. . . .

Warm-up 질문을 듣고 알맞은 답을 고른 후, 빈칸을 채우세요. (대화는 세 번 들려줍니다.)   해설서 p.32

13. _____ bookshelves here?

(A) Yes, but they're out of stock.   (B) The library is closed for maintenance.

14. _____ the staff meeting tomorrow morning?

(A) For a larger staff lounge.   (B) My client's coming in at 10.

15. _____ Marco at the _____ this morning?

(A) I don't remember.   (B) No, he's a marketing manager.

Q6 부가 의문문

The beverages at this coffee shop are delicious, aren't they?

(A) Yes, this place is great.
(B) No, I don't know how much they cost.
(C) Here, take my credit card.

1 질문 끝부분의 조동사와 시제 파악하기
「~, aren't + 주어?」는 사실 여부를 확인하는 질문이다.

2 질문의 핵심어 파악하기
「**beverages** + this coffee shop + **delicious**」 여기 커피숍의 음료가 맛있는지를 확인하고 있다.

3 오답 소거하기
(A) ◎ 맛있다는 Yes로 답한 후, 여기 정말 좋다는 부연 설명이 적절하므로 정답이다.
(B) ✖ 질문의 beverages, coffee shop을 듣고 연상할 수 있는 how much they cost를 이용한 오답이다.
(C) ✖ 질문의 beverages, coffee shop을 듣고 연상할 수 있는 take my credit card를 이용한 오답이다.

---

16. Rachel's office _____ this floor, isn't it?

(A) Yes, it needs another chair.　　　(B) She moved to the 7th floor last month.

17. The new executive director _____ soon, won't he?

(A) Yes, he'll be here on Thursday.　　(B) It's roughly 30 minutes away.

18. Ms. Yuiko _____ the _____ for the meeting, didn't she?

(A) About 15 slides.　　　　　　　　(B) No, I did.

🎧 P2-32　질문을 듣고 두 개의 답을 고른 후, 빈칸을 채우세요. (대화는 세 번 들려줍니다.)　　　해설서 p.34

1. _____ to the Chicago World Expo?

(A)

(B)

(C)

2. Our _____ are better than last year's, _____?

(A)

(B)

(C)

3. _____ be out of town this weekend?

(A)

(B)

(C)

4. _____ the final program, _____ you?

(A)

(B)

(C)

5. _____ from the _____ yet?

(A)

(B)

(C)

6. _____ going to be _____ this year, _____ it?

(A)

(B)

(C)

7. _____ these _____ to your office?

(A)

(B)

(C)

8. _____ you _____ the new _____?

(A)

(B)

(C)

9. _____ the _____ to the employees yesterday?

(A)

(B)

(C)

10. _____ have Tula's _____?

(A)

(B)

(C)

11. _____ you _____ the _____ suitcase as this one?

(A)

(B)

(C)

12. _____ you have a chance to _____ your new _____?

(A)

(B)

(C)

Practice

🎧 P2-33 질문을 듣고 가장 알맞은 답을 고르세요.   해설서 p.36

1. Mark your answer on your answer sheet.   (A)   (B)   (C)

2. Mark your answer on your answer sheet.   (A)   (B)   (C)

3. Mark your answer on your answer sheet.   (A)   (B)   (C)

4. Mark your answer on your answer sheet.   (A)   (B)   (C)

5. Mark your answer on your answer sheet.   (A)   (B)   (C)

6. Mark your answer on your answer sheet.   (A)   (B)   (C)

7. Mark your answer on your answer sheet.   (A)   (B)   (C)

8. Mark your answer on your answer sheet.   (A)   (B)   (C)

9. Mark your answer on your answer sheet.   (A)   (B)   (C)

10. Mark your answer on your answer sheet.   (A)   (B)   (C)

11. Mark your answer on your answer sheet.   (A)   (B)   (C)

12. Mark your answer on your answer sheet.   (A)   (B)   (C)

1. 일반 의문문 필수 표현

대표 질문	**Q.** Are you happy with your computer software? 당신의 컴퓨터 소프트웨어에 만족하시나요? **A.** Yes, it works fine. 네, 잘 작동합니다. **Q.** Did you get the company-wide memo? 전사 메모를 받으셨나요? **A.** Let me check with the computer. 컴퓨터로 확인해 볼게요. **Q.** Can I borrow a hammer? 제가 망치를 빌려도 될까요? **A.** I left my tools at home. 제 도구들을 집에 놔두고 왔습니다. **Q.** May I ask why you are returning it? 반품하실 이유를 들을 수 있을까요? **A.** It doesn't fit well. 사이즈가 맞지 않아요.

대표 표현	attend 참석하다	take a look 살펴보다	review 검토하다
	plan to ~할 계획이다	fix 고치다, 수리하다	better 더 나은
	change 변경하다	try 시도해 보다	set up 설치하다
	find out ~을 알게되다	hear 듣다	remember 기억하다

2. 부정 의문문 필수 표현

대표 질문	**Q.** Haven't you completed your project? 당신의 프로젝트를 끝내신 게 아니었나요? **A.** No, give me a few minutes, please. 아니요, 몇 분만 기다려 주세요. **Q.** Isn't this room too large for our meeting? 이 공간은 저희 회의를 위해 너무 크지 않나요? **A.** No, it will be fine. 아니요, 괜찮을 거예요. **Q.** Shouldn't I remind Joanne about the due date? 제가 조앤에게 마감일을 상기시켜야 하지 않을까요? **A.** I don't think it is necessary. 그럴 필요까지는 없을 것 같습니다.

대표 표현	already 이미	still 아직	done 완료된
	fix 고치다	complete 완료하다	due ~하기로 예정된
	finish 끝내다	draft 시안, 초안	have a chance to ~할 기회를 가지다
	coworker 직장 동료	send 보내다	retire 은퇴하다, 퇴직하다

3. 부가 의문문 필수 표현

대표 질문	**Q.** You haven't hired a director yet, have you? 당신은 아직 책임자를 고용하지 않았죠, 그렇죠? **A.** No, I'm waiting for the right person. 네, 아직 적임자를 기다리고 있어요. **Q.** The art class was fun, wasn't it? 미술 수업이 재밌었죠, 그렇지 않나요? **A.** Absolutely, I really enjoyed myself. 물론이죠, 정말로 즐거웠습니다. **Q.** You'll be at the press conference, won't you? 기자 회견에 나오시죠, 그렇지 않나요? **A.** No, I'm very busy these days. 아니요, 저는 요즘 매우 바쁩니다.

대표 표현	repair 수리하다	reschedule 일정을 변경하다	postpone 연기하다
	cancel 취소하다	manager 매니저, 담당자	seminar 세미나
	remember 기억하다	launch 출시하다	project 프로젝트
	in charge of ~을 담당하다	take care of ~을 처리하다	be supposed to ~하기로 되어있다

음원 바로 듣기

UNIT 08 선택 의문문·제안· 요청·제공 의문문

선택 의문문은 두 개의 선택 사항을 or로 연결해서 묻는 의문문으로 매회 2~3문제 출제된다. 제안·요청· 제공 의문문은 상대방에게 어떤 일을 제안하거나 권유할 때, 또는 상대방에게 호의를 베풀거나 부탁 또는 허가를 구할 때 사용하며, 매회 2~3문제가 출제된다.

⚙ 문제 풀이 전략 선택 의문문

1. 두 가지 선택 사항 중 하나를 선택한 응답이 출제된다.

▸ 둘 중의 하나를 선택하는 응답은 질문에 나온 단어가 반복될 수 있다는 점에 유의한다.

Q. Have you **contacted the marketing agency**, or do you want me to **call them**?
마케팅 대행사에 연락했습니까, 아니면 제가 연락해 볼까요?

A. I sent an e-mail yesterday. 어제 이메일을 보냈습니다. [둘 중 하나를 선택한 응답]

Q. Would you like **my phone number** or **e-mail address**?
제 전화번호를 알려 드릴까요, 아니면 이메일 주소를 알려 드릴까요?

A. E-mail would be more convenient. 이메일이 더 편리할 것 같아요. [반복된 어휘 응답]

2. 둘 다 선택 가능한 응답이 출제된다.

▸ 둘 다 괜찮다는 의미로 질문에 언급된 두 개의 선택 사항을 모두 수락하며 응답한다.

Q. Do you prefer working **in a team** or **alone**? 팀으로 일하는 게 좋으세요, 아니면 혼자 일하는 게 좋으세요?

A. I enjoy both. 둘 다 좋아해요. [둘 다 선택: both]

Q. Should we **go out for lunch**, or do you want to **eat in the cafeteria**?
밖에 나가서 점심을 먹을까요, 아니면 구내식당에서 먹고 싶으세요?

A. Either is fine with me. 어디든 괜찮아요. [아무거나 상관없다: either]

3. 둘 다 선택하지 않거나 제3의 응답이 출제된다.

▸ 질문에 언급된 선택 사항 모두 선택하지 않거나 이전에 언급되지 않은 제3의 선택 사항을 제시하며 응답한다. 또는 선택권을 상대방에게 위임하기도 한다.

Q. Do you want to play **tennis** or **baseball**? 테니스를 치고 싶으세요, 아니면 야구를 하고 싶으세요?

A. Neither. I'm too tired. 둘 다 아니에요, 저는 너무 피곤해요. [둘 다 거절: neither]

A. It's up to you. 당신에게 달려 있어요. [선택권을 상대방에게 위임]

Q. Is the report due **this week** or **next week**? 보고서 마감일이 이번 주인가요, 아니면 다음 주인가요?

A. Actually, the deadline has been extended. 실은, 마감일이 연장되었어요. [제3의 선택]

Q1 선택 의문문

Should we watch the movie on Saturday or Sunday?

(A) A documentary film about whales.
(B) The theater on Argyle Street.
(C) Sunday would work better.

1 질문의 핵심어 파악하기

「**Should** we **watch** ~ on Saturday **or** Sunday?」토요일에 볼지, 일요일에 볼지 두 가지 선택권을 제시하고 선택을 요구하는 질문이다.

2 오답 소거하기

(A) ❌ 질문의 movie를 듣고 연상할 수 있는 documentary film을 이용한 오답이다.
(B) ❌ 질문의 movie를 듣고 연상할 수 있는 theater를 이용한 오답이다.
(C) ⭕ 일요일이 나을 것 같다며 후자를 선택했으므로 정답이다.

🎧 P2-35

Warm-up 질문을 듣고 알맞은 답을 고른 후, 빈칸을 채우세요. (대화는 세 번 들려줍니다.) 해설서 p.38

1. _____ you _____ a cup of tea or coffee?

(A) Water will do. (B) I'm going to take a quick break.

2. _____ you _____ to eat at our desks or in the break room?

(A) Let's eat together. (B) We went to that café yesterday.

3. Should I _____ on the _____ or wait until the _____?

(A) Take the morning flight. (B) We're taking the same flight.

1. 상대방에게 제안·요청·제공하는 의문문

▶ 상대방에게 '~하는 게 어때요?'라고 제안하거나, '~해 주시겠어요?'라고 요청하거나, '~해 드릴까요?'라고 도움을 제공할 때 사용되며, 긍정 또는 부정의 표현으로 응답한다. 비슷한 표현들을 헷갈리지 않도록 구별해서 기억한다.

▶ 제안·요청·제공하는 의문문의 응답이 이미 완료했음을 나타내는 경우, 현재 시제로 묻는 질문에 과거 시제의 응답이 정답으로 출제된다.

Q. How about meeting a bit earlier? 조금 일찍 만나는 게 어때요? [제안·권유]
A. That sounds great. 좋아요. [수락]
A. Sorry, I have other plans. 죄송하지만, 제가 다른 일이 있어서요. [거절]

Q. May I see your passport? 여권을 볼 수 있을까요? [요청]
A. Of course, here it is. 물론이에요, 여기 있어요. [수락]
A. Sorry, I forgot to bring it. 죄송해요. 깜빡하고 안 가져왔어요. [거절]

Q. Do you want me to help you fill out the registration form? 등록 양식 작성을 도와드릴까요? [제공]
A. Yes, I appreciate it. 네, 감사합니다. [수락]
A. I've finished it already. 제가 이미 끝냈어요. [완료 응답]

2. 「Would/Do you mind ~?」 의문문

▶ Would you mind ~?/Do you mind ~?는 직역하면 '~하면 싫으신가요?'라는 의미이므로 No/Not 등의 부정 어구를 사용해야 '싫지 않다'라는 수락의 의미를 전달할 수 있다. Sure(물론이죠)도 수락의 표현으로 자주 정답으로 출제된다. 요청을 거절할 때는 긍정으로 대답한다.

Q. Would you mind if I opened the window? 창문을 열면 **싫으신가요?**
⋯→ 창문을 열어도 괜찮을까요?
A. No, not at all. 전혀요. [수락]
A. Sure, let me open it for you. 물론이죠. 제가 열어 드릴게요. [수락]
A. Actually, I'm quite cold. 실은, 제가 많이 추워서요. [거절]
A. Yes, it's raining outside. 아니요, 밖에 비가 와요. [거절]

3. 제안·요청·제공하는 의문문에서 비슷한 표현들을 구별해야 한다.

▶ 자주 출제되는 비슷한 표현들을 헷갈리지 않도록 구별해서 기억한다.

이유	Why didn't you ~? 왜 ~하지 않았어요?
제안·요청	Would you like to ~? ~하시겠어요?/~해 주시겠어요?
제안	Why don't you ~? ~하는 게 어때요?
제공	Would you like me to ~? 제가 ~해 드릴까요?

Q2 요청문

Why don't we go on a hike this weekend?

(A) I bought tickets to a musical.
(B) Should we go up or down the street?
(C) No, I usually ride my bike to work.

❶ 질문 유형 파악하기

「Why don't we ~?」는 상대방에게 어떤 일을 함께하자고 제안하거나 권유하는 질문이다.

❷ 질문의 핵심어 파악하기

「Why don't + **go on a hike**」 하이킹을 가자고 제안하는 질문이므로 수락 또는 거절하는 표현으로 대답한다.

❸ 오답 소거하기

(A) ◎ 뮤지컬 티켓을 샀다며 우회적으로 거절한 응답이므로 정답이다.
(B) ✖ 질문의 go를 반복 사용하여 혼동을 준 오답이다.
(C) ✖ 질문의 hike와 발음이 유사한 bike를 이용한 오답이다.

요청문의 질문과 응답 유형

	질문	수락의 응답	거절의 응답
제안 · 권유	~하는 게 어때요? How about ~? ∣ What about ~? ∣ Why don't you ~? ∣ Why don't we ~? ∣ ~하시겠어요? Would like to ~?	좋은 생각입니다. That's a good idea. ∣ Sounds great. 당신 말이 맞아요. You are right. 그거 좋죠! Why not?	미안하지만/고맙지만, 괜찮습니다. Sorry, ~. ∣ No, thanks. ∣ Thanks, but ~. ∣ Unfortunately, ~ 제가 할 수 있어요. 감사합니다. I can handle it. Thanks. ∣ I can take care of it. Thanks.
제공	~해 드릴까요? Would you like me to ~? ∣ Do you want me to ~? ∣ Why don't I ~? ∣ Should I ~?	그래 주시면 고맙겠습니다. / 좋지요. I'd appreciate it. ∣ That would be nice. 괜찮으시다면 If you don't mind.	유감이지만 ~입니다. I'm afraid ~.
요청	~해 주시겠어요? Can you ~? ∣ Could you ~? ∣ Please ~. ~해도 될까요? Can I ~? ∣ Could I ~? ∣ May I ~?	물론이죠. Sure. ∣ Of course. ∣ Certainly. ∣ Absolutely. ∣ Definitely. ∣ No problem. 기꺼이 그러죠. I'd be glad/happy to.	기타 거절의 표현 I'm busy right now. 지금은 바쁩니다. I'm not interested. 관심이 없어요. I have other plans. 다른 계획이 있어요.

🎧 P2-37

Warm-up 질문을 듣고 알맞은 답을 고른 후, 빈칸을 채우세요. (대화는 세 번 들려줍니다.)　　해설서 p.38

4. _____ you _____ some extra cheese on your pasta?

　(A) Thank you for visiting us today.　　(B) That would be great.

5. _____ me to give you a ride?

　(A) In front of the building.　　(B) That'd be nice.

6. _____ the _____ for next quarter?

　(A) Oh, I already submitted it this morning.　　(B) I spent time with him last weekend.

🎧 P2-38   질문을 듣고 두 개의 답을 고른 후, 빈칸을 채우세요. (대화는 세 번 들려줍니다.)   해설서 p.39

1. _____ I set this _____ on Macy's desk or put it _____?

   (A)

   (B)

   (C)

2. _____ the Employee of the Year _____, Allen or Helena?

   (A)

   (B)

   (C)

3. _____ you _____ to get coffee now or would you rather go later?

   (A)

   (B)

   (C)

4. _____ new computers for your business?

   (A)

   (B)

   (C)

5. _____ you work the _____ or the _____ shift?

   (A)

   (B)

   (C)

6. _____ you _____ the office _____?

   (A)

   (B)

   (C)

7. _____ leave _____ a little early today?

(A)

(B)

(C)

8. _____ you _____ us for the employee appreciation dinner?

(A)

(B)

(C)

9. _____ the movie tickets now since it's so popular?

(A)

(B)

(C)

10. _____ this blouse _____ or is it _____ only?

(A)

(B)

(C)

11. _____ I _____ a ticket for tonight's play?

(A)

(B)

(C)

12. _____ would you _____ for lunch, _____ or _____?

(A)

(B)

(C)

🎧 P2-39 질문을 듣고 가장 알맞은 답을 고르세요.   해설서 p.41

1. Mark your answer on your answer sheet.   (A)   (B)   (C)

2. Mark your answer on your answer sheet.   (A)   (B)   (C)

3. Mark your answer on your answer sheet.   (A)   (B)   (C)

4. Mark your answer on your answer sheet.   (A)   (B)   (C)

5. Mark your answer on your answer sheet.   (A)   (B)   (C)

6. Mark your answer on your answer sheet.   (A)   (B)   (C)

7. Mark your answer on your answer sheet.   (A)   (B)   (C)

8. Mark your answer on your answer sheet.   (A)   (B)   (C)

9. Mark your answer on your answer sheet.   (A)   (B)   (C)

10. Mark your answer on your answer sheet.   (A)   (B)   (C)

11. Mark your answer on your answer sheet.   (A)   (B)   (C)

12. Mark your answer on your answer sheet.   (A)   (B)   (C)

1. 선택 의문문 필수 표현

<table>
<tr>
<td rowspan="1">대표
질문</td>
<td>

Q. Do you want to work here or in my office? 여기서 일하고 싶으세요, 아니면 제 사무실에서 하고 싶으세요?
A. Your office would be best. 당신 사무실이 가장 좋을 것 같아요.

Q. Would you like to drink juice or just water? 주스를 마시고 싶으세요, 아니면 그냥 물을 마시고 싶으세요?
A. I like both. 저는 둘 다 좋습니다.

Q. Is the budget meeting taking place today or tomorrow?
예산 회의가 오늘 열리나요, 아니면 내일 열리나요?
A. It hasn't been decided yet. 아직 결정되지 않았어요.

</td>
</tr>
<tr>
<td rowspan="3">대표
표현</td>
<td>

>> 둘 중 하나 선택

fine 좋은	better 더 좋은
best 가장 좋은	I prefer ~을 (더) 선호하다

</td>
</tr>
<tr>
<td>

>> 둘 다 선택 / 아무거나 상관없다

either 둘 중 아무거나 하나	both 둘 다
all 모두	whichever 어느 것이든지
It's up to you. 당신이 원하는 대로요.	I don't care. 상관없습니다.

</td>
</tr>
<tr>
<td>

>> 둘 다 아니다 / 제3의 선택

neither 둘 중 어느 것도 ~이 아니다	none 어느 것도 ~이 아닙니다
something else 그밖에 다른 것	What about ~? ~은 어떤가요?
How about ~? ~은 어떤가요?	Actually 사실은

</td>
</tr>
</table>

2. 제안·요청·제공 필수 표현

<table>
<tr>
<td rowspan="1">대표
질문</td>
<td>

Q. Why don't we meet in the conference room? 회의실에서 만나는 게 어때요?
A. Sounds good to me. 좋은 생각이에요.

Q. Would you mind reviewing the budget report? 예산 보고서를 검토해 주시겠어요?
A. Actually, I have to see my clients now. 사실, 제가 지금 고객을 만나야 해요.

Q. Can I help you with some more salad? 샐러드 좀 더 드릴까요?
A. No, thank you. I'm full. 아니요, 괜찮습니다. 저는 배불러요.

</td>
</tr>
<tr>
<td rowspan="2">대표
표현</td>
<td>

>> 수락

Yes, please. 네 그렇게 해 주세요.	Why not? 그거 좋죠.
I'd appreciate it. 감사합니다.	That would be helpful. 그러면 도움이 되겠어요.
Absolutely. 그렇고 말고요.	If you don't mind. 괜찮으시다면요.
I'd love to. 그러고 싶어요.	I'd be glad to. 기꺼이 해 드릴게요.

</td>
</tr>
<tr>
<td>

>> 거절

Unfortunately 안타깝게도	I'm busy right now. 지금 바빠요.
I'm afraid 유감이지만	I'm not interested. 관심 없어요.
I have other plans. 다른 계획이 있어요.	Thanks, but 고맙지만
I can take care of it. 제가 처리할 수 있어요.	I'd rather not. 하지 않는 게 낫겠어요.

</td>
</tr>
</table>

UNIT 09 간접 의문문·평서문

음원 바로 듣기

간접 의문문은 의문사 의문문이 포함된 형태로, 매회 1문제 정도 출제된다. 평서문은 질문의 형태가 아닌 사실, 정보, 의견, 감정 등의 의도를 표현하는 진술문이다. 문장 전체 내용을 파악해야 하는 고난도 문제로, 매회 2~4문제 출제된다.

🔧 문제 풀이 전략   간접 의문문

1. 문장 중간의 의문사를 주의해서 듣는다.

▶ Do you know ~?/Can you tell me ~?와 같은 일반 의문문에 의문사 의문문이 포함된 형태이다.

▶ 주로 정답이 되는 의문사, 주어, 동사를 주의해서 확인하고 의문사가 묻는 '방법, 시점, 장소, 인물' 등으로 적절하게 응답한다.

▶ 일반 의문문으로 시작하므로 Yes/No로 응답할 수 있다.

▶ 간접 의문문 문장 중간의 의문사가 아닌 if/whether(~인지 아닌지), that(~하는 것) 등의 접속사가 포함된 유형도 출제된다.

Q. Can you tell me **how much** the delivery charge is? 배송비가 얼마인지 말씀해 주시겠어요?
⋯▶ Can you tell me + 의문사 how much + 주어(the delivery charge) + 동사(is)

A. It's 10 dollars. 10달러예요.

Q. Can you tell me **where** I can use a copier? 어디서 복사기를 사용할 수 있는지 말씀해 주시겠어요?
⋯▶ Can you tell me + 의문사 where + 주어(I) + 동사(can use) + 목적어(a copier)

A. There is one on this floor. 이 층에 한 대 있어요.

Q. Do you remember **when** the training session is? 교육이 언제인지 기억나세요?
⋯▶ Do you remember + 의문사 when + 주어(the training session) + 동사(is)

A. Yes, it's this Friday. 네, 이번 주 금요일이에요.

Q. Do you know **if** the manager should submit a travel expense report?
관리자가 여행 경비 보고서를 제출해야 하는지 알고 있나요?
⋯▶ Do you know + 접속사 if + 주어(the manager) + 동사(should submit) + 목적어(a travel expense report)

A. Sorry, I forgot to submit it. 죄송한데, 제가 제출하는 걸 잊었어요.

2. 우회적인 응답 유형을 파악한다.

▶ 정확한 답변 대신 '잘 모르겠습니다', '기억이 나지 않습니다' 또는 '확인해 보겠습니다' 등의 우회적인 답변이 정답으로 출제된다.

Q. Do you know **why** the workshop was canceled? 워크숍이 왜 취소되었는지 아세요?

A. Let me check. 확인해 볼게요.

A. No, I don't know, either. 아니요, 저도 몰라요.

A. Jane might know about it. 제인이 알고 있을 거예요.

Q1 간접 의문문

Do you know how to make a website?

(A) We already signed up online.
(B) That's not a bad idea.
(C) Yes, what do you need help with?

❶ 질문 유형 파악하기

「Do you know + how ~?」는 의문사 how를 쓴 것으로 보아 방법을 묻는 질문이다.

❷ 질문의 핵심어 파악하기

「how to + make + Website」 웹사이트를 제작 방법을 아는지 묻고 있다.

❸ 오답 소거하기

(A) ❌ 질문의 Website를 듣고 연상할 수 있는 online을 이용한 오답이다.
(B) ❌ 질문의 know를 듣고 연상할 수 있는 idea를 이용한 오답이다.
(C) ⭕ 알고 있다는 Yes로 답한 후 어떤 도움이 필요한지 물었으므로 정답이다.

🎧 P2-41

Warm-up 질문을 듣고 알맞은 답을 고른 후, 빈칸을 채우세요. (대화는 세 번 들려줍니다.)   해설서 p.43

1. Do you know _____ I can _____ some milk?

(A) With my coffee every morning.   (B) It's in aisle 3.

2. Can you tell me _____ you've traveled to?

(A) At the international airport.   (B) I've only been to Australia and Japan.

3. Does anyone know _____ John's _____ to Sydney?

(A) He got a job offer.   (B) Because he liked the movie.

4. Can you show me _____ to _____ a maintenance request?

(A) I've never done it before.   (B) Selina, the maintenance worker.

5. Did you find out _____ the next _____ will be?

(A) I'm about to board a plane now.   (B) It's next Thursday.

6. May I ask _____ the changes to the poster?

(A) It was my idea.   (B) Kristy posted it on the board.

⚙ 문제 풀이 전략 ▸ 평서문

1. 긍정적인 동의의 응답으로 출제된다.

▸ 평서문은 주로 어떤 사실이나 문제점을 전달하고, 자신의 의견에 대한 상대방의 공감을 대답으로 요구한다.

▸ 문장 전체를 이해해야 응답할 수 있으므로 주어, 동사, 목적어를 모두 집중해서 들어야 한다.

▸ 질문에 따라 동의나 수락의 표현이 정답으로 출제된다.

Q. I think Christine is a great coworker. 저는 크리스틴이 좋은 동료라고 생각해요.
A. **That's what I think.** 저도 그렇게 생각해요. [동의]

Q. Let's book the hotel rooms early. 호텔 방을 미리 예약합시다.
A. **OK**, I'll call them right now. 네, 바로 전화해 볼게요. [수락]

2. 부정적인 반대의 응답으로 출제된다.

▸ No나 Not을 사용하여 질문 내용에 대해 부정적인 답변으로 응답한다.

▸ 질문에 따라 반대나 거절의 표현이 정답으로 출제된다.

Q. I think we already passed the shopping mall. 벌써 그 쇼핑몰을 지나친 것 같아요.
A. **No**, it's two blocks away. 아니요, 그건 두 블록 떨어져 있어요. [반대]

Q. I didn't like the play we saw last night. 저는 어젯밤 저희가 봤던 연극이 마음에 들지 않았어요.
A. **Well**, I had a great time. 음, 저는 정말 즐거웠어요. [반대]

3. 해결책 제시나 다음 할 일의 응답으로 출제된다.

▸ 문제 상황에 따른 해결책 제시로 응답한다.

▸ 질문에 따라 앞으로 할 일에 대한 응답이 정답으로 출제된다.

Q. I've had a headache since yesterday. 어제부터 두통이 있어요.
A. **You should** see a doctor. 진찰을 받는 게 좋겠어요. [해결책 제시]

Q. The air conditioner in my flat's broken. 제 아파트 에어컨이 고장 났어요.
A. Ok, **we'll** call a repairperson. 알겠습니다. 수리공에게 연락하겠습니다. [다음 할 일]

4. 되묻기 응답 유형이 정답으로 자주 출제된다.

▸ 세부 정보를 요청하거나 상대방의 말과 관련된 질문 또는 몰랐던 내용이었음을 반문하는 응답이 나온다.

Q. All utilities are included in the rent. 모든 공과금은 임대료에 포함되어 있습니다.
A. **Does** that include Internet access? 인터넷 접속료도 포함된 건가요?

Q. The Marketing Department sent that memo today. 오늘 마케팅 부서에서 그 메모를 보냈습니다.
A. **Where** can I see it? 어디서 볼 수 있나요? [상대방의 말과 관련된 질문]
A. **There was** a memo? 메모가 있었나요? [몰랐던 내용이었음을 되묻기]

Q2 평서문

Many items were on sale at the electronics store.
(A) A receipt for the new smartphone.
(B) No, I couldn't find it in the storage room.
(C) Did you get anything?

1 질문 유형 파악하기

「주어 + 동사」 사실을 전달하고 상대방의 반응을 구하는 평서형 문장이다.

2 질문의 핵심어 파악하기

「**Many items** + were **on sale**」 많은 제품이 세일 중이었다는 정보를 전달하고 있다.

3 오답 소거하기

(A) ❌ 질문의 electronics를 듣고 연상할 수 있는 smartphone을 이용한 오답이다.
(B) ❌ 질문의 store와 발음이 유사한 storage를 이용한 오답이다.
(C) ⭕ 뭐 좀 샀냐고 되물으며 상대방의 말과 관련된 추가 정보를 요구하는 응답이므로 정답이다.

Warm-up 질문을 듣고 알맞은 답을 고른 후, 빈칸을 채우세요. (대화는 세 번 들려줍니다.)

7. I'll get you a _____ to fill out.

(A) I just started my own firm.   (B) Thanks for your help.

8. I think you should _____ Mike a new _____ for his birthday.

(A) I don't think he needs one.   (B) Give me a callback.

9. I have a _____ in an hour.

(A) Where are you going?   (B) I catch a cold every winter.

10. Ms. Yoon will _____ at the conference next week.

(A) From June 11th to 13th.   (B) Great. I'm looking forward to it.

11. Patrick will _____ the office equipment.

(A) Computers and printers.   (B) It's OK, I'm almost done.

12. We have a _____ with Ms. Jonelle today.

(A) The meeting was a bit long.   (B) What time is the meeting again?

Exercise

🎧 P2-44 　질문을 듣고 두 개의 답을 고른 후, 빈칸을 채우세요. (대화는 세 번 들려줍니다.)　　　　해설서 p.45

1. Do you know _____ of fabric you want?

(A)

(B)

(C)

2. I _____ yesterday.

(A)

(B)

(C)

3. Did you find out _____ our advertisement _____ the newspaper yet?

(A)

(B)

(C)

4. I just heard that Colin was _____ to director.

(A)

(B)

(C)

5. Do you remember _____ the bank _____ on Mondays?

(A)

(B)

(C)

6. I need to _____ the _____ to fix my laptop.

(A)

(B)

(C)

7. Do you know _____ a photocopier?

(A)

(B)

(C)

8. Can you tell me _____ I can stay in Tokyo?

(A)

(B)

(C)

9. I _____ to the _____ yesterday.

(A)

(B)

(C)

10. May I ask _____ the award banquet?

(A)

(B)

(C)

11. The department meeting _____ to next week.

(A)

(B)

(C)

12. Can you show me _____ to _____ these images to the website?

(A)

(B)

(C)

🎧 P2-45 질문을 듣고 가장 알맞을 답을 고르세요.

해설서 p.47

1. Mark your answer on your answer sheet. (A) (B) (C)

2. Mark your answer on your answer sheet. (A) (B) (C)

3. Mark your answer on your answer sheet. (A) (B) (C)

4. Mark your answer on your answer sheet. (A) (B) (C)

5. Mark your answer on your answer sheet. (A) (B) (C)

6. Mark your answer on your answer sheet. (A) (B) (C)

7. Mark your answer on your answer sheet. (A) (B) (C)

8. Mark your answer on your answer sheet. (A) (B) (C)

9. Mark your answer on your answer sheet. (A) (B) (C)

10. Mark your answer on your answer sheet. (A) (B) (C)

11. Mark your answer on your answer sheet. (A) (B) (C)

12. Mark your answer on your answer sheet. (A) (B) (C)

1. 간접 의문문 필수 표현

대표 질문

Q. Do you remember when you paid your bill? 언제 청구서를 지불하셨는지 기억하시나요?
A. On Friday afternoon. 금요일 오후에요.

Q. Can you tell me where I can buy a gift card? 어디에서 상품권을 살 수 있는지 말씀해 주시겠어요?
A. It's on the website. 웹사이트에 있어요.

Q. Did you hear who reviewed the finance report? 누가 재무 보고서를 검토했는지 들었어요?
A. I haven't heard anything yet. 아직 아무것도 듣지 못했어요.

Q. Do you know how long it takes to get to the airport? 공항까지 얼마나 걸리는지 아시나요?
A. Two hours by train. 기차로 2시간이요.

대표 어휘

business trip 출장	finish 끝내다	cost 비용
completed 완성된, 완료된	fix 수리하다	copy room 복사실
construction 공사, 건설	manager 관리자	delay 미루다, 연기하다
copy machine 복사기	meeting 회의	discuss 논의하다
customer service 고객 서비스	office 사무실	follow 따라가다
department 부서	review 검토하다	hear 듣다
editor 편집자	arrive 도착하다	know 알다

2. 평서문 필수 표현

대표 질문

Q. I'm going to Canada tomorrow. 저 내일 캐나다 가요.
A. That's a good idea. 좋은 생각이에요.

Q. It's supposed to rain tomorrow. 내일 비가 올 거예요.
A. Well, it's going to be sunny tomorrow. 음, 내일은 화창할 거예요.

Q. There are no seats available for the musical. 그 뮤지컬은 매진입니다.
A. Unfortunately, you're right. 안타깝지만, 그렇네요.

Q. The new software is very efficient. 새 소프트웨어가 매우 효율적이에요.
A. Actually, it's new to me. 사실은, 그것은 저에게 낯설어요.

대표 어휘

accept 받아들이다	fasten 고정하다	arrange 준비하다, 배치하다
assemble 조립하다	keep 가지고 있다, 유지하다	budget 예산(안)
boarding pass 탑승권	passport 여권	catalogue 카탈로그
damage 손상	proof 증거	promote 승진시키다
disconnect 연결을 끊다	reasonable 합리적인, 타당한	quarter 분기
domestic 국내의	spend (돈을) 쓰다, (시간을) 보내다	revenue 순이익
driver's license 운전면허증	warranty 품질 보증서	expire 만료되다
exercise 운동하다	afford 여유가 되다	

P2-46   해설서 p.49

음원 바로 듣기

7. Mark your answer on your answer sheet.　　(A)　(B)　(C)

8. Mark your answer on your answer sheet.　　(A)　(B)　(C)

9. Mark your answer on your answer sheet.　　(A)　(B)　(C)

10. Mark your answer on your answer sheet.　　(A)　(B)　(C)

11. Mark your answer on your answer sheet.　　(A)　(B)　(C)

12. Mark your answer on your answer sheet.　　(A)　(B)　(C)

13. Mark your answer on your answer sheet.　　(A)　(B)　(C)

14. Mark your answer on your answer sheet.　　(A)　(B)　(C)

15. Mark your answer on your answer sheet.　　(A)　(B)　(C)

16. Mark your answer on your answer sheet.　　(A)　(B)　(C)

17. Mark your answer on your answer sheet.　　(A)　(B)　(C)

18. Mark your answer on your answer sheet.　　(A)　(B)　(C)

19. Mark your answer on your answer sheet.　　(A)　(B)　(C)

20. Mark your answer on your answer sheet.   (A)   (B)   (C)

21. Mark your answer on your answer sheet.   (A)   (B)   (C)

22. Mark your answer on your answer sheet.   (A)   (B)   (C)

23. Mark your answer on your answer sheet.   (A)   (B)   (C)

24. Mark your answer on your answer sheet.   (A)   (B)   (C)

25. Mark your answer on your answer sheet.   (A)   (B)   (C)

26. Mark your answer on your answer sheet.   (A)   (B)   (C)

27. Mark your answer on your answer sheet.   (A)   (B)   (C)

28. Mark your answer on your answer sheet.   (A)   (B)   (C)

29. Mark your answer on your answer sheet.   (A)   (B)   (C)

30. Mark your answer on your answer sheet.   (A)   (B)   (C)

31. Mark your answer on your answer sheet.   (A)   (B)   (C)

PAF

RT3

▼

짧은 대화

OVERVIEW

Part 3는 둘 또는 세 사람의 대화를 듣고, 3개의 질문에 대한 각 4개의 보기 중 가장 알맞은 정답을 선택하는 문제다. 시험지에 문제와 보기가 모두 주어져 듣기 전에 미리 대화의 전반적인 흐름을 파악할 수 있으며, 32번부터 70번까지 총 13개의 대화문과 39문제가 출제된다.

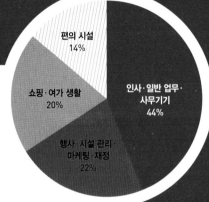

대화 유형 분석

회사 생활 ┃ 사내외 업무, 일정, 인사 업무, 기기·사무용품
일상생활 ┃ 상점, 식당, 여행·여가 활동, 주거·편의 시설

최신 출제 경향

- 대화의 전체 흐름을 파악해야 맞힐 수 있는 most likely 유추 문제가 매회 많아지고 있다.
- 각 문제의 정답 단서를 찾아낼 틈도 주지 않고 연달아 빠르게 나오는 경향이 있다.
- 영국과 호주 발음의 비중이 커지고, 원어민 성우의 발화 속도가 빨라지고 있다.
- 대화에 나온 단어가 같은 의미의 다른 단어로 패러프레이징(paraphrasing)된 문제의 비중이 커지고 있다.

핵심 학습 전략

1. **문제의 전체 흐름을 파악한다.**

   대화에서 문제에 대한 힌트가 나오는 순서는 문제의 순서와 일치한다는 것을 기억하고, 대화의 이해도를 높이기 위해서는 토익 빈출 어휘를 많이 알아 두어야 한다.

2. **화자 의도를 잘 파악한다.**

   Part 3 화자 의도 파악 문제는 화자가 말한 문장의 문자적인 해석이 아니라 대화의 전반적인 흐름을 이해해야 한다. 평소 단순 듣기에서 벗어나 대화의 전반적 흐름을 이해하는 훈련이 필요하다.

3. **시각 정보를 잘 활용해 본다.**

   시각 정보 연계 문제는 대화를 듣기 전에 주어진 시각 정보를 최대한 활용해서 대화의 주제를 예측하며 들을 수 있어야 한다. 듣고, 분석하고, 문제를 푸는 멀티태스킹 훈련이 필요하다.

4. **받아쓰기와 따라 말하는 청취 훈련을 한다.**

   단어의 발음을 익혀야 대화의 내용이 잘 들리므로 듣고 따라 말하는(shadowing) 청취 훈련이 필요하다.

문제 풀이 전략

1. 대화를 듣기 전에 문제를 먼저 읽는다.

문제를 미리 읽으면서 키워드에 표시해 둔다.

> **What** are the speakers mainly **discussing**?
> 화자들은 주로 무엇에 관해 논의하고 있는가? → 주제를 찾는 문제임을 미리 파악한다.
>
> **What** is **special** about the **product**?
> 그 제품에 대해 특별한 점은 무엇인가? → 어떤 제품에 대해 특별한 점을 들을 준비를 한다.
>
> **What** will **the woman do next**?
> 여자는 다음에 무엇을 할 것인가? → 대화가 끝난 후 여자가 어떤 행동을 할지 들을 준비를 한다.

2. 대화를 듣기 전에 핵심 내용을 추측한다.

문제와 짧은 보기를 미리 읽음으로써 어떤 내용이 나올지 추측할 수 있다.

> What do the men **imply about the company**?
> 남자들은 그 회사에 관하여 무엇을 암시하고 있는가?
>
> (A) It has launched **new merchandise**. 신제품을 출시했다.
> (B) It is planning to **relocate** soon. 곧 이전할 계획이다.
> (C) It has clients in **several countries**. 여러 나라에 고객이 있다.
> (D) It is having **financial difficulties**. 재정적 어려움을 겪고 있다.
>
> → 문제와 보기를 미리 읽고 한 회사의 현재 상태에 관한 대화라는 걸 추측할 수 있다.

3. 질문에 언급된 남자 또는 여자의 말에 정답이 나올 확률이 높다는 것을 이해한다.

질문의 동사가 수동태일 때는 질문에 제시된 화자가 아닌 그 상대방의 말에서 정답의 단서를 찾아야 한다.

> What does **the man ask** the woman to do?
> 남자는 여자에게 무엇을 하라고 요청하는가? → 남자의 말속에 정답이 있다.
>
> What **is the man asked** to do?
> 남자는 무엇을 하라고 요청받는가? → 남자의 상대방인 여자의 말속에 정답이 있다.

4. 대화를 들으면서 동시에 정답을 선택한다.

대화가 끝나고 각 문제의 정답을 고를 때까지 전체 내용을 계속 기억하고 있기란 어려운 일이다. 대화를 들으면서 동시에 문제를 풀고 해당 대화가 끝날 때는 3개의 정답도 선택되어 있어야 한다.

패러프레이징을 적극적으로 활용하기

대화 내용에서 들렸던 표현이 보기에 그대로 정답이 되는 난이도가 낮은 문제도 많이 출제되지만, 대화 속 표현이나 어구를 그대로 사용하지 않고 결국 같은 의미이지만 다른 표현으로 바꿔서 답이 나오는 경우가 대부분이다. 이렇게 바꿔 말하는 것을 패러프레이징 (paraphrasing)이라고 한다.

1. 정답이 그대로 나오는 경우

W: How are we doing with **the expansion of our store's produce section**?
우리 매장의 농산물 구역 확장은 어떻게 되고 있나요?

Q. What is the conversation mainly about? 대화는 주로 무엇에 관한 것인가?

A. **Expanding a section of a store** 매장의 한 구역 확장

★ 정답 표현

the **expansion** of our **store's** produce **section** 매장의 농산물 구역 확장
→ Expanding a section of a store 매장의 한 구역 확장

2. 정답이 패러프레이징되어 나오는 경우

M: We're **holding a celebration banquet** for our Sales Department during the first week of February.
저희는 2월 첫째 주에 영업팀을 위한 축하 연회를 열 예정이에요.

Q. What will happen during the first week of February?
2월 첫째 주에 무슨 일이 일어날 것인가?

A. **A company gathering** will **take place**. 회사 모임이 개최될 것이다.

★ 패러프레이징된 표현

hold 개최하다 → take place 개최되다
a celebration banquet 축하 연회 → A company gathering 회사 모임

3. 패러프레이징 표현 연습

- This is our company cafeteria, which needs to **be** completely **remodeled**.
  이곳이 우리 회사 구내식당인데요. 완전히 개조되어야 해요.
  → **Renovating** a cafeteria 구내식당을 개조하는 것

- Can you **get in touch with** our food supplier?
  식품 공급업체에 연락해 주시겠어요?
  → **Contact** a supplier 공급업체에 연락한다

- I should prepare some materials for my **presentation**.
  발표를 위해서 자료를 좀 준비해야 해요.
  → Prepare for a **talk** 발표를 준비한다

- Could you **fill out** this form? We keep a record of all our visitors.
  이 양식을 작성해 주시겠어요? 우리는 모든 방문객의 기록을 보관해요.
  → **Complete** a visitor form 방문객 양식을 작성한다

- We should probably **take the subway**.
  아마 지하철을 타야 할 거예요.
  → **Using a public transit service** 대중교통을 이용하는 것

- It will accurately **measure** the pressure levels of your tanks.
  탱크들의 압력 레벨을 정확히 측정할 거예요.
  → It **monitors** pressure levels. 압력 레벨을 관찰한다.

- **Water** from the ceiling **has been dripping** onto my desk.
  천장에서 물이 제 책상 위로 떨어지고 있어요.
  → To report a **leak** 누수를 보고하기 위해

음원 바로 듣기

문제 유형

대화는 대개 일정한 방식으로 전개되기 때문에 대화의 초반부, 중반부, 후반부에 언급되는 내용이나 그와 관련된 문제 유형도 어느 정도 정해져 있다. 따라서 문제 유형에 따라 정답의 단서가 대화의 어느 부분에서 나올지를 예측하면서 듣는 훈련이 반드시 필요하다.

🔍 문제 유형 확인하기

1. 주제·목적·직업·장소를 묻는 문제는 대화 초반부에 단서가 나온다.

▸ 주제 및 목적 문제는 3~4문제 정도 출제되며, 직업 및 장소 문제는 5~6문제 정도 매회 출제된다.

▸ 대화 앞부분에서 단서가 언급되므로 대화의 초반을 집중해서 듣는다.

주제

What are **the speakers discussing**? 화자들이 논의하고 있는 것은 무엇인가?
What is the conversation mainly **about**? 대화는 주로 무엇에 관한 것인가?
What is the main **topic** of the conversation? 대화는 주제는 무엇인가?

목적

Why is **the man calling**? 남자는 왜 전화를 하고 있는가?
What is **the purpose** of **the call**? 전화의 목적은 무엇인가?
Why is **the woman** at **the store**? 여자는 왜 가게에 왔는가?

직업

Who most likely is **the woman**? 여자는 누구인 것 같은가?
Who is **the man** most likely **talking to**? 남자는 누구에게 말하고 있는 것 같은가?
Who are **the speakers**? 화자들은 누구인가?
What is **the woman's occupation**? 여자의 직업은 무엇인가?

장소

Where most likely are **the speakers**? 화자들은 어디에 있는 것 같은가?
Where does the conversation probably **take place**? 대화는 어디에서 이루어지고 있겠는가?
Where do **the speakers** most likely **work**? 화자들은 어디에서 일하는 것 같은가?

2. 세부 정보는 대화 중반부에 단서가 나온다.

▶ 이유·방법·정도·문제점 등 세부 사항을 묻는 문제는 2~10문제 정도 매회 출제된다.

▶ 질문과 보기의 핵심 키워드를 잡고 대화에서 언급되는 단서를 주의 깊게 듣는다.

▶ 질문의 about 뒤에 나오는 핵심 어구를 미리 파악한다.

▶ Part 3의 정답은 대화에 나오는 문장이나 단어가 다른 말로 표현(paraphrasing)되어 제시되는 경우가 많으므로, 보기에 사용된 동사와 명사의 뜻을 정확히 파악하고 동의어를 많이 알아둔다.

세부 사항

Why was the seminar **canceled**? 세미나는 왜 취소되었는가?

How will **the man send the résumé**? 남자는 이력서를 어떻게 보낼 것인가?

How many applicants will be **interviewed**? 몇 명의 지원자들이 인터뷰를 받겠는가?

What is **special** about **this month's issue of** *Tech Now*?
〈테크 나우〉의 이번 달 호는 무엇이 특별한가?

What do **the speakers say** about **Samantha**? 화자들은 사만다에 대해 무엇을 말하는가?

문제점·걱정거리

What is **the man's problem**? 남자의 문제는 무엇인가?

What is **the woman worried** about? 여자는 무엇을 걱정하는가?

What is **the woman** having **trouble** with? 여자는 어떤 어려움을 겪고 있는가?

3. 제안·요청·제공·다음에 할 일·일어날 일 문제는 대화 후반부에 단서가 나온다.

▶ 제안·요청·제공 문제는 5~7문제 정도 출제되며, 다음에 할 일·일어날 일 문제는 3~6문제 정도 매회 출제된다.

▶ 남자와 여자 중 누구의 말에서 답이 나올지 반드시 표시한다.

▶ 다음과 같은 표현 뒤에 정답이 나온다는 것을 기억한다.

　EX Why don't you ~? ~하는 게 어때요? / You can ~. ~하실 수 있어요. / Can[Could] you ~? ~해 주시겠어요? / Please ~. ~해 주세요. / Let me ~. 제가 ~해 드릴게요. / ~ will[be going to] ~. ~할 거예요.

제안·요청·제공

What does **the man suggest** the woman do? 남자는 여자에게 무엇을 하라고 제안하는가?

What does **the woman ask** the man **to do**? 여자는 남자에게 무엇을 하라고 요청하는가?

What does **the woman request**? 여자는 무엇을 요청하는가?

What is being **offered** for free? 무료로 제공되는 것은 무엇인가?

What does **the man give** the woman? 남자는 여자에게 무엇을 주는가?

다음에 할 일·일어날 일

What will **the man** probably **do next**? 남자가 다음에 무엇을 하겠는가?

What does **the woman** say **she will do**? 여자는 무엇을 하겠다고 말하는가?

What event will **take place**? 무슨 행사가 열릴 예정인가?

4. 시각 정보 연계 문제

▶ 시각 자료 문제는 Look at the graphic.을 시작으로 표, 그래프, 약도, 쿠폰 등 다양한 유형의 시각 정보를 대화 내용과 연관 지어 정답을 찾는 문제이다.

▶ Who/When/Where/What/Which/How ~? 등 다양한 의문사 의문문으로 출제된다.

▶ 질문의 키워드를 미리 잡고, 시각 정보를 보면서 문제를 풀어야 한다.

▶ 표와 그래프는 변경 사항 또는 최고·최저·두 번째로 높거나 낮은 항목에서 정답의 단서를 파악한다.

시각 정보

Look at the graphic. Which section will the speakers go to?
시각 정보를 보시오. 화자들이 어느 섹션으로 가겠는가?

Look at the graphic. What information does the man ask about?
시각 정보를 보시오. 남자는 어떤 정보에 대해 묻는가?

✔ 시각 정보 자료 유형

1. 표

워크숍, 공연, 행사 등의 일정 및 상품이나 서비스 등에 대한 요금을 보여 준다.

Workshop Date	Person in Charge
May 1st	Tilda
May 2nd	Jane
May 3rd	David
May 4th	Wang

2. 그래프

기업과 상품 등의 매출 변화, 회원 수 변화, 기온 및 강수량 변화 등을 보여 준다.

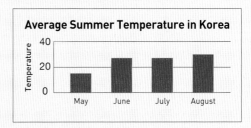

3. 약도

기업, 상점, 행사장 등의 위치를 보여 준다.

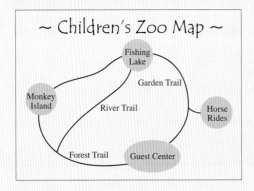

4. 기타 자료

그림, 쿠폰, 구매 티켓 내역, 주문서, 송장, 구인 자격 요건 목록, 기타 양식 등을 보여 준다.

5. 화자 의도 파악 문제

▶ 질문에 주어진 표현이 대화에서 어떤 의도로 쓰였는지를 파악하는 문제이다.

▶ 문자 그대로의 사전적 의미가 아닌 앞뒤 문장의 문맥을 파악하여 정답의 단서를 골라야 한다.

▶ 대화의 강세와 어조를 통해 전체적인 흐름과 맥락을 이해해야 정답을 고를 수 있다.

목적

Why does the man say, "Not at all"? 남자는 왜 "전혀요"라고 말하는가?

Why does the man say, "Really"? 남자는 왜 "정말로요"라고 말하는가?

의미

What does the woman mean when she says, "Just to be safe"?
여자가 "만약을 위해서요"라고 말할 때 무엇을 의도하는가?

What does the woman mean when she says, "That won't be an issue"?
여자가 "그건 별문제가 되지 않아요"라고 말할 때 무엇을 의도하는가?

암시

What does the speaker imply when he says, "Our business is increasing"?
화자가 "저희의 사업이 증가하고 있어요"라고 말할 때 무엇을 암시하는가?

What does the speaker imply when she says, "I'm on my way to the airport"?
화자가 "저는 공항으로 가는 길이에요"라고 말할 때 무엇을 암시하는가?

☑ 화자 의도 파악 문제 해결책

1. 인용 문장을 먼저 읽고 대화가 나올 때 인용 문장 앞뒤의 맥락을 파악한다.

Why does the woman say, "I don't mind"? 여자는 왜 "괜찮아요"라고 말하는가?
대화를 듣기 전 문제와 보기를 먼저 읽는 단계에서 "I don't mind"가 "괜찮아요"라는 사전적 의미를 미리 파악해
놓는다.

2. 처음부터 끝까지 대화의 흐름을 놓치지 않는다.

대화에서 인용 문장이 언제 나올지 모르고 문맥상의 숨은 의도를 찾는 문제이기 때문에 대화의 전체적인 흐름과
맥락을 놓치지 않도록 한다. 특히, 강세나 어조는 문맥을 파악하는 데 중요한 단서가 될 수 있으므로 주의 깊게 듣
는다.

3. 대화의 흐름을 놓쳤으면 빨리 찍고 다음 문제로 넘어간다.

화자의 의도 파악 문제는 난도가 높은 문제이므로 틀리더라도 감점이 크지 않다. 따라서 대화 흐름을 놓쳐서 정답
을 모를 때에는 재빨리 아무거나 찍고 다음 문제에 집중하여 나머지 문제를 틀리지 않도록 해야 한다. 놓친 문제
에 신경 쓰다가 2~3문제를 다 틀릴 수도 있다.

6. 3인 대화 지문

▸ 3인 대화는 대화를 주고받는 대화 수가 늘어 대화 속도가 더 빠르게 느껴질 수 있으므로 평상시 충분한 청취 연습이 필요하다.

▸ 문제에 men(남자들), women(여자들)이 보이면 3인 대화임을 미리 파악할 수 있다.

▸ 같은 성별의 화자가 2명 등장하니 화자를 구별하려면 서로를 호명할 때 이름을 주의 깊게 들어야 한다.

3인 대화 디렉션

Questions 32-34 refer to the following conversation with three speakers.
32~34번은 다음 세 화자의 대화에 관련된 문제입니다.

✅ 3인 대화 지문 해결책

1. 제3의 인물의 이름을 소개하거나, 이름을 부르며 등장하는 유형

문제를 먼저 읽을 때 문제에 나와 있는 이름을 미리 숙지해 두었다가 대화에서 이름이 언급되면 답을 고를 준비를 한다.

Q. What did James do in the morning? 제임스는 오늘 아침에 무엇을 했는가?

┈➔ 문제를 읽고 제임스라는 사람이 나올 것을 예상하고 대화의 흐름을 놓치지 않고 듣고 있다가 이름이 나오면 답을 고를 준비를 한다.

2. 제3의 인물의 이름이 나오지 않는 유형

이름이 나오지 않는 경우는 남자 2명과 여자 1명 또는 남자 1명과 여자 2명이 등장하므로 남녀 각자 말하는 내용을 구분하면서 들어야 한다.

Q. Who most likely are the women? 여자들은 누구이겠는가?

┈➔ women이라는 단어만 보고도 3인 대화 문제라는 것을 알 수 있고, 여자들의 신분을 묻는 문제이므로 주로 남자가 말하는 부분에서 단서를 찾을 준비를 하며 대화를 듣는다.

Q1 대화 초반부 문제: 직업

키워드 확인↩

Who is the woman?

(A) A government inspector
(B) An office manager
(C) A security guard
(D) An engineer

Q2 대화 중반부 문제: 세부 사항

키워드 확인↩

What product does the company manufacture?

(A) Car batteries
(B) Gaming consoles
(C) Smart home devices
(D) Office printers

Q3 대화 후반부 문제: 다음에 할 일

키워드 확인↩

What will the man most likely do next?

(A) Watch some videos
(B) Meet with some colleagues
(C) Receive some safety equipment
(D) Fill out some forms

Questions 1-3 refer to the following conversation.

W Here is your identification badge, Jerome. I'd like to officially welcome you to Gibout Innovation. ❶ My name is Janet Wells, and I'm the lead engineer here. I'll be mentoring you and helping you adjust to your new post at our company.

M Thank you. ❷ Given your company's status as one of the top manufacturers of vehicle batteries, I am incredibly excited about this opportunity. I can't wait to apply what I've learned at university into my work.

W I'm happy to hear that. ❸ We'll start the day off by heading to your first activity. All engineers who start working here must watch all of our safety videos first. We take employee safety extremely seriously, so we make sure every employee knows the rules.

Q4 시각 정보 연계 문제

6th Floor

601 Genevieve Rice	602 Dean Evans
603 Timothy Jenkins	604 Carol Byrd

키워드 확인 ↵

Look at the graphic. Who has already left?

(A) Genevieve Rice

(B) Dean Evans

(C) Timothy Jenkins

(D) Carol Byrd

Question 4 refers to the following conversation and floor map.

Ⓜ Good morning, Hee-won. This is the reception desk. Are you done with the rooms on the sixth floor?

Ⓦ Not yet. I finished making the beds, but I'm still halfway through vacuuming.

Ⓜ ❹ Room 604 should be checking out this morning. Could you see if she has already left?

Ⓦ ❹ I think so. The room is vacant.

Ⓜ There's a guest who's hoping to check in early. Could you finish that room up a little sooner?

Ⓦ Of course. I should be done in 10 minutes.

Ⓜ Thank you! Oh, and don't forget to stock new water bottles in the fitness center before you finish your shift today.

Ⓦ Got it!

Q5 화자 의도 파악 문제

What does the woman imply when she says, "I reserved conference room C"?

(A) The invitations contain wrong information.

(B) A venue is too small.

(C) Other conference rooms are fully booked.

(D) Another assistant was busy with other tasks.

Question 5 refers to the following conversation.

Ⓜ Hi, Joy. I know you've had a lot of tasks these past few days, but were you able to make the photocopies I requested?

Ⓦ Yes, they're ready to go.

Ⓜ Great. Thank you. By the way, how are the plans for Ryan Malone's retirement celebration coming along?

W Not too bad. I already reserved a room and sent out invitations to everyone on our team. I was going to contact the caterer today.

M Hmm... ❺ I think he would enjoy spending time with his old colleagues from other teams as well if it's not too much work for you to invite all of them.

W ❺ That won't be a problem. I reserved conference room C, but I'll change that.

Q6 3인 대화 지문: 제안·요청

키워드 확인

What does the man suggest doing?

(A) Downloading a document
(B) Watching a video
(C) Opening a box
(D) Reading customer reviews.

Question 6 refers to the following conversation with three speakers.

W2 Hello, Ms. Underwood. My colleague and I wanted to meet with you to demonstrate a new product our company has been working on.

M We think you'd be very interested. It's a device that can automatically clean the floor of your building.

W1 That sounds interesting. Our staff currently do this manually.

W2 This device can be controlled using your phone, so it will save your employees' time.

W1 That is very appealing. Can I see how the device works?

M We'll let you try it out. ❻ But first, let's download the manual onto your phone, so we can talk you through it.

Warm-up 대화를 듣고 정답을 고른 후, 빈칸을 채우세요. (대화는 3번 들려줍니다.)

해설서 p.54

1. What is the purpose of the call?

(A) To address a billing error   (B) To complain about a service

> W: Hi, I'm Janice Smith and I'm calling about a _____ that I received. The _____ was… uhh… _____ me, but I clearly remember that I _____ before moving. I was wondering if you could please help _____.
>
> M: Sure. Can you tell me your _____, please?

2. Who most likely is the woman?

(A) A graphic designer   (B) An architect

> M: Hi. I _____ a local café, and I was wondering if your company could _____ for my business.
>
> W: Of course! I'd be _____ to help you.

3. What does the man want to do?

(A) Schedule an interview   (B) Sign up for a class

> M: Hello, I'm calling about the _____ I saw on the window of your _____. It was about _____. Can I still _____?
>
> W: I'm sorry, but because we have limited kitchen appliances, all _____ are _____.

4. What are the speakers discussing?

(A) Local grocery stores   (B) Nearby restaurants

> W: Hey, Eric! Did you know that Shabu Zen–the _____ near our office–closed last week?
>
> M: Really? I didn't know that.
>
> W: I'm upset because it was one of my _____.
>
> M: That's too bad. But _____? A fusion _____ _____ opened across the street last Wednesday. Why don't we try that place _____?

5. What do the speakers imply about Megan?

(A) She is not qualified for the position.   (B) She is the best candidate for the job.

> M: Hi, Joanne. What do you think about the _____ for the marketing manager _____?
>
> W: Well, all five _____ are _____, but Megan seems to _____ our brand _____ than the others.
>
> M: I think you're right.

Exercise

1. What is the main topic of the conversation?
   - (A) Getting rid of an old television
   - (B) Purchasing a new vehicle
   - (C) Arranging a delivery
   - (D) Returning a broken item

2. What most likely will the man do next?
   - (A) Send an e-mail
   - (B) Provide an address
   - (C) Review a confirmation number
   - (D) Make a phone call

3. Who most likely are the speakers?
   - (A) Accountants
   - (B) Technicians
   - (C) Legal advisors
   - (D) Sales representatives

4. What does the man say he will do?
   - (A) Sign an agreement
   - (B) Contact his manager
   - (C) Travel overseas
   - (D) Arrange a meeting

5. Where does the man most likely work?
   - (A) At a bank
   - (B) At a supermarket
   - (C) At a jewelry store
   - (D) At an electronics retailer

6. What will the woman most likely sign up for?
   - (A) A coupon book
   - (B) A reward program
   - (C) An information session
   - (D) A monthly newsletter

7. Why does the woman say, "That's good to know"?
   - (A) She is relieved to hear some news.
   - (B) She will offer some useful information.
   - (C) She is impressed with an idea.
   - (D) She will be glad to lead a meeting.

8. What do the men imply about the company?
   - (A) It has recently hired some workers.
   - (B) It will soon be visited by some clients.
   - (C) It is implementing a new policy.
   - (D) It is preparing an advertising campaign.

PART 3 UNIT 10

Practice

해설서 p.57

1. What event will take place tomorrow?

(A) A networking luncheon
(B) A cooking contest
(C) A grand opening
(D) A retirement party

2. Who most likely is Rose?

(A) A doctor
(B) A designer
(C) A salesperson
(D) A waitstaff

3. What will the man do next?

(A) Check some supplies
(B) Change an event schedule
(C) Load the dishwasher
(D) Print out some menus

4. Where do the women work?

(A) At a supermarket
(B) At a charitable organization
(C) At a manufacturing plant
(D) At a farm

5. What is the man planning?

(A) A company anniversary party
(B) A fundraising event
(C) A lecture program
(D) A holiday celebration

6. What does the man ask about?

(A) Working hours
(B) Serving staff
(C) Delivery service
(D) Product details

7. What does the man need?

(A) A visitor's name tag
(B) A new computer
(C) A telephone number
(D) A parking permit

8. Why does the woman say, "we just installed a new security program"?

(A) To change a delivery address
(B) To recommend a purchase
(C) To excuse an error
(D) To introduce a new service

9. What will the woman do next?

(A) Take a break
(B) Call a colleague
(C) Restart a computer
(D) Check a map

IT Manual Table of Contents
Section 1 : Registering for an E-mail
Section 2 : Digital Signature
Section 3 : Records Database
Section 4 : Video Conferencing

10. Where does the man most likely work?

(A) At a hospital
(B) At a law firm
(C) At a software company
(D) At a college

11. Look at the graphic. Which section of the manual does the woman refer to?

(A) Section 1
(B) Section 2
(C) Section 3
(D) Section 4

12. What does the woman ask the man for?

(A) A copy of a notice
(B) Some equipment
(C) A list of advertisers
(D) Some contact information

주제·목적	I'm calling to ~ ~하려고 전화했습니다	I'm calling about ~ ~에 관해 전화했습니다
	I'm calling regarding ~ ~에 관해 전화했습니다	I want to ~ ~하길 원합니다
	I'd like to ~ ~하고 싶습니다	I need to ~ ~해야 합니다
	I hope to ~ ~하길 바랍니다	I'm here to ~ ~하러 왔습니다
	I was wondering if ~ ~인지 궁금합니다	
반전 내용	but 그러나	however 그러나
	unfortunately 안타깝게도	I'm afraid ~ ~일까 봐 걱정입니다
	I'm sorry but ~ 미안하지만 ~	I'm having trouble ~ ~하는 데 어려움이 있습니다
	I have a problem 문제가 생겼습니다	
이유·원인	because ~ ~이기 때문에	since ~ ~이기 때문에
	as ~ ~이기 때문에	because of ~ ~ 때문에
	due to ~ ~ 때문에	owing to ~ ~ 때문에
	thanks to ~ ~ 덕분에	thanks for ~ ~ 덕분에
	so that ~ ~하도록	in order that ~ ~하도록
중요한 정보	apparently 듣자 하니	actually 사실은
	in fact 사실은	It's important that ~ ~하는 것이 중요합니다
요청 사항	Can you ~? ~해 주시겠어요?	Could you ~? ~해 주시겠어요?
	Will you ~? ~하겠어요?	Would you ~? ~하겠어요?
	I'd like you to ~ ~해 주세요	I want you to ~ ~해 주세요
	I need you to ~ 당신이 ~해야 합니다	please ~ ~해 주세요
	make sure ~ 확실히 ~해 주세요	be sure to 확실히 ~해 주세요
	Don't forget to ~ ~하는 것을 잊지 마세요	keep in mind ~을 염두에 두세요
의견·제안	Why don't you ~? ~하는 게 어때요?	How about ~? ~은 어떠세요?
	What about ~? ~은 어떠세요?	Let's ~ ~합시다
	Shall we ~? ~할까요?	I suggest ~ ~할 것을 제안합니다
	I recommend ~ ~할 것을 추천합니다	I advise ~ ~할 것을 조언합니다
	You should ~ ~하는 게 좋습니다	
해결책 제의	I can ~ 제가 ~해 줄 수 있어요	Let me ~ 제가 ~하겠습니다
	I will ~ 제가 ~하겠습니다	
앞으로 할 일·계획	I will ~ 저는 ~할게요	I have to ~ ~해야 합니다
	I need to ~ ~해야 합니다	I'm planning to ~ ~할 계획이에요
	I'm going to ~ ~에 갈 겁니다	We're trying to ~ ~하려고 합니다
	We're scheduled to ~ ~할 예정이에요	I'm about to ~ 막 ~하려고 했어요
	I've decided to ~ ~하기로 정했어요	I've made up my mind to ~ ~하기로 정했어요

UNIT 11

일상생활 1
쇼핑·여가 생활

음원 바로 듣기

쇼핑과 관련된 대화는 주로 상품 구매, 주문, 배송, 교환, 환불, 재고 여부, 할인 행사 등에 관한 내용을 다루며, 여가 생활에 관련된 대화는 공연 및 전시회, 여행, 호텔, 공항의 항공편 등 다양한 상황이 나온다. 일상생활을 주제로 한 대화는 3~5개가 매회 출제된다.

🔍 대화 유형 확인하기

1. 쇼핑·외식

- ▶ 상품 품절 안내
- ▶ 상품 배송·고장 문의
- ▶ 식당 운영 시간
- ▶ 파티 및 행사 관련
- ▶ 상품 주문 오류
- ▶ 상품 교환·취소·환불
- ▶ 식당 예약·변경
- ▶ 상점 위치 문의
- ▶ 회원 가입 및 할인 행사 안내
- ▶ 음식 주문 관련

✅ 쇼핑·외식 관련 반드시 알아 두어야 할 표현

merchandise 상품	promotion 판촉 행사	refund 환불하다
return 반품하다	exchange 교환하다	damaged 손상된
original receipt 원본 영수증	make a payment 지불하다	affordable 가격이 알맞은
warranty 품질보증서	on display 진열된	business hours 영업시간
dish 음식	party 일행	book a table for four 4명 테이블을 예약하다
complimentary 무료의	reserve 예약하다	entrée 메인 요리
cashier 계산대 직원	cash register 계산대	catering 음식 출장 서비스

2. 공연·박물관·전시회

- ▶ 공연·영화 관람 약속
- ▶ 박물관·전시회 문의
- ▶ 공연·영화 감상평
- ▶ 박물관·전시회 내 장소 문의

✅ 공연·박물관·전시회 관련 반드시 알아 두어야 할 표현

theater 극장	exhibition/exhibit 전시회	play 연극
live performance 라이브 공연	brochure/pamphlet 안내 책자	group rate 단체 요금
sold out (표가) 매진된	admission fee 입장료	ticket booth 매표소
lead role 주연	venue 장소	grand opening 개장, 개점
compensate 보상하다	intermission 중간 휴식 시간	applaud 박수갈채하다

3. 여행

▶ 여행 상품 및 일정　　▶ 항공권 예약　　▶ 관광 안내 센터
▶ 렌터카 문의　　　　　▶ 휴가 또는 연휴 계획　▶ 다녀온 휴가 및 휴가지

✅ 여행 관련 반드시 알아 두어야 할 표현

go on a vacation 휴가 가다	take time off 휴가를 내다	travel agency 여행사
tour guide 관광 가이드	itinerary 여행 일정표	luggage 짐, 수화물
compact car 소형차	overseas trip 해외여행	tourist attraction 관광 명소
tourist 관광객	sightseeing 관광	vacation/holiday 휴가

4. 호텔

▶ 숙박 예약 문의　　　▶ 숙박 기간 변경　　▶ 방의 종류 변경
▶ 입실 또는 퇴실 관련　▶ 불편·불만 사항

✅ 호텔 관련 반드시 알아 두어야 할 표현

accommodation 숙소	hotel clerk 호텔 직원	front desk 안내 데스크
check in 체크인하다	check out 체크아웃하다	reserve a room 방을 예약하다
view 전망	bill 청구서, 계산서	charge 요금
hospitality 환대	suite 스위트룸	lobby 로비
complain about ~에 대해 불평하다	confirm a reservation 예약을 확인하다	

5. 공항

▶ 탑승구 위치 문의　　▶ 탑승 수속　　　▶ 수하물 분실
▶ 항공편 지연과 원인　▶ 환승 편 탑승　▶ 공항버스 지연

✅ 공항 관련 반드시 알아 두어야 할 표현

destination 목적지	cancel 취소하다	airfare 항공 요금
inclement weather 궂은 날씨	boarding pass 탑승권	miss the flight 비행기를 놓치다
window seat 창가 쪽 좌석	suitcase 여행 가방	baggage (여행용) 짐
round-trip ticket 왕복 항공권	book a flight 항공편을 예약하다	shuttle service 셔틀버스 서비스

Q1 직업을 묻는 문제

키워드 확인

Who most likely is the **man**?

(A) A shuttle bus driver
(B) An airport check-in agent
(C) A hotel front desk clerk
(D) An event planner

Q2 화자 의도 파악 문제

키워드 확인

Why does the woman say, "**My flight arrives at 2 A.M.**"?

(A) To decline an invitation
(B) To express gratitude
(C) To raise a complaint
(D) To voice a concern

Q3 다음에 할 일을 묻는 문제

키워드 확인

What will the **woman do next**?

(A) Pay for additional luggage
(B) Share travel information
(C) Make a wire transfer
(D) Reply to an e-mail

Questions 1-3 refer to the following conversation.

M ❶ Thank you for calling Harborview Hotel. How may I assist you today?

W Hello, I'm Ashley Lee. I made a booking for a deluxe suite from December 2 to 5. According to your website, ❷ check-in hours are from 2 P.M. to midnight. Is that correct?

M Yes, ma'am.

W Uh... ❷ My flight arrives at 2 A.M.

M That's OK, Ms. Lee. We are more than happy to accommodate you.

W Thank you. That's reassuring.

M Of course. Actually, we can even set up a complimentary airport shuttle that will take you directly to the hotel. ❸ You'll need to tell me your flight number, though.

W That'd be fantastic. ❸ Let me look it up right now.

Warm-up   대화를 듣고 정답을 고른 후, 빈칸을 채우세요. (대화는 3번 들려줍니다.)   해설서 p.61

1. What most likely is the woman's occupation?

    (A) Travel agent   (B) Hotel staff

> M: Excuse me. Do you have any _____ or travel brochures for _____?
>
> W: Yes, we have all the travel brochures near the _____.
>
> M: I see. Thank you.
>
> W: No problem. And there should be some in _____ as well.

2. Where does the man most likely work?

    (A) At a repair shop   (B) At a shoe store

> M: Hi, how may I help you?
>
> W: Hi, I ordered _____ from your store last week, and I received them yesterday. But this morning _____ that I ordered the wrong ones.
>
> M: Oh, I understand. Would you like to _____ them for a _____ _____?

3. What does the woman imply about the flight?

    (A) It is an indirect flight.   (B) It lands later than she hoped.

> W: Hi. I need a _____ to New York for January 7. Do you have any flights that _____ New York in the morning?
>
> M: Yes, I see one here... It's a _____ and will _____ New York at 10:05 A.M.
>
> W: Hmm... Do you have any _____? I have a meeting at 10:30 A.M., so I need to get there _____ than that.

4. What are the speakers discussing?

    (A) An admission fee   (B) A membership

> W: May I help you?
>
> M: Yes, how much is the _____ for the modern _____?
>
> W: It's $20 per person on weekends and $13 during the week.
>
> M: Wow, that's _____ expensive. Well... I think I should come back _____.

5. Where are the speakers?

    (A) At an amusement park   (B) At a theater

> M: Hi, I'd like to buy two tickets for the _____ at 8:30.
>
> W: I'm very sorry, but it's _____.
>
> M: Really? Wow, the _____ must be really good. Didn't it _____ _____ a few weeks ago?
>
> W: Yes, it did. But it's still _____.

Exercise

해설서 p.62

1. What problem does the man mention?

(A) He cannot make it to the event.
(B) He will be late to the show.
(C) He has misplaced his tickets.
(D) He needs to purchase additional seats.

2. What does the man need to bring to the box office?

(A) A receipt
(B) A credit card
(C) A birth certificate
(D) A bank account information

3. What is the problem with a product?

(A) It is the wrong color.
(B) It is missing a button.
(C) It is too small.
(D) It is damaged.

4. What does the woman say the man should do?

(A) Read the manual
(B) Download a label
(C) Visit a warehouse
(D) Report service problems

5. Who most likely is the woman?

(A) A hotel manager
(B) A cab driver
(C) A restaurant worker
(D) An airline employee

6. What does the woman ask for?

(A) Some booking details
(B) Some contact information
(C) A bank account number
(D) The name of a company

7. What project is the woman currently working on?

(A) Opening a restaurant
(B) Planning a celebration
(C) Renovating an office
(D) Updating a clothing store

8. According to the man, what is provided for free?

(A) Shipping
(B) A sample
(C) Installation
(D) A consultation

Practice

1. What industry do the speakers most likely work in?
(A) Tourism
(B) Entertainment
(C) Design
(D) Advertisement

2. According to the man, what happened to Ms. Jenkins last month?
(A) She won an award.
(B) She did an interview.
(C) She saw a play.
(D) She had a schedule conflict.

3. What does the woman ask the man for?
(A) A signed contract
(B) A script for a play
(C) A contact number
(D) A list of questions

4. What industry does the woman work in?
(A) Food
(B) Manufacturing
(C) Transportation
(D) Art

5. What is the man interested in doing?
(A) Becoming a sponsor
(B) Renovating a restaurant
(C) Changing his schedule
(D) Hiring contract employees

6. What does the man want to do?
(A) Draw attention from the media
(B) Celebrate the completion of a project
(C) Expand his business
(D) Revise a budget calculation

7. What has the man forgotten to bring?
(A) A discount voucher
(B) A store receipt
(C) A shopping bag
(D) A membership card

8. What problem does the woman mention?
(A) An item is sold out.
(B) A system cannot be accessed.
(C) A listed price is wrong.
(D) An employee did not come to work.

9. What does the woman imply when she says, "I know where those go"?
(A) Several items were placed on the incorrect shelf.
(B) She will help the man locate some merchandise.
(C) She will put some products back in their original location.
(D) Some merchandise has been moved to another aisle.

First Floor Directory	
Section A	Produce
Section B	Bakery
Section C	Drinks
Section D	Meats

10. What will happen in the afternoon?
(A) An overseas client will visit.
(B) A health seminar will be given.
(C) A sales event will begin.
(D) A social gathering will be held.

11. What does the man instruct the woman to do?
(A) Download a mobile application
(B) Contact a manager
(C) Pick up a coworker
(D) Use a specific form

12. Look at the graphic. Which section will the speakers most likely go to?
(A) Section A
(B) Section B
(C) Section C
(D) Section D

PART 3 UNIT 11

쇼핑·외식	expensive 비싼	make a purchase 구매하다
	give a discount 할인해 주다	inventory 재고
	defective 하자 있는	proof of purchase 구매 증빙
	warehouse 창고	overnight delivery 익일 배송
	track the status 배송 조회하다	tracking number 배송 번호
	delivery / shipping 배달, 배송	shipment 배송(품)
	billing error 청구서 오류	jewelry store 귀금속 상점
	grocery store 식품점	furniture store 가구점
	department store 백화점	stationery store 문구점
	electronic store 전자제품 매장	computer store 컴퓨터 매장
	hardware store 철물점	appliance store 가전제품 매장
	clothing store 의류 매장	home improvement store 주택 개조 용품점
	office supply store 사무용품점	sporting goods 스포츠 용품점
	bookstore 서점	art supply store 화방
공연·박물관· 전시회	movie theater 영화관	cinema 영화관
	in advance 미리	in line 줄 서 있는
	wing (건물의) 동	admission 입장
	rate 요금	pre-registration 사전 등록
	critic 평론가	balcony seat 발코니 좌석
	in the front row 앞줄에	floor plan 평면도
	artwork 예술 작품	museum 박물관
	local museum 지역 박물관	art museum 미술관
	science museum 과학 박물관	history museum 역사 박물관
	performance / show 공연	music performance 음악 연주회
	musical performance 뮤지컬 공연	dance performance 무용 공연
	exhibition hall 전시실	technology exhibition 기술 전시회
	ancient cultures exhibit 고대 문명 전시회	photography exhibit 사진 전시회
	sculpture exhibit 조각 전시회	dinosaur exhibit 공룡 전시회

여행	travel agent 여행사 직원 travel guide 여행안내원 travel expenses 여행 경비 travel arrangement 여행 준비 crowded 붐비는	relaxing 편한, 느긋한 travel brochure 여행안내 책자 city tour 시내 관광 travel reimbursement request 출장비 환급 요청 hiking 등산
호텔	resort 리조트 concierge 안내원 hotel receptionist 호텔 접수원 valuables 귀중품 single 1인용의 buffet 뷔페	inn 호텔 onsite restaurant 호텔 내 식당 hotel guest 호텔 투숙객 free meal 무료 식사 double 2인용의 breakfast 조식
공항	terminal 공항 터미널 pilot 조종사 traveler 여행자 gate 탑승구 urgent 긴급한 pick up 태우러 가다 on board 기내에	overcharge 초과 요금을 내다 later flight 더 늦은 비행 편 discount voucher 할인권 overbooked 초과 예약된 stopover 경유하다 baggage claim 수하물 찾는 곳 overhead compartment 머리 위 짐칸

음원 바로 듣기

UNIT 12

일상생활 2
편의 시설

편의 시설을 다루는 배경이나 장소는 매우 다양하다. 매회 1~3개의 지문이 출제되고 있으며, 가장 자주 출제되는 장소는 병원, 부동산, 우체국, 도서관, 수리점, 은행 등이 있다.

🔍 대화 유형 확인하기

1. 병원

▸ 환자와 병원 접수처 직원 사이의 진료 예약, 변경, 취소 관련 대화
▸ 약국에서 처방전으로 약을 조제 받거나 추천받는 대화

✅ 병원 관련 반드시 알아 두어야 할 표현

schedule an appointment 진료 예약을 하다	receptionist 안내 직원, 접수원
make an appointment 진료 예약을 하다	physical/annual checkup 건강 검진
prescription 처방전	hospital 병원
doctor's office 병원	patient 환자
see a doctor 진찰받다	medical record 진료 기록
examine 진찰하다	symptom 증상
emergency room 응급실	treatment 치료
nursing assistant 간호 보조자	remedy 치료법
get a shot 주사 맞다	shift 교대 근무

2. 부동산

▸ 부동산 중개인과 세입자 사이의 건물 임대 문의 대화
▸ 부동산 중개인과 세입자가 임대 가능한 건물을 보기 위해 약속을 정하는 대화
▸ 세입자가 부동산 중개인이나 집주인에게 임대한 건물에 생긴 문제를 알리는 대화

✅ 부동산 관련 반드시 알아 두어야 할 표현

real estate/property 부동산	property 건물 부동산
real estate/property agency 부동산 중개소	tenant 세입자
real estate/property agent 부동산 중개인	lease 임대차계약
rent 집세; 임대하다	renovation 개조, 수리
neighborhood 동네, 이웃	conveniently located 편리한 곳에 위치한
move in 이사 들어오다	bus stop 버스 정류장
commute 출퇴근하다	within short walking distance 걸을 수 있는 거리에
spacious 공간이 넓은	rural area 지방의; 시골
downtown 시내에; 도심	give a tour/show someone around 구경을 시켜 주다

3. 우체국·은행

▶ 소포 발송 관련 대화   ▶ 배송 확인 관련 대화

▶ 은행 계좌 개설 및 대출 관련 대화   ▶ 모바일 은행 앱으로 예금하는 방법 등의 대화

✅ 우체국·은행 관련 반드시 알아 두어야 할 표현

post office 우체국	package 소포
regular mail 보통 우편	express mail 빠른 우편
overnight shipping 익일 배송	envelope 봉투
fragile 파손되기 쉬운	extra charge 추가 요금
deposit 입금하다, 예금하다	account 계좌
transaction 거래	paycheck 지불 수표, 월급
loan 대출	online banking service 온라인 뱅킹 서비스

4. 도서관

▶ 도서 예약, 연장, 반납 지연을 안내하는 대화

▶ 도서 분실과 관련된 대화

✅ 도서관 관련 반드시 알아 두어야 할 표현

membership 회원	library 도서관
check out (도서관에서 책을) 빌리다	lose 분실하다
overdue 기한이 지난	renew 연장하다
return a book 책을 반납하다	late fee 연체료

5. 수리점

▶ 고장 난 것을 수리하기 위해 수리점에 방문을 요청하는 대화

▶ 수리점에 직접 방문하여 고장 난 것을 맡기고 되찾는 대화

▶ 수리 기간이나 견적을 문의하는 대화

✅ 수리점 관련 반드시 알아 두어야 할 표현

out of order 고장 난	repair 수리하다
replace 교체하다	mechanic 정비공
maintenance 유지 보수	drop off 맡기다, 가져다주다
set up 설치하다	damaged items 손상된 물품

| An Ode to You
- Erica Howell |
| Haikus on Nature
- Ayako Kimura |
| The New World
- Philip Chambers |
| The Hidden Shadow
- Danny Hogan |

Q1 세부 사항을 묻는 문제

키워드 확인

What did the woman forget to do?

(A) Pay an annual fee
(B) Bring her membership card
(C) Put a hold on a book
(D) Sign up for a class

Q2 시각 정보 연계 문제

키워드 확인

Look at the graphic. Who is the woman's favorite writer?

(A) Erica Howell
(B) Ayako Kimura
(C) Philip Chambers
(D) Danny Hogan

Q3 다음에 일어날 일을 묻는 문제

키워드 확인

According to the man, what will take place next month?

(A) A writing workshop
(B) A live reading
(C) A book signing
(D) A fund-raising event

Questions 1-3 refer to the following conversation and list of books.

W Hi, I was hoping to check out these books, but ❶ I forgot my library card at home. Could you look for my personal details in your member database? My name's Christina Williams.

M Sure. Here you are. But according to the system, you checked out some books already. You're aware of the limit, right? You can only check out one more item.

W Oh, sorry about that. I had no idea. ❷ I'll take *The New World*. My favorite writer wrote it.

M OK. By the way, ❸ our library will be holding a fundraiser next month. We are planning to sell some second-hand books to raise money for community classes.

Warm-up 대화를 듣고 정답을 고른 후, 빈칸을 채우세요. (대화는 3번 들려줍니다.) 해설서 p.67

1. What is the man asked to do?

(A) Provide an estimate   (B) Repair a vehicle

W: Hi, the driver's side _____ of my car _____,
and I was going to ask you to _____ today.

M: I'm sorry, but I don't think I can _____ today. If you leave it here,
I can take a look at it _____ tomorrow morning.

2. Where does the woman work?

(A) At a post office   (D) At a real estate agency

W: Hi, this is Heather Lee calling from Mitchell _____. There is a
_____ that just _____ and
is located near Hynd River.

M: Near Hynd River? That's _____ my work!

W: Great! So when would you like to _____ this place?

3. Who is the woman?

(A) A reporter   (B) An attorney

W: Hi. This is Alexa Chen, a _____ from the _____.
I'm calling to _____ on an article about your plans to open a
_____ next year.

M: Hi, Alexa. Well, I was going to call you today. I heard my _____ sent
you some documents yesterday. Did you get them?

W: Yes, I did. Thank you. But um… Can you please send me some blueprints or other
images of the building so that I can add them to the _____ as well?

4. What type of business does the man work for?

(A) A medical center   (B) A fitness club

M: Good morning, Goubman _____.

W: Hi, I made an _____ with ___ Goubman today, but I'd like to
_____.

M: Oh, OK. Would you like to _____ it?

5. What does the woman want to get?

(A) A library card   (B) A driver's license

W: Hi, I'm interested in signing up for _____.

M: OK, _____ this form, please. And… um… Do you have any
_____?

W: Here, I have a _____.

Exercise

해설서 p.69

1. What is the man contacting the woman about?

(A) An open position
(B) An inspection
(C) A shipment
(D) A recent invoice

2. What does the woman tell the man to do?

(A) Present a voucher
(B) Provide a warranty
(C) Check a catalog
(D) Make a payment

3. What is the conversation mainly about?

(A) A training session
(B) A commute option
(C) A job interview
(D) An apartment rental

4. What does the woman say she will check?

(A) A subway map
(B) A floor plan
(C) An owner's availability
(D) A pricing chart

5. What does the woman ask the man to provide?

(A) His full name
(B) An order number
(C) His mailing address
(D) A coupon code

6. According to the woman, what is causing a delay?

(A) A lack of workers
(B) Mechanical problems
(C) Inclement weather
(D) Heavy traffic

7. What must the woman do before her appointment?

(A) Complete the paperwork
(B) Make a payment
(C) Change her clothes
(D) Move her vehicle

8. What does the man recommend doing?

(A) Canceling an appointment
(B) Sitting in the waiting room
(C) Downloading an application
(D) Listening to a podcast

Practice

🎧 P3-15

해설서 p.70

1. What does the woman say about her car?

(A) Its headlights are cracked.
(B) Its tires are damaged.
(C) Its engine is malfunctioning.
(D) Its battery ran out.

2. What does the man warn the woman about?

(A) A roadside construction will take place.
(B) She may feel uncomfortable.
(C) A trip may take longer than expected.
(D) A team member will be unavailable.

3. Why does the man mention his sister?

(A) She can help with an issue.
(B) She works for a car manufacturer.
(C) She is looking to buy a car.
(D) She will be riding with them.

4. Who most likely is the man?

(A) A teller
(B) A pharmacist
(C) A nurse
(D) A receptionist

5. Why does the man apologize to the woman?

(A) An order is not ready yet.
(B) The business is about to close.
(C) She was overcharged.
(D) He provided incorrect information.

6. What will the woman probably do next?

(A) Get a refund
(B) Call a doctor
(C) Go next door
(D) Pay for a purchase

7. Where are the speakers?

(A) At an office complex
(B) At a shopping mall
(C) At an apartment building
(D) At a job fair

8. Why is the man unable to assist Ms. Hammond?

(A) He needs to print out a document.
(B) He has to take a phone call.
(C) He misplaced his keys.
(D) He is late for an engagement.

9. What does Lindsay agree to do for Ms. Hammond?

(A) Renew a parking permit
(B) Issue a new key
(C) Show her a lounge
(D) Give her a ride

Customer: Joseph Bennington
Teller: Clarice Park
Transaction Number: 403310
Wired Amount: $850.00
Remittance Fee: $18.00
Date: April 10

10. Look at the graphic. What information does the man ask about?

(A) The transaction number
(B) The wired amount
(C) The remittance fee
(D) The date

11. What is the man worried about?

(A) Who is able to sign for a package
(B) Where an item should be delivered
(C) What form of identification is necessary
(D) When a transfer will be completed

12. What does the man say about a bank?

(A) It is near his workplace.
(B) It has added a new service.
(C) It will undergo renovation soon.
(D) It should stay open longer.

병원	medical center 병원 medicine 약 pharmacist 약사 physician (내과) 의사 eye doctor 안과 의사 get some vaccinations 예방 접종하다 get a prescription filled 약을 조제 받다 medical form 의료 양식 patient 환자 nutrition 영양 backache 허리 통증 allergy 알레르기	prescription 처방전 pharmacy 약국 doctor 의사 surgeon 외과 의사 dentist 치과의사 consult with ~와 상의하다 reschedule 일정을 변경하다 injury 부상 injection 주사 good shape 상태가 좋은 catch a flu 독감에 걸리다 catch a cold 감기에 걸리다
부동산	expire (계약이) 만료되다 view an apartment 아파트를 둘러보다 deposit 계약금, 보증금 facility (생활의 편의를 위한) 시설 vacant (집 등이) 비어 있는 relocate to ~으로 이전하다 remodeling 리모델링 shared office space 공용 사무실 공간	quote / estimate 견적(가) utility 공과금 furnished 가구가 갖춰진 floor plan (건물의) 평면도 renew the lease 임대 계약을 갱신하다 on-site 현장의 for sale 판매용인 take measurements 치수를 재다
우체국·은행	post office 우체국 mail 보내다 tracking service 추적 서비스 expedite delivery 신속하게 배송하다 courier service 택배 서비스 ship 배송하다 tracking number 추적 번호 air shipping 항공 운송 signature 서명 weight 무게 invest 투자하다 withdraw 인출하다 income 소득, 수입 commission 수수료 financial 금융의, 재정의 stock 주식 credit card 신용 카드	parcel 소포 mail carrier 배달원 zip code 우편 번호 shipping cost 배송 비용 additional fee 추가 요금 invoice 운송장 confirmation number 예약 확인 번호 ground shipping 육지 운송 fragile 손상되기 쉬운 weigh 무게를 달다 investment 투자 withdrawal 인출 balance 잔고, 잔액 statement 명세서 business loan 기업 대출 figure 숫자, 수치 payment 결제, 지불

도서관	inquire 문의하다	misplace 분실하다
	overdue 기한이 지난	fine 벌금
	penalty 벌금	librarian 사서
	issue a library card 도서관 카드를 발급하다	circulation desk 도서 대출 데스크
	identification 신분증	sign up 등록하다, 가입하다
	bookshelf 책장	due date 만기일
	borrow 빌리다	patron 손님
	price list 가격표	purchase a membership 회원권을 구매하다
	electronic book 전자책	research 연구
수리점	broken 고장 난	broken down 완전히 망가진
	closed for repairs 수리를 위해 휴업하는	drain 배수관
	ceiling 천장	roof 지붕
	operate properly 제대로 작동하다	work properly 제대로 작동하다
	malfunctioning 고장 난	technician 기술자
	supplies 소모 공구	equipment 장비
	install a ventilation system 환기 장치를 설치하다	plumber 배관공
	flooring 바닥재	vehicle 차량
	take a look 한번 보다	leak (액체·기체가) 새다

회사 생활 1
인사·일반 업무·사무기기

PART 3에서는 회사 업무와 관련된 주제가 가장 많이 출제된다. 인사, 일반 업무를 배경으로 한 대화와 사무기기에 관한 대화가 등장하며, 매회 5~7개 출제된다.

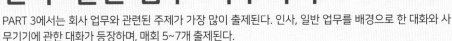

🔍 대화 유형 확인하기

1. 인사 업무

▸ 직원 채용 계획이나 직책 관련   ▸ 면접 일정 및 장소

▸ 신입 직원 연수 일정이나 절차   ▸ 승진, 전근, 퇴직, 출장, 휴가 등 인사 관련

✅ **인사 업무 관련 반드시 알아 두어야 할 표현**

채용 관련

understaffed 인원이 부족한	job opening 공석
job candidate 입사 지원자	fill out a form 양식을 작성하다
apply (for) (~에) 지원하다	requirement 자격 요건
reference 추천서	recommendation letter 추천서
qualification 자격	Human Resources Department 인사과
opportunity 기회	degree 학위
benefit 복리 후생	accept a job offer 일자리 제안을 수락하다
expertise 전문 지식, 전문성	compensation 급여

승진·전근 관련

transfer 전근 가다	promotion 승진, 홍보
Congratulations! 축하합니다!	deserve the promotion 승진할 자격이 있다
contribution 공헌	be recognized for ~으로 인정받다
get a promotion 승진하다	experienced worker 경력 사원
replace 다른 사람을 대신하다	meet 충족하다

인사 평가 관련

performance 업무 실적	evaluation 평가
review 평가	evaluation form 평가 양식
audit 회계를 감사하다	customer satisfaction 고객 만족도

퇴직 관련

resign 사직하다	retire 은퇴하다
organize a celebration 축하 행사를 준비하다	retirement party 퇴직 축하 파티
hard work 노고	recognize 인정하다
occasion 행사	buy a present 선물을 구매하다

2. 일반 업무

▶ 문서 작성 등 업무 절차에 대한 도움 요청
▶ 매출 분석, 분석 보고서 작성, 제품 홍보
▶ 외부 업체 방문 및 고객 접대나 행사

▶ 제품 개발, 제품의 생산 및 주문
▶ 회의나 프레젠테이션 장소 및 자료의 사전 준비
▶ 세미나 및 회사 야유회, 동료 환송회 참석

☑ 일반 업무 관련 반드시 알아 두어야 할 표현

draft 초안
submit 제출하나
attend the meeting 회의에 참석하다
call a meeting 회의를 소집하다
set up a meeting 회의를 잡다
annual report 연례 보고서
review 검토하다
sales figures 매출액
meet a deadline 마감일을 맞추다
behind schedule 일정보다 뒤처진
schedule conflict 일정 겹침
give a presentation 발표를 하다
seminar 세미나

revenue 수익
conference 회의
video conference 화상 회의
business trip 출장
organize 준비하다
launch 출시하다
postpone 미루다, 연기하다
on schedule 예정대로
on short notice 갑자기, 촉박하게
lead (행사 등을) 진행하다
grant 보조금
sign a contract 계약서에 서명하다
take care of ~의 책임을 지다

3. 사무기기

▶ 복사기나 컴퓨터 등의 고장
▶ 프린터 교체 등 새로운 사무기기
▶ 관리 부서에 시설 이용 도움 요청

▶ 기술 지원 부서에 수리 요청
▶ 사무용품 주문

☑ 사무기기 관련 반드시 알아 두어야 할 표현

office supplies 사무용품
maintenance office 관리부
instructions 설명서
projector 영사기
inspection 점검
file folder 서류 폴더
up-to-date 최신의
installation 설치
plug in 콘센트에 플러그를 끼우다

defective 결함이 있는
technical support team 기술 지원 팀
copier/photocopier 복사기
out of order/broken 고장 난
work properly 제대로 작동하다
run out of paper 종이가 떨어지다
out-of-date 구식의, 낡은
replacement part 대체 부품
repair 수리하다

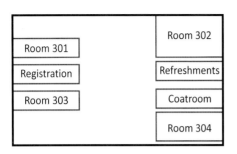

	Room 302
Room 301	
Registration	Refreshments
Room 303	Coatroom
	Room 304

Q1 시각 정보 연계 문제

키워드 확인

Look at the graphic. Which room will the woman be presenting in?

(A) Room 301
(B) Room 302
(C) Room 303
(D) Room 304

Q2 세부 사항을 묻는 문제

키워드 확인

What is predicted about the woman's presentation?

(A) It will last longer than anticipated.
(B) It will be highly technical.
(C) It will be uploaded online.
(D) It will be well attended.

Q3 제안·요청 문제

키워드 확인

What does the man offer to do?

(A) Make some copies
(B) Carry some equipment
(C) Give the woman a ride to the conference
(D) Write an introductory speech for the woman

Questions 1-3 refer to the following conversation and floor plan.

M Vicky, ❶ have you figured out which room you'll be giving your talk in at the medical conference?

W Yes, but I don't remember the exact number. I just know ❶ it's a corner room next to the refreshment stands.

M Wow, that's the largest one! ❷ The conference organizers must anticipate a lot of people attending your presentation.

W That's something I hadn't considered. If that's the case, I wonder if I need to print extra copies of the handouts.

M I would. ❸ I could make the copies for you if you'd like. I have some time before my next meeting.

Warm-up

대화를 듣고 정답을 고른 후, 빈칸을 채우세요. (대화는 3번 들려줍니다.)

해설서 p.74

1. Who most likely is the woman?

(A) A new employee   (B) A sales director

M: Hi, Ashley. I'm Eric, and we'll be _____ in the _____.

W: Hi, Eric. _____.

M: So, how's your _____ so far?

W: I'm _____.

2. What does the man request?

(A) An identification number   (B) The location of an office

M: _____. How may I help you?

W: Hi, my _____, but I need to_____ _____ in my office. Could you please send someone to _____ for me?

M: OK, but first, can you verify your employee _____?

3. What does the woman want to do?

(A) Apply for a position   (B) Place an order

W: Hi. I'm trying to _____ at your company, but the website keeps _____. When I press the submit button, an _____ pops up, and the information I entered gets deleted.

M: I'm sorry about that. We're currently _____ technical issues. Everything _____ in about an hour.

W: Oh, OK. Then _____ later.

4. What will the woman do next week?

(A) Lead a training session   (B) Relocate to another location

M: Hi, Megan. I just heard that you're going to _____ to our Vienna _____ next week. Is that true?

W: Yes. The company wants me to _____ our new store there.

M: Let's have a _____ lunch this week then. Are you _____ this Friday?

5. What does the man imply about the desktop computers?

(A) They were recently repaired.   (B) They are outdated.

W: Did you hear that the company's going to _____ all the _____ _____ next month?

M: Yes, I heard that. _____, each staff member will get one.

W: Really? That's great!

M: I know. _____ those computers for quite a long time.

1. What department does the woman most likely work in?

   (A) Technical Support
   (B) Human Resources
   (C) Publishing
   (D) Accounting

2. What problem does the man report?

   (A) He cannot meet a deadline.
   (B) He is unable to send messages.
   (C) He forgot his password.
   (D) He cannot edit his personal information.

3. What is the main topic of the conversation?

   (A) A job opening
   (B) An office layout
   (C) A project deadline
   (D) An employee orientation

4. What problem does the woman say the office has?

   (A) A light is too dim.
   (B) A workspace is too loud.
   (C) A space is too small.
   (D) A staff lounge is too far.

5. What is the purpose of the woman's visit?

   (A) To organize a conference
   (B) To propose a project
   (C) To demonstrate a product
   (D) To interview for a job

6. Why is the woman unable to meet with Mr. Carey in the morning?

   (A) He has an urgent client meeting.
   (B) He is feeling sick.
   (C) His flight was delayed.
   (D) His car broke down.

7. What is the man preparing for?

   (A) A client visit
   (B) A building inspection
   (C) A performance review
   (D) A sporting event

8. How does the woman offer to help?

   (A) By making a reservation
   (B) By leading a tour
   (C) By planning a party
   (D) By driving a vehicle

🎧 P3-19

1. Where do the speakers most likely work?

(A) At a flower shop
(B) At a restaurant
(C) At a hotel
(D) At a clothing store

2. What problem does the man mention?

(A) A document is out of date.
(B) A staff member is unavailable.
(C) A customer filed a complaint.
(D) A delivery did not arrive.

3. What will the man probably do next?

(A) Create an action plan
(B) Speak with some employees
(C) Look for another vendor
(D) Distribute a press release

4. Where do the speakers work?

(A) At a publishing company
(B) At an accounting firm
(C) At a marketing agency
(D) At an art gallery

5. What problem is mentioned?

(A) Employee productivity has dropped.
(B) Many departments are understaffed.
(C) Not enough information is shared with the clients.
(D) There is a lack of communication.

6. What does the man say the company could do?

(A) Start a newsletter
(B) Update a budget
(C) Conduct more meetings
(D) Amend employee contracts

7. What is the woman having trouble with?

(A) Locating some documents
(B) Cleaning up a booth
(C) Accessing the Internet
(D) Making a payment

8. What will the woman do at 10 A.M.?

(A) Attend some training
(B) Discard some materials
(C) Conduct a survey
(D) Hold a demonstration

9. What does the man say is available on the second floor?

(A) A printing center
(B) A fitness room
(C) A dining area
(D) A laundry service

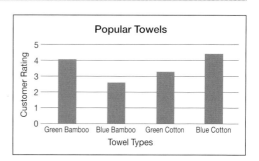

10. Who is the woman?

(A) A travel agent
(B) A health inspector
(C) A hotel manager
(D) A lab technician

11. What advantage do the products offer?

(A) They last a long time.
(B) They are lightweight.
(C) They come in various sizes.
(D) They are good for the body.

12. Look at the graphic. Which towel will the woman most likely select?

(A) Green Bamboo
(B) Blue Bamboo
(C) Green Cotton
(D) Blue Cotton

인사 업무		
short-handed 인원이 부족한		job vacancy 공석
short-staffed 직원이 부족한		job seeker 구직자
job posting 채용 공고		permanent position 정규직
job applicant 입사 지원자		temporary worker 임시 직원
in charge of ~의 담당인		application form 지원서
cover letter 자기소개서		résumé 이력서
hire 고용하다		recruit 모집하다
recommend 추천하다		reference 추천서
qualified 자격을 갖춘		career 직업, 경력
flexible working hours 탄력 근무제		responsible ~을 책임지고 있는
retirement 은퇴		prospective (~이 될) 가능성이 있는
make a job offer 일자리를 제안하다		resignation 사직
orientation 오리엔테이션, 예비 교육		lay off 해고하다
identification badges 사원증		give a raise 임금을 인상하다
train new employees 신입 사원을 교육하다		shift 교대 근무
get a promotion 승진하다		performance evaluation 인사 고과

일반 업무		
conference call 전화 회의		convention 회의
cancel a meeting 회의를 취소하다		call off 취소하다
participant 참가자		be out of town 출장 중이다
quarterly report 분기 보고서		budget proposal 예산안
expense report 비용 보고서		attend 참석하다
reimburse 상환하다		arrange 준비하다
prepare 준비하다		revise / update 수정하다
go over 검토하다		confirm 확인하다
inspect 점검하다		analyze 분석하다
finalize / complete 마무리 짓다		release / unveil / introduce 출시하다
estimate / price quote 견적(서)		contract / agreement 계약서
market share 시장 점유율		market trend 시장 동향
market research 시장 조사		work overtime 초과 근무하다
feature 특징		product launch 제품 출시
agenda 안건, 의제		make a copy 복사하다
deadline extension 마감일 연장		break 휴식 시간
regulation 규정		renew 갱신하다

사무기기	supply cabinet 소모품 보관함	storage room 창고
	jammed 종이가 걸린	error 오류, 문제
	damaged 손상된	defective 결함이 있는
	warehouse 창고	place an order 주문하다
	supply 공급; 공급하다	supplier 공급업자
	order status 주문 현황	manufacturer 제조업자
	replace 교체하다	parts 부품
	manufacture 제조하다, 생산하다	extension 내선 번호
	directions/manual/instructions 설명서	material 자료
	assemble/put together 조립하다	merchandise 제품, 상품
	warranty period 보증 기간	in bulk 대량으로
	equipment 기계, 장비	file 서류철; (문서 등을 정리하여) 보관하다

회사 생활 2
행사·시설 관리·마케팅·재무

사내 행사 준비나 시설 관리를 배경으로 한 대화, 마케팅 및 재무 업무에 관한 대화가 빈번하게 등장하며, 매회 2~4개의 지문이 출제된다.

🔍 대화 유형 확인하기

1. 행사

▸ 신입 직원 오리엔테이션 준비
▸ 회의, 세미나, 출장 등의 준비
▸ 행사 관련 장소, 음식, 자료, 장비 준비
▸ 직무 향상 교육의 준비
▸ 일정이나 연설자, 진행자 조율

✅ 행사 관련 반드시 알아 두어야 할 표현

venue 행사 장소	training session 교육, 연수
seminar 세미나	orientation 오리엔테이션, 예비 교육
conference 회의	awards ceremony 시상식
company outing 회사 야유회	keynote speaker 기조연설자
lead the workshop 워크숍을 진행하다	catering service 출장 요리 업체
sign up 등록하다	banquet 연회
make a reservation 예약하다	take place/be held 개최되다
opening ceremony 개막식	corporate/business event 기업 행사
company retreat 회사 야유회	sponsor an event 행사를 후원하다
charity event 자선 행사	volunteer 자원봉사자
job/career/recruitment fair 직업 박람회	retirement party 은퇴 기념 파티

2. 공장 관련[시설 관리]

▸ 공장 기계 점검·고장·수리
▸ 공장 직원들의 업무 배정
▸ 공장 직원을 대상으로 한 안전 수칙의 공지
▸ 공장의 업무 스케줄 및 스케줄의 변경

✅ 공장 관련 반드시 알아 두어야 할 표현

factory 공장	inspector 조사관
assembly line 조립 라인	production line 생산 라인
meet the demand 수요를 맞추다	shift 근무 시간, 근무조, 교대 근무
plant 공장	facility 시설
generator 발전기	speed 속도
security 보안	churn out 대량 생산하다
loading dock 짐 싣는 곳	safety gear 안전장치

3. 공사·수리·유지 보수[시설 관리]

▶ 사무실 및 기타 시설물의 수리 · 유지 보수 　　▶ 소프트웨어 설치나 업데이트

✔ 공사·수리·유지 보수 관련 반드시 알아 두어야 할 표현

renovation / repair 수리
blueprint 설계도
turn on (전원을) 켜다
back up files 파일을 백업해 놓다
routine maintenance 정기적인 유지 보수
additional fee 추가 비용

under construction 공사 중인
software upgrade 소프트웨어 업그레이드
turn off (전원을) 끄다
install a light fixture 조명 기구를 설치하다
software developer 소프트웨어 개발자
Technical Support 기술 지원 팀

4. 마케팅

▶ 상품·제품 마케팅 전략　　▶ 상품·제품 홍보 대화

▶ 광고·캠페인으로 고객을 끄는 방법

✔ 마케팅 관련 반드시 알아 두어야 할 표현

market 상품을 내놓다, 광고하다
advertising / ad 광고
attract / draw in 끌어당기다
capture 사로잡다, 공략하다
perspective 관점, 시각
brainstorming 브레인스토밍

promotion 홍보
sample 견본, 샘플
take advantage of 이용하다
work on 착수하다, 시작하다
launch 출시하다
annual sales 연간 매출액

5. 재무

▶ 매출 증가 및 감소　　▶ 자금과 관련된 비용 절감, 자금 조달, 예산 분배

▶ 매출 목표로 사업 확장 및 후원 요구　　▶ 계약, 합병, 인수 성사

✔ 재정 관련 반드시 알아 두어야 할 표현

fund 자금, 기금
sales number 판매 수량
decrease / fall 감소
cut back 줄이다
win a contract 계약을 따내다
close the deal 계약을 성사시키다

sales figures 매출액, 판매 수치
increase / growth 증가
revenue / profit / earnings 수익
take over / acquire 인수하다
expire / end 만료되다
stock 주식

PART 3 UNIT 14

Line 1 →
Line 2 →
Line 3 →
Line 4 →

Size:	7.5
Color:	White
Model:	NS17
Price:	$130

Q1 세부 사항을 묻는 문제

키워드 확인

What will happen on Friday?

(A) A complete inventory check
(B) An annual clearance sale
(C) A sporting event
(D) A shop grand opening

Q2 시각 정보 연계 문제

키워드 확인

Look at the graphic. Which line will the woman change?

(A) Line 1
(B) Line 2
(C) Line 3
(D) Line 4

Q3 다음에 할 일을 묻는 문제

키워드 확인

What does the man say he will do?

(A) Put up a banner
(B) Print some flyers
(C) Email a manufacturing company
(D) Fix a display

Questions 1-3 refer to the following conversation and price tag.

M Good morning, Hye-sung. ❶ Thanks for your hard work with preparing for our yearly sporting goods sale.

W No problem. ❶ Since it's this Friday, I've been working on the display for the running shoes that will be on clearance.

M Sounds good. Oh, wait. ❷ I think there may be a mistake on this price tag. These are a size 7.

W Oh, yes. ❷ I'll fix it. ❸ I also need to put up the banner on the front door, but I'm not tall enough.

M ❸ Let me take care of that.

Warm-up 대화를 듣고 정답을 고른 후, 빈칸을 채우세요. (대화는 3번 들려줍니다.)

해설서 p.80

1. What does the woman want to know about?

(A) The location of a facility   (B) The number of guests

> W: Good morning. It's Ji-sun _____ the Remeau Chemical _____.
> I wanted to find out _____ from your university
> _____.
>
> M: _____. I'll send you their photos
> and names via e-mail this afternoon.
>
> W: Great! I'll use them to create visitor IDs for everyone.

2. What will the woman do next?

(A) Confirm some inventory   (B) Deliver a package

> W: Jerome, I should _____ the _____ now. Do you know where the
> inventory list is?
>
> M: Um… Ms. Mancini _____ the list in the _____
> over there.
>
> W: Alright. _____ right now.

3. What does the woman say recently changed?

(A) The number of participants   (B) An event location

> M: Janice, are you _____ the management training _____
> this Friday? Do you know what time it's going to start?
>
> W: It begins at 9 A.M. _____, they _____ the _____
> of the seminar. It will now be held in meeting room 1, not 3.
>
> M: Ah, thanks for letting me know.

4. What industry do the speakers most likely work in?

(A) Manufacturing   (B) Advertising

> M: Courtney, I just _____ from one of our _____ about an
> _____ we're working on for them.
>
> W: You mean Takapuna Tech? My team _____ the viral
> campaign for Takapuna's _____.

5. What are the speakers mainly discussing?

(A) A marketing campaign   (B) A sales increase

> W: Hello, Juan. I just _____ the sales report from _____.
>
> M: Anything worth of note?
>
> W: The _____ of our latest line of _____ surged
> by 15 percent!
>
> M: That's wonderful news. This Friday, we have a meeting with _____
> _____. I'd like to double-check _____
> _____ beforehand.

Exercise

🎧 P3-22

해설서 p.81

1. What is the man requesting?

(A) A revised contract
(B) A deadline extension
(C) A cost estimate
(D) A program installation

2. Why is the man in a hurry?

(A) He has to leave soon for a conference.
(B) He needs to complete an assignment.
(C) A business will close early.
(D) A client will be arriving earlier than expected.

3. What is the main topic of the conversation?

(A) A sales event
(B) An advertising campaign
(C) An athletic competition
(D) A product launch

4. Who is Dan Lanowitz?

(A) A training instructor
(B) A new employee
(C) A board member
(D) A previous customer

5. What will take place on November 2?

(A) A design contest
(B) A book launch
(C) A restaurant opening
(D) A music show

6. What does the woman thank the man for?

(A) Fixing a printer
(B) Making a flyer
(C) Revising a menu
(D) Picking up a guest

7. What does the man suggest doing?

(A) Sourcing local products
(B) Offering special events
(C) Updating a floor plan
(D) Designing a new logo

8. What does the man say he will do?

(A) Book a room
(B) Sell at a discounted price
(C) Update a website
(D) Speak with a manager

음원 바로 듣기

🎧 P3-23

해설서 p.83

1. What did the woman receive an e-mail about?

(A) An emergency evacuation plan
(B) A company-wide meeting
(C) An employment contract expiration
(D) A mandatory computer update

2. What concern does the woman have?

(A) A file may get deleted.
(B) A password may not be valid.
(C) A deadline will be difficult to meet.
(D) Equipment may be unavailable.

3. What will the woman most likely do next?

(A) Attend a press conference
(B) Postpone a meeting
(C) Contact a colleague
(D) Make a copy of a document

4. What is the conversation about?

(A) Expanding the business
(B) Increasing in-store sales
(C) Lowering company expenses
(D) Recruiting temporary staff

5. How did the man get an idea?

(A) By visiting the competitor's stores
(B) By reading customer feedback
(C) By listening to a podcast
(D) By taking an online course

6. What will the speakers probably do?

(A) Offer complimentary gifts
(B) Upload photographs on social media
(C) Rearrange some products
(D) Look for a better supplier

7. What project is the man working on?

(A) Planning a shareholders meeting
(B) Starting an internship program
(C) Opening a second location
(D) Acquiring a competitor's product

8. What does the man mean when he says, "Nothing's been finalized yet"?

(A) A staff member did not meet a deadline.
(B) An event venue has not been confirmed.
(C) There are not many job applicants.
(D) There is time to make a recommendation.

9. Who is Quincy Vanvoreen?

(A) A professional athlete
(B) A film director
(C) A company president
(D) A corporate recruiter

Main Menu
Set A: Vegetable Omelet
Set B: Cajun Shrimp Pasta
Set C: Stuffed Potatoes
Set D: Mongolian Beef
*All sets come with either a soup or salad and drink.

10. What type of event is being held?

(A) A cooking demonstration
(B) A technology conference
(C) A board meeting
(D) An anniversary celebration

11. Look at the graphic. Which set will the woman most likely choose?

(A) Set A
(B) Set B
(C) Set C
(D) Set D

12. What does the man encourage the woman to do?

(A) Review a program
(B) Bring a friend
(C) Use public transportation
(D) Purchase a parking permit

PART 3 UNIT 14

행사	company picnic 회사 야유회	take part in 참가하다
	Employee of the Year 올해의 사원	award ceremony 시상식
	winner 수상자	organize the event 행사를 준비하다
	event coordinator 행사 진행자	transportation 교통편
	attendance 참석(률), 참석자 수	register for ~에 등록하다
	enroll in ~에 등록하다	online registration 온라인 등록
	scheduled for ~으로 예정된	on schedule 예정대로
	on short notice 갑자기, 급히	behind schedule 일정보다 뒤처진
	training materials 교육 자료	anniversary 기념일
	participant / attendee 참가자	training session 교육, 연수
	give a presentation 발표를 하다	confirm participation 참석을 확인하다
	upcoming event 다가오는 행사	photo identification 사진이 부착된 신분증
	do a product demonstration 제품 시연을 하다	post / put up a notice 공지를 게시하다
	provide a handout 유인물을 주다	fund-raiser 기금 모금자, 기금 모금 행사
	arrive on time 정각에 도착하다	set up a booth 부스를 설치하다
	keynote speaker 기조연설자	keynote speech 기조연설
	product launch 제품 출시	catering service 출장 요리 업체
공장 관련	manufacturing plant 제조 공장	production facility 생산 시설
	production line 생산 라인	assembly line workers 조립 라인 직원
	keep up with the demand 수요를 맞추다	fill a large order 대량 주문을 납품하다
	bulk order 대량 주문	place an order 주문하다
	machinery 기계	shut down the machine 기계를 멈추다
	supply room 비품실	supplier 공급업자, 제조업자
	safety equipment 안전 장비	run 작동하다
	build 짓다	produce 생산하다
	inventory 재고 목록	release date 출시일
	quality control 품질 관리	conveyor belt 컨베이어 벨트
	workforce 노동자, 노동력	far away 멀리 떨어진
	resource 자원, 재료	raw material 원료, 원자재
	unit 장치	shipment 수송품

공사·수리·유지 보수	construction 공사, 건설	under construction 공사 중인
	renovation 수리	take a look 살펴보다
	fix / repair 수리하다	operate properly 제대로 작동하다
	safety helmet 안전모	protective gear 보호 장구
	manual 설명서	contractor 도급업자, 시공사
	guarantee 보증서	scratch 긁힌 자국, 흠집
	interior decoration / décor 실내 장식	stain 얼룩
	estimate 견적, 견적서	accounting software 회계 소프트웨어
	reinstall software 소프트웨어를 재설치하다	restart a machine 기계를 다시 시작하게 하다
마케팅	commercial 광고	television ads 텔레비전 광고
	print ads 인쇄 광고	Internet ads 인터넷 광고
	by word of mouth 사람들의 입소문으로	appeal 호감을 주다
	social media 소셜 미디어	boost sales 판매를 촉진시키다
	marketing specialist 마케팅 전문가	marketing strategy 마케팅 전략
	consumer 소비자	consumer goods 소비재 상품
	publicity 광고, 홍보	focus group / sample group 표본 집단
	feedback 피드백	customer ratings 고객 평가
	comment 의견, 논평	goal 목표
재정	review a budget 예산을 검토하다	finance 재무
	financial consultant / advisor 재무 상담사	financial reports 재무 보고서
	sales target / goal 판매 목표	competitive 경쟁을 하는, 경쟁력 있는
	exclusive agreement 독점 계약	contract term 계약 조건
	invest 투자하다	exceed a budget 예산을 초과하다
	cost 비용이 들다, 비용	benefits 혜택, 이득
	business expansion 사업 확장	sponsor 후원자, 후원하다
	income 소득, 수입	loan 대출
	sales tax 판매세	affordable 가격이 알맞은, 저렴한

REVIEW TEST

32. What complaint does the man have about a food item?

(A) It is too overpriced.
(B) It is too sweet.
(C) It is too difficult to eat.
(D) It is too small.

33. What item does the man add to his order?

(A) Coffee
(B) Tea
(C) A fruit cup
(D) A salad

34. What does the man hand the woman?

(A) A business card
(B) A reusable cup
(C) A customer card
(D) A discount coupon

35. What is the purpose of the call?

(A) To purchase tickets
(B) To inquire about a facility
(C) To cancel an appointment
(D) To confirm a tour

36. What does the man ask about?

(A) Accommodation availability
(B) Dietary restrictions
(C) Seating arrangements
(D) Transportation options

37. What does the man mention is free?

(A) Parking
(B) Admission
(C) Shipping
(D) Refreshments

38. Who most likely is the woman?

(A) A restaurant owner
(B) A Web designer
(C) A gallery curator
(D) A college professor

39. What has the man studied?

(A) Art history
(B) Painting
(C) Computer software
(D) Photography

40. What does the woman suggest the man do?

(A) Restock some supplies
(B) Submit a review
(C) Visit a business
(D) Make some desserts

41. What does the woman offer to do?

(A) Send an e-mail
(B) Call a coworker
(C) Review a schedule
(D) Make a reservation

42. What is Stacey needed for?

(A) Translating a document
(B) Contacting job candidates
(C) Planning an overseas business trip
(D) Coordinating training sessions

43. Why does the woman say, "Matt studied in Japan for over six years"?

(A) To propose that Matt transfer to a different branch
(B) To provide some revised information
(C) To suggest a new venue for an event
(D) To recommend that Matt take on an assignment

44. Where does the man most likely work?

(A) At a household goods store
(B) At an architecture firm
(C) At a community center
(D) At an apartment complex

45. According to the man, what does the woman need to do?

(A) Enter a passcode
(B) Come back at a later time
(C) Pay a fee
(D) Fill out a form

46. What event does the man mention?

(A) A seasonal promotion
(B) A community picnic
(C) A town festival
(D) A sporting contest

47. What does the woman want to purchase?

(A) An electric sign
(B) Business cards
(C) Customized hats
(D) A newspaper subscription

48. What does the man offer to show the woman?

(A) Some samples
(B) Some brochures
(C) A discount rate
(D) A price list

49. What does the man ask the woman to do?

(A) Provide a shipping address
(B) Review an estimate
(C) Sign a contract
(D) Send an e-mail

50. Why is the woman at the store?

(A) To return a book
(B) To buy a concert ticket
(C) To rent an instrument
(D) To apply for a job

51. According to the man, what is included in the price?

(A) Taxes
(B) Shipping fees
(C) Cleaning services
(D) Insurance

52. What does the man recommend the woman do before purchasing?

(A) Take some measurements
(B) Attend a seminar
(C) Compare prices online
(D) Speak to her instructor

53. What did the man do yesterday?

(A) He attended a local event.
(B) He took a day off for an emergency.
(C) He participated in a workshop.
(D) He met with potential clients.

54. What kind of business do the speakers most likely work for?

(A) A marketing firm
(B) An events planning firm
(C) A publishing company
(D) A cruise company

55. Why does the man say, "I've never filled out that form before"?

(A) To make an excuse
(B) To explain complaints
(C) To ask for assistance
(D) To change an invoice

56. Where do the speakers most likely work?

(A) At a medical center
(B) At a bank
(C) At a grocery store
(D) At a restaurant

57. Why does the man agree to work during an event?

(A) A colleague is not available.
(B) An appointment was rescheduled.
(C) An hourly pay is higher than usual.
(D) A famous person will be attending.

58. What does the woman say the man should do?

(A) Follow a dress code
(B) Greet guests at the door
(C) Set up some decorations
(D) Arrive an hour early

59. What does the woman say the man does well?

(A) He selects qualified applicants.
(B) He resolves issues.
(C) He gives good speeches.
(D) He prepares detailed reports.

60. What does the man remind the woman?

(A) That a machine is broken
(B) That a project is costly
(C) That his vacation is coming up
(D) That he is very busy

61. What does the man request?

(A) Time to look over some information
(B) A bigger office
(C) Additional funds to design a product
(D) New computer software

Music Playlist	
	Rock "Everlasting Bliss"
	Classical "Our Summer"
	Jazz "Not Alone"
	Pop "Heaven's Cloud"

62. What event are the speakers discussing?

(A) A grand opening
(B) A retirement party
(C) A company picnic
(D) A business seminar

63. Look at this graphic. Which song does the woman recommend removing?

(A) "Everlasting Bliss"
(B) "Our Summer"
(C) "Not Alone"
(D) "Heaven's Cloud"

64. What does the woman say she will do tomorrow?

(A) Confirm a venue
(B) Visit a store
(C) Arrange some chairs
(D) Hire a caterer

Home & Kitchen

Product	Unit Price
Vacuum Insulated Stainless Steel Bottle	$25
Stainless Steel Mug with Silicone Lid	$18
1 Gallon Plastic Water Jug	$12
Leakproof Plastic Water Bottle	$20

Enjoy Richard's at a Discount!

3% off	10% off
For all app purchases	For all members

2% off	5% off
For purchases 20$ or more	For all cash payments

65. Who is a gift for?

(A) Community volunteers
(B) Financial donors
(C) Potential clients
(D) Staff members

66. Look at the graphic. What is the price of the product the woman recommends?

(A) $25
(B) $18
(C) $12
(D) $20

67. What is the man going to send to the woman?

(A) A name list
(B) A graphic file
(C) A contact information
(D) A billing address

68. Where does the conversation most likely take place?

(A) At a home appliance store
(B) At a coffee shop
(C) At a fashion boutique
(D) At an office supply store

69. Look at the graphic. How much discount will the woman receive on her purchase?

(A) 3%
(B) 10%
(C) 2%
(D) 5%

70. What does the woman say she will do?

(A) Fill out an order form
(B) Return on a later day
(C) Contact a customer
(D) Complete a questionnaire

PAF

RT4

짧은 담화

OVERVIEW

Part 4는 한 사람의 담화를 듣고, 3개의 질문에 대한 각 4개의 보기 중 가장 알맞은 정답을 선택하는 문제다. 지문의 길이는 Part 3와 거의 비슷하지만, 구와 절로 이루어진 복잡한 구조의 장문이 등장하며 관용 표현을 사용한 문장도 많다. LC의 마지막 파트이며, 71번부터 100번까지 총 10개 담화문과 30문제가 출제된다.

담화 유형 분석

공지·안내 방송(Announcement)

전화·녹음 메시지(Telephone·Recorded message)

방송·뉴스 보도(Broadcast·News report)

연설·인물 소개(Speech·Lecture·Introduction)

광고·관광·견학(Advertisement·Sightseeing·Tour)

최신 출제 경향

• 공지·안내 방송, 전화·녹음 메시지, 연설·인물 소개 비중이 가장 높다.

• 4개의 보기에 있는 단어들을 하나씩 다 언급하며 헷갈리게 하는 오답 함정이 많아지고 있으며, 담화에서 들렸던 단어가 오답인 경우들이 나오고 있다.

• 담화에 나온 단어가 같은 의미의 다른 단어로 패러프레이징(paraphrasing)된 문제의 비중이 커지고 있다.

핵심 학습 전략

1. **문제의 전체 흐름을 파악한다.**

   담화에서 문제에 대한 힌트가 나오는 순서는 문제의 순서와 일치한다는 것을 기억해야 하며, 담화의 이해도를 높이기 위해서는 토익 빈출 어휘를 많이 알아 두어야 한다.

2. **화자 의도를 잘 파악한다.**

   Part 4 화자 의도 파악 문제는 담화문의 주요 흐름을 파악하면서 화자가 한 말의 앞뒤 문장을 집중해서 듣고, 문맥상 그 말의 실제 의미 또는 의도를 찾아야 한다. 평소 단순 듣기에서 벗어나 담화의 전반적인 흐름을 이해하는 훈련이 필요하다.

3. **시각 정보를 잘 활용해 본다.**

   시각 정보 연계 문제는 담화를 듣기 전에 주어진 시각 정보를 최대한 활용해서 담화의 주제를 예측하며 들을 수 있어야 한다. 듣고, 분석하고, 문제를 푸는 멀티태스킹 훈련이 필요하다.

4. **평소 청취 훈련을 한다.**

   생소한 담화 내용이 나올 수 있으므로 전반적인 듣기 실력을 향상시키는 훈련이 필요하다.

문제 풀이 전략

1. 담화를 듣기 전에 문제를 먼저 읽는다.

문제를 미리 읽으면서 키워드에 표시해 둔다.

> **Why** is the speaker **contacting** the listener?
> 화자는 왜 청자에게 연락하고 있는가? → 연락하는 목적을 고르는 문제임을 미리 파악한다.
>
> **What** is the speaker doing **tomorrow afternoon**?
> 화자는 내일 오후에 무엇을 할 것인가? → 내일 오후에 무엇을 할 것인지 들을 준비를 한다.
>
> **What** does the speaker **recommend** that the listener do?
> 화자는 청자에게 무엇을 하도록 추천하고 있는가? → 화자가 청자에게 추천하는 사항을 들을 준비를 한다.

2. 담화를 듣기 전에 핵심 내용을 추측한다.

문제와 짧은 보기를 미리 읽음으로써 어떤 내용이 나올지 추측할 수 있다.

> According to the speaker, what is an **advantage** of a **location**?
> 화자에 따르면, 위치의 이점은 무엇인가?
>
> (A) The area is **quiet**. 지역이 조용하다.
> (B) A **fitness facility** is nearby. 운동 시설이 인근에 있다.
> (C) There are many **parking spaces**. 주차 공간이 많다.
> (D) The scenery is **beautiful**. 풍경이 아름답다.
>
> → 문제와 보기를 미리 읽고 어떤 장소의 입지 조건에 관한 내용이 나올 거라는 걸 예측할 수 있다.

3. 문제에서 speaker인지 listener인지를 반드시 구분해야 한다.

Part 4는 Part 3과 다르게 한 명이 말하는 담화이므로 그 문제가 speaker(화자)와 관련된 문제인지, listener(청자)와 관련된 문제인지 명확히 구분해야 한다.

> Who most likely is the **speaker**?
> **화자**는 누구이겠는가? → 화자의 정체를 묻고 있다.
>
> Who most likely is the **listener**?
> **청자**는 누구이겠는가? → 청자의 정체를 묻고 있다.
>
> Why should the **listeners** visit a website?
> **청자들**은 왜 웹사이트를 방문해야 하는가? → 청자가 웹사이트를 방문하는 것임을 명심하고 듣는다.

4. 담화를 들으면서 동시에 정답을 선택한다.

담화가 끝나고 각 문제의 정답을 고를 때까지 전체 내용을 계속 기억하고 있기란 어려운 일이다. 담화를 들으면서 동시에 문제를 풀고 해당 담화가 끝날 때는 3개의 정답도 선택되어 있어야 한다.

패러프레이징을 적극적으로 활용하기

담화 내용에서 들렸던 표현이 보기에 그대로 정답이 되는 난이도가 낮은 문제도 많이 출제되지만, 담화 속 표현이나 어구를 그대로 사용하지 않고 결국 같은 의미이지만 다른 표현으로 바꿔서 답이 나오는 경우가 대부분이다. 이렇게 바꿔 말하는 것을 패러프레이징(paraphrasing)이라고 한다.

1. 정답이 그대로 나오는 경우

M: I'm sure you all agree that **careful planning** is crucial to maintaining financial stability. To learn more, let's welcome Mr. Griffin.
세심한 계획이 재정 안정 유지에 결정적이라는 데에 모두 동의하실 거라고 믿습니다. 그리핀 씨를 모셔서 더 알아봅시다.

Q. What will Mr. Griffin discuss? 그리핀 씨는 무엇에 관해 논의할 것인가?

A. **Careful planning** 세심한 계획

★ 정답 표현

careful planning is crucial 세심한 계획이 중요하다
→ Careful planning 세심한 계획

2. 정답이 패러프레이징되어 나오는 경우

M: I'm sorry that we weren't able to begin on time. I **missed my train and had to wait for the next one**.
제시간에 시작 못 해서 미안합니다. 기차를 놓쳐서 다음 걸 기다려야만 했어요.

Q. Why was the event delayed? 행사가 왜 지연되었는가?

A. The speaker **arrived late**. 화자가 늦게 도착했다.

★ 패러프레이징된 표현

missed my train and had to wait for the next one
기차를 놓쳐서 다음 거를 기다려야만 했다
→ arrived late 늦게 도착했다

3. 패러프레이징 표현 연습

- Thanks again for letting me visit your **construction company**.
  당신 건축 회사를 방문하게 해 주셔서 다시 한번 감사드립니다.
  → At a **construction firm** 건축 회사에서

- We're going to be providing complimentary **exercise classes**.
  우리는 무료 운동 수업을 제공할 예정입니다.
  → A **fitness program** 운동 프로그램

- Participating employees will get **complimentary healthy snacks and drinks**.
  참가하는 직원들은 무료로 건강에 좋은 간식과 음료를 받게 됩니다.
  → **Free refreshments** 무료 다과

- Hello, it's Nicolas Damira calling from Oakwood Avenue **Realtors**.
  안녕하세요. 오크우드 애비뉴 부동산에서 전화 드리는 니콜라스 다미라입니다.
  → A **real estate agent** 부동산 중개인

- I'll pass out **scanners** to everyone so that you can **try scanning some packages** yourself.
  직접 소포들을 스캔해 볼 수 있도록 모든 분들께 스캐너를 나눠 드리겠습니다.
  → **Use some devices** 장비를 사용한다

- Here's a brochure that provides **some information** about each of the cars.
  각 자동차들에 관한 정보가 있는 책자가 여기 있습니다.
  → Provide **details** about some vehicle 차량에 관한 자세한 사항을 제공한다

문제 유형

음원 바로 듣기

담화는 대화와 마찬가지로 대개 일정한 방식으로 전개되기 때문에 담화의 초반부, 중반부, 후반부에 언급되는 내용이나 관련 문제 유형이 어느 정도 정해져 있다. 따라서 문제 유형에 따라 정답의 단서가 담화의 어느 부분에서 나올지 예측하면서 듣는 훈련이 필요하다.

🔍 문제 유형 확인하기

1. 주제·목적·직업·장소를 묻는 문제는 담화 초반부에 단서가 나온다.

▸ 주제 및 목적 문제는 매회 2~3문제 정도 출제되며, 직업 및 장소 문제는 4~5문제 정도 매회 나온다.

▸ 담화 앞부분에서 단서가 언급되므로 담화의 초반을 집중해서 듣는다.

주제

What is mainly being **discussed**? 주로 무엇이 논의되고 있는가?
What is **the speaker** mainly **discussing**? 화자는 주로 무엇을 논의하고 있는가?
What is the main **topic** of the talk? 담화의 주요 주제는 무엇인가?
What is **the news report** mainly **about**? 뉴스 보도는 주로 무엇에 관한 것인가?

목적

Why is **the speaker calling**? 화자는 왜 전화를 하고 있는가?
What is **the main purpose** of the message? 메시지의 주요 목적은 무엇인가?
Why is **the speaker** at **the store**? 화자는 왜 가게에 왔는가?

직업

Who most likely is **the speaker**? 화자는 누구겠는가?
What is **the speaker's job**? 화자의 직업은 무엇인가?
Who is **the speaker** most likely **talking to**? 화자는 누구에게 말하고 있는 것 같은가?
Who is **the announcement intended for**? 공지는 누구를 위한 것인가?
Who is **the speaker addressing**? 화자는 누구에게 말하고 있는가?

장소

Where do **the speakers** most likely **work**? 화자들은 어디에서 일하는 것 같은가?
Where is **the information being given**? 정보는 어디에서 제공되고 있는가?
Where does the talk probably **take place**? 담화는 어디서 이루어지겠는가?
Where most likely is **the announcement being made**? 공지가 이루어지는 장소는 어디이겠는가?

2. 세부 정보는 담화 중반부에 단서가 나온다.

▶ 이유·방법·정도·문제점 등 세부 사항을 묻는 문제는 2~10문제 정도 매회 출제된다.

▶ 질문과 보기의 핵심 키워드를 잡고 문제의 요점을 기억한다.

▶ 담화 속 정답의 단서는 페러프레이징되어 보기에 제시된다는 것을 기억한다.

▶ 질문의 about 뒤에 나오는 핵심 어구를 미리 파악한다.

▶ Part 4의 정답은 담화에 나오는 문장이나 단어가 보기에 사용된 동사와 명사 그대로 들리는 경우가 많으므로, 보기에 사용된 동사와 명사의 뜻을 정확히 파악해야 한다.

세부 사항

Why is **the change** being made? 변화는 왜 일어나고 있는가?

Why does **the speaker apologize**? 화자는 왜 사과하는가?

What does **the speaker say** will **happen** on **Monday**?
화자는 월요일에 무슨 일이 일어날 것이라고 하는가?

What is **said** about **Zyler's Café**? 자일러의 카페에 대해 언급된 것은 무엇인가?

What does **the speaker emphasize** about **mobile phones**?
화자는 휴대폰에 대해 무엇을 강조하는가?

What is **suggested** about **Albert Kim**? 앨버트 김에 대해 암시된 것은 무엇인가?

How can **the listeners save money**? 청자들은 어떻게 돈을 절약할 수 있는가?

How much will **the inspection cost**? 점검 비용이 얼마나 들겠는가?

문제점·걱정거리

What problem does **the speaker** mention? 화자는 어떤 문제점을 언급하는가?

What is **the speaker concerned** about? 화자는 무엇에 관하여 걱정하는가?

What is **wrong** with **the machine**? 기계에 무슨 문제가 있는가?

3. 제안·요청·제공·다음에 할 일·일어날 일 문제는 담화 후반부에 단서가 나온다.

▶ 제안·요청·제공 문제는 3~4문제 정도 출제되며, 다음에 할 일·일어날 일 문제는 1~2문제 정도 매회 출제된다.

▶ 화자가 청자에게 주로 제안, 추천, 요청, 제공 등을 하는 내용을 집중해서 듣는다.

▶ 후반부에서는 please, suggest, recommend, make sure, remember, don't forget (to), keep in mind, will, be going to 등 뒤에서 정답으로 출제된다는 것을 기억한다.

제안·요청·제공

What does **the speaker recommend**? 화자는 무엇을 추천하는가?

What are **volunteers invited** to do? 자원봉사자들은 무엇을 하라고 제안받는가?

What is **the listener asked** to do? 청자는 무엇을 하라고 요청받는가?

What does **the speaker offer** the listeners? 화자가 청자들에게 해 주겠다고 한 것은 무엇인가?

다음에 할 일·일어날 일

What will **the speaker do next**? 화자가 다음에 무엇을 하겠는가?

What does **the speaker plan** to do? 화자는 무엇을 하려고 계획하는가?

What will **listeners hear next**? 청자들은 다음으로 무엇을 듣게 될 것인가?

4. 시각 정보 연계 문제

▶ 시각 자료 문제는 Look at the graphic.을 시작으로 표, 그래프, 약도, 쿠폰 등 다양한 유형의 시각 정보를 담화 내용과 연관 지어 정답을 찾는 문제이다.

▶ Who/When/Where/What/Which/How ~? 등 다양한 의문사 의문문으로 출제된다.

▶ 질문의 키워드를 미리 잡고, 시각 정보를 보면서 문제를 풀어야 한다.

▶ 약도, 지도, 평면도는 next to(옆에), across from(건너편에), in front of(앞에), behind(뒤에), between(사이에), alongside(나란히)와 같이 위치나 방향을 나타내는 전치사를 주의 깊게 듣는다.

시각 정보

Look at the graphic. On which day is the announcement taking place?
시각 정보를 보시오. 공지는 어느 요일에 발표되는가?

Look at the graphic. What has recently been repaired?
시각 정보를 보시오. 최근에 수리된 것은 무엇인가?

✅ 시각 정보 자료 유형

1. 표

워크숍·공연·행사 등의 일정 및 상품이나 서비스 등에 대한 요금을 보여 준다.

Workshop Date	Presenter
June 15th	Wanda Stills
June 16th	Janet Wright
June 17th	Donald Stevens
June 18th	Lyan Starks

2. 그래프

기업과 상품 등의 매출 변화, 회원 수 변화, 기온 및 강수량 변화 등을 보여준다.

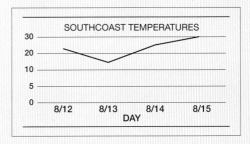

3. 약도

기업, 상점, 행사장 등의 위치를 보여 준다.

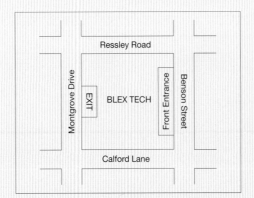

4. 기타 자료

그림, 쿠폰, 티켓 구매 내역, 주문서, 송장, 구인 자격 요건 목록, 기타 양식 등을 보여 준다.

Electron-O-Mart Special Promotion Save 30% All Week!	
Branch	**Items On Sale**
Ganerton	Appliances
Vanandale	Televisions
Riverfeld	Cameras
Umptario	Computers

5. 화자 의도 파악 문제

▶ 질문에 주어진 표현이 어떤 의도로 쓰였는지를 파악하는 문제이다.

▶ 문자 그대로의 사전적 의미가 아닌 해당 앞뒤 문장의 문맥을 파악하여 정답의 단서를 골라야 한다.

▶ 담화의 강세와 어조를 통해 전체적인 흐름과 맥락을 이해해야 정답을 고를 수 있다.

의미

What does the speaker mean when he says, "You won't believe this"?
화자가 "이것을 믿지 못할 거예요"라고 말할 때 무엇을 의도하는가?

What does the speaker mean when he says, "That's about it"?
화자가 "그게 전부예요" 라고 말할 때 무엇을 의도하는가?

목적

Why does the man say, "There's no need to worry"?
남자는 왜 "걱정하실 필요가 없습니다"라고 말하는가?

Why does the man say, "One note though"?
남자는 왜 "사실은 말이죠"라고 말하는가?

암시

What does the woman imply when she says, "Let's get to it"?
여자가 "시작해 봅시다"라고 말할 때 무엇을 의도하는가?

What does the woman imply when she says, "I'll see to it"?
여자가 "제가 처리할게요"라고 말할 때 무엇을 의도하는가?

✔화자 의도 파악 문제 해결책

1. 인용 문장을 먼저 읽고 담화가 나올 때 인용 문장 앞뒤의 맥락을 파악한다.

Why does the woman say, "Something's come up"? 여자는 왜 "일이 생겨서요"라고 말하는가?
담화를 듣기 전 문제와 보기를 먼저 읽는 단계에서 "Something's come up"이 "일이 생겨서요"라는 사전적 의미를 미리 파악해 놓는다. 그렇다고 이 문장과 똑같은 의미의 보기를 고르면 오답 함정에 빠질 수 있으므로 인용 문장 앞뒤의 맥락을 파악하며 숨겨진 의미를 찾는다.

2. 처음부터 끝까지 담화의 흐름을 놓치지 않는다.

담화에서 인용 문장이 언제 나올지 모르고 숨은 의도를 찾는 문제이기 때문에 그 담화의 전체적인 흐름과 맥락을 놓치지 않도록 한다. 특히, 강세나 어조는 문맥을 파악하는 데 중요한 단서가 될 수 있으므로 주의 깊게 듣는다.

3. 담화의 흐름을 놓쳤으면 빨리 찍고 다음 문제로 넘어간다.

화자의 의도 파악 문제는 난도가 높은 문제이므로 틀리더라도 감점이 크지 않다. 따라서 담화 흐름을 놓쳐서 정답을 모를 때에는 재빨리 아무거나 찍고 다음 문제에 집중하여 틀리지 않도록 해야 한다. 놓친 문제에 신경 쓰다가 2~3문제를 다 틀릴 수도 있다.

해설서 p.95

🎧 P4-01 미국

Q1 담화 초반부 문제: 청자의 정체

키워드 확인

What field do the listeners most likely work in?

(A) Health care
(B) Education
(C) Market research
(D) Civil engineering

Q2 담화 중반부 문제: 세부 사항

키워드 확인

According to the speaker, what is special about the conference?

(A) There is no fee for attending.
(B) Refreshments will be available.
(C) It is being broadcast over the Internet.
(D) It received funding from a government entity.

Q3 담화 후반부 문제: 요청

키워드 확인

What are the listeners asked to do?

(A) Pick up a visitor's pass
(B) Register online
(C) Look at a pamphlet
(D) Turn off their phones

Questions 1-3 refer to the following speech.

M ❶ A big thank you to everyone for attending this conference on educational technology. This year has seen some incredible research being conducted around the world. ❷ This conference is special because this year we waived the attendance fee instead of an optional donation. With the increased turnout, we hope to increase interest in this field of research. You can see the full list of speakers for the conference on our website. Before we start, I would like to remind everyone that any noise from the crowd can be incredibly distracting to the speakers. ❸ Therefore, I'd like to ask everyone to kindly switch their devices off when we start. We will start in 15 minutes.

Q4 시각 정보 연계 문제

Bus 309	
City	Arrival Time
Kerikeri	9:00 A.M.
Waitangi	10:25 A.M.
Russell	11:40 A.M.
Puhoi	1:15 P.M.
Hamilton	2:30 P.M.

키워드 확인

Look at the graphic. When is Bus 309 scheduled to arrive at its next stop?

(A) 9:00 A.M.
(B) 10:25 A.M.
(C) 11:40 A.M.
(D) 1:15 P.M.

Question 4 refers to the following announcement and timetable.

Ⓜ We have an important announcement for all passengers. Due to the severe storms last week, parts of our train station have been closed off until further notice. We apologize if this means you will have to take a detour to get to your stop. However, this has not impacted our bus schedule. All passengers to Hamilton, please proceed to stop 4A as Bus 309 to Hamilton will be arriving shortly. If you have any special requirements or you need help with your bags, please speak to your nearest ticket agent. ❹ Bus 390's final destination will be Hamilton but it will make two stops, first at Russell and then at Puhoi.

PART 4 UNIT 15

Q5 화자 의도 파악 문제

키워드 확인

Why does the speaker say, "This is going to be an incredible event this year"?

(A) To express concern about a venue
(B) To explain why a product is important
(C) To suggest that an event should be recorded
(D) To encourage listeners to attend

Question 5 refers to the following excerpt from a meeting.

Ⓦ Good afternoon, everyone. Before I get into today's agenda, I first want to mention just how amazed I am at the progress we have made on our new self-cleaning water bottles. We'll be producing some prototypes very shortly. In terms of schedule, we are well on track to launch the product at the technology convention in July. We'll also have one of our own, Melody Harvey, will be giving a presentation about it at the conference. ❺ And a reminder that the company will cover your registration fees. This is going to be an incredible event this year.

Warm-up 담화를 듣고 정답을 고른 후, 빈칸을 채우세요. (담화는 3번 들려줍니다.) 해설서 p.96

1. What kind of business did the caller reach?

(A) A restaurant (B) A convention center

> W: Hi, my name is Shannon Simon, and I made a _____ for three people next Friday. I was wondering if I could _____.

2. What is the purpose of the talk?

(A) To discuss a design (B) To announce an award winner

> M: Now, I'm happy to announce the _____ of the _____ Architect of the Year _____. The _____ Sarah Flint.

3. What type of business is the message from?

(A) A medical office (B) A law firm

> M: You've reached Berwyn _____. Our _____ are from 9 A.M. to 5 P.M., Monday through Friday, and from 10 A.M. to 1 P.M. on Saturday.

4. Who most likely is the speaker?

(A) A tour guide (B) A sports instructor

> W: Good morning, everyone! My name is Melissa, and I'll be your _____ for the next two days in Hawaii. During this time, you'll _____ many different _____ including parasailing and snorkeling.

5. Where is the event being held?

(A) At a library (B) At a bookstore

> M: Good evening, and thank you for joining my _____ here at Graham's _____. My name is Peter Barrel, and I'm here tonight to share some _____ my new _____, *A Man with a Mask*.

Exercise

🎧 P4-05

해설서 p.97

1. Where most likely is the announcement being made?

(A) On an airplane
(B) On a ferry
(C) On a train
(D) At an airport

2. What are the listeners asked to do?

(A) Pick up a form
(B) Confirm their reservations
(C) Take their personal belongings
(D) Leave blankets behind

3. What is being advertised?

(A) A hotel
(B) A real estate agency
(C) A flower shop
(D) A landscaping company

4. What will most likely happen at the end of this week?

(A) An offer will end.
(B) A business will be closed.
(C) A free trial program will be conducted.
(D) New tools will be sold.

5. Who most likely is the speaker?

(A) A baker
(B) A nutritionist
(C) A journalist
(D) A waiter

6. According to the speaker, what should the listeners do to get a discount?

(A) Become a member
(B) Place a business card on the table
(C) Provide written feedback
(D) Spend over $30

Class	Instructor
Kitchen Design	Jenny Lynch
Furniture Repair	Marty Gregg
Electrical Wiring	Sean Jones
Interior Painting	Dylan Norris

7. What is being announced?

(A) A store reopening
(B) A special sale
(C) Extended business hours
(D) Free home delivery

8. Look at the graphic. Who will teach this week's class?

(A) Jenny Lynch
(B) Marty Gregg
(C) Sean Jones
(D) Dylan Norris

PART 4 UNIT 15

🎧 P4-06

해설서 p.99

1. What is the purpose of the announcement?
(A) To explain a change in an itinerary
(B) To announce a new corporate policy
(C) To remind workers of a company function
(D) To introduce flexible working hours

2. According to the speaker, what will be provided?
(A) Meals
(B) Accommodation
(C) Entertainment
(D) Transportation

3. What does the speaker ask the listeners to do?
(A) Analyze data
(B) Raise money for charity
(C) Email a request
(D) Visit the Human Resources Department

4. What did the speaker purchase tickets for?
(A) A county fair
(B) A sporting event
(C) A holiday festival
(D) A music performance

5. What problem does the speaker mention?
(A) He was charged the incorrect amount.
(B) He has not received any tickets.
(C) He would like to change the date.
(D) He is unable to attend the event.

6. What does the speaker say he will do tonight?
(A) Print out a receipt
(B) Provide some documentation
(C) Apply for an exemption
(D) Arrive at a venue early

7. Who most likely is the speaker?
(A) A tour guide
(B) A software instructor
(C) A job consultant
(D) A sales representative

8. What does the speaker mean when he says, "So please take your time"?
(A) The Systems Department should update all the computers.
(B) Employees should make sure they correctly log in their hours.
(C) The accounting manager should check all the expense reports.
(D) Staff should carefully complete a questionnaire.

9. What will listeners do after the break?
(A) Work in groups
(B) Watch a presentation
(C) Meet with their managers
(D) Order some equipment

Weather Forecast and Wind Speed				
Monday	Tuesday	Wednesday	Thursday	Friday
0 km/h	5 km/h	15 km/h	12 km/h	10 km/h

10. What most likely is the speaker's occupation?
(A) Tour guide
(B) Catering manager
(C) Resort employee
(D) Airline worker

11. Look at the graphic. On which day is the announcement taking place?
(A) Tuesday
(B) Wednesday
(C) Thursday
(D) Friday

12. What activity does the speaker suggest?
(A) Watching a film
(B) Checking out a fashion show
(C) Eating at a restaurant
(D) Visiting a museum

주제·목적	I'm calling to ~ ~하려고 전화했습니다	I'm calling about ~ ~에 관해 전화했습니다
	I'm calling regarding ~ ~에 관해 전화했습니다	I want to ~ ~길 원합니다
	I'd like to ~ ~하고 싶습니다	I need to ~ ~해야 합니다
	I hope to ~ ~하길 바랍니다	I'm here to ~ ~하러 왔습니다
	I was wondering if ~ ~인지 궁금합니다	
반전 내용	but 그러나	however 그러나
	unfortunately 안타깝게도	I'm afraid ~ ~일까 봐 걱정입니다
	I'm sorry but ~ 미안하지만 ~	I'm having trouble ~ ~하는 데 어려움이 있습니다
	I have a problem 문제가 생겼습니다	
이유·원인	because ~ ~이기 때문에	since ~ ~이기 때문에
	as ~ ~이기 때문에	because of ~ ~ 때문에
	due to ~ ~ 때문에	owing to ~ ~ 때문에
	thanks to ~ ~ 덕분에	thanks for ~ ~ 덕분에
	so that ~ ~하도록	in order that ~ ~하도록
중요한 정보	apparently 듣자 하니	actually 사실은
	in fact 사실은	It's important that ~ ~하는 것이 중요합니다
요청 사항	Can you ~? ~해 주시겠어요?	Could you ~? ~해 주시겠어요?
	Will you ~? ~하겠어요?	Would you ~? ~하겠어요?
	I'd like you to ~ ~해 주세요	I want you to ~ ~해 주세요
	I need you to ~ 당신이 ~해야 합니다	please ~ ~해 주세요
	make sure ~ 확실히 ~해 주세요	be sure to 확실히 ~해 주세요
	Don't forget to ~ ~하는 것을 잊지 마세요	keep in mind ~을 염두에 두세요
의견·제안	Why don't you ~? ~하는 게 어때요?	How about ~? ~은 어떠세요?
	What about ~? ~은 어떠세요?	Let's ~ ~합시다
	Shall we ~? ~할까요?	I suggest ~ ~할 것을 제안합니다
	I recommend ~ ~할 것을 추천합니다	I advise ~ ~할 것을 조언합니다
	You should ~ ~하는 게 좋습니다	
해결책 제의	I can ~ 제가 ~해 줄 수 있어요	Let me ~ 제가 ~하겠습니다
	I will ~ 제가 ~하겠습니다	
앞으로 할 일·계획	I will ~ 저는 ~할게요	I have to ~ ~해야 합니다
	I need to ~ ~해야 합니다	I'm planning to ~ ~할 계획이에요
	I'm going to ~ ~에 갈 겁니다	We're trying to ~ ~하려고 합니다
	We're scheduled to ~ ~할 예정이에요	I'm about to ~ 막 ~하려고 했어요
	I've decided to ~ ~하기로 정했어요	I've made up my mind to ~ ~하기로 정했어요

PART 4 ■ UNIT 15

UNIT 16 공지·안내 방송

 음원 바로 듣기

공지는 회사 및 업무 관련된 새로운 소식이나 변경 사항을 알리거나, 회의 안건에 대해 논의하는 내용이다. 그 외 상점, 도서관, 기차역, 공항, 관광지 등의 다양한 공공장소에서 이용자들에게 필요한 정보를 알리는 안내 방송이 출제된다. 공지·안내 방송은 매회 3~4개가 출제된다.

🔍 담화 유형 확인하기

1. 공지·안내 방송 지문의 전개 구조

장소에 따라 세부적인 내용에는 차이가 있지만, 전반적인 흐름은 화자의 자기소개, 청자나 장소에 대한 정보, 공지의 주제 언급 후, 관련 세부 사항 전달 당부나 요청 사항 전달 순으로 전개된다.

인사말· 주위 환기 멘트	▶	주제·목적	▶	세부 사항	▶	당부·권고· 요청 사항·미래 계획
· 화자 직업 문제 · 청자 직업 문제 · 담화 장소 문제		· 담화의 주제 · 담화의 목적		· 구체적인 내용		· 청자가 할 일 · 담화 후 있을 일 · 미래 계획 문제

2. 자주 나오는 지문

▶ **사내 공지**: 회사에서 직원들에게 사내 행사, 시간 및 장소 변경, 시설 점검 및 공사 일정, 새로운 제도 도입에 따른 권고나 지시 사항 등을 전달한다.

▶ **공공장소 내 안내 방송**: 상점에서 고객들에게 개점 및 폐점 시간, 제품 정보 제공, 행사 일정 변경, 할인 행사를 안내하거나, 도서관, 서점, 박물관 등의 공공장소에서 시설물 이용 안내 및 준수 사항을 공지한다.

▶ **교통수단 내 안내 방송**: 교통편이나 항공편의 출발, 도착 지연, 결항 등 운행 변경 사항을 안내한다.

✅ 공지·안내방송에서 반드시 알아 두어야 할 표현

사내공지

staff meeting 직원회의	training session 교육, 연수	orientation 오리엔테이션, 예비 교육
awards ceremony 시상식	inspection 점검	renovate 보수하다
reminder 공지	update 최근 소식을 알리다	give an overview 개요를 설명하다
agenda 안건, 의제	security 보안	customer survey 고객 설문 조사
quarter 분기	budget 예산	increase sales 매출을 증가시키다
refreshments 다과	beverage 음료	install 설치하다
board meeting 이사회 (회의)	vacation request 휴가 신청서	customer feedback 고객 의견
drop in sales 매출 감소	work overtime 초과 근무를 하다	
improve productivity 생산성을 높이다		

공공장소 내 안내 방송

regular price 정가	at no charge 무료로	coupon 쿠폰
special offer 특별 할인	return policy 반품 규정	clearance sale 재고 정리 세일
reduced price 할인된 가격	ticket counter 매표소	sales representative 판매 사원
check out (책을) 대출하다	announcement 발표, 공지	Attention, please. 안내 말씀 드리겠습니다.
deliver ~을 배송하다	prohibited 금지된	retrieve 되찾다, 회수하다
promotion 홍보, 판촉 행사	from now on 지금부터	opening 개점, 개막
rate 요금	refund 환불하다; 환불	shipment 수송품

교통수단 내 안내 방송

departure 출발	arrival 도착	take off 이륙하다
destination 목적지	journey 여행	board 탑승하다
on schedule 일정대로	cooperation 협조	belongings 소지품
delay 지연	inconvenience 불편	cancel 취소하다
flight attendant 승무원	inclement 악천후	resume 다시 시작하다
issue 문제	customer check in 탑승 수속하다	assist 돕다
identification card 신분증	engine trouble 엔진 고장	book 예약하다

3. 공지·안내 방송 정답 시그널 표현

▶ **장소를 확인할 수 있는 표현**

Welcome to 장소 . 장소에 오신 것을 환영합니다.

Thank you for coming to [joining/attending] 장소 . 장소에 와 주셔서[함께해 주셔서/참석해 주셔서] 감사합니다.

▶ **청자를 확인할 수 있는 표현**

Attention, 청자 . 청자 여러분께 알려드립니다.

Good morning/afternoon/evening, 청자 . 청자 여러분, 안녕하세요.

▶ **화자를 확인할 수 있는 표현**

I'm/My name is 이름 . 저는/제 이름은 이름입니다.

I'm a 직업/직책 . 저는 직업/직책입니다.

As 직업/직책 , I ~. 직업/직책으로서, 저는 ~.

▶ **목적을 확인할 수 있는 표현**

I'm very pleased to ~ . ~하게 되어 매우 기쁩니다.

I just wanted to let you know ~ . ~임을 알려드리고 싶었습니다.

I'd like to remind everyone that ~ . ~임을 잊지 않도록 다시 말씀드리고 싶습니다.

해설서 p.101

🎧 P4-07 호주

Q1 화자의 직업을 묻는 문제

키워드 확인

Who most likely is the speaker?

(A) A machinery designer
(B) A warehouse manager
(C) A driving instructor
(D) A sales representative

Q2 세부 사항을 묻는 문제

키워드 확인

Why is some special equipment needed?

(A) To transport items to customers
(B) To minimize costs
(C) To clean the premises
(D) To reach high shelves

Q3 청자의 다음 행동을 묻는 문제

키워드 확인

What will the listeners do next?

(A) Review a document
(B) Conduct a trial
(C) Watch a video
(D) Sign a contract

Questions 1-3 refer to the following excerpt from a meeting.

Ⓜ ❶ I only have one more item left on my agenda for today's orientation. I understand that everyone already has their forklift license. That was one of the requirements for the position. But the ones we have here may be different from the ones you are used to. ❶ We use our own, specially-designed forklifts to move inventory from the loading dock to our shelves. As you can see, our warehouse has extremely tall shelves. ❷ It is precisely for this purpose that we use our forklifts called Liftix to reach the top shelves. ❸ Our manufacturing partner that produces them has created a short video that is on our website which showcases their features. Let's take a look.

Warm-up
담화를 듣고 정답을 고른 후, 빈칸을 채우세요. (담화는 3번 들려줍니다.)   해설서 p.101

1. Where most likely is the speaker?

(A) At a library   (B) At a grocery store

W: Welcome to Wilson's _____. We're happy to announce that the new _____ is now open! It is right next to the _____—aisle number 5.

2. Who is the audience for this announcement?

(A) Festival attendees   (B) Professional musicians

M: Hello, everyone. Thanks for coming to the _____ Grindale _____ _____. We have a variety of _____ jazz bands performing for us at _____.

3. What is the main topic of the announcement?

(A) A new payroll system   (B) A return policy

W: Good morning. First of all, I want to _____ everyone about the _____ to the store's _____.

4. Where is the announcement being made?

(A) At a banquet   (B) At a conference

W: Welcome everyone. I hope you are enjoying this year's _____ . Before we continue, I'd like to call your attention to something on the _____—there is an _____ on the first page.

5. Who is the speaker?

(A) A ticket seller   (B) A theater owner

M: Good evening, ladies and gentlemen! Welcome to the Impala _____. We are happy that you could come tonight. As many of you are already aware, _____ _____ has completely _____. As the _____ of this _____, I would personally like to thank all of you and hope that you _____.

Exercise

해설서 p.103

1. Where does the announcement most likely take place?

(A) At an office supply store
(B) At a furniture retailer
(C) At a supermarket
(D) At a bank

2. How long will the offer last?

(A) One day
(B) Two days
(C) Three days
(D) Four days

3. What did Winslow Bank do recently?

(A) It hires some employees
(B) It appoints a new CEO
(C) It upgrades their homepage
(D) It creates an online support team

4. Who most likely is Samantha Surly?

(A) A CEO
(B) A banking consultant
(C) The director of the personnel team
(D) A member of the technology team

5. What can passengers do near the parking lot?

(A) Purchase souvenirs
(B) Book some tickets
(C) Check-in luggage
(D) Board flights

6. What should passengers do if they have questions?

(A) Ask a flight attendant
(B) Go to the parking lot
(C) Look at monitors
(D) Talk with an employee

7. What is the announcement about?

(A) A delayed promotion
(B) A construction project
(C) A new parking policy
(D) A recruitment campaign

8. Why are the listeners asked to contact Paulo?

(A) To post a job opening
(B) To hire vehicles
(C) To get authorization
(D) To request a visit

Practice

🎧 P4-10

해설서 p.104

1. What is being advertised?

(A) Clothing
(B) Sports equipment
(C) Bathroom suites
(D) Groceries

2. According to the speaker, how can listeners find sale items?

(A) By speaking with staff
(B) By looking for special stickers
(C) By following a map
(D) By filling out a form

3. Why are listeners encouraged to visit the customer service desk?

(A) To pick up a store guide
(B) To ask for gift-wrapping
(C) To register for a credit card
(D) To return an item

4. Who most likely are the listeners?

(A) Health inspectors
(B) Tour guides
(C) Gardeners
(D) Scientists

5. According to the speaker, what is unusual about the weather today?

(A) It is stormy.
(B) It is foggy.
(C) It is rainy.
(D) It is sunny.

6. What does the speaker say are available?

(A) Maps
(B) Beverages
(C) Water
(D) Bags

7. Where does the talk most likely take place?

(A) At an art gallery
(B) At a sports stadium
(C) At a theater
(D) At a restaurant

8. What problem does the speaker mention?

(A) Some employees are arriving late.
(B) Some equipment has been stolen.
(C) Customer reviews have been poor.
(D) Costs have increased.

9. Why does the speaker say, "many of you are active on social media"?

(A) To suggest a new policy
(B) To clarify a question
(C) To request assistance
(D) To express disappointment

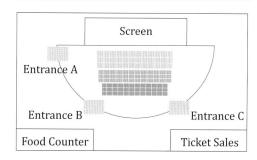

10. What does the speaker say about a new film?

(A) There are several complaints about it.
(B) There are no more tickets for it.
(C) Its cast members will visit the theater.
(D) Its starting date will be revised.

11. Look at the graphic. What has recently been repaired?

(A) The screen
(B) Entrance A
(C) Entrance B
(D) Entrance C

12. What are listeners instructed to do?

(A) Distribute a survey
(B) Check visitors' tickets
(C) Enter their work hours
(D) Put on a headset

공지	banquet 연회	outing 야유회
	retreat 수련회	hold (행사를) 열다, 개최하다
	take place 열리다, 개최되다	remodel 개조하다
	set up 설치하다	expand 확장하다
	for your convenience 편의를 위해서	last-minute 임박한, 마지막 순간의
	company policy 회사 방침	instruction 지시, 설명
	introduce 도입하다	equipment 기기, 장비
	outdated 구식인	finance 자금
	upgrade 개선하다	improvement 개선 공사
	call a meeting 회의를 소집하다	provide training 교육을 제공하다
	new software 새로운 소프트웨어	address a problem 문제를 처리하다
	take inventory 재고 조사를 하다	assembly line 생산 라인
	reach the sales target 판매 목표에 도달하다	discuss the result 결과에 대해 논의하다
	have an announcement 공지 사항이 있다	work extra hours 추가 근무를 하다
공공장소 내 안내 방송	complimentary 무료의	~% off ~% 할인
	reasonable (가격이) 적정한	affordable 저렴한
	voucher 쿠폰	gift certificate 쿠폰, 상품권
	special deal 특가 상품	stop by 들르다
	sold out 매진된	out of stock 재고가 없는
	in stock 재고가 있는	warranty 품질 보증(서)
	user-friendly 사용하기 쉬운	ticket counter 매표소
	service desk 서비스 창구	not allowed/not permitted 금지된
	not available/unavailable 구할 수 없는	bargain 싸게 사는 물건
	fill out a form 양식을 작성하다	performance 공연
	patron 고객, 후원자	loyal customer 단골 고객
	prohibited 금지된	turn off mobile phones 휴대폰을 끄다
	temporarily closed 일시적으로 폐쇄된	extend hours of operation 운영 시간을 늘리다
	call a technician 기술자를 부르다	for safety reasons 안정상의 이유로

교통수단 내 안내 방송	flight attendant 승무원	passenger 승객
	captain (비행기의) 기장	luggage / baggage 수하물
	reclaim / retrieve 되찾다, 회수하다	serve (음식을) 제공하다
	counter 접수대, 판매대	land 착륙하다
	bound for ~행의(목적지)	apologize for ~을 사과하다
	ahead of schedule 일정보다 앞서	ferry terminal 여객 터미널
	suitcase 가방	transit 환승
	board the train 기차에 탑승하다	weather conditions 기상 상태
	overbook 정원 이상의 예약을 받다	traffic jam 교통 혼잡
	foggy weather 안개 짙은 날씨	on time 정각에, 제시간에
	fasten seatbelts 안전벨트를 매다	wait time 대기 시간
	journey 여행	cooperation 협조

UNIT 17 전화·녹음 메시지

전화 메시지는 전화를 건 사람이 받는 사람에게 메시지를 남기는 경우이고 녹음 메시지는 회사나 병원, 공공기관 등 정보를 알려주기 위해 미리 녹음해 놓은 메시지이다. 병원 예약 및 면접 일정을 확인하거나 물품 배송 지연 등을 알리는 전화 메시지와 영업시간 이후의 자동 응답 서비스와 같은 녹음 메시지가 주를 이룬다. 녹음 메시지보다는 전화 메시지가 주로 나오며, 매회 2~3개가 출제된다.

🔍 담화 유형 확인하기

1. 전화 메시지 지문의 전개 구조

전화를 건 화자가 청자의 응답기에 남기는 메시지로 보통 자기소개 이후 전화를 건 목적을 언급하고 부탁 및 요청 사항을 언급하는 순으로 지문이 전개된다. 주로 회신 전화를 요청하는 내용으로 마무리한다.

인사말·자기소개	▶	전화를 건 목적	▶	세부 사항	▶	당부·요청 사항
· 화자 직업 문제 · 청자 직업 문제		· 화자의 용건		· 구체적인 내용 · 문제점과 그 원인		· 청자가 할 일 · 요청 및 제안 사항

2. 녹음 메시지 지문의 전개 구조

▶ 개인 자동 응답기 메시지: 부재중임을 알리기 위해 화자가 미리 녹음해 둔 메시지로 화자의 직업과 부재 이유 및 복귀 시점, 그리고 비상시 연락할 수 있는 방법 등이 주로 나온다.

인사말·자기소개	▶	부재 이유 및 복귀 시점	▶	연락 방법
· 화자 직업 문제		· 화자가 부재인 이유 (출장/학회/휴가 등)		· 청자가 할 일 · 다른 연락처/연락할 사람

▶ 회사 ARS 메시지: 전화를 건 고객을 대상으로 한 회사의 안내 메시지로 회사 소개와 부재 이유를 알리고 영업 재개 시간을 언급하거나 회사의 위치, 내선 번호, 추가적인 정보를 얻는 방법 등을 소개한다.

인사말·회사 소개	▶	세부 사항· 추가 정보 얻는 방법	▶	당부·요청 사항
· 회사의 종류		· 영업시간·회사 위치 · 내선 번호 안내		· 전화 통화 가능한 시간

3. 전화·녹음 메시지 정답 시그널 표현

▶ 청자를 나타내는 표현

This message is for 청자 . 이 메시지는 청자를 위한 메시지입니다.

= This is a message for 청자 .

▶ 화자를 나타내는 표현

This is 화자 from 화자의 회사 . 저는 화자의 회사에서 전화드리는 화자입니다.

I'm calling from 화자의 부서[회사] . 화자의 부서[회사]에서 전화드립니다.

▶ 용건 확인 표현

I'm calling for[to/about/regarding/because] 용건 . 용건[을 위해서/에 관하여/때문에] 전화드립니다.

I was wondering 용건 . 용건이 궁금해서 전화드립니다.

This is returning your call. 답신 전화드립니다.

Thank you for your inquiry about ∼ . ∼에 관하여 문의해 주셔서 감사합니다.

▶ 회신 전화 요망 표현

You can reach me at 555-5014. 555-5014번으로 전화 주세요.

Please return my call at 555-5014. 555-5014번으로 답신 전화 주시기 바랍니다.

Please call me back at 555-5014. 555-5014번으로 답신 전화 주시기 바랍니다.

▶ 회사 소개 표현

You've reached 회사/업체 . 귀하께서는 회사/업체에 전화 주셨습니다.

Thank you for calling 회사/업체 . 회사/업체에 전화 주셔서 감사합니다.

▶ 영업·운영 시간 표현

store hours = office hours = business hours = hours of operation

▶ 내선 번호 관련 표현

Press the star (key) after the beep. 삐 소리가 난 후 (전화 번호판의) 별표(*)를 눌러 주세요.

stay on the line 전화를 끊지 않고 기다리다

✔ 전화·녹음 메시지에서 반드시 알아 두어야 할 표현

Please give me a call. 저에게 전화해 주세요.

You have reached ∼로 전화하셨습니다

get back to ∼에게 나중에 다시 연락하다

stay on the line 전화를 끊지 않고 기다리다

Thank you for calling ∼로 전화 주셔서 감사합니다

while I'm away 제가 없는 동안에

핵심 문제 유형

해설서 p.107

P4-11 미국

Q1 화자의 정체를 묻는 문제

키워드 확인

Who most likely is the speaker?

(A) A website developer
(B) A clothing designer
(C) A make-up artist
(D) An event planner

Q2 세부 사항을 묻는 문제

키워드 확인

Why did the speaker include a special gift?

(A) The listener is a frequent customer
(B) The listener placed an expensive order
(C) The listener received an award
(D) The listener provided a positive review

Q3 요청 사항을 묻는 문제

키워드 확인

Why is the listener asked to return a phone call?

(A) To discuss a partnership
(B) To organize a meeting
(C) To give feedback
(D) To confirm an invoice

Questions 1-3 refer to the following telephone message.

M Hi, Luke. It's Max calling from Star Sing Creations. ❶ I've just shipped off the jacket and the vest you ordered last month. ❷ Also, to thank you for being a loyal customer since we got off the ground, I've also included a special gift along with your order. It's a new necktie, which I'm hoping to start offering as part of a new collection. ❸ I would love to hear what you think, so please give me a call when you have had a chance to look at it.

Warm-up 담화를 듣고 정답을 고른 후, 빈칸을 채우세요. (담화는 3번 들려줍니다.)

해설서 p.107

1. Where does the speaker work?

(A) At an auto shop   (B) At a dental clinic

> W: Hi, Keith. This is Andrea _____ Sanbury _____.
> I'm calling to remind you of your _____ appointment on
> Wednesday at 4 P.M.

2. Who most likely is the speaker?

(A) A construction manager   (B) A web designer

> M: Hi, Ms. Douglas. This is Nathan Dent _____. You said
> you wanted me to _____ for your business.
> I'd like to _____ your business first, though. Can you
> _____ some information?

3. Why is the listener hearing this message now?

(A) All of the lines are currently busy.   (B) A business is closed for a national holiday.

> W: _____ Welsby Real Estate Agency. We're now
> _____. Please leave a message after the beep,
> or contact us during _____—Monday through Friday between 10
> A.M. and 7 P.M.

4. Why is the speaker calling?

(A) To make an inquiry about availability   (B) To ask about a research finding

> M: Hello, _____ Mr. Kim. My name is Alfred Havelock
> from Havelock Enterprise. _____ see if you are free to
> _____ at my company next month.

5. Which department does the speaker work in?

(A) The sales team   (B) The technical support team

> W: Hi, Michael. This is Anne calling from the _____.
> You asked me to investigate why you're _____ our
> company website. I've got good news for you—_____.

Exercise

해설서 p.108

1. Who most likely is the message for?

(A) An interior designer
(B) A building architect
(C) A real estate agent
(D) A civil engineer

2. What does the speaker say she wants to do?

(A) View a property
(B) Review an update
(C) Arrange a meeting
(D) Take some photos

3. What problem has occurred?

(A) An item is sold out.
(B) A shipment is lost.
(C) A wrong product was sent out.
(D) A billing error occurred.

4. What does the speaker offer to do for the listener?

(A) Provide free delivery
(B) Reduce a membership fee
(C) Mail him a voucher
(D) Give him free samples

5. What is the purpose of the call?

(A) To remind the listener of an appointment
(B) To schedule a repair
(C) To check on a shipment
(D) To request a price estimate

6. What will happen tomorrow?

(A) A demonstration will be held.
(B) Construction work will begin.
(C) Heavy rain will fall.
(D) Equipment will be replaced.

7. Where is the museum located?

(A) Next to a train station
(B) In front of a library
(C) Near a textile factory
(D) Across from an art gallery

8. Why would listeners press 3?

(A) To leave a voice message
(B) To reserve a place on a tour
(C) To get information on an exhibit
(D) To obtain directions to the museum

Practice

해설서 p.110

1. What kind of business does the listener most likely work for?

(A) An electronics store
(B) A newspaper office
(C) A moving company
(D) A supermarket

2. What does the speaker want to do?

(A) Apply for a position
(B) Renew a contract
(C) Revise some information
(D) Deliver a package

3. According to the speaker, what is the problem?

(A) A website is not working.
(B) She has not received her order.
(C) She forgot her password.
(D) A billing charge is incorrect.

4. Where is the speaker calling from?

(A) An airline
(B) A museum
(C) A theater
(D) A music store

5. According to the speaker, what is the problem?

(A) An event was canceled.
(B) A payment was not processed.
(C) Some documents were misplaced.
(D) Some tickets were sent to the wrong address.

6. What does the speaker ask the listener to do?

(A) Visit a box office
(B) Provide new credit card information
(C) Check a website
(D) Apply for a refund

7. Who most likely is the speaker?

(A) A carpenter
(B) A bank clerk
(C) A professor
(D) A mechanic

8. What requirement is mentioned?

(A) A document
(B) A license
(C) A deposit
(D) A reservation

9. What does the speaker mean when she says, "we have a busy week coming up"?

(A) The listener should bring a friend.
(B) The listener should act quickly.
(C) A request may change later.
(D) A detail should be confirmed.

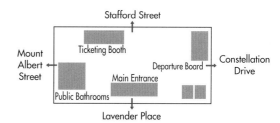

10. Who most likely is the speaker?

(A) A tour guide
(B) A rideshare driver
(C) A hotel receptionist
(D) A customer service agent

11. Look at the graphic. Where does the speaker want to meet?

(A) On Stafford Street
(B) On Constellation Drive
(C) On Lavender Place
(D) On Mount Albert Street

12. How can a change be confirmed?

(A) By returning a call
(B) By sending an e-mail
(C) By using an app
(D) By confirming a payment

전화 메시지		
	remind 상기시키다	reschedule 일정을 변경하다
	cancel an appointment 예약을 취소하다	confirm an appointment 예약을 확인하다
	get in touch with ~와 연락하다	contact 연락하다
	reach 연락하다	let ~ know ~에게 알려주다
	immediately / promptly 즉시	response 응답
	appointment 약속, 예약	cancel 취소하다
	inconvenience 불편	postpone 연기하다
	inquire 문의하다	trouble 문제
	problem 문제	mistake 실수
	expect 기대하다, 예상하다	request 요청하다
	respond to a message 메시지에 응답하다	reply 응답하다
	apologize for ~에 대해 사과하다	scheduling conflict 겹치는 일정
	return a call 답신 전화를 주다	leave a message 메시지를 남기다
	place an order 주문하다	out of stock 재고가 없는
	inventory 재고, 재고 조사	relocate to ~로 이전하다
	be scheduled to ~할 예정이다	be impressed with ~에 감명을 받다
	set up an interview 면접을 잡다	solve a problem 문제를 해결하다
	be interested in ~에 관심이 있다	business trip 출장
	go over the budget 예산을 초과하다	travel reimbursement request 출장비 환급 요청
	Please give me a call. 저에게 전화해 주세요.	stay on the line 전화를 끊지 않고 기다리다

녹음 메시지	business hours 영업시간	hours of operation 영업시간
	press 3 3번을 누르다	transfer you to 전화를 ~에게 돌려주다
	pound (key) (전화 번호판의) 우물 정자(#)	representative 담당 직원
	automated 자동의	recorded 녹음된
	voice mail 음성 메일	reach (전화로) 연락하다
	connect 연결하다	in person 직접
	The line is busy. 통화 중입니다.	operator 전화 교환원
	customer service agent 고객 서비스 상담원	Contact us. 연락 주세요.
	hold the line (전화를) 끊지 않고 대기하다	extension 내선 번호
	send a message 메시지를 보내다	apply for ~에 지원하다
	building permit 건축 허가	authorize 허가하다
	business days 영업일, 평일	available 시간이 있는
	in the meantime 그동안에, 그 사이에	while I'm away 제가 없는 동안에
	public library 공립 도서관	undergoing renovation 보수 중인
	power failure 정전	outage 정전, 공급 정지
	restore 되찾다, 복구하다	get back to ~에게 나중에 다시 연락하다
	run out of 다 쓰다, 떨어지다	set up for ~을 준비하다

방송·보도

방송·보도 지문은 교통 방송, 일기 예보, 뉴스 및 라디오 등 세 가지 유형으로 출제된다. 교통 방송은 정체된 도로, 진입 통제 구간 및 우회로 소식 등을 전하고, 일기 예보는 오늘의 날씨뿐만 아니라 내일이나 주말의 기상 상태에 대한 정보를 제공한다. 뉴스 및 라디오는 경제, 비즈니스, 환경, 교육, 건강, 사회 등 다양한 소식을 전달하고 지역 문화와 행사를 안내해 준다. 방송·보도는 1~2개가 매회 출제된다.

🔍 담화 유형 확인하기

1. 방송·보도 지문의 전개 구조

▶ **교통 방송:** 주로 도로 상황 및 정체 소식을 원인과 함께 전달하고 우회로를 제안한다.

인사말	주제	세부 사항	당부·요청 사항	다음 방송
·화자 직업 ·프로그램 주제	·도로 상황 소개 ·도로 정체의 원인		·우회로·대안 제시	·다음 방송 시간 ·다음에 들을 방송

▶ **일기 예보:** 날씨의 변화를 소개하고 그에 따른 대비 및 활동 등을 제안한다.

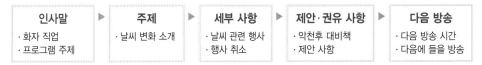

인사말	주제	세부 사항	제안·권유 사항	다음 방송
·화자 직업 ·프로그램 주제	·날씨 변화 소개	·날씨 관련 행사 ·행사 취소	·악천후 대비책 ·제안 사항	·다음 방송 시간 ·다음에 들을 방송

▶ **뉴스 보도:** 비즈니스, 환경, 교육, 건강, 사회 등 소식을 알리고 세부 사항 및 요청 사항 전달 당부를 언급 후, 다음 방송을 전달한다.

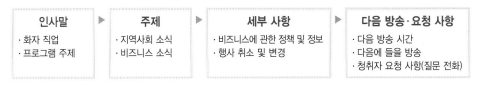

인사말	주제	세부 사항	다음 방송·요청 사항
·화자 직업 ·프로그램 주제	·지역사회 소식 ·비즈니스 소식	·비즈니스에 관한 정책 및 정보 ·행사 취소 및 변경	·다음 방송 시간 ·다음에 들을 방송 ·청취자 요청 사항(질문 전화)

▶ **라디오:** 진행자가 게스트와 프로그램 소개를 하고 세부 사항 및 요청 사항을 언급 후, 이어질 다음 방송을 안내해 주는 순서로 전개된다.

인사말	목적	세부 사항	제안·요청 사항	다음 방송
·화자 직업 ·프로그램 주제	·게스트 소개 ·비즈니스 소식 ·지역 행사 소식	·게스트 근황 ·비즈니스에 관한 정책 및 정보 ·지역 행사 취소 및 변경	·청취자들 의견 및 질문 ·청취자들 전화 및 문자 ·취소 및 변경에 관한 대비책	·게스트 맞이 ·다음 방송 시간 ·다음에 들을 방송

2. 방송·보도 정답 시그널 표현

▶ 프로그램 소개 표현

Welcome to 프로그램 . 프로그램에 오신 걸 환영합니다.

You're listening to 프로그램 . 여러분께서는 프로그램을 듣고 계십니다.

You're tuned in to 프로그램 . 여러분께서는 프로그램을 보고[듣고] 계십니다.

▶ 화자 소개 표현

I'm your host 진행자 . 여러분의 진행자입니다.

This is 진행자 , your host. 여러분의 진행자입니다.

This is 진행자 with 프로그램 . 프로그램의 진행자입니다.

▶ 다음 방송 시간 안내 표현

I'll be back in 숫자 minutes. 몇 분 후에 다시 돌아오겠습니다.

▶ 다음 방송 순서 안내 표현

Next up, 프로그램 . 다음 방송은 프로그램입니다.

Stay tuned for 프로그램 coming up next. 다음 방송. 프로그램에 채널 고정하세요.

Stay tuned for 프로그램 1 coming up right after 프로그램 2 .
프로그램 2 종료 직후 방송될 프로그램 1에 채널 고정하세요.

✅ 방송·보도에서 반드시 알아 두어야 할 표현

교통 방송

traffic 교통(량)	rush hour 혼잡 시간대	motorist 운전자
delay 지연	northbound 북쪽 방면	construction project 공사
take a detour 우회하다	intersection 교차로	highway 고속도로

일기 예보

heavy rain 폭우	come down (눈·비·등이) 내리다	drought 가뭄
due to ~ 때문에	drop (기온이) 떨어지다	weather forecast 일기 예보
humid 습한	clear up (날이) 개다	Celsius 섭씨의

뉴스 보도

industry 산업	local news 지역 뉴스	city government 시 정부
spokesperson 대변인	announce 발표하다	press conference 기자 회견
merge 합병(하다)	acquisition (기업) 인수	company expansion 사업 확장

라디오 방송

radio station/studio 라디오 방송국	commercial break (프로그램 중간의) 광고	radio host 라디오 진행자
well known 잘 알려진, 유명한	recently 최근에	updated 최신의
best-seller 베스트셀러	publish a book 책을 출판하다	music broadcast 음악 방송

해설서 p.112

🎧 P4-15 [호주]

Q1 인터뷰 대상자의 정체를 묻는 문제
키워드 확인

What kind of artist will be interviewed?

(A) A painter
(B) A photographer
(C) An architect
(D) An animator

Q2 세부 사항을 묻는 문제
키워드 확인

According to the speaker, what are the subjects of Mr. Sharp's artwork?

(A) Nature
(B) People
(C) Cities
(D) Animals

Q3 화자 의도 파악 문제
키워드 확인

What does the speaker mean when he says, "he has to complete some quick paperwork first"?

(A) A policy has changed.
(B) Mr. Sharp will join remotely.
(C) The speaker will need to leave for a moment.
(D) There will be a short delay.

Questions 1-3 refer to the following broadcast.

Ⓜ Today on Talk of the Town, ❶ I'll be talking to animator, Noel Sharp. ❷ Mr. Sharp was raised by a family of artists, so he naturally gravitated towards the creative side. Urban scenes became the point of his focus, and his work captures everyday life in the city. He has recently signed on to do some work for the government to help promote the city of Wintersburg to the rest of the world. I have just received an update that Noel is in the building but ❸ he has to complete some quick paperwork first. So now's a good time to transition to a message from one of our sponsors, and when we come back, we'll hear from Noel about some of his work.

Warm-up 담화를 듣고 정답을 고른 후, 빈칸을 채우세요. (담화는 3번 들려줍니다.)

해설서 p.113

1. Who is Erika Dennard?

(A) A nutritionist   (B) A food critic

M: _____ the *Morning Show* on 92.5 FM. This morning, we'll _____ Erika Dennard, a _____.

2. What is the news story mainly about?

(A) A list of cities   (B) A sports competition

W: In other news, the Live Healthy Network just released a _____ of the most _____ in the world. You can wait until _____ at 6 P.M. today, or you can _____ for a sneak peek.

3. What does the company produce?

(A) Automobiles   (B) Vehicle tires

M: In business news, _____, one of the world's largest _____ _____, will be _____ for VST Automobiles starting this June.

4. What did Dan Williams announce today?

(A) Some research findings   (B) The renovation of a facility

M: Good evening, everyone. I'm Tom Larkin and welcome to the WKT 10 o'clock news. Dan Williams, the _____ for the Grant City Hospital, _____ the grand plan for the _____ of the _____ in the medical research _____ at a _____ _____ earlier this morning.

5. What is being announced?

(A) Music contests   (B) Food festivals

W: You're _____ JSBJ 90.1, the number one _____ in Scranton City. Now, here is an updated list of the various _____ in your local area.

Exercise

음원 바로 듣기

해설서 p.114

1. What is the main cause for the traffic problem?

(A) Inclement weather
(B) A street parade
(C) Road construction
(D) A city race

2. What does the news reporter advise commuters to do?

(A) Take the subway
(B) Use the bus
(C) Walk to work
(D) Ride a bicycle

3. What did Alicia Swanson create?

(A) An amusement park
(B) An animal sanctuary
(C) A botanical garden
(D) A retail mall

4. What industry did Ms. Swanson previously work in?

(A) Publishing
(B) Finance
(C) Entertainment
(D) Manufacturing

5. What will be opening in the community?

(A) A movie theater
(B) A manufacturing plant
(C) A shopping center
(D) A fitness center

6. What will happen during the first week of May?

(A) A new film will be released.
(B) Construction work will start.
(C) Discounts will be provided.
(D) A new product will be launched.

7. What change is being announced?

(A) A performance has been canceled.
(B) A weather forecast has changed.
(C) An organization has closed down.
(D) An entry fee has been waived.

8. According to the speaker, what can listeners check on the website?

(A) A revised prediction
(B) A performance schedule
(C) New ticket prices
(D) Alternate dates

🎧 P4-18

해설서 p.116

1. What is the broadcast about?

(A) A construction project
(B) A sporting event
(C) A building demolition
(D) A music festival

2. What does the speaker say is available on a website?

(A) A detailed schedule
(B) Application forms
(C) A list of key contacts
(D) Some floor plans

3. What does the speaker remind the listeners about?

(A) A vote will be held next week.
(B) A new rule has come into effect.
(C) Some roads may be temporarily closed.
(D) More volunteers are still required.

4. What event is being announced?

(A) A sports championship
(B) A music concert
(C) A theater performance
(D) A film festival

5. What special feature is mentioned?

(A) An expanded food selection
(B) A premium venue
(C) Extended hours
(D) A panel of experts

6. What can the listeners find on a website?

(A) An event schedule
(B) A parking permit
(C) Entry passes
(D) Directions to a venue

7. Who is Victor Gallagher?

(A) A nature photographer
(B) A movie director
(C) A radio host
(D) A history professor

8. What does the speaker mean when he says, "That's a feat not many have attempted"?

(A) Mr. Gallagher learned a new language.
(B) Mr. Gallagher launched a new product.
(C) Mr. Gallagher completed a difficult task.
(D) Mr. Gallagher made an amazing discovery.

9. What are the listeners invited to do?

(A) Make a reservation
(B) Visit a website
(C) Submit pictures
(D) Ask questions

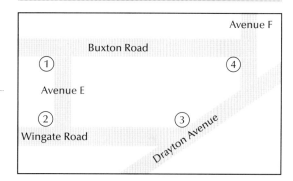

10. What is the broadcast mainly about?

(A) Upcoming town events
(B) The introduction of a new policy
(C) The construction of a new community center
(D) The closure of an electronics store

11. What has a company donated?

(A) Logo designs
(B) Lesson plans
(C) Some building materials
(D) Some computers

12. Look at the graphic. Where will a bus stop be located?

(A) Location 1
(B) Location 2
(C) Location 3
(D) Location 4

방송·보도 필수 표현 *EXPRESSION*

교통 방송		
commuter 출·퇴근자		expressway 고속도로
travel 이동하다		miss 놓치다
bus line 버스 운행 노선, 버스 노선		lane 차선
motorway 자동차 전용 도로		exit 출구
route 길		direction 방향
southbound 남쪽 방면		traffic congestion 교통 혼잡
traffic backup / jam 차량 정체		public transportation 대중교통
stuck in traffic 도로가 정체된		repave (도로를) 재포장하다
maintenance work 보수 공사		take an alternative route 대체 도로를 이용하다
traffic update 교통 정보, 교통 뉴스		bypass 우회도로, 우회하다
traffic condition 교통 상황		road repairs 도로 공사
traffic report 교통 방송		renovation 보수 공사
car accident 교통사고		crash 충돌

일기 예보		
clear (날씨가) 맑은		warm 따뜻한
cloudy 흐린		sunny 화창한
rainy 비가 많이 오는		windy 바람이 많이 부는
shower 소나기		snowy 눈이 많이 내리는
heavy snow 폭설		heavy fog 짙은 안개
thunderstorm 뇌우		blizzard 눈보라
flood 홍수		lightning 번개
heat wave 폭염		mild 온화한
cool down 시원해지다		soar (기온이) 급상승하다
freezing 너무나 추운		chilly 쌀쌀한
degree (온도 단위인) 도		predict 예측하다
stay inside 안에 머물다		inclement weather 악천후
chance of rain 비 올 확률		temperature 온도
extreme weather 기상 이변		Fahrenheit 화씨의
rainfall / precipitation 강수량		weather conditions 기상 조건, 기상 상태
following day 다음 날		up-to-date 최근에, 최신에

뉴스 보도	city council 시 의회	city official 시 공무원
	mayor 시장	release 출시하다, 발표하다
	take over/acquire 인수하다	unveil 발표하다
	audit 회계 감사	announce 발표하다, 방송하다
	launch 출시하다	go on the market 시장에 출시하다
	introduce 소개하다, 출시하다	power outage/power failure 정전
	interview (기자 등의) 인터뷰	election 선거, 선출
	energy consumption 에너지 소비	conserve 절약하다
	stay tuned 채널 고정	data 자료, 정보
	protect the environment 환경을 보호하다	environmentally friendly 환경친화적인
	solar panel 태양 전지판	buy/purchase 인수하다; 구매하다
	acquire 인수하다	merger 합병; 합병하다
라디오 방송	on air 방송 중인	welcome to ~으로 맞이하다
	the latest news 최신 뉴스	invited guest 초대 손님
	expert/specialist 전문가	musician 음악가, 뮤지션
	highly respected 매우 존경받는	highly acclaimed 널리 호평을 받는
	president 대통령, 회장	winner 우승자, 수상자
	award winning 상을 받은, 수상 경력이 있는	magazine editor 잡지 편집자
	author, writer 작가, 저자	decade 10년
	investment 투자	increase profit 수익/이익을 늘리다
	healthy lifestyle 건강한 생활 양식	eating habits 식습관
	available 구할 수 있는, 구입 가능한	sold out 표가 매진된, 다 팔린
	share ways 방법을 공유하다	organizer 주최 측, 조직자

연설·인물 소개

음원 바로 듣기

연설·인물 소개는 주로 회의, 워크숍 등의 모임이나 시상식, 퇴임식 등의 행사에 대한 특정 정보를 전달하고, 관련 인물을 소개하는 내용이다. 연설·인물 소개는 1~2개 정도 출제된다.

담화 유형 확인하기

1. 연설·인물 소개 지문의 전개 구조

▶ **연설:** 주로 인사말로 연설 소개를 시작하며, 모임에서 주제에 대해 발표하거나 특정 정보를 전달한다. 행사에서는 축하 연설, 소감 발표 및 감사를 표한다.

인사말	▶	주제·목적	▶	세부 사항	▶	다음 일정·요청 사항
· 연설 소개 · 연설 장소		· 연설 주제 · 연설 목적		· 특정 정보 전달 · 모임·행사 순서 전달 · 감사·소감 전달		· 바로 다음 있을 일/할 일 · 청자들에게 모임·행사 요청 사항

▶ **인물 소개:** 주로 회사나 단체에 막 합류한 사람이나 수상자, 또는 회사나 단체를 떠나는 사람을 소개하거나 연설자, 전문가, 예술가를 포함해 기관, 단체, 작품, 정책 등이 소개되기도 한다. 소개받는 인물의 직업과 소개하는 이유를 중점적으로 듣도록 한다.

인사말	▶	특정 인물 소개	▶	인물의 상세 소개	▶	다음 일정·계획
· 화자 직업 · 행사 목적 소개		· 인물의 정체		· 인물의 경력 및 업적		· 바로 다음 있을 일/할 일 · 인물의 미래 계획

2. 연설·인물 소개 정답 시그널 표현

▶ 연설 표현

Welcome, everyone. In today's seminar, I'll be talking about ~.
환영합니다. 여러분. 오늘 세미나에서는 ~에 대해 말씀드리겠습니다.

Thank you for coming to today's team meeting. 오늘 팀 미팅에 참석해 주셔서 감사합니다.

Good afternoon, everyone. I hope you've been enjoying this year's award ceremony.
여러분. 안녕하세요. 올해의 시상식을 즐기셨기를 바랍니다.

▶ 인물 소개 표현

I'd like to introduce you to ~. 여러분께 ~을 소개해 드리고 싶습니다.

I present to you ~. ~을 여러분께 소개해 드리고 싶습니다.

Please welcome ~. ~을 환영해 주시기 바랍니다.

✅ 연설·인물 소개에서 반드시 알아 두어야 할 표현

연설

luncheon 오찬	technology conference 기술 회의	banquet 연회
training program 교육(연수) 프로그램	trade fair 무역 박람회	attend 참석하다
established company 인정받는 회사	annual gathering 연례 모임	present 발표하다
organization 조직, 기관, 단체	achievement 업적, 성취	spirit 정신
take to the stage 무대에 서다	congratulate 축하하다	appreciate 고마워하다

인물 소개

esteemed 존경하는	field 분야	dedicated 헌신하는
winner 수상자	recipient 수상자	outstanding 뛰어난
honor 영광; 명예를 주다	present 수여하다	recognize (공로를) 인정하다
highly acclaimed 호평받는	renowned 유명한	accomplishment 업적
guest speaker 초청 발표자	generous 후한, 너그러운	give a warm welcome 반갑게 맞이하다
entrepreneur 사업가, 기업가	owner 주인, 소유주	start business 사업을 시작하다

해설서 p.119

P4-19 미국

Q1 세부 사항을 묻는 문제

키워드 확인↰

Who are the people on the panel?

(A) Academics
(B) Government officials
(C) Entrepreneurs
(D) Reporters

Q2 세부 사항을 묻는 문제

키워드 확인↰

Why was Mr. Hughes selected for the panel?

(A) He has a doctorate degree.
(B) He is a local resident.
(C) He recently wrote a book.
(D) He is a dual national.

Q3 요청 사항을 묻는 문제

키워드 확인↰

What does the speaker ask the listeners to do?

(A) Turn off their cellphones
(B) Introduce themselves to each other
(C) Review some materials
(D) Save questions for later

Questions 1-3 refer to the following speech.

M The Singapore Small to Medium Enterprise Convention is pleased to welcome you. ❶ Today, you will be able to listen to a panel of professionals who have launched successful businesses. ❷ Even though the panelists are from all over the world, we also felt that it would be important to have some local representation. Logan Hughes, one of our guests, is from Singapore. Mr. Hughes will kick off the discussion by describing his own experience with starting a small company in the city. I'd like to make one additional comment. ❸ Please wait until the end to ask your questions. We've allotted enough time for them.

Warm-up
담화를 듣고 정답을 고른 후, 빈칸을 채우세요. (담화는 3번 들려줍니다.)

해설서 p.119

1. Where do the listeners most likely work?

(A) At a library   (B) At a museum

> W: I have a quick _____. Before we open, I would like to
> _____ to you our new _____, Gareth Thomas.

2. What type of event is the speaker presenting at?

(A) A factory opening   (B) A technology conference

> M: I'd like to _____ to our new _____
> here in Greensboro. This factory will _____ a new tool called the Rack2.

3. What type of event is being held?

(A) An award ceremony   (B) An annual meeting

> M: Welcome to the _____ for The Artist Club. Everyone put your hands
> together for our _____ for the night. She is a _____!
> Let's hear it for Sarah Ferguson!

4. Who is Eve Fuentes?

(A) A librarian   (B) An author

> M: Thank you all for attending tonight's _____.
> And now I'd like to introduce you to our _____, _____
> Eve Fuentes.

5. Who is the speaker?

(A) A project manager   (B) A business owner

> W: I would like to thank everyone for attending today's _____. As this
> town's _____, I would like to _____ the two
> ideas that have been put forth for repurposing _____.

Exercise

🎧 P4-21

해설서 p.120

1. What is the purpose of the speech?

(A) To explain a policy
(B) To announce a new meeting location
(C) To promote a company
(D) To introduce a new employee

2. Who is Kelly Montgomery?

(A) A founder
(B) A caterer
(C) A travel agent
(D) A marketing director

3. Who are the listeners?

(A) Health inspectors
(B) Corporate lawyers
(C) Government officials
(D) Chartered accountants

4. What is the topic of the training?

(A) New regulations on hiring
(B) Conducting executive meetings
(C) Organizing company events
(D) Changes to employment law

Saturday Schedule	
11:00 A.M.	The Owls vs The Sealions
1:30 P.M.	The Bulldogs vs The Scholars
4:00 P.M.	The Crocodiles vs The Rings
6:30 P.M.	The Monsters vs The Sharks

5. Look at the graphic. What time does the recommended game start?

(A) 11:00 A.M.
(B) 1:30 P.M.
(C) 4:00 P.M.
(D) 6:30 P.M.

6. Who is Miranda Hart?

(A) A coach
(B) A former player
(C) A team owner
(D) A sports writer

7. What is the purpose of the talk?

(A) To analyze marketing strategies
(B) To present an achievement award
(C) To introduce a new hire
(D) To provide feedback on research findings

8. What is Mr. Blunt's specialty?

(A) Recruitment consultancy
(B) Online Marketing
(C) Banking policy
(D) Educational theory

Practice

🎧 P4-22

해설서 p.122

1. What is the purpose of the event?

(A) To honor a retiring worker
(B) To raise money for charity
(C) To celebrate the publication of a book
(D) To recognize a company's achievements

2. What is Ms. Takahiro well known for?

(A) Her management skills
(B) Her leadership skills
(C) Her creativity
(D) Her research

3. What will Ms. Takahiro mainly talk about?

(A) New types of computer technology
(B) The future of Web design
(C) How to attract clients
(D) How to motivate staff

4. What type of product is the speaker discussing?

(A) Construction equipment
(B) Video cameras
(C) Home furnishings
(D) Software programs

5. Who are the listeners?

(A) Real estate agents
(B) Event planners
(C) Fund managers
(D) News reporters

6. According to the speaker, what are the benefits of a product?

(A) It is affordable.
(B) It lasts a long time.
(C) It saves time.
(D) It creates a safe working environment.

7. What industry does Alfred Bell work in?

(A) Education
(B) Finance
(C) Medicine
(D) Restaurant

8. Why does the speaker say, "it has already been translated into four different languages"?

(A) To highlight the popularity of a book
(B) To state a surprising figure
(C) To suggest a new opportunity
(D) To clarify a sales target

9. According to the speaker, what will be discussed at today's presentation?

(A) Some community feedback
(B) Some work experiences
(C) A health regulation
(D) An event for business owners

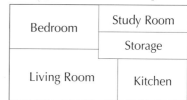

[The Cladaire House]

Bedroom	Study Room
	Storage
Living Room	Kitchen

10. Who was Lauren Cladaire?

(A) A photographer
(B) An artist
(C) A chef
(D) An author

11. What is mentioned about the Cladaire House?

(A) It is the birthplace of Ms. Cladaire.
(B) It holds performances regularly.
(C) It has been turned into a restaurant.
(D) It sells large stamp collections.

12. Look at the graphic. Which section of the house will the listeners first see?

(A) Kitchen
(B) Living Room
(C) Bedroom
(D) Study Room

PART 4 • UNIT 19

연설	retirement party 은퇴 기념 파티	graduation ceremony 졸업식
	professional conference 전문적인 회의	biology conference 생물학 회의
	anniversary celebration 기념일 행사	awards ceremony 시상식
	job fair 직업 박람회	register / enroll / sing up 등록하다
	occasion 행사	farewell party 송별회
	win an award 상을 받다	innovation 혁신
	applause / clap 박수	the best of luck 잘 되길 빌어, 행운을 빌어
	impressive 감명적인	keynote speech 기조연설
	update 가장 최근의 정보를 알려 주다	nominate 지명하다, 추천하다
	Employee of the Year 올해의 직원	advice / tip 조언
	product launch 제품 출시	outstanding 뛰어난
	upcoming 다가오는	product demonstration 제품 시연
	grand opening 개장, 개점	turnout 참가자 수
	agenda / subject 안건. 의제	information session 설명회
	quarter 분기	praise / compliment 칭찬하다
	brochure / pamphlet / booklet 책자	workshop 워크숍, 연수회
	movie screening 영화 시사회	hand out / pass around / distribute 나누어 주다

인물 소개	welcome 환영하다	welcome party 환영회
	farewell party 송별회	goodbye 작별 인사
	reception 환영 행사	transfer 전근 가다
	relocate/move 이전하다	resign 사직하다
	retire 은퇴하다	winner 수상자
	award 상	best 최고의
	recipient 수상자	contribute 기여하다
	outstanding 뛰어난	forefront 선두주자
	recognize (공로를) 인정하다	amazing 놀라운
	remarkable 놀라운	world-famous 세계적으로 유명한
	well-known 유명한	be pleased to ~하게 되어 기쁘다
	around the world 전 세계에	dedicated to ~에 헌신하는
	keynote speaker 기조연설자	charity event 자선 행사
	fundraiser 모금 행사, 모금 주최자	on behalf of ~을 대신(대표) 하여
	brief 짧은, 간단한	begin one's career as ~으로서 경력을 쌓기 시작하다
	has been working as ~으로서 일해 왔다	has been with us for ~ 동안 우리와 함께 해왔다
	introduce 소개하다	opportunity/chance 기회
	career success 직업 성공, 일의 성공	founder 창립자, 설립자
	demonstrate/show 시연하다	prospective 유망한, 장래의
	reputation 평판, 명성	renowned 유명한, 명성 있는
	developer 개발자	expert/specialist 전문가
	raffle 추첨, 래플	complete/fill out 작성하다

광고·관광·견학

음원 바로 듣기

광고는 주로 제품이나 행사를 홍보하는 내용으로, 광고할 대상의 특징 및 장점 언급 후, 할인 혜택 및 추가 정보 얻는 방법 순으로 전개된다. 관광·견학은 가이드가 여행, 박물관, 미술관, 공장 등을 안내해 주는 내용이다. 광고는 1개가 매회 출제되며, 관광·견학은 1~2개 정도 매회 출제된다.

담화 유형 확인하기

1. 광고·관광·견학 소개 지문의 전개 구조

▶ **광고:** 광고하려는 제품이나 회사 또는 행사가 언급되는 처음 두 문장을 잘 들어야 한다. 제품이나 회사의 특장점 및 행사 정보를 언급한 후, 주로 추가적인 정보나 할인을 받는 방법 등을 소개하며 마무리한다.

주의 환기	▶	광고하는 대상 소개	▶	세부 사항	▶	추가 정보·할인 정보
· 호기심 자극		· 광고 제품·서비스·회사 · 행사 광고		· 제품 등의 특장점 · 행사 개최 정보		· 제품 추가 정보 보는 곳 · 할인받는 방법

▶ **관광·견학:** 여행지, 박물관, 동물원 등, 다양한 장소에서 주로 인사말로 자기소개나 장소 소개로 시작하며, 일정 및 순서를 설명한 후, 관련 세부 사항 전달 당부나 요청 사항 전달 순으로 안내하며 마무리한다.

인사말	▶	일정 안내	▶	세부 사항	▶	다음 일정·요청 사항
· 자기소개 · 장소 소개		· 일정 설명 · 순서 안내		· 구체적인 내용 · 문제점과 그 원인 · 관광·견학 변경 사항 전달		· 바로 다음 있을 일/할 일 · 요청 및 주의 사항

2. 광고 정답 시그널 표현

▶ 광고 표현

Are you looking for ~ ? ~을 찾으세요?

Do you want to ~ ? ~을 하고 싶으세요?

We're offering ~ . 저희는 ~을 제공합니다.

Hurry up ~ . ~을 서두르세요.

Your satisfaction is guaranteed. 여러분의 만족을 보장해 드립니다.

For more information, please ~ . 더 많은 정보를 원하시면, ~해 주세요.

Are you tired of ~ ? ~가 지겨우신가요?

If you're looking for ~ , ~을 찾고 계신다면,

Don't miss (out on) ~ . ~을 놓치지 마세요.

3. 관광·견학 정답 시그널 표현

▶ 장소를 확인할 수 있는 표현

Thank you for visiting 장소 . 장소에 방문해 주셔서 감사합니다.

I'll show you around 장소 . 제가 장소를 안내해 드리겠습니다.

▶ 청자를 확인할 수 있는 표현

Good morning/afternoon/evening, 청자 . 청자 여러분, 안녕하세요.

▶ 화자를 확인할 수 있는 표현

I'll be your guide this afternoon. 제가 오늘 오후에 가이드 해 드릴게요.

▶ 목적을 확인할 수 있는 표현

I'll be leading you on today's tour for ~ . ~에 대한 오늘의 투어를 안내해 드리겠습니다.

✔ 광고·관광·견학에서 반드시 알아 두어야 할 표현

광고

look for ~을 찾고 있다	appliance 가전제품	office supplies 사무용품
state-of-the-art 최신 기술의	voucher 상품권	durable 내구성이 있는
easy-to-use 사용하기 쉬운	eco-friendly 환경친화적인	feature 특징
complimentary 무료의	special promotion 특별 판촉 행사	price reduction 가격 인하
regular price 정가	software 소프트웨어	beverage/drink 음료
landscaping 조경	subscription 구독	consultant 상담사

인물 소개

tour guide 여행 가이드	guided tour 가이드가 딸린 여행	tourist 관광객
attraction 관광지, 명소	travel agency 여행사	travel agent 여행사 직원
itinerary 여행 일정표	give a tour 견학을 시켜 주다	gift shop 기념품점
souvenir 기념품	explore 답사하다, 탐험하다	facility 시설
landmark 랜드마크, 주요 지형지물	university tour 대학 견학	lead 안내하다, 이끌다
historical site 유적지	art museum 미술관	nature reserve 자연 보호구역

핵심 문제 유형

Q1 광고 대상을 묻는 문제

키워드 확인

What is being advertised?

(A) A compact vehicle
(B) A computer game
(C) A mobile phone
(D) A cleaning appliance

Q2 세부 사항을 묻는 문제

키워드 확인

Where was the product recently featured?

(A) On a website
(B) At a trade show
(C) In a magazine
(D) On a television program

Q3 세부 사항을 묻는 문제

키워드 확인

What is being offered this month?

(A) A discounted price
(B) An extended warranty
(C) A free gift
(D) An express delivery service

Questions 1-3 refer to the following advertisement.

W ❶ Do you spend too much time on your laundry? Then try the new FX-300 washing machine. The FX-300 safely cleans all of your clothes in half the time of most other machines! ❷ The FX-300 was recently featured as the top product of the year in *Home Technology* Magazine. ❸ And if you order this month, you'll receive a 25-percent discount off the retail price. So call 555-2314 and order your FX-300 today.

Warm-up 담화를 듣고 정답을 고른 후, 빈칸을 채우세요. (담화는 3번 들려줍니다.)

해설서 p.125

1. What is being advertised?

(A) A medical center   (B) A fitness center

> M: We are happy to announce that Star _____ is now open for business. Here at Star _____, we pride ourselves in knowing that all your _____ will be met by a team of knowledgeable and caring _____. Sign up today!

2. What is the main purpose of the gathering?

(A) To tour a gallery   (B) To review building repairs

> M: Welcome to the Pre-Grand Opening Tour of our city's _____. As most of you are aware, we at the City Arts Council have worked very hard planning _____ of _____ most popular tourist attractions. Our goal is to open to the _____ next Saturday. But since you're a _____, we wanted you to be the first to see the new gallery.

3. What is being advertised?

(A) A travel agency   (B) An airline

> W: Do you need a long _____ or simply want to _____? Whatever your _____ may be, Rampart _____ is here for you. Give us a call, and we'll meet all your needs, from _____ to _____!

4. Who most likely is the speaker?

(A) A landscape artist   (B) A museum guide

> M: Attention, please. _____ is one of _____. This is called Lovers Holding Hands. It is _____ of world-renowned artist, Donald Judd. He is _____ the most _____ in history.

5. What type of service is being advertised?

(A) Data storage   (B) Document disposal

> W: Does your company have _____, photos, or spreadsheets that you need to _____? Use Hines Business Solutions' patented document destruction service! Our shredding service will help you _____ all unwanted _____ that clutter your office.

Exercise

해설서 p.126

1. What is being advertised?

(A) A beverage

(B) A store opening

(C) A menu

(D) A weekly sale

2. Why should customers complete the questionnaire?

(A) To qualify for a credit card

(B) To earn some cash

(C)To get a discount

(D) To receive a clothing item

3. Why does the speaker say, "you'll be going back to your supermarket for more of these"?

(A) To create excitement about a product

(B) To advise guests to receive a refund

(C) To announce a special promotion

(D) To imply that a product will be sold cheap

4. What does the speaker say is available to the listeners?

(A) A discount voucher

(B) A sample gift

(C) A wallet

(D) A personalized bottle

5. According to the speaker, what is located near Skyview Apartments?

(A) A museum

(B) A beach

(C) A subway station

(D) A movie theater

6. What should the listeners do to get a discount?

(A) Refer to the radio advertisement

(B) Sign a one-year contract

(C) Participate in a survey

(D) Recommend a business

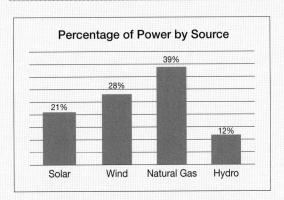

7. Look at the graphic. How much of the company's power is generated by a new source?

(A) 12%

(B) 21%

(C) 28%

(D) 39%

8. What does the speaker say is available on a website?

(A) Promotional merchandise

(B) Informative videos

(C) Blueprints for a product

(D) A price list

Practice

1. Who most likely are the listeners?

(A) Focus group participants
(B) Marketing representatives
(C) Potential investors
(D) Business analysts

2. Why is the speaker proud of the company's products?

(A) They are available in several countries.
(B) They have been endorsed by local sports teams.
(C) They come in sustainable packaging.
(D) They are sold at affordable prices.

3. According to the speaker, what can the listeners do at the end of the session?

(A) Sign up for a newsletter
(B) Receive some products
(C) Suggest new flavors
(D) Tour the facilities

4. What service is being advertised?

(A) Tree trimming
(B) Plumbing
(C) Landscaping
(D) Home repairs

5. What does the speaker emphasize about a company?

(A) It has multiple locations.
(B) It uses advanced machinery.
(C) It offers the lowest prices.
(D) It has been operating for some time.

6. What should the listeners do to receive a discount?

(A) Post a review
(B) Call before a specific date
(C) Make a referral
(D) Fill out an online form

7. What does the speaker say will impress the listeners?

(A) A park visitor center
(B) A view from the mountaintop
(C) Some plants
(D) Some animals

8. What did Victoria Haynes do?

(A) She directed a documentary film.
(B) She donated some property.
(C) She won a sports competition.
(D) She designed a provincial park.

9. What does the speaker imply when she says, "those trails can wait for another time"?

(A) She is unfamiliar with a park trail.
(B) The weather is projected to change.
(C) The listeners should not be concerned.
(D) She is worried that there is not enough time.

Subscription Options	
1 month: $30	3 months: $85
6 months: $160	12 months: $300

10. What is being advertised for monthly delivery?

(A) Skincare products
(B) Stationery items
(C) Meal kits
(D) Fresh flowers

11. What does the speaker say will be available in March?

(A) Real-time tracking
(B) Gift-wrapping service
(C) Refrigerated shipment
(D) Expedited delivery

12. Look at the graphic. What is the smallest subscription amount needed to receive an extra box?

(A) $30
(B) $85
(C) $160
(D) $300

광고		
	leading 선두적인	extensive 광범위한, 대규모의
	guarantee 보장하다	the best place 최고의 장소
	be located 위치하다	specialize 전문화하다
	facility 시설	accommodate 수용하다
	coupon 쿠폰	gift certificate 상품권
	at no charge 무료로	long 간절히 바라다
	long-awaited 오래 기다려온	~% off ~% 할인하여
	discounted price 할인된 가격	fantastic deals 특가 상품
	special offer 특가 할인	markdown 가격 인하
	promotional 홍보의	for a limited time only 한시적으로만
	buy one, get one free 하나 사면 하나 무료	clearance sale 재고 정리 세일
	take advantage of ~을 이용하다, 활용하다	on a first-come, first-served basis 선착순으로
	incredible (너무 좋거나 커서) 믿을 수 없는	attractive 매력적인, 멋진
	available 구할 수 있는	effective 효과적인
	expand/extend 확장하다	make a phone call 전화를 걸다
	warranty 품질 보증서	newsletter 소식지
	look for 찾다, 기대하다	hurry 서두르다

관광·견학	outdoor tour 야외 투어	to begin with 처음에는, 먼저
	hike 하이킹, 도보 여행	lake 호수
	take a photo / picture 사진을 찍다	in a few minutes 즉시, 곧
	plant 공장	flash photography 플래시 촬영
	modern art 현대 미술	impress 깊은 인상을 주다, 감명을 주다
	national park 국립 공원	exhibit 전시하다; 전시품
	collection 수집, 수집품	sculpture 조각품
	voice down / speak quietly 목소리를 낮추다	disturb 방해하다
	be sure to 반드시 ~ 하세요	admission 입장, 입장료
	artifact 유물, 인공물	on display 전시된, 전시 중인
	purchase 구매하다	pottery / ceramic 도자기
	have lunch 점심을 먹다	commercial district 상업 지구, 상업 지역

REVIEW TEST P4-27   해설서 p.131

음원 바로 듣기

71. What type of tour is being discussed?

(A) An island nature tour
(B) A city tour
(C) A university campus tour
(D) A museum tour

72. According to the speaker, what is available at a gift shop?

(A) Some clothing
(B) Some postcards
(C) Some snacks
(D) Some toys

73. What does the speaker remind the listeners about?

(A) Personal items should be placed in a locker.
(B) Tickets must be purchased in advance.
(C) Some safety rules will be passed around.
(D) A survey should be filled out.

74. Who is visiting the office tomorrow?

(A) A potential customer
(B) A director
(C) A building inspector
(D) A reporter

75. What did the speaker send to the listener?

(A) Recommendations for making changes
(B) Notes from a meeting
(C) A magazine story
(D) A travel agent's contact information

76. Why does the speaker say, "I'll be in the office until 5 o'clock today"?

(A) To emphasize that a project is due today
(B) To urge the listener to register for a workshop
(C) To let the listener know he is able to help
(D) To request that a meeting be rescheduled

77. What is the purpose of the advertisement?

(A) To advertise some positions
(B) To detail a change to a service
(C) To announce an upcoming promotion
(D) To raise money for an event

78. How is the speaker's company different from its competitors?

(A) It has international clients.
(B) It won industry awards.
(C) It uses advanced technologies.
(D) It offers flexible scheduling.

79. What does the speaker encourage the listeners to do?

(A) Get more information
(B) Speak to an advisor
(C) Submit an application
(D) Attend an online session

80. Who is Jimmy Butler?

(A) A professional driver
(B) A car engineer
(C) A travel agent
(D) A computer specialist

81. What happened in the Netherlands?

(A) An award was given.
(B) A contract was acquired.
(C) A sale was made.
(D) A vehicle was tried out.

82. What are listeners encouraged to do?

(A) Write a comment online
(B) Ask questions
(C) Give advice to Mr. Butler
(D) Pick up some refreshments

83. What does the speaker mean when she says, "the tree you specified is over 30 meters tall"?

(A) A job will take longer than expected.
(B) An approval form will need to be filled out.
(C) Additional workers will need to be hired.
(D) Some specialized equipment will be required.

84. According to the speaker, what will plastic tarps be used for?

(A) To collect falling materials
(B) To cover a house
(C) To protect against weather conditions
(D) To block off public access

85. What does the speaker want the listener to show her?

(A) A tree
(B) An invoice
(C) Some blueprints
(D) Some photos

86. Where does the speaker most likely work?

(A) At catering company
(B) At a delivery service
(C) At a home appliance retailer
(D) At a furniture store

87. What does the speaker want the staff to start doing?

(A) Keeping track of customer complaints
(B) Taking pictures
(C) Working additional shifts
(D) Getting to work on time

88. According to the speaker, what will happen on Thursday?

(A) Schedules will be updated.
(B) Staff orientation sessions will take place.
(C) New equipment will be distributed.
(D) More employees will be hired.

89. Where is this talk taking place?

(A) At a retirement dinner
(B) At an awards ceremony
(C) At a conference
(D) At a festival

90. Who is Maria Carboni?

(A) An Italian actress
(B) A famous painter
(C) A well-known designer
(D) A project manager

91. What does the speaker mean when he says, "You may want to get out a pen"?

(A) He encourages listeners to sign up for a class.
(B) He is informing listeners not to use a pencil.
(C) He wants listeners to write their names.
(D) He suggests listeners take notes.

92. What is the speaker mainly discussing?

(A) Designing a brochure
(B) Increasing a fee
(C) Revising a schedule
(D) Planning a fair

93. What does the speaker say is the biggest advantage of an arrangement?

(A) Finding new clients
(B) Locating a better office
(C) Reducing additional costs
(D) Hiring more qualified staff

94. What does the speaker request assistance with?

(A) Arranging transportation
(B) Reviewing products
(C) Contacting vendors
(D) Providing consultations

City Run	
Orange	7 kilometers
Purple	10 kilometers
Pink	15 kilometers
Black	20 kilometers

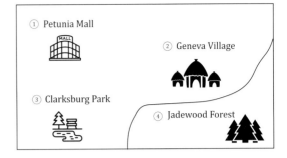

① Petunia Mall
② Geneva Village
③ Clarksburg Park
④ Jadewood Forest

95. What is Beth's Outdoor Accessories providing?

(A) Snacks
(B) Awards
(C) Clothing items
(D) Gift certificates

96. Look at the graphic. Which route is closed?

(A) The orange route
(B) The purple route
(C) The pink route
(D) The black route

97. What are the participants reminded to do?

(A) Offer feedback about their experience
(B) Sign up for a newsletter
(C) Follow the instructions of the volunteers
(D) Donate money to a local charity

98. What has affected some plans?

(A) Late bookings
(B) Price increases
(C) A road closure
(D) Weather conditions

99. Look at the graphic. Where does the speaker recommend going for sightseeing?

(A) Location 1
(B) Location 2
(C) Location 3
(D) Location 4

100. What does the speaker invite the listeners to do?

(A) Take some photographs
(B) Buy gifts at a store
(C) Eat at a local restaurant
(D) Attend a festival

NO TEST MATERIAL ON THIS PAGE

A

10년 a decade ǀ ten years
작년 a year ago ǀ last year
1시간 an hour ǀ 60 minutes
해외에 abroad ǀ overseas
불참하다 absent ǀ can't attend
작동시키다, 켜다 activate ǀ turn on
더 additional ǀ another ǀ more ǀ extra ǀ further
연설하다 address ǀ make a speech ǀ give a talk
광고하다, 홍보하다 advertise ǀ place an ad ǀ market ǀ promote
조언, 힌트, 제안 advice ǀ tip ǀ hint ǀ suggestion
(가격이) 알맞은 affordable ǀ reasonable
걱정하는; 걱정하다 afraid ǀ concerned ǀ worry
오후에 after lunch ǀ this afternoon
통로 aisle ǀ hallway
수정하다 amend ǀ correct ǀ change ǀ modify

발표, 결정 announcement ǀ presentation ǀ decision
매년 annual ǀ once a year ǀ every year ǀ yearly
감사하다 appreciate ǀ thank
허가 approval ǀ authorization ǀ permission
묻다 ask ǀ inquire
평가하다 assess ǀ evaluate ǀ rate
도움, 지원 assistance ǀ help ǀ support ǀ hand
첨부된 attached ǀ included
참여하다 attend ǀ make it ǀ participate in ǀ go ǀ come
변호사 attorney ǀ lawyer
자동차 박람회 auto show ǀ car fair
자동 조립 라인, 제조 공장 automated assembly line ǀ manufacturing plant
(사물이) 구할 수 있는 available ǀ in stock
(사람이) 시간이 있는 available ǀ free

B

때문에 because (of) ǀ due to ~
~ 전, 미리 before ǀ early ǀ prior to ǀ in advance ǀ ahead of
~하기로 되어 있다 be supposed to ǀ be scheduled to
책, (책, 신문 등의) 한 부 book ǀ copy
예약하다 book ǀ reserve ǀ make a reservation

매진된, 예약이 끝난 booked up ǀ full
(해결책 등) 아이디어를 생각해 내다 brainstorm ǀ think of ǀ think up ǀ bring up ǀ come up with
잉여 예산, 남은 돈 budget surplus ǀ money left over
구매하다 buy ǀ purchase ǀ make a purchase
우회하다 bypass ǀ take a different road ǀ take an alternative route ǀ detour

C

택시 cab ǀ taxi
전화하다, 연락하다 call ǀ phone ǀ make a phone call ǀ contact
다시 전화하다 call back ǀ give a call back ǀ return a call ǀ get back
취소하다 cancel ǀ call off ǀ withdraw
취업 박람회 career fair ǀ job fair ǀ job festival
기회 chance ǀ opportunity
일정을 다시 잡다 change ǀ reschedule
자선 행사 charity event ǀ fundraiser
싼 cheaper ǀ less expensive ǀ inexpensive ǀ low-priced
함께 일하다 collaborate ǀ work together ǀ work with
되돌아오다 come back ǀ return
광고 commercial ǀ advertisement ǀ ad
회사 연회, 행사 company banquet ǀ company event ǀ corporate function

하다 conduct ǀ do
회의 conference ǀ meeting ǀ convention
인터넷에 접속하다 connect to the Internet ǀ access the Internet
아끼다, 절약하다 conserve ǀ reduce ǀ lower ǀ save
상담하다 consult ǀ talk to ǀ speak to ǀ ask
연락하다 contact ǀ get in touch with ǀ reach
연락처 contact number ǀ contact information
계약서 contract ǀ agreement
견적서 (cost) estimate ǀ price estimate ǀ price quote
쿠폰 coupon ǀ voucher ǀ gift certificate
사촌, 친척 cousin ǀ relative
동료 coworker ǀ colleague ǀ peer ǀ associate
비평가 critic ǀ reviewer
고객 customer ǀ patron ǀ client ǀ account

D

일간지, 신문 daily I newspaper
유제품 dairy item I dairy product
결정하다, 결심하다 decide I make a decision I make up one's mind
결함이 있는, 하자가 생긴 defective I damaged
지연되다 delay I postpone I put off I be late I behind I push back
삭제하다, 없애다 delete I get rid of I remove
시연하다 demonstrate I show I teach I explain I speak I talk I present

출발하다, 떠나다 depart I leave
설명서 directions I instructions I manual
할인 가격, 특가 discounted price I special offer I reduced price I percent(%) off I fantastic deals I sale I markdown
나누어 주다 distribute I give I hand out I pass around
서류 document I form I papers I paperwork
기부하다, 돈을 주다 donate I contribute I give money
운전하다, 차로 drive I by car

E

전기, 에너지 electricity I energy
이메일 주소, 정보 e-mail address I information
직원 employee I staff I member I worker
입장료 entrance fee I admission price
에러, 작은 결함 error I glitch
필수적인, 중요한 essential I important I necessary I significant I crucial
보내다 forward I send I transmit

행사 event I function I occasion I gala
넘다, 능가하다 exceed I beat
운동하다 exercise I workout
제공하다 extend I offer I give I provide
운영 시간을 연장하다 extend working hours I stay open longer I stay open late I close late

F

공장 factory I plant
유명한 famous I well-known I renowned
작별 인사 farewell I goodbye
빠른 fast I expedited I quick I rapid I speedy
의견 feedback I comment I review I opinion I point
기입하다 fill out I write down I complete
찾다 find I locate I look up I look for
완성된, 완료된 finished I finalized I completed I done
해고하다 fire I lay off
고치다 fix I repair

다음 날 following day I next day
금지된 forbidden I prohibited I not allowed I not permitted
예전 고용주, 감독관 former employer I previous supervisor
오늘, 하루 for today I one day
4주 남은, 1달 후에 four weeks away I in a month
무료의 free I complimentary I no charge I waive I no cost
스케줄을 비우다, 시간을 내다, 휴가를 얻다 free schedule I take time off I take a vacation
평면도, 배치 floor plan I layout I blueprint I drawing

G

얻다 get I obtain
목표 goal I target I aim

가다, 들르다 go I visit I drop by I stop by I come by I swing by

H

도움 hand I help I aid I assistance
청구서가 지불되지 않았다, 지불되지 않은 청구서 haven't paid the bills I unpaid bills
고용하다, 모집하다 hire I employ I recruit

병원 hospital I clinic I doctor's office I medical center I medical office I medical facility
접대하다 host I entertain
운영 시간 hours I hours of operation I business hours

I

향상시키다, (더 알맞도록) 수정하다 improve I modify
책임지는 in charge of I responsible
부정확한, 잘못된 incorrect I inaccurate I wrong
증가하다, 오르다 increase I go up I rise

청구서 invoice I bill
실내에 inside I indoors
2주 후에, 다다음 주에 in two weeks I two weeks from now I the week after next

J | 일자리, 직장 job ı work ı position ı employment | 출판물 journal ı publication
가입하다 join ı become a member ı sign up | 주스, 음료 juice ı drink ı beverage
우리와 점심 식사를 같이하다, 누구를 점심 식사에 초대하다
join us for lunch ı invite someone to lunch

K | 보관하다 keep ı store | 알다 know ı be aware of

L | 부족 lack ı shortage | 출장 중이다 left for a business trip ı be on a business trip
최근에 lately ı recently | 좋아하다 like ı prefer
오늘 오후에 later this afternoon ı this afternoon ı later today | 둘러보다 look around ı explore ı browse
최신 뉴스 latest news ı news updates | 분실된 lost ı missing
 | 시끄러운 loud ı noisy

M | 기계, 장비 machinery ı equipment | 잃어버리다, (제자리에 두지 않아) 찾지 못하다, 분실하다 misplace ı can't find ı lose
인수하다 merge ı acquire ı take over ı buy ı purchase ı consolidate | 실수, 사고 mistake ı error ı accident
메시지 반복 message again ı message repeated | 돈 money ı fund
 | 영화 movie ı film ı motion picture

N | 최신의 new ı brand new ı recent | 고장 난, 제대로 작동하지 않는 not working ı stop working ı (broke) down ı broken ı out of order ı malfunctioning
다음 next ı upcoming ı future ı following | 게시판 notice board ı bulletin board ı board
보통 normally ı usually ı generally ı regularly ı ordinary ı commonly | 알려주다, 말하다 notify ı inform ı tell
충분하지 않은 예산 not enough resources ı a limited budget | 숫자, 수치 numbers ı figures ı data

O | 사무실, 일터 office ı workplace | 오리엔테이션 프로그램, 교육 orientation program ı training
출장 중인, (출장, 휴가 등으로) 도시를 떠나서, 부재중인 on a business trip ı out of town ı away | 준비하다 organize ı arrange ı prepare ı plan ı set up
한 번 one time ı once | 야유회 outing ı trip ı picnic
온라인, 인터넷, 웹사이트상으로 online ı internet ı website | 재고가 없는 out of stock ı not in stock ı sold out ı unavailable
시중에 나와 있는 on the market ı available | 관리하다, 감독하다 oversee ı manage ı supervise

P | 소포 package ı parcel ı packet | 인기가 많은 popular ı in high demand
주문의 일부 part of the order ı one of the items | 가능성이 있는, 유망한 potential ı prospective
특정한 particular ı certain ı specific | 정전 power outage ı power failure
파티, 축하 행사 party ı celebration | 가격 price ı cost
처벌, 벌금 penalty ı fine | 이전의 prior ı past ı previous ı former ı old
사진 picture ı photo(graph) ı shot | 생산성, 효율성 productivity ı efficiency
비행기 plane ı flight ı airplane ı aircraft | 수지가 맞는, 증가하는 profitable ı growing
악천후 poor weather ı bad weather ı severe weather ı inclement weather | (전화를) 연결해 주다 put through ı transfer ı switch

R

요금 rate｜price

부동산 중개인 realtor｜real estate agent｜property agent

영수증 receipt｜proof of purchase

받다 receive｜accept

환영회 reception｜welcoming party

추천, 장려; 조언하다 recommend｜encourage｜advise

추천서 recommendation｜reference

언급하다 refer｜mention

다과 refreshments｜food and beverages｜snacks and drinks｜coffee and dessert

환불; 환불하다 refund｜money back

~에 관하여 regarding｜about｜concerning

정기적으로 regularly｜on a regular basis

출시하다, 소개하다, 유통되다 release｜introduce｜launch｜unveil｜go on the market

이전, 전근 가다 relocate｜move｜transfer

상기시키다, 확인해 주다 remind｜confirm

리모델링, 개조·보수 공사 remodeling｜renovation｜repair work

직원 representative｜associate｜agent｜operator｜staff

요청하다 request｜ask for

필수의; 필요하다 required｜must have｜need

식당 restaurant｜bistro｜diner｜place to eat｜cafeteria｜buffet

은퇴, 작별 retirement｜goodbye｜farewell

검토, 확인; 점검하다 review｜go over｜take a look at｜look over｜check｜inspect｜analyze

수정하다 revise｜make a correction｜adjust

규칙, 정책 rule｜regulation｜restriction｜policy

~에 잘 견디는, ~을 막는 -resistant｜-proof

S

저장하다 save｜back up｜store

보다 see｜view｜watch｜look

선적, 배달 shipment｜delivery

발송하다 ship out｜send out｜mail out

보여 주다 show｜present｜display｜demonstrate｜prove

~에게 ~을 둘러보도록 안내하다 show around｜give a tour

등록하다 sign up｜enroll｜register

유사한 제품, 대체 품목 similar product｜alternative item

고층 건물 skyscraper｜high-rise building

다른 장소 somewhere else｜a different place

공간 space｜room

명시하다 specify｜indicate｜state

후원, 보조금 sponsorship｜sponsor｜support｜grant｜benefit

자리에 앉아 있다 stay seated｜remain in the seat

중단하다 stop｜cancel｜discontinue

교통 체증에 걸린, 많은 교통량 stuck in traffic｜hit traffic｜a lot of traffic

충분한 sufficient｜adequate｜enough｜plenty

옷 가방, 짐 suitcase｜luggage｜baggage

식료품점 supermarket｜grocery store

T

맞춤의, 개개인의 요구에 맞춘 tailored｜customized

열리다 take place｜be held

교통수단 taxi｜transportation

기술자, 수리공 technician｜repairperson｜repairman

일시적인 tentative｜temporary

감사하다 thank｜appreciate

오늘 (아침) this morning｜(earlier) today

시간표 timetable｜schedule

작은 tiny｜small｜little｜compact｜minor

치과 예약 to see my dentist｜dental appointment

붐비는 too many people｜crowded｜congested

관광 명소 tourist attractions｜tourist locations

차량 정체 traffic jam｜traffic congestion｜traffic backup｜heavy traffic｜traffic delay

테스트해 보다 try out｜test

제출하다 turn in｜hand in｜submit｜send｜return

U

일손이 부족한 understaffed｜short-staffed｜short-handed

때아니게, 평소와는 다른 unseasonably｜unusual

갱신, 수정하다 update｜revise｜edit｜change

V

휴가 vacation｜time off｜holiday｜leave｜break

차량 vehicle｜automobile｜car｜traffic

장소 venue｜place｜spot｜site

우편으로 via post｜by mail

W

(규칙을) 무시하다, 무효로 하다 waive｜disregard｜cancel

창고 warehouse｜storeroom

주의를 주다 warn｜caution

주말 weekend｜Saturday and Sunday

초과 근무하다 work overtime｜work longer｜work extra hours｜work more

워크숍, 행사 workshop｜event

MEMO

MEMO

MEMO

4th Edition

파고다 토익 LC

해설서

기본 완성

파고다교육그룹 언어교육연구소, 김주희(오드리) | 저

PAGODA Books

파고다 토익 LC 해설서

4th Edition

파고다교육그룹 언어교육연구소, 김주원(오드리) l 저

LC 해설서

기본 완성

PAGODA Books

PART 1

UNIT 01. 시제와 태

본서 p.33

Warm-up

1. (B) **2.** (B) **3.** (A) **4.** (B)

1. (A) The woman is placing some cooking utensils in a
미국   container.
(B) Some meals are being prepared.

(A) 여자가 조리 기구들을 용기 안에 놓고 있다.

(B) 식사가 준비되고 있다.

해설 (A) 여자가 조리 기구들을 용기 안에 놓는 동작이 아니므로 오답이다.
(B) 음식이 준비되고 있는 상황이므로 정답이다.

어휘 place 놓다 I cooking utensil 조리 기구 I container 용기 I
meal 식사 I prepare 준비하다

2. (A) Some cars are entering a garage.
호주   (B) Some cars have stopped at a traffic light.

(A) 몇몇 차들이 차고에 들어가고 있다.

(B) 몇몇 차들이 신호등 앞에 멈춰 서 있다.

해설 (A) 차고가 보이지 않으므로 오답이다.
(B) 차들이 신호등 앞에 서 있으므로 정답이다.

어휘 garage 차고 I stop 멈추다 I traffic light 신호등

3. (A) There is a plate on the table.
미국   (B) A plate is being put on the table.

(A) 테이블에 접시 하나가 있다.

(B) 테이블에 접시 하나가 놓이고 있다.

해설 (A) 테이블 위에 접시 하나가 있으므로 정답이다.
(B) 접시를 놓고 있는 사람이 보이지 않으므로 오답이다.

어휘 plate 접시 I put 놓다

4. (A) Some shipping boxes have been left on a pier.
영국   (B) Some boats are docked at a pier.

(A) 배송 상자들이 부두에 놓여 있다.

(B) 배들이 부두에 정박해 있다.

해설 (A) 배송 상자들은 사진에 보이지 않으므로 오답이다.
(B) 배들이 부두에 정박해 있는 상태를 적절히 묘사했으므로 정답이다.

어휘 shipping box 배송 상자 I pier 부두 I dock (배를) 부두에 대다

Exercise

본서 p.36

1. (A), (B) **2.** (A), (C) **3.** (B), (C) **4.** (A), (C)
5. (A), (B) **6.** (B), (C)

1. (A) Some people are working in a field.
미국   (B) Some farmers are picking some produce.
(C) A basket is being emptied.

(A) 사람들이 밭에서 일하고 있다.

(B) 농부들이 농작물을 따고 있다.

(C) 바구니가 비워지고 있다.

해설 (A) 사람들이 밭에서 일하고 있는 모습이므로 정답이다.
(B) 농부들이 농작물을 따고 있으므로 정답이다.
(C) 바구니를 비우고 있는 동작이 아니므로 오답이다.

어휘 field 밭, 들판 I farmer 농부 I pick (과일 등을) 따다 I produce
농작물 I basket 바구니 I empty 비우다

2. (A) A man is riding a bicycle.
호주   (B) A man is inflating a tire.
(C) A man is biking along the road.

(A) 남자가 자전거를 타고 있다.

(B) 남자가 타이어에 바람을 넣고 있다.

(C) 남자가 도로를 따라 자전거를 타고 있다.

해설 (A) 자전거를 타고 있는 남자가 보이므로 정답이다.
(B) 남자가 타이어에 바람을 넣고 있는 모습이 아니므로 오답이다.
(C) 도로를 따라 자전거를 타고 있는 남자가 보이므로 정답이다.

어휘 ride 타다 I inflate a tire 타이어에 바람을 넣다 I bike (자전거를)
타다 I road 도로, 길

3. (A) A man is reaching to open a window.
미국   (B) A ladder is leaning against a panel.
(C) A man is climbing a ladder.

(A) 남자가 창문을 열기 위해 손을 뻗고 있다.

(B) 사다리가 패널에 기대어 있다.

(C) 남자가 사다리를 오르고 있다.

해설 (A) 남자가 손을 뻗는 동작이 아니므로 오답이다.
(B) 사다리가 패널에 기대어 있는 상태를 적절히 묘사했으므로 정답이다.
(C) 남자가 사다리를 오르고 있는 모습이므로 정답이다.

어휘 reach 손을 뻗다 I ladder 사다리 I lean against ~에 기대다 I
panel 판, 패널 I climb 오르다

4. (A) A boat has been tied to a pier.
영국   (B) A boat has been loaded with supplies.
(C) The surface of the water is calm.

(A) 배가 부두에 묶여 있다.

(B) 배에 물품이 가득 실려 있다.

(C) 수면이 잔잔하다.

해설 (A) 배가 부두에 묶여 있는 모습이므로 정답이다.

(B) 배는 비어 있는 상태이므로 오답이다.

(C) 수면이 잔잔한 모습을 적절히 묘사했으므로 정답이다.

어휘 tie 묶다, 묶어 놓다 I pier 부두 I load 싣다, 적재하다 I supplies 물품 I surface 표면 I calm 잔잔한, 차분한

---

5. (A) He is wiping a counter.

미국 (B) He is wearing an apron.

(C) Some items are being stacked in a corner.

(A) 남자가 카운터를 닦고 있다.

(B) 남자가 앞치마를 입고 있다.

(C) 몇몇 물건들이 구석에 쌓이고 있다.

해설 (A) 남자가 카운터를 닦고 있으므로 정답이다.

(B) 남자가 앞치마를 입은 상태이므로 정답이다.

(C) 물건을 쌓고 있는 남자가 보이지 않으므로 오답이다.

어휘 wipe (먼지나 물기 등을) 닦다 I apron 앞치마 I stack 쌓다 I corner 구석, 모퉁이

---

6. (A) A woman is removing bread from an oven.

미국 (B) Vegetables are being chopped on a cutting board.

(C) A man is wearing glasses.

(A) 여자가 오븐에서 빵을 꺼내고 있다.

(B) 채소들이 도마에서 잘리고 있다.

(C) 남자가 안경을 쓰고 있다.

해설 (A) 여자가 오븐에서 빵을 꺼내고 있는 모습이 아니므로 오답이다.

(B) 남자가 채소들을 썰고 있는 모습이 보이므로 정답이다.

(C) 남자가 안경을 착용한 상태이므로 정답이다.

어휘 remove 꺼내다 I chop 썰다, 자르다 I cutting board 도마 I glasses 안경

Practice

본서 p.38

| 1. (B) | 2. (C) | 3. (D) | 4. (D) | 5. (A) | 6. (B) |
| 7. (A) | 8. (C) | 9. (C) | 10. (D) | 11. (A) | 12. (A) |

1. (A) A woman is examining a flyer.

호주 (B) A woman is holding a cup.

(C) A woman is taking some notes.

(D) A woman is handing a customer a beverage.

(A) 여자가 전단지를 살펴보고 있다.

(B) 여자가 컵을 들고 있다.

(C) 여자가 메모를 하고 있다.

(D) 여자가 고객에게 음료를 건네주고 있다.

해설 (A) 전단지가 보이지 않으므로 오답이다.

(B) 여자가 컵을 들고 있으므로 정답이다.

(C) 메모를 하고 있는 모습이 아니므로 오답이다.

(D) 음료를 건네주고 있는 모습이 아니므로 오답이다.

어휘 examine 살피다 I flyer 전단지 I take a note 메모하다 I beverage 음료

---

2. (A) She is crouching to grab an item.

미국 (B) She is leaning against the fence.

(C) She is seated near the water.

(D) She is working out on the grass.

(A) 여자가 물건을 잡기 위해 쭈그리고 앉아 있다.

(B) 여자가 울타리에 기대어 있다.

(C) 여자가 물가 근처에 앉아 있다.

(D) 여자가 잔디에서 운동하고 있다.

해설 (A) 여자가 쭈그리고 앉아 있는 모습이 아니므로 오답이다.

(B) 울타리가 보이지 않으므로 오답이다.

(C) 물가에 앉아 있는 여자가 보이므로 정답이다.

(D) 잔디에서 운동하고 있는 모습이 아니므로 오답이다.

어휘 crouch 쭈그리다, 쭈그리고 앉다 I grab 움켜잡다 I lean against ~에 기대다 I fence 울타리 I work out 운동하다 I grass 풀, 잔디

---

3. (A) The man is opening a box.

미국 (B) The woman is reaching into a shopping cart.

(C) They are wearing gloves.

(D) They are arranging items on a shelf.

(A) 남자가 상자를 열고 있다.

(B) 여자가 쇼핑 카트 안쪽으로 손을 뻗고 있다.

(C) 사람들이 장갑을 끼고 있다.

(D) 사람들이 선반의 물건을 정리하고 있다.

해설 (A) 남자가 상자를 열고 있지 않으므로 오답이다.

(B) 여자가 쇼핑 카트 안쪽으로 손을 뻗고 있지 않으므로 오답이다.

(C) 장갑이 보이지 않으므로 오답이다.

(D) 두 남녀가 선반의 물건을 정리하고 있으므로 정답이다.

어휘 glove 장갑 I arrange 정리하다, 배열하다 I item 물품 I shelf 선반

---

4. (A) A man is folding a blanket.

영국 (B) Some blankets are stacked on the floor.

(C) Some items are being labeled.

(D) Shelving units are filled with merchandise.

(A) 한 남자가 담요를 접고 있다.

(B) 몇몇 담요들이 바닥에 쌓여 있다.

(C) 몇몇 상품에 상표가 붙여지고 있다.

(D) 선반이 상품으로 가득 채워져 있다.

해설 (A) 사진 속에 남자가 보이지 않으므로 오답이다.

(B) 담요가 바닥에 쌓여 있지 않으므로 오답이다.

(C) 상표를 붙이는 사람이 보이지 않으므로 오답이다.

(D) 선반이 상품들로 가득 차 있으므로 정답이다.

어휘 fold 접다 I blanket 담요 I stack 쌓다 I label 라벨[상표]을 붙이다 I shelving unit 선반 I be filled with ~으로 가득 차다 I merchandise 상품

5.

미국

(A) People are crossing the street.
(B) A man is getting into a taxi.
(C) People are waiting for the traffic signal.
(D) The sidewalk is being cleaned.

(A) 사람들이 길을 건너고 있다.
(B) 한 남자가 택시에 타고 있다.
(C) 사람들이 교통 신호를 기다리고 있다.
(D) 보도가 청소되고 있다.

해설 (A) 길을 건너는 보행자들이 보이므로 정답이다.
(B) 택시에 타는 남자가 보이지 않으므로 오답이다.
(C) 사람들이 교통 신호를 기다리는 것이 아니라 길을 건너고 있으므로 오답이다.
(D) 보도를 청소하고 있는 사람이 보이지 않으므로 오답이다.

어휘 cross the street 길을 건너다 | get into ~에 타다 | traffic signal 교통 신호 | sidewalk 보도, 인도 | clean 청소하다

6.

호주

(A) People are buying some groceries.
(B) People are standing in line.
(C) A man is pushing a cart.
(D) A man is putting up a sign.

(A) 사람들이 식료품을 사고 있다.
(B) 사람들이 줄을 서 있다.
(C) 한 남자가 카트를 밀고 있다.
(D) 한 남자가 간판을 내걸고 있다.

해설 (A) 식료품이 보이지 않으므로 오답이다.
(B) 사람들이 일렬로 서 있으므로 정답이다.
(C) 카트가 보이지 않으므로 오답이다.
(D) 간판을 걸고 있는 남자가 보이지 않으므로 오답이다.

어휘 groceries 식료품 | in line 일렬로 | cart 카트 | put up 세우다, 내걸다 | sign 간판

7.

미국

(A) A train has stopped at a platform.
(B) Some people are lining up to board a train.
(C) Maintenance work is being done on a platform.
(D) Some light fixtures are hanging from the ceiling.

(A) 기차가 승강장에 정차해 있다.
(B) 몇몇 사람들이 기차에 타려고 줄을 서고 있다.
(C) 승강장에 정비 작업이 이루어지고 있다.
(D) 몇몇 조명 기구들이 천장에 매달려 있다.

해설 (A) 기차가 승강장에 정차해 있는 모습을 적절히 묘사했으므로 정답이다.
(B) 기차에 타려고 줄 서 있는 사람들은 보이지 않으므로 오답이다.
(C) 승강장에서 정비 작업을 하는 모습은 보이지 않으므로 오답이다.
(D) 조명이 천장에 매달려 있지는 않으므로 오답이다.

어휘 stop 정차하다 | platform 승강장 | line up 줄을 서다 | board 탑승하다 | maintenance 유지 보수, 정비 | light fixture 조명 기구 | hang 매달리다 | ceiling 천장

8.

미국

(A) A man is serving some food.
(B) A man is lighting a candle.
(C) A woman is setting a table.
(D) A woman is bending over a sink.

(A) 한 남자가 음식을 내오고 있다.
(B) 한 남자가 초를 켜고 있다.
(C) 한 여자가 식탁을 차리고 있다.
(D) 한 여자가 싱크대 위로 몸을 구부리고 있다.

해설 (A) 남자가 음식을 제공하는 모습이 아니므로 오답이다.
(B) 양초들에 이미 불이 켜져 있으므로 오답이다.
(C) 식탁을 차리는 여자가 보이므로 정답이다.
(D) 여자가 싱크대 위로 몸을 구부리고 있는 모습이 아니므로 오답이다.

어휘 serve (음식을) 제공하다 | light 불을 켜다 | candle 양초 | set a table 식탁을 차리다 | bend over 몸을 위로 구부리다 | sink 싱크대

9.

영국

(A) The curtain is being closed.
(B) Furniture is being arranged in a corner.
(C) There is a mirror beside the lamp.
(D) A drawer has been left open.

(A) 커튼을 치고 있다.
(B) 가구가 구석에 배열되고 있다.
(C) 램프 옆에 거울이 있다.
(D) 서랍이 열려 있다.

해설 (A) 커튼을 치고 있는 사람이 보이지 않으므로 오답이다.
(B) 가구를 배열하고 있는 사람이 보이지 않으므로 오답이다.
(C) 램프 옆에 거울이 있으므로 정답이다.
(D) 서랍이 닫혀 있으므로 오답이다.

어휘 arrange 배열하다, 정리하다 | beside ~ 옆에 | drawer 서랍

10.

호주

(A) She is loading paper into a copy machine.
(B) She is repairing some office equipment.
(C) She is putting away some files.
(D) She is photocopying a document.

(A) 여자가 복사기 안으로 종이를 넣고 있다.
(B) 여자가 사무용 기기를 수리하고 있다.
(C) 여자가 몇몇 파일들을 치우고 있다.
(D) 여자가 서류를 복사하고 있다.

해설 (A) 여자가 복사기에 종이를 넣고 있는 모습이 아니므로 오답이다.
(B) 기계를 수리하고 있는 게 아니라 사용 중이므로 오답이다.
(C) 여자가 파일들을 치우는 모습이 아니므로 오답이다.
(D) 서류를 복사하고 있는 여자의 모습이 보이므로 정답이다.

어휘 load 싣다, 넣다 | copy machine 복사기 | repair 수리하다 | office equipment 사무용 기기 | put away 치우다 | file 파일, 서류철 | photocopy 복사하다 | document 서류, 문서

11.

미국

(A) A dish is being passed to a woman.
(B) Bottles are being filled with water.

(C) A woman is taking off an apron.

(D) A man is placing utensils on a tray.

(A) 여자에게 접시 하나가 건네지고 있다.

(B) 병에 물이 채워지고 있다.

(C) 한 여자가 앞치마를 벗고 있다.

(D) 한 남자가 조리용 도구들을 쟁반에 내려놓고 있다.

해설 (A) 여자가 남자로부터 접시를 건네받고 있으므로 정답이다.

(B) 병이 물로 채워지는 모습이 보이지 않으므로 오답이다.

(C) 여자가 앞치마를 벗는 동작이 아니라 입고 있는 상태이므로 오답이다.

(D) 남자가 도구들을 쟁반에 내려놓고 있는 모습이 아니므로 오답이다.

어휘 dish 접시 | pass 건네주다 | bottle 병 | be filled with ~으로 채워지다 | take off 벗다 | apron 앞치마 | utensil (가정에서 사용하는) 도구 | tray 쟁반

---

12. (A) Some items have been displayed.

영국 (B) A pair of shoes is being put in a box.

(C) A woman is tying her shoelaces.

(D) A clerk is removing some racks.

(A) 물건들이 진열되어 있다.

(B) 신발 한 켤레가 상자 안에 넣어지고 있다.

(C) 여자가 신발 끈을 묶고 있다.

(D) 점원이 선반들을 치우고 있다.

해설 (A) 진열된 신발들이 보이므로 정답이다.

(B) 상자 안에 신발을 넣는 사람이 보이지 않으므로 오답이다.

(C) 신발 끈을 묶고 있는 여자가 보이지 않으므로 오답이다.

(D) 선반들을 치우고 있는 점원이 보이지 않으므로 오답이다.

어휘 display 진열하다 | pair 한 쌍 | tie 묶다 | shoelace 신발 끈 | clerk 점원 | remove 치우다 | rack 선반

UNIT 02. 인물 중심 사진

핵심 문제 유형
본서 p.44

1. (C)   **2.** (C)

1. (A) 여자가 화분을 옮기고 있다.

(B) 여자가 앞치마를 매는 중이다.

(C) 여자가 물뿌리개를 들고 있다.

(D) 여자가 나무를 심고 있다.

추가 가능 정답 + A woman is wearing an apron.

여자가 앞치마를 입고 있다.

+ A woman is watering some plants.

여자가 식물에 물을 주고 있다.

+ Some plants are being watered in the garden.

정원에서 식물에 물을 주고 있다.

어휘 move 옮기다 | flower pot 화분 | put on 입다 [동작] | apron 앞치마 | hold 들다, 잡다 | watering can 물뿌리개 | plant 식물; (식물, 나무를) 심다

---

2. (A) 쇼핑객들이 가게를 둘러보고 있다.

(B) 남자들 중 한 명이 쇼핑백을 집어 올리고 있다.

(C) 남자들 중 한 명이 계산대 뒤에 서 있다.

(D) 손님들이 옷을 입어 보고 있다.

추가 가능 정답 + They are facing each other.

사람들이 서로 마주 보고 있다.

+ They are gathered at a counter.

사람들이 계산대에 모여 있다.

+ A customer is handing a card to a cashier.

한 손님이 계산원에게 카드를 건네고 있다.

+ A man is working behind a counter.

한 남자가 계산대 뒤에서 일하고 있다.

어휘 browse (가게 안의 물건들을) 둘러보다 | pick up 집어 올리다 | try on some clothes 옷을 입어 보다

Warm-up
본서 p.45

1. (B)   **2.** (A)   **3.** (A)   **4.** (A)   **5.** (B)   **6.** (B)

7. (B)   **8.** (A)   **9.** (B)   **10.** (B)   **11.** (B)   **12.** (A)

1. (A) A man is using a telescope.

미국 (B) A man is looking into a microscope.

(A) 남자가 망원경을 사용하고 있다.

(B) 남자가 현미경을 들여다보고 있다.

해설 (A) 망원경이 보이지 않으므로 오답이다.

(B) 남자가 현미경을 들여다보고 있으므로 정답이다.

어휘 telescope 망원경 | microscope 현미경

---

2. (A) A woman is climbing up the ladder.

호주 (B) A woman is writing a letter.

(A) 여자가 사다리를 타고 올라가고 있다.

(B) 여자가 편지를 쓰고 있다.

해설 (A) 사다리를 타고 올라가는 여자가 보이므로 정답이다.

(B) 편지를 쓰고 있는 모습이 아니므로 오답이다.

어휘 ladder 사다리 | letter 편지

---

3. (A) A man is walking a bicycle down the road.

미국 (B) A man is riding a bicycle across a street.

(A) 남자가 자전거를 끌고 도로를 걷고 있다.

(B) 남자가 자전거를 탄 채 길을 건너고 있다.

해설 (A) 남자가 자전거를 끌고 길을 걷고 있는 모습을 적절히 묘사했으므로 정답이다.
　　 (B) 남자가 자전거를 타고 있지 않으므로 오답이다.

어휘 bicycle 자전거 | ride 타다

---

4. (A) A woman is <u>holding</u> some goods.
영국 (B) A woman is <u>purchasing</u> some goods.
　　 (A) 여자가 몇몇 상품을 들고 있다.
　　 (B) 여자가 몇몇 상품을 구매하고 있다.

해설 (A) 여자가 물건을 들고 있으므로 정답이다.
　　 (B) 여자가 구매하고 있는 모습이 아니므로 오답이다.

어휘 hold 잡다 | goods 상품, 제품 | purchase 구입하다

---

5. (A) A man is <u>chopping up</u> some firewood.
미국 (B) A man is <u>gathering</u> some wood.
　　 (A) 남자가 장작을 패고 있다.
　　 (B) 남자가 목재를 모으고 있다.

해설 (A) 남자가 장작을 패는 동작이 아니므로 오답이다.
　　 (B) 남자가 목재를 모으는 동작을 적절히 묘사했으므로 정답이다.

어휘 chop up 잘게 썰다 | firewood 장작 | gather 모으다

---

6. (A) He is <u>posting</u> a document on a board.
미국 (B) He is <u>making</u> some photocopies.
　　 (A) 남자가 게시판에 문서를 게시하고 있다.
　　 (B) 남자가 복사를 하고 있다.

해설 (A) 남자가 게시판에 서류를 게시하는 동작이 아니므로 오답이다.
　　 (B) 남자가 복사를 하고 있는 모습을 적절히 묘사했으므로 정답이다.

어휘 post 올리다, 게시하다 | document 서류, 문서 | board 게시판 | make a photocopy 복사하다

---

7. (A) People are <u>riding</u> a bus.
호주 (B) People are <u>boarding</u> a bus.
　　 (A) 사람들이 버스 안에 타고 있다.
　　 (B) 사람들이 버스에 탑승하고 있다.

해설 (A) 버스 안에 사람들이 타고 있지 않으므로 오답이다.
　　 (B) 사람들이 버스에 탑승하고 있으므로 정답이다.

어휘 ride 타다 | board 탑승하다

---

8. (A) They're <u>shaking</u> hands.
미국 (B) They're <u>waving</u> their hands.
　　 (A) 사람들이 악수하고 있다.
　　 (B) 사람들이 손을 흔들고 있다.

해설 (A) 사람들이 악수하고 있으므로 정답이다.
　　 (B) 손을 흔들고 있지 않으므로 오답이다.

어휘 shake hands 악수하다 | wave 흔들다

---

9. (A) The man is <u>sipping</u> from a glass.
영국 (B) The woman is <u>wearing</u> an apron.
　　 (A) 남자가 유리잔에서 음료를 마시고 있다.
　　 (B) 여자가 앞치마를 입고 있다.

해설 (A) 남자가 음료를 마시는 동작이 아니므로 오답이다.
　　 (B) 여자가 앞치마를 입고 있는 모습을 적절히 묘사했으므로 정답이다.

어휘 sip 홀짝이다 | glass 유리잔 | wear 입다 | apron 앞치마

---

10. (A) Some workers are <u>installing</u> some glass windows.
미국 (B) Some people are <u>working</u> on a roof.
　　 (A) 몇몇 작업자들이 유리창을 설치하고 있다.
　　 (B) 몇몇 사람들이 지붕에서 작업하고 있다.

해설 (A) 작업자들이 유리창을 설치하는 동작이 아니므로 오답이다.
　　 (B) 사람들이 지붕 위에서 일하는 모습을 적절히 묘사했으므로 정답이다.

어휘 install 설치하다 | glass 유리 | window 창문 | roof 지붕

---

11. (A) A woman is <u>carrying</u> a shopping basket.
미국 (B) They are <u>shopping for</u> some produce.
　　 (A) 여자가 장바구니를 들고 있다.
　　 (B) 사람들이 농산물을 사고 있다.

해설 (A) 장바구니를 들고 있는 사람은 여자가 아니라 남자이므로 오답이다.
　　 (B) 사람들이 농산물을 고르는 모습을 적절히 묘사했으므로 정답이다.

어휘 carry 들다, 옮기다 | shopping basket 장바구니 | shop 사다, 쇼핑하다 | produce 농산물

---

12. (A) They're <u>having a conversation</u>.
호주 (B) They're <u>resting against the wall</u>.
　　 (A) 사람들이 대화를 나누고 있다.
　　 (B) 사람들이 벽에 기대어 쉬고 있다.

해설 (A) 사람들이 대화를 나누고 있는 모습이 보이므로 정답이다.
　　 (B) 사람들이 벽에 기대고 있지 않으므로 오답이다.

어휘 conversation 대화 | rest 쉬다 | wall 벽

Exercise

1. (B), (C)　　2. (A), (C)　　3. (A), (B)　　4. (A), (B)
5. (A), (C)　　6. (A), (B)

---

1. (A) He is <u>measuring</u> the windowpane.
미국 (B) He is <u>talking</u> on the phone.
　　 (C) He is <u>taking</u> some <u>notes</u>.
　　 (A) 남자가 유리창의 치수를 측정하고 있다.
　　 (B) 남자가 전화 통화를 하고 있다.
　　 (C) 남자가 메모를 하고 있다.

해설 (A) 유리창이 보이지 않으므로 오답이다.
　　 (B) 전화하고 있는 남자가 보이므로 정답이다.

(C) 남자가 전화를 하며 메모를 하고 있으므로 정답이다.

어휘 measure 측정하다, 치수를 재다 I windowpane 유리창 I take notes 메모하다, 기록하다

2. (A) A man is using a towel.
영국 (B) A man is cleaning a counter.
(C) A man is wiping his hands.

(A) 남자가 수건을 사용하고 있다.
(B) 남자가 조리대를 닦고 있다.
(C) 남자가 손을 닦고 있다.

해설 (A) 남자가 타월을 이용 중이므로 정답이다.
(B) 남자가 조리대를 청소하는 동작이 아니므로 오답이다.
(C) 남자가 손을 닦는 모습을 적절히 묘사했으므로 정답이다.

어휘 towel 수건 I clean 닦다, 청소하다 I counter 조리대 I wipe 닦다

3. (A) A woman is bending over.
호주 (B) Plates are being put in the dishwasher.
(C) A woman is rinsing dishes in a sink.

(A) 여자가 몸을 구부리고 있다.
(B) 접시들이 식기세척기 안에 넣어지고 있다.
(C) 여자가 싱크대에서 접시들을 헹구고 있다.

해설 (A) 여자가 몸을 구부리고 있는 모습이 보이므로 정답이다.
(B) 여자가 접시를 식기세척기 안에 넣고 있으므로 정답이다.
(C) 여자가 싱크대에서 접시를 헹구는 모습이 아니므로 오답이다.

어휘 bend over 몸을 구부리다 I put 놓다 I dishwasher 식기세척기 I rinse 헹구다 I sink 싱크대

4. (A) Cyclists are riding along the street.
미국 (B) Cyclists are facing the same direction.
(C) People are pushing their bicycles.

(A) 자전거를 탄 사람들이 길을 따라가고 있다.
(B) 자전거를 탄 사람들이 같은 방향을 향해 있다.
(C) 사람들이 그들의 자전거를 밀고 있다.

해설 (A) 사람들이 길을 따라 자전거를 타고 있으므로 정답이다.
(B) 사람들이 같은 방향으로 자전거를 타고 있으므로 정답이다.
(C) 사람들이 자전거를 밀지 않고 타고 가는 중이므로 오답이다.

어휘 cyclist 자전거 타는 사람 I along ~을 따라 I face ~을 향하다 I direction 방향 I push 밀다

5. (A) Some people are listening to a presentation.
미국 (B) Some people are using laptop computers.
(C) A potted plant has been positioned in a corner.

(A) 몇몇 사람들이 발표를 듣고 있다.
(B) 몇몇 사람들이 노트북 컴퓨터를 사용하고 있다.
(C) 화분이 구석에 위치되어 있다.

해설 (A) 사람들이 발표를 듣고 있으므로 정답이다.
(B) 노트북 컴퓨터를 사용하고 있는 여러 사람이 보이지 않으므로 오답이다.

(C) 구석에 화분이 있으므로 정답이다.

어휘 potted plant 화분 I position 배치하다, 두다 I corner 모서리, 구석

6. (A) Some people are going up an escalator.
영국 (B) One of the women is holding onto the railing.
(C) Some people are entering through a door.

(A) 몇몇 사람들이 에스컬레이터로 올라가고 있다.
(B) 한 여자가 난간을 붙잡고 있다.
(C) 몇몇 사람들이 문을 통해 들어가고 있다.

해설 (A) 사람들이 에스컬레이터로 올라가는 모습을 적절히 묘사했으므로 정답이다.
(B) 한 여자가 난간을 잡고 있는 모습이므로 정답이다.
(C) 사진에 문은 보이지 않으므로 오답이다.

어휘 go up 올라가다 I escalator 에스컬레이터 I hold onto 잡고 있다 I railing 난간 I enter 들어가다

Practice
본서 p.52

| 1. (B) | 2. (D) | 3. (C) | 4. (B) | 5. (C) | 6. (B) |
| 7. (B) | 8. (A) | 9. (D) | 10. (D) | 11. (B) | 12. (A) |

1. (A) He's taking some food from a plate.
호주 (B) He's holding a refrigerator door open.
(C) He's standing behind a counter.
(D) He's drinking a bottle of water.

(A) 남자가 접시에서 음식을 집고 있다.
(B) 남자가 냉장고 문을 잡아 열어 놓고 있다.
(C) 남자가 계산대 뒤에 서 있다.
(D) 남자가 물 한 병을 마시고 있다.

해설 (A) 남자가 접시에 있는 음식을 집는 모습은 보이지 않으므로 오답이다.
(B) 남자가 냉장고 문을 잡고 연 모습을 적절히 묘사했으므로 정답이다.
(C) 계산대는 사진에 보이지 않으므로 오답이다.
(D) 남자가 물을 마시는 동작이 아니므로 오답이다.

어휘 plate 접시 I refrigerator 냉장고 I bottle 병

2. (A) The man is wiping off a counter.
미국 (B) The man is putting on safety gloves.
(C) The man is adjusting a microscope.
(D) The man is looking at some lab equipment.

(A) 남자가 카운터를 닦고 있다.
(B) 남자가 안전 장갑을 끼는 중이다.
(C) 남자가 현미경을 조정하고 있다.
(D) 남자가 실험용 장비를 보고 있다.

해설 (A) 카운터를 닦고 있지 않으므로 오답이다.
(B) 안전 장갑을 이미 낀 상태이므로 오답이다.
(C) 현미경이 보이지 않으므로 오답이다.

(D) 실험용 도구를 보면서 사용하고 있으므로 정답이다.

어휘 wipe off 닦다 | safety gloves 안전 장갑 | adjust 조정하다, 조절하다 | microscope 현미경 | lab equipment 실험용 장비

---

3. (A) The woman is searching through her bag.
영국 (B) The man is opening his briefcase.
(C) They're climbing up some stairs.
(D) They're holding onto a railing.

(A) 여자가 자신의 가방을 뒤지고 있다.

(B) 남자가 자신의 서류 가방을 열고 있다.

(C) 사람들이 계단을 오르고 있다.

(D) 사람들이 난간을 잡고 있다.

해설 (A) 여자가 가방을 뒤지는 모습이 아니므로 오답이다.

(B) 남자가 서류 가방을 열고 있는 모습이 아니므로 오답이다.

(C) 두 사람이 계단을 오르고 있으므로 정답이다.

(D) 난간을 잡고 있지 않으므로 오답이다.

어휘 search through 뒤지다, 살펴보다 | briefcase 서류 가방 | climb up 오르다 | stairs 계단 | hold onto ~을 꽉 잡다 | railing 난간

---

4. (A) They're looking out at some boats.
미국 (B) They're leaning against a railing.
(C) They're locking up their bicycles.
(D) They're walking past a lamppost.

(A) 사람들이 보트를 바라보고 있다.

(B) 사람들이 난간에 기대어 있다.

(C) 사람들이 자전거에 자물쇠를 채우고 있다.

(D) 사람들이 가로등 기둥을 지나쳐 걷고 있다.

해설 (A) 사진에 보트는 보이지 않으므로 오답이다.

(B) 사람들이 난간에 기대어 있는 모습을 적절히 묘사했으므로 정답이다.

(C) 사람들이 자물쇠를 채우는 동작이 아니므로 오답이다.

(D) 사람들이 걷는 동작이 아니므로 오답이다.

어휘 look out at ~을 내다보다, 바라보다 | boat 배, 보트 | lean against ~에 기대다 | railing 난간, 울타리 | lock up 잠그다, 자물쇠를 채우다 | walk past ~을 지나쳐 걷다 | lamppost 가로등 기둥

---

5. (A) One of the women is carrying a suitcase.
미국 (B) One of the women is grasping an umbrella.
(C) The women are pushing their strollers.
(D) The women are heading in opposite directions.

(A) 여자들 중 한 명이 여행 가방 하나를 들고 있다.

(B) 여자들 중 한 명이 우산을 꽉 쥐고 있다.

(C) 여자들이 유모차를 밀고 있다.

(D) 여자들이 서로 반대 방향으로 향하고 있다.

해설 (A) 여행 가방이 보이지 않으므로 오답이다.

(B) 우산이 보이지 않으므로 오답이다.

(C) 여자들이 유모차를 밀고 있으므로 정답이다.

(D) 여자들이 같은 방향으로 이동하고 있으므로 오답이다.

어휘 carry 들고 있다 | suitcase 여행 가방 | grasp 꽉 잡다, 움켜잡다 | push 밀다 | stroller 유모차 | head 향하다 | in opposite direction 반대 방향으로

---

6. (A) A woman is using an appliance to iron some clothes.
영국 (B) A woman is operating a washing machine.
(C) A woman is folding some bath towels.
(D) A woman is pouring some laundry detergent.

(A) 여자가 옷을 다림질하기 위해 가전제품을 사용하고 있다.

(B) 여자가 세탁기를 조작하고 있다.

(C) 여자가 목욕 수건을 개고 있다.

(D) 여자가 세탁 세제를 붓고 있다.

해설 (A) 여자가 다리미를 사용하는 모습이 아니므로 오답이다.

(B) 여자가 세탁기를 사용하는 모습을 적절히 묘사했으므로 정답이다.

(C) 여자가 목욕 수건을 개는 모습이 아니므로 오답이다.

(D) 여자가 세탁 세제를 붓는 모습이 아니므로 오답이다.

어휘 appliance (가정용) 기기 | iron 다림질을 하다 | operate 작동하다, 조작하다 | washing machine 세탁기 | fold 접다 | bath towel 목욕 수건 | pour 붓다, 따르다 | laundry detergent 세탁 세제

---

7. (A) They're repairing some instruments.
미국 (B) They're performing outdoors.
(C) They're wearing sunglasses.
(D) They're watching a performance.

(A) 사람들이 악기를 수리하고 있다.

(B) 사람들이 야외에서 공연을 하고 있다.

(C) 사람들이 선글라스를 쓰고 있다.

(D) 사람들이 공연을 보고 있다.

해설 (A) 악기를 고치는 것이 아니라 연주하고 있으므로 오답이다.

(B) 야외에서 공연 중인 모습이므로 정답이다.

(C) 선글라스를 착용하지 않았으므로 오답이다.

(D) 공연을 보고 있지 않으므로 오답이다.

어휘 repair 고치다, 수리하다 | instrument 악기 | perform 공연하다 | performance 공연

---

8. (A) A man is holding up a panel.
호주 (B) A woman is pointing at a notepad.
(C) Some people are polishing a picture frame.
(D) Some people are arranging art in a gallery.

(A) 한 남자가 판을 들고 있다.

(B) 한 여자가 노트패드를 가리키고 있다.

(C) 몇몇 사람들이 액자를 닦고 있다.

(D) 몇몇 사람들이 갤러리에서 미술품을 정리하고 있다.

해설 (A) 남자가 그림을 들고 있는 모습을 적절히 묘사했으므로 정답이다.

(B) 여자가 가리키는 대상은 노트패드가 아니라 그림이므로 오답이다.

(C) 두 사람이 액자를 닦는 모습이 아니므로 오답이다.

(D) 두 사람이 미술품을 정리하는 모습이 아니므로 오답이다.

어휘 hold up 들어올리다 | panel 판 | point at ~을 가리키다 | notepad 노트패드; 메모장 | polish 닦다, 윤을 내다 | picture frame 액자 | arrange 정리하다, 배열하다 | art 미술품 | gallery 미술관, 갤러리

9. (A) They're resting under the trees.
영국 (B) They're raking leaves on the street.
(C) They're jogging in the park.
(D) They're strolling along the path.

(A) 사람들이 나무 아래에서 쉬고 있다.
(B) 사람들이 길에서 나뭇잎들을 갈퀴로 긁어모으고 있다.
(C) 사람들이 공원에서 조깅하고 있다.
(D) 사람들이 길을 따라 거닐고 있다.

해설 (A) 나무 아래에서 쉬는 모습이 아니므로 오답이나.
(B) 갈퀴로 나뭇잎들을 모으고 있지 않으므로 오답이다.
(C) 공원에서 조깅하는 모습이 아니므로 오답이다.
(D) 두 사람이 산책길을 따라 거니는 모습이 보이므로 정답이다.

어휘 rest 쉬다 | rake 갈퀴로 긁어모으다 | jog 조깅하다 | stroll 거닐다, 산책하다 | path 길

10. (A) A man is casting a net from a dock.
미국 (B) A man is inspecting some lampposts.
(C) A man is unpacking his bag.
(D) A man is walking past some benches.

(A) 남자가 부두에서 그물을 던지고 있다.
(B) 남자가 몇몇 가로등을 점검하고 있다.
(C) 남자가 가방을 풀고 있다.
(D) 남자가 몇몇 벤치를 지나쳐 걷고 있다.

해설 (A) 그물이 보이지 않으므로 오답이다.
(B) 가로등을 점검하는 모습이 아니므로 오답이다.
(C) 가방을 푸는 모습이 아니므로 오답이다.
(D) 벤치를 지나쳐 걷고 있으므로 정답이다.

어휘 cast 던지다 | net 그물 | dock 부두, 잔교 | inspect 점검하다 | lamppost 가로등 | unpack (짐을) 풀다 | past ~을 지나(쳐)서

11. (A) The woman is unzipping a jacket.
미국 (B) The woman is pushing a wheelbarrow.
(C) The woman is standing next to a fountain.
(D) The woman is stacking logs in a pile.

(A) 여자가 재킷의 지퍼를 열고 있다.
(B) 여자가 손수레를 밀고 있다.
(C) 여자가 분수대 옆에 서 있다.
(D) 여자가 통나무들을 더미에 쌓고 있다.

해설 (A) 여자가 재킷의 지퍼를 열고 있는 모습이 아니므로 오답이다.
(B) 여자가 손수레를 밀고 있으므로 정답이다.
(C) 분수대가 보이지 않으므로 오답이다.
(D) 통나무들을 더미에 쌓고 있는 모습이 아니므로 오답이다.

어휘 unzip 지퍼를 열다 | wheelbarrow 손수레 | fountain 분수대 | stack 쌓다 | log 통나무 | pile 더미, 무더기

12. (A) Some people are exercising outside.
호주 (B) A lawn is being mowed.
(C) Cyclists are riding across the park.
(D) Some athletes are standing in a circle.

(A) 몇몇 사람들이 밖에서 운동하고 있다.
(B) 잔디가 깎이고 있다.
(C) 자전거를 탄 사람들이 공원을 가로질러 가고 있다.
(D) 몇몇 운동선수들이 둥글게 서 있다.

해설 (A) 사람들이 공원에서 운동하고 있으므로 정답이다.
(B) 잔디를 깎는 사람이 보이지 않으므로 오답이다.
(C) 자전거를 탄 사람들이 보이지 않으므로 오답이다.
(D) 사람들이 나란히 앉거나 서서 운동하고 있으므로 오답이다.

어휘 exercise 운동하다 | outside 밖에서 | lawn 잔디 | mow 베다, 자르다 | cyclist 자전거 타는 사람 | ride 타다, 몰다 | athlete (운동)선수 | stand 서다 | in a circle 둥글게, 원형을 이루어

UNIT 03. 사물·풍경 중심 사진

핵심 문제 유형
본서 p.58

1. (C)

1. (A) 앉는 장소에서 도시가 내려다보인다.
(B) 테이블에 식사가 차려져 있다.
(C) 파라솔이 펼쳐져 있다.
(D) 음식이 조리대에서 준비되고 있다.

추가 가능 정답 + Food is being cooked on grills.
음식이 그릴에서 요리되고 있다.
+ A seating area overlooks the water.
앉는 장소에서 물이 내려다보인다.
+ An outdoor picnic area has been set up.
야외 피크닉 구역이 마련되어 있다.

어휘 seating 좌석, 자리 | area 장소, 구역 | overlook 바라보다, 내려다보다 | set (상을) 차리다 | meal 식사 | umbrella 우산, 파라솔 | cook 요리하다 | grill 그릴, 석쇠

Warm-up
본서 p.59

1. (B) **2.** (A) **3.** (A) **4.** (A) **5.** (B) **6.** (A)

1. (A) A window is covered with blinds.
미국 (B) A rug has been placed in front of a sofa.

(A) 창문이 블라인드로 가려져 있다.
(B) 러그가 소파 앞에 놓여 있다.

해설 (A) 블라인드는 사진에 보이지 않으므로 오답이다.

(B) 러그가 소파 앞에 놓여 있는 모습을 적절히 묘사했으므로 정답이다.

어휘 cover 씌우다, 가리다 I blind 블라인드 I rug 러그, 깔개 I place 놓다 I in front of ~ 앞에

---

2. (A) Lampposts <u>are placed</u> in a row.

미국 (B) There are streetlights in rows.

(A) 가로등들이 일렬로 배치되어 있다.

(B) 여러 줄로 가로등들이 있다.

해설 (A) 가로등들이 일렬로 배치되어 있으므로 정답이다.

(B) 가로등들이 여러 줄로 있지 않으므로 오답이다.

어휘 lamppost 가로등 I row 열, 줄

---

3. (A) Some documents <u>are scattered</u> on the desk.

영국 (B) Some papers <u>are piled up</u> on the desk.

(A) 몇몇 문서들이 책상 위에 흩어져 있다.

(B) 몇몇 서류들이 책상 위에 쌓여 있다.

해설 (A) 문서들이 책상 위에 흩어져 있으므로 정답이다.

(B) 쌓여 있는 서류들이 보이지 않으므로 오답이다.

어휘 document 서류 I scatter 흩어지다 I pile up 쌓이다

---

4. (A) The buildings <u>overlook</u> a canal.

미국 (B) Some buildings <u>are being repainted</u>.

(A) 건물들이 수로를 내려다보고 있다.

(B) 몇몇 건물들이 다시 페인트칠 되고 있다.

해설 (A) 건물들이 수로를 내려다보고 있으므로 정답이다.

(B) 건물들이 페인트칠 되고 있는 모습이 보이지 않으므로 오답이다.

어휘 building 건물 I overlook 내려다보다 I canal 수로 I repaint 다시 칠하다

---

5. (A) A row of trees <u>is being planted</u> along a road.

호주 (B) A row of trees <u>has been planted</u> along a road.

(A) 한 줄의 나무들이 도로를 따라서 심기고 있다.

(B) 한 줄의 나무들이 도로를 따라서 심겨 있다.

해설 (A) 나무들이 심기고 있는 모습이 아니므로 오답이다.

(B) 나무들이 도로를 따라 심겨 있으므로 정답이다.

어휘 plant 심다 I road 도로

---

6. (A) Some plants are <u>growing</u> in a garden.

미국 (B) A bench is <u>between</u> some bushes.

(A) 식물들이 정원에서 자라고 있다.

(B) 벤치가 덤불 사이에 있다.

해설 (A) 정원에서 식물이 자라고 있는 모습을 적절히 묘사했으므로 정답이다.

(B) 벤치가 덤불 사이가 아닌, 옆에(next to some bushes) 놓여 있으므로 오답이다.

어휘 plant 식물 I grow 자라다 I garden 정원 I bush 덤불

Exercise

본서 p.60

1. (A), (C)   **2.** (A), (C)   **3.** (A), (C)   **4.** (A), (B)

5. (A), (B)   **6.** (B), (C)

---

1. (A) Some clothes are <u>drying</u> outside a vehicle.

미국 (B) Some camping furniture is <u>being assembled</u>.

(C) The chair is <u>unoccupied</u>.

(A) 몇몇 옷들이 차량 밖에서 마르고 있다.

(B) 캠핑용 가구가 조립되고 있다.

(C) 의자가 비어 있다.

해설 (A) 차량 밖에서 옷을 말리고 있는 모습을 적절히 묘사했으므로 정답이다.

(B) 캠핑용 가구를 조립하는 모습이 아니므로 오답이다.

(C) 의자에 누군가 앉지 않고 비어 있으므로 정답이다.

어휘 clothes 옷 I dry 건조하다, 마르다 I outside ~ 밖에 I vehicle 차량 I furniture 가구 I assemble 조립하다 I unoccupied (사용하지 않고) 비어 있는

---

2. (A) <u>There is</u> a bed between the <u>lamps</u>.

영국 (B) The lamps are <u>being turned off</u>.

(C) An armchair <u>is situated</u> near a window.

(A) 램프들 사이에 침대가 하나 있다.

(B) 램프들이 꺼지고 있다.

(C) 안락의자 하나가 창문 가까이에 위치해 있다.

해설 (A) 침대 양쪽에 램프가 있으므로 정답이다.

(B) 램프를 끄는 사람이 보이지 않으므로 오답이다.

(C) 창문 근처에 안락의자가 보이므로 정답이다.

어휘 turn off 끄다 I armchair 안락의자 I be situated 위치해 있다 I near ~ 가까이에

---

3. (A) The table is <u>set</u> for a meal.

미국 (B) There are some <u>utensils</u> next to a sink.

(C) Some chairs <u>have been placed</u> around the table.

(A) 식탁이 식사를 위해 차려져 있다.

(B) 싱크대 옆에 몇몇 조리 도구가 있다.

(C) 몇몇 의자들이 식탁 주위에 놓여 있다.

해설 (A) 식탁이 차려져 있는 모습이므로 정답이다.

(B) 싱크대와 식기들이 보이지 않으므로 오답이다.

(C) 식탁 주위에 의자들이 놓여 있으므로 정답이다.

어휘 set (상을) 차리다 I meal 식사 I utensil 조리 도구 I sink 싱크대

---

4. (A) A shadow <u>is being cast</u> on the sand.

호주 (B) There is a shadow <u>under</u> the umbrella.

(C) All of the chairs <u>are taken</u>.

(A) 모래 위에 그늘이 드리워져 있다.

(B) 파라솔 아래로 그늘이 드리워져 있다.

(C) 모든 의자가 사용 중이다.

해설 (A) 모래사장 위에 그림자가 드리워져 있으므로 정답이다.

(B) 파라솔 아래 그늘이 드리워져 있으므로 정답이다.

(C) 의자에 사람들이 앉아 있지 않으므로 오답이다.

어휘 cast (그림자를) 드리우다 | under ~ 아래 | umbrella 우산, 파라솔 | take (의자 등을) 쓰다, 차지하다

---

5. (A) Some cushions have been placed on a sofa.

미국 (B) Some artworks are hanging above a sofa.

(C) The walls are being painted.

(A) 몇몇 쿠션들이 소파 위에 놓여 있다.

(B) 몇몇 미술품들이 소파 위에 걸려 있다.

(C) 벽에 페인트가 칠해지고 있다.

해설 (A) 쿠션들이 소파 위에 놓여 있는 모습을 적절히 묘사했으므로 정답이다.

(B) 미술품이 소파 위에 걸려 있는 모습을 적절히 묘사했으므로 정답이다.

(C) 벽을 페인트칠하는 모습은 보이지 않으므로 오답이다.

어휘 cushion 쿠션 | place 놓다 | artwork 미술품 | hang 걸다, 걸리다 | paint 페인트칠하다

---

6. (A) The chairs are being arranged on the floor.

미국 (B) The chairs are placed next to each other.

(C) File folders are stacked in front of the chairs.

(A) 의자들이 바닥에 배열되고 있다.

(B) 의자들이 나란히 놓여 있다.

(C) 서류 폴더들이 의자 앞에 쌓여 있다.

해설 (A) 의자들을 정리하는 중인 사람이 보이지 않으므로 오답이다.

(B) 의자들이 나란히 놓여 있으므로 정답이다.

(C) 의자 앞에 서류 폴더들이 쌓여 있으므로 정답이다.

어휘 arrange 배열하다, 정리하다 | next to each other 나란히 | stack 쌓다

Practice

본서 p.62

1. (A)	2. (B)	3. (C)	4. (A)	5. (D)	6. (A)
7. (D)	8. (B)	9. (A)	10. (A)	11. (B)	12. (D)

1. (A) Some baked goods are arranged in rows.

영국 (B) The display shelves have been cleared off.

(C) Some cakes are being sliced.

(D) Some desserts are being packaged.

(A) 몇몇 빵 제품들이 여러 열로 배열되어 있다.

(B) 진열 선반들이 깨끗이 치워져 있다.

(C) 몇몇 케이크들이 얇은 조각으로 잘리고 있다.

(D) 몇몇 디저트들이 포장되고 있다.

해설 (A) 빵 제품들이 여러 열로 진열되어 있으므로 정답이다.

(B) 진열 선반들이 치워진 게 아니라 상품으로 가득 채워져 있으므로 오답이다.

(C) 케이크를 자르고 있는 사람이 보이지 않으므로 오답이다.

(D) 디저트를 포장하고 있는 사람이 보이지 않으므로 오답이다.

어휘 goods 상품 | arrange 배열하다, 정리하다 | in rows 여러 줄로 | display shelf 진열 선반 | clear off 치우다 | slice (얇게) 썰다, 자르다 | packaged 포장된

---

2. (A) A potted plant is placed near a door.

미국 (B) A painting is displayed on a wall.

(C) A blanket has been rolled up.

(D) Some curtains have been left open.

(A) 화분이 문 근처에 있다.

(B) 그림이 벽면에 전시되어 있다.

(C) 담요가 둘둘 말려 있다.

(D) 몇몇 커튼들이 열려 있다.

해설 (A) 문이 보이지 않으므로 오답이다.

(B) 벽에 그림이 전시되어 있으므로 정답이다.

(C) 둘둘 말려 있는 담요가 보이지 않으므로 오답이다.

(D) 커튼이 열려 있지 않으므로 오답이다.

어휘 potted plant 화분 | painting 그림 | blanket 담요 | roll up 둘둘 말다

---

3. (A) The grass is being cut.

미국 (B) Some people are resting under a tree.

(C) A patio is surrounded by a wooden fence.

(D) The garden is being watered.

(A) 풀이 깎이고 있다.

(B) 몇몇 사람들이 나무 아래에서 쉬고 있다.

(C) 테라스가 나무 울타리로 둘러싸여 있다.

(D) 정원에 물을 주고 있다.

해설 (A) 풀을 깎는 사람이나 기계가 보이지 않으므로 오답이다.

(B) 나무 아래에서 쉬고 있는 사람들이 보이지 않으므로 오답이다.

(C) 테라스 주변에 나무 울타리가 보이므로 정답이다.

(D) 정원에 물을 주는 사람이 보이지 않으므로 오답이다.

어휘 grass 풀 | cut 자르다 | rest 쉬다, 휴식을 취하다 | patio 테라스 | surround 둘러싸다 | wooden 나무로 만들어진 | fence 울타리

---

4. (A) Some boats are sailing near a bridge.

영국 (B) A ship is being boarded.

(C) A bridge is being built over the water.

(D) Some maintenance work is being done.

(A) 몇몇 보트들이 다리 근처에서 항해하고 있다.

(B) 사람들이 배에 탑승하고 있다.

(C) 물 위로 다리가 지어지고 있다.

(D) 보수 작업이 진행되고 있다.

해설 (A) 보트들이 다리 근처에서 항해 중이므로 정답이다.

(B) 배에 탑승하는 사람들이 보이지 않으므로 오답이다.

(C) 지금 지어지는 중이 아니라 다리는 이미 지어져 있는 상태이므로 오답이다.

(D) 보수 작업하는 모습이 보이지 않으므로 오답이다.

어휘 sail 항해하다 | board 탑승하다 | maintenance work 보수 작업

---

5. (A) Containers are being emptied.

호주 (B) Vegetables have been planted in the field.

(C) Groceries are being put on the counter.

(D) Produce has been placed in baskets.

(A) 용기들이 비워지고 있다.

(B) 채소들이 들판에 심겨 있다.

(C) 식료품들이 계산대에 놓이고 있다.

(D) 농작물이 바구니 안에 놓여 있다.

해설 (A) 용기들을 비우는 사람이 보이지 않으므로 오답이다.

(B) 들판에 심긴 채소들이 보이지 않으므로 오답이다.

(C) 식료품을 계산대에 놓는 사람이 보이지 않으므로 오답이다.

(D) 농작물이 여러 바구니에 들어 있으므로 정답이다.

어휘 container 용기 | empty 비우다 | plant (나무, 씨앗 등을) 심다 | field 들판 | groceries 식료품 | counter 계산대 | produce 농작물 | basket 바구니

---

6. (A) Mountains are reflected on the water.

호주 (B) Some people are crossing the river.

(C) Some people are getting off a boat.

(D) There are clouds in the sky.

(A) 산이 물의 표면에 비치고 있다.

(B) 몇몇 사람들이 강을 건너고 있다.

(C) 몇몇 사람들이 보트에서 내리고 있다.

(D) 하늘에 구름이 있다.

해설 (A) 산이 물에 비쳐 보이므로 정답이다.

(B) 강을 건너는 사람들이 보이지 않으므로 오답이다.

(C) 배에서 내리는 사람들이 보이지 않으므로 오답이다.

(D) 하늘에 구름이 없으므로 오답이다.

어휘 reflect (물이나 거울 위에 상을) 비추다 | cross 건너다 | get off (탈 것에서) 내리다

---

7. (A) Cars are parked on the street.

미국 (B) Several people are entering a building.

(C) Some windows are being installed.

(D) There are some poles along the street.

(A) 차들이 길가에 주차되어 있다.

(B) 여러 사람들이 건물 안으로 들어가고 있다.

(C) 창문들이 설치되고 있다.

(D) 길을 따라 몇 개의 기둥들이 있다.

해설 (A) 차가 보이지 않으므로 오답이다.

(B) 사람들이 보이지 않으므로 오답이다.

(C) 창문을 설치하는 사람이 보이지 않으므로 오답이다.

(D) 길을 따라 세워져 있는 기둥들이 보이므로 정답이다.

어휘 install 설치하다 | pole 기둥

---

8. (A) Some chairs have been folded outdoors.

영국 (B) Shadows are being cast on the deck.

(C) Some plants are being watered in a garden.

(D) An outdoor patio is being hosed.

(A) 몇몇 의자들이 야외에 접혀 있다.

(B) 데크에 그림자가 드리워져 있다.

(C) 정원에 있는 식물들에 물이 뿌려지고 있다.

(D) 야외 뜰에 호스로 물이 뿌려지고 있다.

해설 (A) 사진에 접혀 있는 의자들은 보이지 않으므로 오답이다.

(B) 데크에 파라솔과 의자, 테이블의 그림자를 볼 수 있으므로 정답이다.

(C) 정원은 보이지 않으며 식물들에 물을 주는 모습도 볼 수 없으므로 오답이다.

(D) 사진에 호스는 보이지 않으므로 오답이다.

어휘 fold 접다 | outdoors 야외에; 야외의 | shadow 그림자 | cast (그림자를) 드리우다 | deck 데크, 갑판 | plant 식물 | water 물을 주다 | garden 정원 | patio 안뜰, 파티오 | hose 호스로 물을 뿌리다

---

9. (A) A light fixture is hanging from the ceiling.

호주 (B) Some clothes are being folded.

(C) Merchandise is on display outdoors.

(D) Some dresses are being put into a shopping bag.

(A) 조명 기구 하나가 천장에 매달려 있다.

(B) 옷 몇 벌이 개어지고 있다.

(C) 상품이 밖에 진열되어 있다.

(D) 드레스들이 쇼핑백 안에 넣어지고 있다.

해설 (A) 조명 기구가 천장에 매달려 있으므로 정답이다.

(B) 옷을 개는 사람이 보이지 않으므로 오답이다.

(C) 상품이 밖에 진열된 것이 아니므로 오답이다.

(D) 쇼핑백에 드레스를 넣는 사람이 보이지 않으므로 오답이다.

어휘 light fixture 조명 기구 | ceiling 천장 | fold 개다, 접다 | merchandise 상품 | outdoors 밖에

---

10. (A) A handrail divides the stairway.

미국 (B) A stone wall is being built.

(C) There are some potted plants on the floor.

(D) Some people are walking down a staircase.

(A) 난간이 계단을 나누고 있다.

(B) 돌담이 지어지고 있다.

(C) 바닥에 몇몇 화분들이 있다.

(D) 몇몇 사람들이 계단을 내려가고 있다.

해설 (A) 난간이 중간에서 계단을 나누고 있으므로 정답이다.

(B) 돌담을 쌓는 사람이 보이지 않으므로 오답이다.

(C) 바닥에 화분이 보이지 않으므로 오답이다.

(D) 계단을 내려가는 사람들이 보이지 않으므로 오답이다.

어휘 handrail 난간 | divide 나누다 | stairway 계단 | stone wall 돌담 | potted plant 화분 | staircase 계단

---

11. (A) Houses are surrounded by mountains.

미국 (B) A structure overlooks a town.

(C) Some buildings are under construction.

(D) Some tables are shaded by umbrellas.

(A) 집들이 산으로 둘러싸여 있다.

(B) 한 건축물이 마을을 내려다보고 있다.

(C) 몇몇 건물들이 공사 중이다.

(D) 몇몇 탁자들이 파라솔로 그늘져 있다.

해설 (A) 집들이 산으로 둘러싸여 있지 않으므로 오답이다.

(B) 건축물 하나가 언덕 위에서 마을을 내려다보고 있으므로 정답이다.

(C) 공사 중인 건물들이 보이지 않으므로 오답이다.

(D) 탁자와 파라솔로 그늘진 모습이 보이지 않으므로 오답이다.

어휘 surround 둘러싸다 | structure 건축물 | overlook 내려다보다 | under construction 공사 중인 | shade 그늘지게 하다, 가리다 | umbrella 우산, 파라솔

---

12. (A) A trolley is being pushed to the corner.

미국 (B) Baggage has been loaded onto a vehicle.

(C) Some suitcases are being unpacked.

(D) Some bags are unattended.

(A) 카트가 구석으로 밀어지고 있다.

(B) 수하물이 차량에 실려 있다.

(C) 몇몇 여행용 가방들이 풀리고 있다.

(D) 몇몇 가방들이 방치되어 있다.

해설 (A) 카트를 밀고 있는 사람이 보이지 않으므로 오답이다.

(B) 수하물이 차량에 실려 있지 않으므로 오답이다.

(C) 여행용 가방을 풀고 있는 사람이 보이지 않으므로 오답이다.

(D) 지켜보는 사람 없이 가방들만 보이므로 정답이다.

어휘 trolley 카트, 운반대 | baggage 수하물 | load (물건을) 싣다 | vehicle 차량, 운송 수단 | suitcase 여행용 가방 | unpack (짐을) 풀다, (가방에 든 것을) 꺼내다 | unattended 주인 없이 방치된, 지켜보는 사람이 없는

REVIEW TEST

본서 p.66

1. (C) **2.** (A) **3.** (B) **4.** (C) **5.** (B) **6.** (C)

1. (A) The man is cutting some branches.

미국 (B) The man is putting on a hat.

(C) The man is wearing some gloves.

(D) The man is sweeping the ground.

(A) 남자가 몇몇 나뭇가지들을 자르고 있다.

(B) 남자가 모자를 쓰는 중이다.

(C) 남자가 장갑을 끼고 있다.

(D) 남자가 땅을 쓸고 있다.

해설 (A) 나뭇가지가 아닌 원통형 물건을 자르고 있으므로 오답이다.

(B) 남자가 모자를 쓰는 중이 아니라 이미 모자를 쓰고 있는 상태이므로 오답이다.

(C) 장갑을 끼고 있는 상태이므로 정답이다.

(D) 빗자루로 청소하고 있는 모습이 아니므로 오답이다.

어휘 branch 나뭇가지 | put on ~을 입다[걸치다] | wear 입고 있다 |

---

sweep (빗자루로) 쓸다, 청소하다 | ground 땅바닥

---

2. (A) A woman is pouring water into a glass.

영국 (B) A woman is grasping a bowl of fruit.

(C) A woman is organizing some utensils.

(D) A woman is watering a plant on a windowsill.

(A) 여자가 유리잔에 물을 따르고 있다.

(B) 여자가 과일 그릇을 잡고 있다.

(C) 여자가 조리 도구를 정리하고 있다.

(D) 여자가 창틀에 있는 식물에 물을 주고 있다.

해설 (A) 여자가 유리잔에 물을 붓고 있으므로 정답이다.

(B) 과일 그릇을 잡고 있는 모습이 아니므로 오답이다.

(C) 조리 도구가 보이지 않으므로 오답이다.

(D) 창틀에 식물이 없으므로 오답이다.

어휘 pour 붓다, 따르다 | grasp 꽉 잡다 | bowl 그릇 | organize 정리하다 | utensil 조리 도구 | water 물을 주다 | windowsill 창턱, 창틀

---

3. (A) People are climbing up a mountain.

호주 (B) One of the people is holding trekking poles.

(C) A woman is sitting on a rock.

(D) Hikers are looking through their bags.

(A) 사람들이 산에 오르고 있다.

(B) 사람들 중 한 명이 등산 스틱을 잡고 있다.

(C) 한 여자가 바위에 앉아 있다.

(D) 등산객들이 가방 안을 살펴보고 있다.

해설 (A) 산에 오르고 있는 모습이 아니므로 오답이다.

(B) 남자가 등산 스틱을 들고 있으므로 정답이다.

(C) 여자가 바위에 앉아 있지 않으므로 오답이다.

(D) 가방 안을 살피는 모습이 아니므로 오답이다.

어휘 climb up ~에 오르다 | trekking pole 등산 스틱 | hiker 등산객, 도보 여행자 | look through ~을 살펴보다

---

4. (A) They're standing in a circle.

미국 (B) The road is being cleaned.

(C) They're marching in rows.

(D) Some instruments have been packed up in a case.

(A) 사람들이 둥글게 서 있다.

(B) 도로가 청소되고 있다.

(C) 사람들이 줄지어 행진하고 있다.

(D) 몇몇 악기들이 케이스 안에 싸여 있다.

해설 (A) 둥글게 서 있는 모습이 아니므로 오답이다.

(B) 도로를 청소하는 사람이 보이지 않으므로 오답이다.

(C) 줄지어 행진하는 모습이 보이므로 정답이다.

(D) 악기들이 케이스 안에 싸인 모습이 아니므로 오답이다.

어휘 in a circle 둥글게, 원형을 이루어 | march 행진하다 | in rows 줄지어 | instrument 악기 | pack up (짐을) 싸다, 챙기다

5.
미국
(A) Some people are fishing from a deck.
(B) Some ferries are sailing down a river.
(C) Some passengers are boarding a ferry.
(D) Some boats are passing beneath a bridge.

(A) 몇몇 사람들이 갑판에서 낚시를 하고 있다.
(B) 몇몇 페리들이 강을 따라 항해하고 있다.
(C) 몇몇 승객들이 페리에 탑승하고 있다.
(D) 몇몇 보트들이 다리 밑을 지나가고 있다.

해설 (A) 낚시하는 사람들은 보이지 않으므로 오답이다.
(B) 여객선들이 강을 따라 항해하는 모습을 적절히 묘사했으므로 정답이다.
(C) 페리에 타고 있는 승객들은 보이지 않으므로 오답이다.
(D) 다리 밑을 지나고 있는 보트들은 보이지 않으므로 오답이다.

어휘 fish 낚시하다 | deck 갑판 | ferry 연락선, 페리 | sail 항해하다 | river 강 | passenger 승객 | board 타다, 탑승하다 | pass 지나가다 | beneath ~ 밑에 | bridge 다리

6.
호주
(A) Pedestrians are waiting at a crosswalk.
(B) The road is blocked for repair work.
(C) Cars are parked along the street.
(D) Some buildings face a garden.

(A) 보행자들이 횡단보도에서 기다리고 있다.
(B) 도로가 수리 작업으로 인해 막혀 있다.
(C) 차들이 길을 따라 주차되어 있다.
(D) 몇몇 건물들이 정원을 마주 보고 있다.

해설 (A) 보행자가 보이지 않으므로 오답이다.
(B) 수리 작업을 하는 모습이 보이지 않으므로 오답이다.
(C) 길을 따라 주차된 차들이 보이므로 정답이다.
(D) 정원이 보이지 않으므로 오답이다.

어휘 pedestrian 보행자, 행인 | crosswalk 횡단보도 | block 막다, 차단하다 | park 주차하다 | face 향하다, 마주 보다

PART 2

UNIT 04. When·Where 의문문

핵심 문제 유형
본서 p.72

1. (C)   **2.** (A)

1. 밴드는 언제 도착하나요?
(A) 음악 공연요.
(B) 공항에서일 거예요.
(C) 15분 후요.

어휘 band 밴드 | arrive 도착하다 | musical performance 음악 공연

---

2. 새 커피 머신은 어디 있어요?
(A) 휴게실에 있어요.
(B) 20부면 될 거예요.
(C) 시럽 넣지 않은 아이스 커피 주세요.

어휘 coffee machine 커피 머신 | breakroom 휴게실 | copy 복사본 | syrup 시럽

Warm-up
본서 p.77

1. (A)   **2.** (B)   **3.** (B)   **4.** (A)   **5.** (A)   **6.** (B)
7. (A)   **8.** (A)   **9.** (B)   **10.** (B)   **11.** (A)   **12.** (B)

---

1. When is the award ceremony?
미국 → 영국
(A) It's tomorrow morning.
(B) Next to the convention center.

시상식이 언제인가요?
(A) 내일 아침이요.
(B) 컨벤션 센터 옆이요.

해설 (A) tomorrow morning이라는 시점으로 대답했으므로 정답이다.
(B) Where 의문문에 어울리는 대답이므로 오답이다.

어휘 award ceremony 시상식 | convention center 컨벤션 센터, 회의장

---

2. When are the budget reports due?
미국 → 영국
(A) For five months.
(B) At the end of this year.

예산 보고서는 언제까지인가요?
(A) 다섯 달 동안이요.
(B) 올해 말에요.

해설 (A) I low long 의문문에 어울리는 대답이므로 오답이다.
(B) At the end of this year라는 시점으로 대답했으므로 정답이다.

어휘 budget report 예산 보고서 | due ~하기로 되어있는[예정된]

3. When did you meet the supervisor?
미국 (A) A new department supervisor.
↓
호주 (B) Nearly two months ago.

감독관을 언제 만났어요?
(A) 새로운 부서장이요.
(B) 거의 두 달 전이요.

해설 (A) supervisor를 반복 사용한 오답이다.
(B) Nearly two months ago라는 과거 시점으로 대답했으므로 정답이다.

어휘 supervisor 감독관, 관리자 | department 부서 | nearly 거의

4. When does your plane leave?
호주 (A) At 4 o'clock sharp.
↓
영국 (B) To London.

당신의 비행기는 언제 출발하나요?
(A) 4시 정각이요.
(B) 런던으로요.

해설 (A) 시간으로 대답했으므로 정답이다.
(B) plane을 듣고 연상 가능한 목적지를 언급했으므로 Where 의문문에 적절한 대답으로 오답이다.

어휘 plane 비행기 | leave 떠나다 | sharp 정각

5. When will the video conference begin?
미국 (A) Not until 11 in the morning.
↓
미국 (B) Yes, you're right.

화상 회의는 언제 시작하나요?
(A) 오전 11시는 되어야 할 거예요.
(B) 네, 당신 말이 맞아요.

해설 (A) 시점 표현으로 대답했으므로 정답이다.
(B) 의문사 의문문에는 Yes/No로 대답할 수 없으므로 오답이다.

어휘 video conference 화상 회의 | not until ~ 이후에야 비로소

6. When should I take these vitamins?
미국 (A) At a pharmacy.
↓
호주 (B) In the morning with your breakfast.

언제 이 비타민을 섭취해야 하나요?
(A) 약국에서요.
(B) 아침 식사와 함께 오전에요.

해설 (A) vitamins를 듣고 연상 가능한 pharmacy를 이용한 오답이다.
(B) In the morning with your breakfast라는 시점으로 대답했으므로 정답이다.

어휘 take ~을 섭취하다 | vitamin 비타민 | pharmacy 약국 | morning 아침, 오전 | breakfast 아침 식사

7. Where will the village market take place?
미국 (A) It should be on their website.
↓
미국 (B) Could you show me the way out?

마을 장터는 어디서 열리나요?
(A) 웹사이트에 나와 있을 거예요.
(B) 나가는 길을 알려 주시겠어요?

해설 (A) 웹사이트에 나와 있을 거라는 정보의 소재를 알려 주고 있으므로 정답이다.
(B) 질문의 Where를 듣고 연상할 수 있는 어휘(way out)를 사용한 오답이다.

어휘 village 마을 | market 시장 | take place 열리다, 일어나다 | way out (건물의) 출구, 나가는 길

8. Where should I mail these packages?
미국 (A) To the address on the card.
↓
영국 (B) You can pack them now.

제가 이 소포들을 어디로 보내야 하나요?
(A) 그 카드 위에 있는 주소로요.
(B) 지금 그것들을 포장하셔도 됩니다.

해설 (A) 전치사와 함께 장소를 나타내는 address로 대답했으므로 정답이다.
(B) packages와 발음이 일부 동일한 pack을 이용한 오답이다.

어휘 mail 우편을 보내다 | package 소포 | pack 싸다, 포장하다

9. Where can I find some cleaning products?
미국 (A) Yes, I use that detergent.
↓
미국 (B) Sorry, I don't work here.

청소용품을 어디서 찾을 수 있나요?
(A) 네, 저는 그 세제 써요.
(B) 죄송하지만, 전 여기 직원이 아니에요.

해설 (A) 의문사 의문문은 Yes/No로 대답할 수 없으므로 오답이다.
(B) 어디 있는지 모른다는 의미의 우회적 표현이므로 정답이다.

어휘 cleaning product 청소용품 | detergent 세제

10. Where do you want me to put these boxes?
미국 (A) That's a great idea.
↓
호주 (B) Leave them at the door.

제가 이 박스들을 어디에 두기를 원하세요?
(A) 좋은 생각이네요.
(B) 문가에 놓아두세요.

해설 (A) 장소로 대답하지 않았으므로 오답이다.
(B) 전치사와 함께 장소가 들렸으므로 정답이다.

어휘 put 놓다 | leave 놓아두다

11. Where did you go yesterday?
호주 (A) I dropped by a flower shop.
↓
미국 (B) Yes, I'm going to the office.

어제 어디에 다녀왔나요?

(A) 꽃 가게에 들렀어요.

(B) 네, 저는 사무실에 가고 있어요.

해설 (A) flower shop이라는 장소와 dropped by라는 과거 시점으로 대답했으므로 정답이다.

(B) 의문사 의문문에서 정답이 될 수 없는 Yes와 함께 go와 발음이 일부 동일한 going을 이용한 오답이다.

어휘 drop by 잠깐 들르다 | flower shop 꽃 가게 | office 사무실

---

12. Where can I apply for a reimbursement?

미국 (A) He didn't reply to my question.
↓
미국 (B) That information is posted on our website.

제가 상환 신청을 어디에서 하면 되나요?

(A) 그가 제 질문에 대답하지 않았어요.

(B) 그 정보는 저희 웹사이트에 게시되어 있어요.

해설 (A) 질문에서 언급된 적 없는 He와 함께 apply와 비슷한 발음의 reply를 이용한 오답이다.

(B) 웹사이트에 게시되어 있다고 말하고 있으므로 정답이다.

어휘 apply 신청하다 | reimbursement 상환, 배상 | reply 대답하다 | post 게시하다

Exercise

1. (A), (C)	**2.** (A), (B)	**3.** (A), (C)	**4.** (B), (C)
5. (A), (B)	**6.** (A), (B)	**7.** (B), (C)	**8.** (A), (B)
9. (A), (B)	**10.** (A), (B)	**11.** (A), (B)	**12.** (A), (C)

---

1. When's the awards ceremony?

영국 (A) In the evening.
↓
미국 (B) The decorations are beautiful!

(C) Wasn't that yesterday?

시상식이 언제죠?

(A) 저녁에요.

(B) 장식이 멋지네요!

(C) 어제 아니었어요?

해설 (A) '저녁에'라고 시점을 말해주었으므로 정답이다.

(B) ceremony를 듣고 연상할 수 있는 decorations를 이용한 오답이다.

(C) 어제 아니었냐고 물으며 질문에 어울리게 대답했으므로 정답이다.

어휘 awards ceremony 시상식 | decoration 장식(품)

---

2. Where are these lemons from?

미국 (A) Right from my backyard.
↓
호주 (B) The store down the road.

(C) Yes, I'd like some with my water.

이 레몬들은 어디서 난 거예요?

(A) 저희 뒷마당에서요.

(B) 길 아래 상점이요.

(C) 네, 제 물에 넣어 주세요.

해설 (A) 저희 뒷마당에서라며 장소를 말해 주었으므로 정답이다.

(B) 길 아래 상점이라며 장소를 말해 주었으므로 정답이다.

(C) lemons를 듣고 연상할 수 있는 water를 이용한 오답이다.

어휘 lemon 레몬 | backyard 뒷마당

---

3. When should the package be sent out?

호주 (A) Once you confirm the address.
↓
미국 (B) At the post office.

(C) As soon as possible.

그 소포는 언제 보내져야 하나요?

(A) 당신이 주소를 확인하자마자요.

(B) 우체국에서요.

(C) 가능한 한 빨리요.

해설 (A) Once(~하자마자)를 이용하여 시점을 말해 주었으므로 정답이다.

(B) package를 듣고 연상할 수 있는 post office를 이용한 오답이다.

(C) '가능한 한 빨리'라고 해석되는 As soon as possible을 이용하여 답했으므로 정답이다.

어휘 package 소포 | send out ~을 보내다 | once ~하자마자 | confirm 확인하다 | post office 우체국 | as soon as possible 가능한 한 빨리

---

4. Where did Gary store the supplies?

미국 (A) Yes, I like that store.
↓
미국 (B) You'll have to ask him.

(C) In the closet over there.

개리가 물품을 어디에 보관했나요?

(A) 네, 전 그 상점이 좋아요.

(B) 그에게 물어봐야 할 거예요.

(C) 저쪽 벽장 안에요.

해설 (A) 의문사 의문문에서 정답이 될 수 없는 Yes와 함께 다른 의미로 쓰인 store를 반복 사용한 오답이다.

(B) 다른 사람에게 물어보라며 자신은 모르겠다고 대답한 정답이다.

(C) 장소 묘사가 들렸으므로 정답이다.

어휘 store 보관하다; 상점 | supplies 물품, 용품 | closet 벽장

---

5. When do you expect to post the job opening?

호주 (A) At the end of the month.
↓
영국 (B) Sometime this week.

(C) Yes, we just opened.

언제 채용 공고를 낼 것으로 생각하세요?

(A) 월말이에요.

(B) 이번 주 중에요.

(C) 네, 저희는 이제 막 개업했어요.

해설 (A) 시점으로 대답한 정답이다.

(B) '언젠가'라고 해석되는 시점 표현인 Sometime을 사용한 정답이다.

---

16 파고다 토익 기본 완성 LC

(C) 의문사 의문문에서는 정답이 될 수 없는 Yes와 함께 opening과 발음이 일부 동일한 opened를 이용한 오답이다.

어휘 expect 예상하다 | post a job opening 채용 공고를 내다 | sometime 언젠가

---

6. Where can I get the registration form?
미국 ↓ 호주
(A) On the Internet.
(B) I can email you one if you'd like.
(C) Yes, I designed it.

신청서를 어디에서 구할 수 있나요?
(A) 인터넷에서요.
(B) 원하시면 제가 이메일로 하나 보내 드릴 수 있습니다.
(C) 네, 제가 그것을 디자인했습니다.

해설 (A) Internet으로 출처를 묘사하는 정답이다.
(B) 찾고 있는 신청서를 이메일로 보내 주겠다고 대답한 정답이다.
(C) 의문사 의문문에는 Yes/No로 대답할 수 없으므로 오답이다.

어휘 get 구하다 | registration form 신청서

---

7. Where did these avocados come from?
미국 ↓ 미국
(A) That salad looks delicious.
(B) I got them at the grocery store across town.
(C) From a supplier in New Zealand.

이 아보카도들은 어디서 온 거예요?
(A) 저 샐러드 맛있어 보여요.
(B) 맞은편 동네 식료품점에서 샀어요.
(C) 뉴질랜드에 있는 공급업체에서요.

해설 (A) 질문의 avocados를 듣고 연상할 수 있는 salad를 이용한 오답이다.
(B) 식료품점에서 샀다며 장소로 대답했으므로 정답이다.
(C) 뉴질랜드에 있는 공급업체에서라며 장소로 대답했으므로 정답이다.

어휘 avocado 아보카도 | salad 샐러드 | look ~처럼 보이다 | delicious 맛있는 | grocery store 식료품점 | supplier 공급업체

---

8. When is the budget proposal due?
호주 ↓ 미국
(A) Not until next month.
(B) By the end of the week.
(C) I'll propose it tomorrow.

예산안 마감이 언제인가요?
(A) 다음 달까지는 아니에요.
(B) 주말까지요.
(C) 제가 내일 그것을 제안할게요.

해설 (A) '~ 전까지는 아닌, ~ 이후에야 비로소'로 해석되는 시점 표현인 Not until을 사용한 정답이다.
(B) 시점으로 대답한 정답이다.
(C) proposal과 발음이 비슷한 propose를 이용한 오답이다.

어휘 budget proposal 예산안 | due ~ 하기로 되어 있는 | not until ~ 전까지는 아닌, ~ 이후에야 비로소 | propose 제안하다

---

9. Where was the last conference held?
미국 ↓ 미국
(A) I have no idea. Let me check.
(B) At the Hotel Piazza.
(C) In late February.

지난 회의는 어디에서 열렸나요?
(A) 모르겠어요. 확인해 볼게요.
(B) 피아자 호텔에서요.
(C) 2월 말에요.

해설 (A) 확인해 보겠다고 말하면서 자신도 모르겠다고 대답한 정답이다.
(B) 위치를 묻는 질문에 위치로 대답한 정답이다.
(C) 시점에 대한 대답이 들렸으므로 오답이다.

어휘 last 지난 | conference 회의 | be held 열리다

---

10. When was the last time you visited Rome?
영국 ↓ 미국
(A) Two years ago.
(B) In April.
(C) Welcome home.

당신이 마지막으로 로마를 방문한 게 언제였나요?
(A) 2년 전에요.
(B) 4월에요.
(C) 돌아온 걸 환영해요.

해설 (A) '~ 전'이라고 해석되는 시점 표현인 ago를 이용하여 과거 시점을 알려 주므로 정답이다.
(B) 시점 표현으로 대답한 정답이다.
(C) Rome과 발음이 비슷한 home을 이용한 오답이다.

어휘 visit 방문하다 | ago ~ 전 | welcome home 귀국 환영, 돌아온 걸 환영한다

---

11. Where did Jayden park his bike?
미국 ↓ 미국
(A) Down the street, near the bookstore.
(B) In front of the building.
(C) It's a nice place to hike.

제이든은 그의 자전거를 어디에 세워 놓았나요?
(A) 길 아래 서점 근처에요.
(B) 건물 앞에요.
(C) 하이킹하기에 좋은 장소네요.

해설 (A) 전치사와 장소 명사를 이용하여 위치를 잘 묘사하고 있으므로 정답이다.
(B) 장소 표현으로 대답한 정답이다.
(C) bike와 발음이 비슷한 hike를 이용한 오답이다.

어휘 park 주차하다, 세우다 | bike 자전거 | hike 하이킹하다

---

12. When did you get back from a business trip?
영국 ↓ 미국
(A) Last Friday.
(B) Maybe next Wednesday would be good.
(C) A couple of weeks ago.

출장에서 언제 돌아왔나요?
(A) 지난주 금요일이요.
(B) 다음 주 수요일이 좋을 것 같아요.

(C) **몇 주 전에요.**

해설 (A) 시점으로 대답한 정답이다.
(B) 시제가 틀렸으므로 오답이다.
(C) '~ 전'이라고 해석되는 시점 표현인 ago를 이용하여 과거 시점을 알려 주므로 정답이다.

어휘 get back 돌아오다 | business trip 출장

Practice

본서 p.82

1. (C)	2. (B)	3. (A)	4. (C)	5. (C)	6. (B)
7. (B)	8. (C)	9. (C)	10. (B)	11. (A)	12. (A)

1. When does the marketing workshop begin?
미국 ↓ 호주
(A) It's downtown.
(B) The Marketing Department.
(C) The director will decide the date.

마케팅 워크숍은 언제 시작하나요?
(A) 시내에 있어요.
(B) 마케팅 부서요.
(C) **이사가 날짜를 결정할 거예요.**

해설 (A) Where 의문문에 어울리는 대답이므로 오답이다.
(B) Marketing을 반복 사용한 오답이다.
(C) 이사가 날짜를 결정할 것이기 때문에 아직 모른다고 우회적으로 답변한 정답이다.

어휘 marketing 마케팅 | director 이사, 책임자

2. Where did you put the stockroom key?
호주 ↓ 영국
(A) No, it's locked.
(B) On your desk.
(C) To store some supplies.

창고 열쇠를 어디에 두셨어요?
(A) 아니요, 잠겨 있습니다.
(B) **당신 책상 위에요.**
(C) 비품을 좀 보관하려고요.

해설 (A) 의문사 의문문에는 Yes/No로 대답할 수 없으므로 오답이다.
(B) 장소 표현으로 대답했으므로 정답이다.
(C) stockroom을 듣고 연상 가능한 store를 이용한 오답이다.

어휘 stockroom 창고 | lock 잠그다 | store 보관하다 | supplies 물품, 비품

3. When's the employee training scheduled to start?
영국 ↓ 미국
(A) After the lunch break.
(B) Through an online job posting.
(C) I began my career seven years ago.

직원 교육은 언제 시작하기로 되어있나요?
(A) **점심시간 끝나고요.**
(B) 온라인 채용 공고로요.
(C) 전 7년 전에 사회생활을 시작했어요.

해설 (A) 점심시간 후에라며 시점으로 대답했으므로 정답이다.
(B) 질문의 employee를 듣고 연상 가능한 job을 이용한 오답이다.
(C) 질문의 employee를 듣고 연상 가능한 career를 이용한 오답이다.

어휘 employee 직원 | training 교육 | schedule 일정을 잡다 | lunch break 점심시간 | job posting 채용 공고 | career 사회생활

4. Where is the kitchenware section?
미국 ↓ 미국
(A) That was a delicious meal.
(B) I'd like to make a purchase.
(C) Let me take you there.

주방용품 구역이 어디죠?
(A) 맛있는 식사였어요.
(B) 제가 구매하고 싶어요.
(C) **제가 안내해 드릴게요.**

해설 (A) 질문의 kitchenware를 듣고 연상 가능한 delicious meal을 이용한 오답이다.
(B) 질문의 kitchenware를 듣고 연상 가능한 purchase를 이용한 오답이다.
(C) 안내해 드리겠다며 질문에 적절히 우회적으로 대답했으므로 정답이다.

어휘 kitchenware 주방용품 | delicious 맛있는 | meal 식사 | purchase 구매

5. When did you finish the proposals?
호주 ↓ 미국
(A) Yes, it starts on Tuesday.
(B) You know how demanding the client can be.
(C) Yesterday morning.

당신은 언제 제안서를 끝냈어요?
(A) 네, 화요일에 시작해요.
(B) 고객이 얼마나 까다로운지 잘 알고 계실 거예요.
(C) **어제 아침에요.**

해설 (A) 의문사 의문문에서 정답이 될 수 없는 Yes와 함께 finish를 듣고 연상 가능한 start를 이용한 오답이다.
(B) proposals를 듣고 연상 가능한 client를 이용한 오답이다.
(C) Yesterday morning이라는 과거 시점으로 대답했으므로 정답이다.

어휘 proposal 제안서 | demanding 요구가 많은 | client 고객

6. Where is the home button on this device?
미국 ↓ 미국
(A) That costs 200 dollars.
(B) I don't use that model.
(C) The home renovation company.

이 기기에 홈 버튼은 어디 있죠?
(A) 그건 200달러예요.
(B) **전 그 모델 안 써요.**
(C) 주택 보수 회사요.

해설 (A) 질문의 this device를 듣고 연상 가능한 costs 200 dollars 이용한 오답이다.

(B) 그 모델을 안 써서 모르겠다는 의미로 질문에 우회적으로 대답했으므로 정답이다.

(C) 질문의 home을 반복 사용하여 혼동을 준 오답이다.

어휘 button 버튼 | device 기기 | cost 비용이 ~이다 | renovation 개조, 보수

---

7. When will you publish the book?

미국
↓
호주
(A) Yes, I'm reading it now.

(B) Not for another month.

(C) A few weeks ago.

그 책을 언제 출판하실 건가요?

(A) 네, 지금 그걸 읽고 있는 중이에요.

(B) 아직 한 달은 더 있어야 돼요.

(C) 몇 주 전이에요.

해설 (A) 의문사 의문문에서 정답이 될 수 없는 Yes와 함께 book을 듣고 연상 가능한 reading을 이용한 오답이다.

(B) Not for another 기간(~ 이후에)의 시간 표현으로 대답한 정답이다.

(C) 시제가 틀렸으므로 오답이다.

어휘 publish 출판하다

---

8. Where are the instructions for assembling the

영국
↓
미국
chairs?

(A) It's under construction.

(B) I don't need to sit down.

(C) On the box in the corner.

그 의자들을 조립하기 위한 설명서는 어디에 있나요?

(A) 그것은 공사 중이에요.

(B) 저는 앉지 않아도 돼요.

(C) 구석에 있는 상자 위예요.

해설 (A) instructions와 발음이 비슷한 construction을 이용한 오답이다.

(B) chairs를 듣고 연상 가능한 sit down을 이용한 오답이다.

(C) 전치사를 사용하여 위치를 알려 주고 있으므로 정답이다.

어휘 instructions 설명서 | assemble 조립하다 | under construction 공사 중인 | corner 구석, 모퉁이

---

9. When is the orientation for the new employees?

미국
↓
미국
(A) The trainers are well known.

(B) On the 12th floor.

(C) Jack has that information.

신입 사원 오리엔테이션은 언제인가요?

(A) 그 교관들은 유명해요.

(B) 12층에서요.

(C) 잭이 그 정보를 갖고 있어요.

해설 (A) orientation을 듣고 연상 가능한 trainers를 이용한 오답이다.

(B) Where 의문문에 어울리는 대답이므로 오답이다.

(C) 잭이 그 정보를 가지고 있다고 말하며 자신은 모른다고 대답한 정답이다.

어휘 orientation 오리엔테이션, 예비 교육 | employee 직원 | well known 유명한, 잘 알려진

---

10. Where did the seminar take place?

미국
↓
영국
(A) On April 2nd.

(B) It was held at headquarters.

(C) That's very similar.

그 세미나는 어디에서 열렸나요?

(A) 4월 2일이에요.

(B) 본사에서 열렸어요.

(C) 굉장히 비슷하네요.

해설 (A) 장소가 아닌 시점으로 대답했으므로 오답이다.

(B) 문장 중간에 전치사와 장소 표현으로 대답한 정답이다.

(C) seminar와 발음이 비슷한 similar를 이용한 오답이다.

어휘 seminar 세미나 | take place 열리다 | headquarters 본사 | similar 비슷한

---

11. When will the new treadmill be delivered?

영국
↓
미국
(A) Not until next Monday.

(B) We don't have any openings this month.

(C) It's old and we need a new one.

새로운 러닝머신은 언제 배송되나요?

(A) 다음 주 월요일이나 되어야 할 거예요.

(B) 이번 달에는 빈자리가 없어요.

(C) 그것은 오래돼서 새것이 필요해요.

해설 (A) 시점 표현인 Not until을 사용한 정답이다.

(B) When을 듣고 연상 가능한 this month를 이용한 오답이다.

(C) new를 반복 사용한 오답이다.

어휘 treadmill 러닝머신 | deliver 배송하다 | not until ~ 이후에야 비로소 | opening 빈자리

---

12. Where can I find the menu?

호주
↓
영국
(A) I'll get you one right now.

(B) The restaurant is pretty new.

(C) Research findings.

메뉴를 어디에서 찾을 수 있나요?

(A) 제가 지금 바로 하나 가져다드릴게요.

(B) 그 음식점은 꽤 최근에 생긴 곳이에요.

(C) 연구 결과들이요.

해설 (A) 본인이 직접 가져다주겠다고 말하고 있는 정답이다.

(B) menu를 듣고 연상 가능한 restaurant와 함께 menu와 발음이 비슷한 new를 이용한 오답이다.

(C) find와 발음이 일부 동일한 findings를 이용한 오답이다.

어휘 pretty 꽤 | research 연구 | findings 조사 결과, 연구 결과

UNIT 05. Who·What·Which 의문문

핵심 문제 유형

본서 p.86

1. (A)　**2.** (B)　**3.** (B)　**4.** (C)

1. 오늘 근무조 감독관이 누구죠?
(A) 제이가 배정됐어요.
(B) 저는 대신 잠깐 쉴게요.
(C) 근무 당 여덟 시간 정도요.

어휘 supervisor 감독관 | shift 근무조, 근무 시간 | assign 배정하다, 맡기다 | take a break 휴식을 취하다 | instead 대신에

2. 회의용 유인물 출력은 누구 일인가요?
(A) 네, 그것은 큰 글자로 인쇄되어 있어요.
(B) 케이트가 그 일을 할 거예요.
(C) 그가 그 일을 아주 잘 처리하고 있어요.

어휘 print 출력하다; 활자체 | handout 유인물 | take care of ~을 다루다 | handle 처리하다

3. 전단에 무엇이 포함되어야 하나요?
(A) 맞아요. 우리가 그걸 해야 해요.
(B) 중요한 정보만요.
(C) 열쇠는 책상 위에 있어요.

어휘 leaflet 전단 | include 포함하다 | agree 동의하다 | information 정보

4. 은행 어느 지점으로 갔어요?
(A) 7시쯤이요.
(B) 아니요. 그게 아니었어요.
(C) 킴벌리가 있는 거요.

어휘 bank 은행 | branch 지점

Warm-up

본서 p.86

1. (A)　**2.** (A)　**3.** (B)　**4.** (A)　**5.** (A)　**6.** (B)
7. (A)　**8.** (B)　**9.** (A)　**10.** (B)　**11.** (A)　**12.** (B)
13. (B)　**14.** (A)　**15.** (A)　**16.** (A)　**17.** (B)　**18.** (B)

1. Who is going to the train station?
미국 → 미국
(A) Baek-Ho is.
(B) You need to attend the safety training.
누가 기차역으로 나가죠?
(A) 백호요.
(B) 당신은 안전 교육에 참가해야 해요.

해설 (A) 백호라는 사람 이름으로 대답했으므로 정답이다.

(B) train과 발음이 비슷한 training을 이용한 오답이다.

어휘 train station 기차역 | safety training 안전 교육

2. Who's speaking at this year's trade expo?
호주 → 영국
(A) A representative from the sales team.
(B) The following weekend.
누가 올해 무역 박람회에서 연설하나요?
(A) 영업 팀 대표요.
(B) 다음 주말이요.

해설 (A) 영업 팀 대표라며 발표할 사람으로 대답했으므로 정답이다.
(B) When 의문문에 어울리는 응답이므로 오답이다.

어휘 trade expo 무역 박람회 | representative 대표자, 대리인 | sales team 영업 팀 | following 다음의

3. Who has already renewed their employment contract?
영국 → 미국
(A) Chan gave the presentation.
(B) Everyone in the HR team.
누가 벌써 고용 계약서를 갱신했어요?
(A) 챈이 발표했어요.
(B) 인사 팀 전원이요.

해설 (A) 사람 이름(Chan)을 말했으나 질문의 내용과 맞지 않으므로 오답이다.
(B) 인사 팀 전원이라며 부정대명사 Everyone을 사용한 정답이다.

어휘 already 이미, 벌써 | renew 갱신하다 | employment 고용 | contract 계약(서) | presentation 발표, 프레젠테이션

4. Whose computer will be set up first?
미국 → 미국
(A) Mr. Hubbard's, probably.
(B) The desk is next to the computer.
누구의 컴퓨터가 먼저 설치될까요?
(A) 허버드 씨의 것일 거예요.
(B) 그 책상은 컴퓨터 옆에 있습니다.

해설 (A) 허버드 씨의 것이라고 하여 사람 이름으로 대답한 정답이다.
(B) 질문의 computer를 반복 사용하여 혼동을 준 오답이다.

어휘 set up 설치하다

5. Whose job is it to interview the job candidates?
미국 → 미국
(A) Erica's in charge of that.
(B) Please review your résumé.
지원자 면접은 누구의 일인가요?
(A) 에리카가 그걸 담당하고 있어요.
(B) 당신의 이력서를 검토해 주세요.

해설 (A) 에리카 담당이라며 사람 이름으로 대답한 정답이다.
(B) interview와 발음이 일부 동일한 review를 이용한 오답이다.

어휘 candidate 지원자, 후보자 | in charge of ~을 담당하는 | review 검토하다 | résumé 이력서

6. Whose smartphone is this?

영국 (A) We'll call a repairperson.

↓

미국 (B) Jennifer from the planning committee.

이것은 누구의 스마트폰인가요?

(A) 저희가 수리공에게 연락할게요.

(B) 기획 위원회에 있는 제니퍼요.

해설 (A) smartphone을 듣고 연상 가능한 call을 이용한 오답이다.

(B) planning committee 소속에 있는 제니퍼라며 사람 이름으로 대답한 정답이다.

어휘 repairperson 수리공 | planning committee 기획 위원회

---

7. What size room should I book for the company

호주 meeting?

↓

미국 (A) The largest one available.

(B) For two hours.

회사 회의용으로 어떤 크기의 방을 예약해야 하나요?

(A) 구할 수 있는 가장 큰 방이요.

(B) 두 시간 동안요.

해설 (A) 예약해야 하는 방의 크기로 대답했으므로 정답이다.

(B) 질문의 book을 듣고 연상 가능한 For two hours를 이용한 오답이다.

어휘 book 예약하다 | available 구할 수 있는

---

8. What kind of coats do you want to purchase?

미국 (A) She's very kind.

↓

영국 (B) Something warm and stylish.

어떤 종류의 코트를 구매하기 원하나요?

(A) 그녀는 정말 친절해요.

(B) 따뜻하고 세련된 거요.

해설 (A) 질문에서 언급된 적 없는 She와 함께 kind가 반복되어 들린 오답이다.

(B) Something으로 시작해 원하는 종류의 특징을 묘사하고 있으므로 정답이다.

어휘 kind 종류, 친절한 | purchase 구매하다

---

9. What's the fastest way to the theater?

호주 (A) Take LaSalle Avenue.

↓

미국 (B) It only takes 10 minutes.

극장까지 가는 가장 빠른 길은 무엇인가요?

(A) 라살가를 이용하세요.

(B) 10분밖에 안 걸려요.

해설 (A) 길 이름으로 대답한 정답이다.

(B) 시간으로 대답했으므로 오답이다.

어휘 fastest 가장 빠른 | theater 극장 | avenue 거리, ~가

---

10. What date are you scheduled to leave New York?

미국 (A) My schedule is up to date.

↓

미국 (B) At the end of the year.

며칠에 뉴욕을 떠날 예정인가요?

(A) 제 일정은 최근 것이에요.

(B) 올해 말에요.

해설 (A) scheduled to와 발음이 동일한 schedule과 함께 date와 발음이 일부 동일한 up to date를 이용한 오답이다.

(B) At the end of the year라는 시점으로 대답했으므로 정답이다.

어휘 date 날짜 | be scheduled to ~할 예정이다 | leave 떠나다 | up to date 최근의

---

11. What should we do with these pamphlets?

호주 (A) I'll hand them out to our customers.

↓

영국 (B) Yes, I already read through it.

저희가 이 팸플릿들을 어떻게 해야 할까요?

(A) 제가 저희 고객들에게 나눠 줄게요.

(B) 네, 전 이미 읽어 봤어요.

해설 (A) 고객들에게 나눠 주겠다며 질문에 적절히 대답했으므로 정답이다.

(B) 의문사 의문문은 Yes/No로 대답할 수 없으므로 오답이다.

어휘 pamphlet 팸플릿 | hand out 배포하다 | customer 고객 | already 이미

---

12. What's the matter with this machine?

미국 (A) The one on the right.

↓

호주 (B) It's missing some parts.

이 기계는 뭐가 문제죠?

(A) 오른쪽 거요.

(B) 부품 몇 개가 빠졌네요.

해설 (A) 장소로 답했으므로 오답이다.

(B) 부품이 빠진 문제점을 설명했으므로 정답이다.

어휘 matter 문제 | machine 기계 | part 부품, 부분

---

13. Which floor is your apartment on?

미국 (A) Three bedrooms and two baths.

↓

미국 (B) It's on the 5th floor.

당신 아파트는 몇 층에 있어요?

(A) 침실 세 개에 욕실 두 개요.

(B) 5층에 있어요.

해설 (A) 질문의 apartment를 듣고 연상할 수 있는 Three bedrooms and two baths를 이용한 오답이다.

(B) 5층에 있다며 어느 층인지 묻는 질문에 적절히 대답했으므로 정답이다.

어휘 floor 층 | apartment 아파트

---

14. Which day is selected for the reception?

영국 (A) This Friday.

↓

호주 (B) The first week of May.

환영회가 무슨 요일로 정해졌나요?

(A) 이번 주 금요일이요.

(B) 5월 첫째 주요.

해설 (A) 요일로 대답한 정답이다.

(B) 날짜나 요일이 아닌 첫째 주라고 대답했으므로 오답이다.

어휘 select 선택하다 | reception 환영회

---

15. Which delivery company are you planning to use?

영국
↓
미국

(A) The usual one.

(B) Sure, you could use mine.

어떤 배송 업체를 이용할 계획이세요?

(A) 늘 이용하는 곳이요.

(B) 그럼요, 제 거 쓰셔도 돼요.

해설 (A) 늘 이용하는 곳이라며 배송 업체를 지정해서 말했으므로 정답이다.

(B) 질문에 쓰인 use를 반복 사용하여 혼동을 준 오답이다.

어휘 delivery 배송 | plan 계획하다 | use 사용하다 | usual 평상시의, 흔히 있는 | mine 내 것

---

16. Which of the applicants is qualified for the job?

미국
↓
영국

(A) I think Ms. Ohara is.

(B) I haven't applied.

그 일에 적합한 자격을 갖춘 지원자는 누구인가요?

(A) 제 생각엔 오하라 씨요.

(B) 전 지원하지 않았어요.

해설 (A) 자격을 갖춘 지원자의 이름을 언급한 정답이다.

(B) 질문의 applicants와 발음이 비슷한 applied를 이용한 오답이다.

어휘 applicant 지원자 | qualified 자격이 있는 | apply 지원하다

---

17. Which color do you prefer?

호주
↓
미국

(A) It's the wrong color.

(B) They're both good.

어떤 색을 선호하나요?

(A) 색상이 잘못되었어요.

(B) 둘 다 좋아요.

해설 (A) color를 반복 사용한 오답이다.

(B) 특정 색을 고르지 않고 둘 다 좋다고 말한 정답이다.

어휘 prefer 선호하다 | both 둘 다

---

18. Which shoes are on sale this weekend?

미국
↓
미국

(A) A shopping mall.

(B) The ones on this table.

이번 주말에 할인하는 신발은 어떤 것인가요?

(A) 쇼핑몰이요.

(B) 이 테이블 위에 있는 것들이요.

해설 (A) shoes를 듣고 연상 가능한 shopping mall을 이용한 오답이다.

(B) Which의 대표적인 대답 유형인 the ones로 대답한 정답이다.

어휘 shoes 신발 | on sale 할인 중인 | weekend 주말

Exercise

본서 p.92

1. (A), (B)	2. (A), (C)	3. (B), (C)	4. (A), (C)
5. (B), (C)	6. (A), (B)	7. (B), (C)	8. (B), (C)
9. (A), (C)	10. (A), (C)	11. (B), (C)	12. (A), (C)

---

1. Who's providing the refreshments for the event?

영국
↓
호주

(A) Sam is in charge of the planning.

(B) The café on Queen's Street.

(C) We've arranged his accommodations.

행사용 다과는 누가 제공할 예정인가요?

(A) 샘이 기획 담당이에요.

(B) 퀸즈가에 있는 카페요.

(C) 저희가 그분 숙소를 마련했어요.

해설 (A) 샘이 기획 담당이라며 샘이 알고 있을 거라는 우회적 응답이므로 정답이다.

(B) 퀸즈가에 있는 카페라며 다과를 제공하는 곳으로 대답했으므로 정답이다.

(C) 질문의 event를 듣고 연상할 수 있는 arranged를 이용한 오답이다.

어휘 provide 제공하다 | refreshment 다과 | in charge of ~을 담당하는 | planning 기획 | arrange 준비하다, 마련하다 | accommodation 숙소, 거처

---

2. Which company submitted the work request?

영국
↓
미국

(A) The office on the third floor.

(B) You can submit it later today.

(C) It should be written on the file.

어느 회사에서 작업 신청서를 제출했어요?

(A) 3층에 있는 사무실이요.

(B) 이따 제출하면 돼요.

(C) 파일에 쓰여 있을 거예요.

해설 (A) 3층에 있는 사무실이라며 질문에 적절히 대답했으므로 정답이다.

(B) 질문의 submit를 반복 사용하여 혼동을 준 오답이다.

(C) 파일에 쓰여 있을 거라며 질문에 적절히 대답했으므로 정답이다.

어휘 submit 제출하다 | request 신청서 | write 쓰다

---

3. Whose car should we use for the business trip?

미국
↓
호주

(A) I took the car here.

(B) I'm taking my van.

(C) Chris is searching for one now.

우리가 출장 갈 때 누구의 차를 사용해야 하나요?

(A) 저는 여기로 차를 타고 왔어요.

(B) 제 밴을 가져갈 거예요.

(C) 크리스가 알아보고 있어요.

해설 (A) 시제가 틀렸고 car가 반복된 오답이다.

(B) 자신의 차를 가져갈 것이라고 대답한 정답이다.

(C) 크리스가 알아보고 있다고 우회적으로 대답한 정답이다.

어휘 business trip 출장 | van 밴, 승합차

---

4. Which route should I take to avoid traffic?
   호주 (A) I'd say Route 65.
   ↓
   미국 (B) I go for a run every morning.
   (C) It depends on what time you'll be driving.

   교통 체증을 피하려면 어떤 길을 이용해야 할까요?
   (A) 제 생각에는 65번 도로예요.
   (B) 전 아침마다 달리기를 해요.
   (C) 당신이 몇 시에 운전하느냐에 따라 다르죠.

   해설 (A) 구체적인 도로를 언급한 정답이다.
   (B) route를 듣고 연상 가능한 run을 이용한 오답이다.
   (C) 상황에 따라 다르다고 대답한 정답이나.

   어휘 route 길, 경로 | avoid 피하다 | traffic 교통(량) | go for a run (운동으로) 달리다 | it depends on ~에 따라 다르다

---

5. Who's going to the retirement ceremony tonight?
   미국 (A) Yes, I'll be there too.
   ↓
   영국 (B) Keith and Lea are.
   (C) Ms. Kwon has the attendance list.

   누가 오늘 밤 퇴임식에 갈 건가요?
   (A) 네, 저도 갈 거예요.
   (B) 키스와 리요.
   (C) 권 씨에게 참석자 명단이 있어요.

   해설 (A) 의문사 의문문에는 Yes/No로 대답할 수 없으므로 오답이다.
   (B) 구체적인 사람 이름으로 대답한 정답이다.
   (C) 권 씨에게 참석자 명단이 있다고 직접적인 대답을 피하고 있는 정답이다.

   어휘 retirement ceremony 퇴임식 | attendance list 참석자 명단

---

6. Which apartment has the best view of the park?
   미국 (A) The one on the tenth floor.
   ↓
   미국 (B) The one that Melanie recommended.
   (C) In the building next door.

   어떤 아파트가 공원 전망이 가장 좋은가요?
   (A) 10층에 있는 거요.
   (B) 멜라니가 추천했던 거요.
   (C) 옆 건물에서요.

   해설 (A) The one을 사용하여 10층에 있는 사무실이라고 적절히 대답한 정답이다.
   (B) The one을 사용하여 멜라니가 추천했던 거라고 대답한 정답이다.
   (C) 질문의 apartment를 듣고 연상 가능한 building을 이용한 오답이다.

   어휘 view 전망 | recommend 추천하다 | next door 옆 건물에, 옆집에

---

7. What time does the dentist close on Saturdays?
   호주 (A) I have some bad teeth.
   ↓
   미국 (B) They aren't open on Saturdays.

(C) At 1 P.M.

토요일에는 치과가 몇 시에 문을 닫나요?
(A) 저는 충치가 조금 있어요.
(B) 토요일에는 문을 열지 않아요.
(C) 오후 1시예요.

해설 (A) the dentist를 듣고 연상 가능한 bad teeth를 이용한 오답이다.
(B) 토요일에는 열지 않는다고 답하고 있는 정답이다.
(C) 시간으로 대답한 정답이다.

어휘 dentist 치과의사, 치과 | close 닫다 | bad teeth 충치

---

8. Who will demonstrate the new accounting software?
   미국 (A) Right before lunch.
   ↓
   미국 (B) We're watching a video.
   (C) Fatima said she would.

   누가 새 회계 소프트웨어를 시연하나요?
   (A) 점심시간 직전이에요.
   (B) 저희는 영상을 시청할 거예요.
   (C) 파티마가 한다고 했어요.

   해설 (A) When 의문문에 어울리는 응답이므로 오답이다.
   (B) 영상을 시청할 거라며 시연할 사람이 없음을 우회적으로 대답했으므로 정답이다.
   (C) 파티마가 한다고 했다며 시연할 사람으로 대답했으므로 정답이다.

   어휘 demonstrate 시연하다 | accounting 회계

---

9. What size bed did you choose for your room?
   미국 (A) I got a king-size bed.
   ↓
   영국 (B) That's a bad decision.
   (C) I haven't made a decision.

   당신의 방에 놓을 침대를 어떤 사이즈로 고르셨나요?
   (A) 킹사이즈 침대로 했어요.
   (B) 안 좋은 결정이네요.
   (C) 아직 결정 못 했어요.

   해설 (A) 사이즈를 언급한 정답이다.
   (B) bed와 발음이 같은 bad를 이용한 오답이다.
   (C) 아직 결정을 못 했다고 말하며 직접적인 대답을 피하고 있는 정답이다.

   어휘 choose 정하다 | decision 결정

---

10. Who was the last person to use the printer?
    영국 (A) Someone from the Marketing Department.
    ↓
    미국 (B) Yes, last night.
    (C) I thought it was you.

    프린터를 마지막으로 사용한 사람이 누구였나요?
    (A) 마케팅 부서 사람이요.
    (B) 네, 어젯밤이요.
    (C) 전 당신인 줄 알았어요.

    해설 (A) Someone과 함께 Marketing Department를 언급한 정답이다.
    (B) 의문사 의문문에는 Yes/No로 대답할 수 없으므로 오답이다.

(C) 당신인 줄 알았다고 답변하고 있으므로 정답이다.

어휘   marketing department 마케팅 부서

---

11. What kind of subscription would you like?

영국 ↓ 호주

(A) I already got the prescription.

(B) An annual subscription.

(C) I need some time to think about it.

어떤 종류의 구독으로 하시겠어요?

(A) 전 이미 처방전을 받았어요.

(B) 연간 구독이요.

(C) 생각할 시간이 필요해요.

해설   (A) 질문의 subscription과 발음이 유사한 prescription을 이용한 오답이다.

(B) 연간 구독이라며 구독의 종류로 대답했으므로 정답이다.

(C) 생각할 시간이 필요하다며 질문에 적절히 대답했으므로 정답이다.

어휘   kind 종류 ㅣ subscription 구독 ㅣ prescription 처방(된 약) ㅣ annual 연례의

---

12. Who should I submit the reports to?

호주 ↓ 미국

(A) Try asking Mr. Kim.

(B) That's what they reported.

(C) Daniel Watson.

제가 누구에게 보고서를 제출해야 하나요?

(A) 김 씨에게 한번 물어보세요.

(B) 그들이 그렇게 보고했어요.

(C) 대니엘 왓슨이요.

해설   (A) 김 씨에게 한번 물어보라고 하며 직접적인 대답을 피하고 있는 정답이다.

(B) 질문의 reports와 발음이 일부 동일한 reported를 이용한 오답이다.

(C) 구체적인 사람 이름으로 대답한 정답이다.

어휘   submit 제출하다 ㅣ report 보고서; 보고하다

Practice

본서 p.94

1. (A)	2. (C)	3. (C)	4. (B)	5. (A)	6. (B)
7. (A)	8. (A)	9. (C)	10. (B)	11. (A)	12. (A)

---

1. Who covered the cost of the dinner?

미국 ↓ 미국

(A) Joshua got the bill.

(B) We ate not long ago.

(C) A reservation for six people.

누가 저녁 식사 비용을 냈어요?

(A) 조슈아가 계산서를 받았어요.

(B) 저희는 먹은 지 얼마 안 됐어요.

(C) 여섯 명 예약이요.

해설   (A) 조슈아가 계산서를 받았다며 그녀가 낼 것임을 우회적으로 대답했으므로 정답이다.

(B) 질문의 dinner를 듣고 연상할 수 있는 ate를 이용한 오답이다.

(C) 질문의 dinner를 듣고 연상할 수 있는 reservation을 이용한 오답이다.

어휘   cover (비용을) 대다 ㅣ cost 비용 ㅣ bill 계산서 ㅣ reservation 예약

---

2. What do you normally do on weekends?

영국 ↓ 미국

(A) Yes, I'm free this Saturday.

(B) Probably in a few weeks.

(C) I like to exercise at the gym.

주말에는 보통 뭘 하시나요?

(A) 네, 이번 주 토요일에 시간이 있어요.

(B) 아마 몇 주 후일 거예요.

(C) 헬스장에서 운동하는 걸 좋아해요.

해설   (A) 의문사 의문문에는 Yes / No로 대답할 수 없으므로 오답이다.

(B) weekends와 발음이 비슷한 weeks를 이용한 오답이다.

(C) 헬스장에서 운동한다고 대답했으므로 정답이다.

어휘   normally 보통(때는) ㅣ on weekends 주말에 ㅣ free 한가한 ㅣ exercise 운동하다 ㅣ gym 헬스장, 체육관

---

3. Who's the new department supervisor?

미국 ↓ 미국

(A) She visited your apartment.

(B) To supervise building work.

(C) The position is still open.

새로운 부서장은 누구인가요?

(A) 그녀는 당신의 아파트를 방문했어요.

(B) 건설 공사를 감독하기 위해서요.

(C) 그 자리는 아직 비어 있어요.

해설   (A) department와 발음이 일부 동일한 apartment를 이용한 오답이다.

(B) supervisor와 발음이 일부 동일한 supervise를 이용한 오답이다.

(C) 그 자리가 아직 비어 있다고 말하며 아직 결정되지 않았다고 우회적으로 답변한 정답이다.

어휘   department supervisor 부서장 ㅣ supervise 감독하다, 관리하다 ㅣ building work 건설 공사 ㅣ position 자리

---

4. Which address do you want me to ship the business cards to?

호주 ↓ 미국

(A) It takes one week.

(B) The first one on the list.

(C) I like the red dress.

제가 어느 주소로 명함을 발송해 드릴까요?

(A) 일주일은 걸려요.

(B) 목록에 있는 첫 번째 주소요.

(C) 저는 그 빨간 드레스가 좋아요.

해설   (A) ship을 듣고 연상 가능한 소요 시간 표현(takes one week)을 이용한 오답이다.

(B) 목록에서 첫 번째 주소라고 대답했으므로 정답이다.

(C) address와 발음이 비슷한 dress를 이용한 오답이다.

어휘　ship 운송하다. 발송하다 I business card 명함 I take (얼마의 시간이) 걸리다 I list 목록, 명단

5. Who refinished your dining table?

미국　(A) David from the antique store.
　↓
미국　(B) It was under a chair.
　　　(C) He'll be finished by this lunch.

누가 당신의 식탁을 다시 끝손질했나요?
(A) 골동품 가게의 데이비드요.
(B) 의자 밑에 있었어요.
(C) 그는 오늘 점심까지 끝낼 거예요.

해설　(A) 골동품 가게의 데이비드라는 사람 이름으로 대답했으므로 정답이다.
　　　(B) table을 듣고 연상 가능한 chair를 이용한 오답이다.
　　　(C) refinished와 발음이 일부 동일한 finish를 이용한 오답이다.

어휘　refinish (목재·가구 등의) 표면을 다시 끝손질하다 I dining table 식탁 I antique store 골동품 가게

6. What website should we advertise our product on?

영국　(A) No, the switch has been turned off.
　↓
미국　(B) We have so many options.
　　　(C) I got them at the department store.

어느 웹사이트에 저희 제품을 광고해야 할까요?
(A) 아니요, 스위치가 꺼졌어요.
(B) 선택지가 너무 많아요.
(C) 백화점에서 샀어요.

해설　(A) 의문사 의문문은 Yes/No로 응답할 수 없으므로 오답이다.
　　　(B) 선택지가 많다며 질문에 적절하게 대답했으므로 정답이다.
　　　(C) 질문의 product를 듣고 연상할 수 있는 department store를 이용한 오답이다.

어휘　advertise 광고하다 I product 제품 I switch 스위치 I turn off (전원 등을) 끄다 I option 선택할 수 있는 것 I department store 백화점

7. Whose turn is it to lead the meeting?

호주　(A) I did it last week.
　↓
미국　(B) Turn right at the intersection.
　　　(C) In conference room C.

회의 진행이 누구의 차례인가요?
(A) 저는 지난주에 했어요.
(B) 교차로에서 우회전하세요.
(C) C 회의실에서요.

해설　(A) 자신은 지난주에 했다며 자기 차례는 아님을 우회적으로 말하고 있으므로 정답이다.
　　　(B) turn을 반복 사용한 오답이다.
　　　(C) meeting을 듣고 연상 가능한 conference를 이용한 오답이다.

어휘　turn 차례 I lead 이끌다, 주관하다 I turn right 우회전하다 I intersection 교차로

8. Which apartment are you moving to?

호주　(A) I decided to extend my current contract.
　↓
미국　(B) It will arrive on Monday.
　　　(C) No, the room was too small.

어느 아파트로 이사하세요?
(A) 현재 계약을 연장하기로 했어요.
(B) 월요일에 도착할 거예요.
(C) 아니요, 방이 너무 작았어요.

해설　(A) 현재 계약을 연장하기로 했다며 질문에 적절히 대답했으므로 정답이다.
　　　(B) 질문의 moving을 듣고 연상할 수 있는 arrive를 이용한 오답이다.
　　　(C) 의문사 의문문은 Yes/No로 대답할 수 없으므로 오답이다.

어휘　apartment 아파트 I move 이사하다 I decide 결정하다 I extend 연장하다 I current 현재의 I contract 계약 I arrive 도착하다

9. Who's coordinating the charity event?

영국　(A) A generous donation.
　↓
미국　(B) You should come this weekend.
　　　(C) I heard it's Cathy.

자선행사를 누가 진행하고 있죠?
(A) 후한 기부금이네요.
(B) 이번 주말에는 오셔야 해요.
(C) 캐시라고 들었어요.

해설　(A) charity event를 듣고 연상 가능한 donation을 이용한 오답이다.
　　　(B) When 의문문에 어울리는 대답이므로 오답이다.
　　　(C) 캐시라는 사람 이름으로 대답했으므로 정답이다.

어휘　coordinate 조직하다. 편성하다 I charity event 자선 행사 I generous 아낌없는. 후한 I donation 기부(금)

10. What customer feedback have you received this week?

미국　(A) The client leaves this week.
　↓
미국　(B) I've been out of the office.
　　　(C) This vending machine gives change.

이번 주에 어떤 고객 피드백을 받았나요?
(A) 고객은 이번 주에 떠나요.
(B) 저는 사무실에 없었어요.
(C) 이 자판기는 거스름돈을 줘요.

해설　(A) customers를 듣고 연상 가능한 client를 이용한 오답과 함께 this week을 반복 사용한 오답이다
　　　(B) 사무실에 없었기 때문에 어떤 고객 피드백을 받았는지 모른다고 우회적으로 답변한 정답이다.
　　　(C) receive를 듣고 연상 가능한 give를 이용한 오답이다.

어휘　feedback 피드백 I vending machine 자판기 I change 잔돈

11. Who will be the new company president?

호주　(A) It will be announced tomorrow.
　↓
미국　(B) This present is for you.

(C) No, it's not Mr. Peterson.

누가 회사의 새로운 회장님이 되실 건가요?

(A) 내일 발표될 거예요.

(B) 이 선물은 당신에게 드리는 거예요.

(C) 아니요, 피터슨 씨는 아닙니다.

해설 (A) 내일 발표되므로 아직은 알 수 없다고 우회적으로 답변한 정답이다.

(B) president와 발음이 일부 동일한 present를 이용한 오답이다.

(C) 의문사 의문문에는 Yes/No로 대답할 수 없으므로 오답이다.

어휘 president 회장 | announce 발표하다

---

12. Which marketing award was your company
미국 nominated for this year?
↓
영국 (A) Most Creative Print Ad.

(B) It's being held in London.

(C) A list of winners.

귀사는 올해 어떤 마케팅 부문에서 수상 후보에 올랐나요?

(A) 가장 독창적인 인쇄 광고 상이요.

(B) 그건 런던에서 열려요.

(C) 수상자 명단이요.

해설 (A) 가장 독창적인 인쇄 광고 부문이라고 대답했으므로 정답이다.

(B) Where 의문문에 어울리는 대답이므로 오답이다.

(C) award를 듣고 연상 가능한 winners를 이용한 오답이다.

어휘 award 상 | nominate 수상 후보에 오르다 | creative 독창적인 | print ad (신문·잡지 등에) 인쇄된 광고 | hold 열다. 개최하다 | winner 수상자

UNIT 06. How·Why 의문문

핵심 문제 유형
본서 p.98

1. (C)   **2.** (B)   **3.** (C)

1. 이 일자리는 어떻게 알아내셨어요?

(A) 네, 저희는 하트가에 사무실이 있습니다.

(B) 주말에는 문을 닫습니다.

(C) 회사 웹사이트에서요.

어휘 find out 알아내다 | job position 일자리 | close 문을 닫다 | weekend 주말

---

2. 새로운 사무용 책상은 얼마였어요?

(A) 그 노부인께 무슨 문제가 있었던 거예요?

(B) 300달러 정도요.

(C) 캐비닛 옆에요.

어휘 wrong 잘못된 | around 약 | next to ~ 옆에 | cabinet 보관장, 캐비닛

---

3. 5층에 인터넷이 왜 안 되나요?

(A) 저는 주로 온라인 쇼핑해요.

(B) 한 달에 60달러일 거예요.

(C) 정전됐거든요.

어휘 floor 층 | shop 쇼핑하다 | power cut 정전

Warm-up
본서 p.98

1. (A)   **2.** (A)   **3.** (A)   **4.** (B)   **5.** (B)   **6.** (B)

7. (A)   **8.** (A)   **9.** (B)   **10.** (A)   **11.** (B)   **12.** (A)

---

1. How was the business convention?
미국 (A) It was great. Thanks.
↓
호주 (B) That's why I go to Sydney often.

비즈니스 컨벤션은 어땠어요?

(A) 아주 좋았어요. 고마워요.

(C) 그래서 제가 시드니에 자주 가요.

해설 (A) 아주 좋았다고 하여 비즈니스 컨벤션을 본 느낌으로 대답했으므로 정답이다.

(B) 질문의 business convention을 듣고 연상할 수 있는 go to Sydney often을 이용한 오답이다.

어휘 convention 대회, 협의회 | often 자주

---

2. How do I assemble this bookshelf?
미국 (A) Here's the manual.
↓
영국 (B) It's a newly published book.

이 책장을 어떻게 조립하죠?

(A) 여기 설명서예요.

(B) 그건 새로 출간된 책이에요.

해설 (A) 여기 설명서가 있다며 어떻게 조립하는지 우회적으로 대답했으므로 정답이다.

(B) 질문의 bookshelf를 듣고 연상할 수 있는 book을 이용한 오답이다.

어휘 assemble 조립하다 | bookshelf 책장 | manual 설명서 | newly 새롭게 | published 출간된

---

3. How many languages can you speak?
영국 (A) Just two.
↓
미국 (B) I teach English.

당신은 몇 개의 언어를 말할 수 있으신가요?

(A) 단지 두 개요.

(B) 저는 영어를 가르칩니다.

해설 (A) How many라는 의문사에 숫자로 대답했으므로 정답이다.

(B) languages를 듣고 연상 가능한 English를 이용한 오답이다.

어휘 language 언어 | just 단지

---

4. How old is your car?

[미국] (A) To and from the office.
↓
[미국] (B) Just two years or so.

당신 차는 얼마나 오래됐어요?

(A) 사무실을 오고 가요.

(B) 이제 2년 정도요.

해설 (A) 질문의 car를 듣고 연상할 수 있는 To and from the office를 이용한 오답이다.

(B) 이제 2년 정도라며 경과된 시간으로 적절히 대답했으므로 정답이다.

어휘 or so ~ 쯤, ~ 정도

---

5. How much are the tickets to the basketball game?

[영국] (A) I'm so excited.
↓
[호주] (B) Over 200 dollars.

농구 경기 표는 얼마인가요?

(A) 너무 신나요.

(B) 200달러가 넘어요.

해설 (A) basketball game을 듣고 연상 가능한 excited를 이용한 오답이다.

(B) 구체적인 금액으로 대답한 정답이다.

어휘 ticket 표 I basketball game 농구 경기 I excited 신이 난

---

6. How often do I need to clean the storage room?

[호주] (A) For a month.
↓
[미국] (B) At least twice a week.

얼마나 자주 그 창고를 청소해야 하나요?

(A) 한 달 동안이요.

(B) 적어도 일주일에 두 번이요.

해설 (A) 빈도로 대답하지 않고 How long에 대한 대답인 기간을 언급했으므로 오답이다.

(B) 빈도로 대답했으므로 정답이다.

어휘 clean 청소하다 I storage room 창고 I at least 적어도 I twice a week 일주일에 두 번

---

7. Why is the repairperson here?

[미국] (A) The AC is out of order.
↓
[호주] (B) For three hours.

수리 기사가 왜 여기 있어요?

(A) 에어컨이 고장 났어요.

(B) 세 시간 동안이요.

해설 (A) 에어컨이 고장 났다며 이유로 대답했으므로 정답이다.

(B) How long 의문문에 대한 응답이므로 오답이다.

어휘 repairperson 수리공 I AC 에어컨(air conditioning의 약어) I out of order 고장 난

---

8. Why haven't you placed your order yet?

[호주] (A) I was waiting for you.
↓
[영국] (B) Yes, I ordered them yesterday.

왜 아직도 주문을 안 했어요?

(A) 저는 당신을 기다리고 있었어요.

(B) 네, 어제 그것들을 주문했어요.

해설 (A) Because를 생략하고 바로 이유를 설명하는 정답이다.

(B) 의문사 의문문에서 정답이 될 수 없는 Yes와 함께 order를 반복 사용한 오답이다.

어휘 place an order 주문하다

---

9. Why weren't you at the seminar?

[영국] (A) OK, I'll be there.
↓
[미국] (B) I had a client meeting.

왜 세미나에 안 오셨어요?

(A) 네, 갈게요.

(B) 고객과 회의가 있었어요.

해설 (A) 의문사 의문문에서 정답이 될 수 없는 OK와 함께 시제가 잘못된 오답이다.

(B) Because를 생략하고 바로 이유를 설명하는 정답이다.

어휘 client 의뢰인, 고객

---

10. Why were the tree branches trimmed?

[미국] (A) For safety reasons.
↓
[미국] (B) Providing some shade.

나뭇가지를 왜 잘라 냈나요?

(A) 안전상의 이유로요.

(B) 그늘을 제공해 줘요.

해설 (A) 안전상의 이유라며 질문에 적절히 대답했으므로 정답이다.

(B) 질문의 tree branches를 듣고 연상할 수 있는 shade를 이용한 오답이다.

어휘 branch 나뭇가지 I trim 잘라 내다, 다듬다 I safety 안전 I reason 이유 I provide 제공하다 I shade 그늘

---

11. Why was Randolph Street closed this morning?

[호주] (A) It's not open.
↓
[미국] (B) There was an accident.

오늘 아침에 랜돌프가가 왜 폐쇄됐나요?

(A) 그건 열려 있지 않아요.

(B) 사고가 있었어요.

해설 (A) closed를 듣고 연상 가능한 not open을 이용한 오답이다.

(B) Because를 생략하고 바로 이유를 설명하는 정답이다.

어휘 accident 사고

---

12. Why can't I print this file?

[미국] (A) You can just email it to me.
↓
[영국] (B) We have enough printer paper left.

왜 이 파일을 출력할 수 없나요?

(A) 저에게 이메일로 보내 주셔도 돼요.

(B) 우리는 충분한 프린트 용지가 남아있어요.

해설 (A) 출력이 안 되면 이메일로 보내 줘도 된다고 대답한 정답이다.

(B) print와 발음이 비슷한 printer를 이용한 오답이다.

어휘 print 출력하다 | printer paper 프린트 용지

Exercise

본서 p.102

1. (A), (B)	**2.** (A), (B)	**3.** (A), (C)	**4.** (A), (C)
5. (B), (C)	**6.** (A), (B)	**7.** (A), (B)	**8.** (B), (C)
9. (A), (B)	**10.** (B), (C)	**11.** (A), (B)	**12.** (A), (C)

1. How often do you visit the company headquarters?

미국 (A) Every other month.
↓
영국 (B) I haven't had the time to do that lately.

(C) Yes, I managed to get it.

회사 본사에 얼마나 자주 방문하세요?

(A) 두 달에 한 번요.

(B) 최근엔 그럴 시간이 없었어요.

(C) 네, 제가 간신히 받았어요.

해설 (A) 두 달에 한 번이라며 빈도로 대답했으므로 정답이다.

(B) 최근에 방문할 시간이 없었다며 질문에 적절하게 대답했으므로 정답이다.

(C) 의문사 의문문은 Yes/No로 대답할 수 없으므로 오답이다.

어휘 visit 방문하다 | headquarters 본사 | every other 하나 걸러 ~ | lately 최근에

2. Why are there no cakes on display?

호주 (A) They're in the fridge.
↓
미국 (B) Because they're sold out.

(C) Those desserts look good.

왜 진열된 케이크가 없나요?

(A) 냉장고에 있어요.

(B) 다 팔렸거든요.

(C) 저 디저트들이 맛있어 보여요.

해설 (A) 냉장고에 있다며 질문에 적절하게 대답했으므로 정답이다.

(B) 다 팔렸다며 Because를 사용하여 이유를 말했으므로 정답이다.

(C) 질문의 cakes를 듣고 연상할 수 있는 dessert를 이용한 오답이다.

어휘 on display 진열된 | fridge 냉장고 | sold out 다 팔린 | dessert 디저트

3. How did your presentation go?

영국 (A) It went really well.
↓
미국 (B) 50 miles from here.

(C) I made a lot of mistakes.

당신의 발표는 어땠나요?

(A) 아주 잘 됐어요.

(B) 여기서부터 50마일이요.

(C) 실수를 많이 했어요.

해설 (A) 잘 됐다고 대답한 정답이다.

(B) 얼마나 먼지 거리 단위로 대답한 오답이다.

(C) 실수를 많이 했다고 대답한 정답이다.

어휘 presentation 발표 | make a mistake 실수하다

4. Why is Sara relocating to the Bristol office?

미국 (A) I was wondering the same thing.
↓
미국 (B) My coworker transferred last month.

(C) Because her family lives there.

왜 사라가 브리스틀 사무실로 가나요?

(A) 저도 같은 게 궁금하던 참이었어요.

(B) 제 동료가 지난달에 전근을 갔거든요.

(C) 왜냐하면 그녀의 가족이 그곳에 살고 있어서요.

해설 (A) 같은 걸 궁금해하고 있었다고 말하므로 정답이다.

(B) relocating을 듣고 연상 가능한 transferred를 이용한 오답이다.

(C) Because와 함께 가족이 그곳에 살고 있다는 이유를 말하고 있으므로 정답이다.

어휘 relocate 이전하다, 옮겨 가다 | wonder 궁금하다 | transfer 전근 가다

5. How long have you been living here?

미국 (A) I'm leaving now.
↓
영국 (B) For about six months.

(C) Over twenty years.

여기서 사신 지 얼마나 되셨나요?

(A) 저는 이제 떠나요.

(B) 한 6개월 정도요.

(C) 20년 넘었어요.

해설 (A) living과 발음이 비슷한 leaving을 이용한 오답이다.

(B) 기간으로 대답하고 있으므로 정답이다.

(C) 기간으로 대답하고 있으므로 정답이다.

어휘 live 살다 | leave 떠나다 | over ~ 이상

6. Why weren't you at the team meeting this morning?

미국 (A) Didn't you get a message about that?
↓
미국 (B) I thought it was tomorrow.

(C) We have to choose a theme.

당신은 왜 오늘 오전 팀 회의에 없었나요?

(A) 그것에 대한 메시지를 못 받으셨나요?

(B) 회의가 내일 있는 줄 알았어요.

(C) 저희는 테마를 선택해야 해요.

해설 (A) 메시지를 못 받아서 내용을 모르고 있냐고 우회적으로 되묻는 정답이다.

(B) 회의가 내일 있는 줄 알고 못 갔다고 우회적으로 대답한 정답이다.

(C) team과 발음이 비슷한 theme을 이용한 오답이다.

어휘 **team meeting** 팀 회의 | **theme** 주제, 테마

---

7. Why hasn't the office renovations begun yet?
[영국] (A) Helen is out of town.
↓
[미국] (B) We're waiting for Ms. Burton's approval.
(C) Please bring those paint cans.

왜 사무실 보수 공사가 아직 시작 안 했어요?
(A) 헬렌이 부재중이에요.
(B) 버턴 씨의 승인을 기다리는 중이에요.
(C) 저기 페인트 통들 좀 가져다주세요.

해설 (A) 헬렌이 부재중이라며 이유를 들어 대답했으므로 정답이다.
(B) 버턴 씨의 승인을 기다리는 중이라며 이유를 들어 대답했으므로 정답이다.
(C) 질문의 renovations를 듣고 연상할 수 있는 paint cans를 이용한 오답이다.

어휘 **renovation** 보수 공사 | **out of town** 다른 지역에 있는 | **wait** 기다리다 | **approval** 승인 | **bring** 가져다주다 | **paint** 페인트 | **can** 통

---

8. How do you know Philip Robinson?
[미국] (A) No, I don't.
↓
[호주] (B) We used to work at the same company.
(C) He was my roommate.

필립 로빈슨을 어떻게 아세요?
(A) 아니요.
(B) 우리는 전에 같은 회사에서 일했어요.
(C) 그는 제 룸메이트였어요.

해설 (A) 의문사 의문문에는 Yes/No로 대답할 수 없으므로 오답이다.
(B) 같은 회사에서 일했다고 설명하므로 정답이다.
(C) 예전 룸메이트였다고 설명하므로 정답이다.

어휘 **used to** 예전에 ~했다 | **roommate** 룸메이트

---

9. Why did you have a meeting with Joanne?
[영국] (A) She needed help with her presentation.
↓
[미국] (B) To talk about her report.
(C) I met her yesterday.

왜 조앤과 회의를 하셨어요?
(A) 그녀가 발표에 대한 도움이 필요했거든요.
(B) 그녀의 보고서에 관해 이야기하려고요.
(C) 그녀를 어제 만났어요.

해설 (A) Because를 생략하고 바로 이유를 설명하는 정답이다.
(B) Why의 대표적인 대답 형태인 To와 함께 적절한 이유를 설명하므로 정답이다.
(C) meeting을 듣고 연상 가능한 meet의 과거형인 met를 이용한 오답이다.

어휘 **have a meeting** 회의를 하다 | **report** 보고서

---

10. How do you like the work so far?
[미국] (A) I take the bus to work.
↓
[미국] (B) It's harder than I expected.
(C) I'm busy all day.

이제까지 업무는 어떤가요?
(A) 저는 버스를 타고 출근해요.
(B) 제가 예상했던 것보다 더 어렵네요.
(C) 저는 온종일 바빠요.

해설 (A) work가 반복된 오답이다.
(B) 예상했던 것보다 어렵다고 대답했으므로 정답이다.
(C) 하루 종일 바쁘다고 대답했으므로 정답이다.

어휘 **How do you like ~?** ~은 어떻습니까? | **so far** 지금까지

---

11. Why did Jenny mark these boxes?
[영국] (A) We are sending them to the warehouse.
↓
[호주] (B) It was Peter, actually.
(C) To the market.

왜 제니는 이 상자들에 표시를 했나요?
(A) 우리가 그것들을 창고로 보내야 해서요.
(B) 사실 그건 피터였어요.
(C) 시장으로요.

해설 (A) Because를 생략하고 바로 이유를 설명한 정답이다.
(B) 제니가 아닌 피터가 했다고 대답했으므로 정답이다.
(C) mark와 발음이 일부 동일한 market을 이용한 오답이다.

어휘 **mark** 표시하다 | **warehouse** 창고 | **market** 시장

---

12. How was our revenue last quarter?
[호주] (A) We were closed for a month.
↓
[미국] (B) I booked the event venue already.
(C) We did much better than expected.

지난 분기 우리 매출은 어땠어요?
(A) 저희는 한 달간 문을 닫았어요.
(B) 제가 이미 행사장을 예약했어요.
(C) 예상보다 훨씬 잘했어요.

해설 (A) 한 달간 문을 닫아서 매출이 없었음을 우회적으로 대답했으므로 정답이다.
(B) 질문의 revenue와 발음이 유사한 venue를 이용한 오답이다.
(C) 기대보다 훨씬 좋았다고 하여 매출의 상태로 대답했으므로 정답이다.

어휘 **revenue** 수익, 매출 | **quarter** 분기 | **book** 예약하다 | **venue** 장소 | **already** 이미, 벌써

Practice
본서 p.104

1. (C)	2. (B)	3. (A)	4. (A)	5. (C)	6. (A)
7. (B)	8. (C)	9. (B)	10. (B)	11. (A)	12. (A)

1. How do I get to the conference center?

미국 (A) The seminar starts at 6 P.M.
↓
미국 (B) For the keynote speaker.
(C) I'll email you the directions.

회의장은 어떻게 가나요?
(A) 세미나는 오후 6시에 시작해요.
(B) 기조연설자를 위해서요.
(C) 제가 약도를 이메일로 보내 드릴게요.

해설 (A) conference를 듣고 연상 가능한 seminar를 이용한 오답이다.
(B) conference를 듣고 연상 가능한 keynote speaker를 이용한 오답이다.
(C) 길을 묻는 말에 약도를 보내겠다고 대답했으므로 정답이다.

어휘 get to ~에 도착하다 | keynote speaker 기조연설자 | email 이메일로 보내다 | directions 길 안내

2. Why did you recommend taking this road instead of
호주 the highway?
↓
미국 (A) You could lower it a little bit.
(B) Because it'll be much less crowded.
(C) It makes a loud sound.

왜 고속도로 대신에 이 도로를 가는 것을 추천했나요?
(A) 조금만 낮춰도 돼요.
(B) 훨씬 덜 혼잡해질 것이기 때문이에요.
(C) 그것에서 큰 소리가 나요.

해설 (A) highway를 듣고 높음을 낮음으로 떠오르게 하여 연상 가능한 lower을 이용한 오답이다.
(B) 덜 혼잡해질 거라는 이유를 말했으므로 정답이다.
(C) road와 발음이 비슷한 loud를 이용한 오답이다.

어휘 recommend 추천하다 | road 도로 | highway 고속도로 | lower 더 낮은 | crowded 붐비는, 혼잡한 | loud sound 큰 소리

3. How did your client meeting go yesterday?

영국 (A) The contract is now finalized.
↓
호주 (B) I'm glad to meet you.
(C) It's over in conference room 7.

어제 고객 회의는 어떻게 됐어요?
(A) 계약이 이제 마무리됐어요.
(B) 만나봬서 반갑습니다.
(C) 7번 회의실에서 끝났어요.

해설 (A) 계약이 이제 마무리됐다며 회의 상태로 적절히 대답했으므로 정답이다.
(B) 질문의 meeting과 발음이 유사한 meet를 이용한 오답이다.
(C) 질문의 meeting을 듣고 연상할 수 있는 conference room을 이용한 오답이다.

어휘 client 고객 | contract 계약 | finalize 마무리 짓다

4. Why hasn't the bus arrived yet?

미국 (A) Should we call for a taxi?
↓
미국 (B) At the central terminal.

(C) For nearly 40 minutes.

왜 아직 버스가 도착하지 않은 거죠?
(A) 택시를 부를까요?
(B) 중앙 터미널에서요.
(C) 거의 40분 동안이요.

해설 (A) 오지 않는 버스를 기다리는 대신 택시를 부르는 게 어떨지 되묻고 있으므로 정답이다.
(B) bus를 듣고 연상 가능한 terminal을 이용한 오답이다.
(C) How long 의문문에 어울리는 대답이므로 오답이다.

어휘 call 부르다 | nearly 거의

5. How's the commute to your new office?

미국 (A) Why don't you take the bus?
↓
영국 (B) No, I don't have to.
(C) I'm still getting used to it.

새 사무실로 통근하시는 건 어떠세요?
(A) 버스를 타시는 게 어떨까요?
(B) 아니요, 그럴 필요가 없어요.
(C) 아직 적응하는 중이에요.

해설 (A) commute를 듣고 연상 가능한 take the bus를 이용한 오답이다.
(B) 의문사 의문문에는 Yes/No로 대답할 수 없으므로 오답이다.
(C) 통근 상태에 대해 아직 적응 중이라고 대답했으므로 정답이다.

어휘 commute 통근하다 | get used to ~에 익숙해지다

6. Why do you want me to move these jackets to the
영국 back?
↓
호주 (A) New merchandise is coming soon.
(B) In the new department store.
(C) They come in black and brown.

왜 이 재킷들을 뒤쪽으로 옮기길 원하세요?
(A) 신제품이 곧 나올 거예요.
(B) 새 백화점에서요.
(C) 검은색과 갈색으로 나와요.

해설 (A) 신제품이 곧 나온다며 이유를 들어 적절히 대답했으므로 정답이다.
(B) 질문의 jackets를 듣고 연상할 수 있는 department store를 이용한 오답이다.
(C) 질문의 jackets를 듣고 연상할 수 있는 come in black and brown을 이용한 오답이다.

어휘 move 옮기다 | jacket 재킷 | back 뒤쪽 | merchandise 제품 | department store 백화점 | brown 갈색

7. How long will I need to wait to see the doctor?

호주 (A) I have an appointment today.
↓
미국 (B) We don't have any openings this week.
(C) After lunch.

의사를 보려면 얼마나 기다려야 하나요?
(A) 저는 오늘 예약이 있어요.
(B) 이번 주에는 빈자리가 없어요.

(C) 점심시간 이후예요.

해설 (A) see the doctor를 듣고 연상 가능한 appointment를 이용한 오답이다.
(B) 빈자리가 없다고 우회적으로 대답한 정답이다.
(C) When 의문문에 어울리는 대답이므로 오답이다.

어휘 appointment 예약, 약속 | opening 빈자리

---

8. Why did your business hours change?
[미국] (A) Should we postpone the business trip?
↓
[미국] (B) And $3.50 is your change.
(C) It's just temporary.

영업시간을 왜 바꾸셨어요?
(A) 저희가 출장을 연기해야 할까요?
(B) 그리고 3.5달러는 거스름돈입니다.
(C) 일시적인 거예요.

해설 (A) 질문의 business를 반복 사용하여 혼동을 준 오답이다.
(B) 질문의 change를 반복 사용하여 혼동을 준 오답이다.
(C) 일시적인 거라며 질문에 우회적으로 대답했으므로 정답이다.

어휘 business hour 영업시간 | change 바꾸다: 거스름돈 | postpone
연기하다 | business trip 출장 | temporary 일시적인, 임시의

---

9. How do you like the new office dress code?
[미국] (A) Business attire only.
↓
[호주] (B) I think it's too strict.
(C) I haven't got any.

새로운 사내 복장 규정은 어때요?
(A) 비즈니스 정장만요.
(B) 너무 엄격한 것 같아요.
(C) 아무것도 못 받았어요.

해설 (A) dress code를 듣고 연상 가능한 Business attire를 이용한 오답
이다.
(B) 새 복장 규정에 대한 의견을 묻는 질문에 너무 엄격한 것 같다고
대답했으므로 정답이다.
(C) 질문과 무관한 대답이므로 오답이다.

어휘 How do you like ~? ~은 어떤가요? ~이 마음에 드시나요? | dress
code 복장 규정 | business attire 비즈니스 정장 | strict 엄격한

---

10. Why did you return your new jacket?
[호주] (A) Turn right at the corner.
↓
[미국] (B) Because the zipper was broken.
(C) Come back later.

당신의 새로운 재킷을 왜 반납했나요?
(A) 모퉁이에서 우회전하세요.
(B) 지퍼가 고장 나서요.
(C) 나중에 다시 오세요.

해설 (A) return과 발음이 비슷한 turn을 이용한 오답이다.
(B) 지퍼가 고장 났다는 이유를 말했으므로 정답이다.
(C) return을 듣고 연상 가능한 come back을 이용한 오답이다.

어휘 return 돌아오다, 반납하다 | turn right 우회전하다 | at the corner
모퉁이에 | zipper 지퍼 | broken 고장 난

---

11. How much time do you need to finish packing?
[미국] (A) I'm almost done.
↓
[미국] (B) About 1,200 dollars.
(C) 10 minutes ago.

짐 싸는 것을 마무리하는 데 시간이 얼마나 필요하세요?
(A) 거의 다 끝났어요.
(B) 1,200달러 정도요.
(C) 10분 전에요.

해설 (A) 기간으로 대답하고 있지는 않지만 거의 다 끝났다고 대답했으므로
정답이다.
(B) 금액을 대답하고 있으므로 오답이다.
(C) 기간을 묻는 질문에 10분 전이라는 시점을 대답하고 있으므로 오답
이다.

어휘 pack (짐을) 싸다 | done 다 끝난

---

12. Why has the delivery been delayed?
[영국] (A) Have you seen the weather outside?
↓
[미국] (B) When the shipment arrives later.
(C) Yes, from the manufacturing plant.

왜 배송이 지연되었나요?
(A) 밖에 날씨 보셨어요?
(B) 나중에 배송품이 도착하면요.
(C) 네, 제조 공장에서요.

해설 (A) 바깥 날씨를 봤는지 되물으며 날씨 때문에 배송이 지연되었음을
우회적으로 나타내고 있는 정답이다.
(B) delivery를 듣고 연상 가능한 shipment를 이용한 오답이다.
(C) 의문사 의문문에는 Yes/No로 대답할 수 없으므로 오답이다.

어휘 delivery 배달물 | delay 지연시키다 | shipment 배송 |
manufacturing plant 제조 공장

UNIT 07. 일반·부정·부가 의문문

핵심 문제 유형
본서 p.110

1. (A)	2. (A)	3. (B)	4. (C)	5. (C)	6. (A)

1. 존스 씨는 연설을 할 건가요?
(A) 전 그렇게 들었어요.
(B) 그는 곧 떠날 거예요.
(C) 스피커가 작동하지 않았어요.

어휘 give a speech 연설을 하다

2. 제가 보내드린 서류는 살펴보셨나요?

(A) 아직요, 근데 오늘 오후에 볼 거예요.

(B) 고용 계약서요.

(C) 네, 저도 그렇게 생각해요.

어휘 review 검토하다 | document 문서 | send 보내다 | yet 아직 | employment 고용 | agreement 계약(서)

---

3. 주방에 있는 오븐들은 청소가 됐나요?

(A) 화물 컨테이너에 있을 거예요.

(B) 네, 멜리사가 오늘 아침에 했어요.

(C) 제가 쓰레기봉투에 버렸어요.

어휘 oven 오븐 | clean 청소하다 | cargo 화물 | container (화물 수송용) 컨테이너, 용기 | throw out 버리다 | garbage bag 쓰레기봉투

---

4. 연말이면 로비 리모델링이 끝날까요?

(A) 복도 바로 아래에 있어요.

(B) 네, 내년에 끝내길 바라고 있어요.

(C) 아니요, 약간 지연됐어요.

어휘 lobby 로비 | remodeling 개보수, 리모델링 | finish 끝내다 | hallway 복도 | delay 지연

---

5. 전에 이 기계를 조작해 본 적 없으세요?

(A) 세탁기를 새로 샀어요.

(B) 네, 우리 사업 규모가 커지고 있어요.

(C) 아니요, 방법을 배운 적이 없어요.

어휘 operate 조작하다, 작동하다 | machinery 기계 | washing machine 세탁기 | operation 활동, 사업(체) | expand 확장되다 | learn 배우다

---

6. 여기 커피숍 음료가 맛있네요, 그렇죠?

(A) 맞아요, 여기 정말 좋아요.

(B) 아니요, 거기 가격이 얼마인지 모르겠어요.

(C) 여기요, 제 신용 카드 받으세요.

어휘 beverage 음료 | delicious 맛있는 | place 장소 | cost (비용이) ~이다[들다] | credit card 신용 카드

Warm-up   본서 p.110

1. (B)	2. (B)	3. (A)	4. (B)	5. (B)	6. (A)
7. (A)	8. (A)	9. (B)	10. (A)	11. (A)	12. (A)
13. (A)	14. (B)	15. (A)	16. (B)	17. (A)	18. (B)

---

1. Is parking permitted here?

영국 (A) He is shopping for a new car.
↓
미국 (B) Yes, but only for 30 minutes.

여기 주차되나요?

(A) 신차를 사려고요.

(B) 네, 하지만 30분 동안만요.

해설 (A) 질문의 parking을 듣고 연상할 수 있는 car를 이용한 오답이다.

(B) Yes(주차할 수 있다)로 답한 후 하지만 30분 동안만 된다고 부연 설명한 정답이다.

어휘 parking 주차 | permit 허용하다 | shop 사다, 쇼핑하다

---

2. Is the bus on platform 13 going to Cleveland?

미국 (A) I can give you a ride to the terminal.
↓
호주 (B) Yes, and it is departing in 10 minutes.

13번 승강장 버스가 클리블랜드행인가요?

(A) 제가 터미널까지 태워 드릴게요.

(B) 네, 10분 후에 출발해요.

해설 (A) 질문의 bus를 듣고 연상할 수 있는 terminal을 이용한 오답이다.

(B) Yes(클리블랜드행 버스다)로 답한 후 10분 후에 출발한다고 부연 설명한 정답이다.

어휘 give a ride 태워주다 | terminal 터미널 | depart 출발하다

---

3. Is there a convenience store nearby?

호주 (A) I don't think so.
↓
영국 (B) A variety of drinks.

인근에 편의점이 있나요?

(A) 없는 것 같아요.

(B) 다양한 음료들이요.

해설 (A) 없는 것 같다며 부정으로 대답하고 있으므로 정답이다.

(B) convenience store를 듣고 연상 가능한 drinks를 이용한 오답이다.

어휘 convenience store 편의점 | nearby 인근에 | a variety of 다양한

---

4. Did you receive the laboratory results?

호주 (A) I've never been to the resort.
↓
미국 (B) They're on my desk.

실험실 결과들을 받으셨나요?

(A) 전 그 리조트에 가 본 적이 없어요.

(B) 제 책상 위에 있어요.

해설 (A) results와 발음이 비슷한 resort를 이용한 오답이다.

(B) 결과들을 받았고 책상 위에 있다고 말하고 있으므로 정답이다.

어휘 laboratory result 실험실 결과 | resort 리조트

---

5. Did you make a restaurant reservation?

미국 (A) The subway station is close by.
↓
호주 (B) I think Elaine already did.

식당 예약했어요?

(A) 지하철역이 근처에 있어요.

(B) 일레인이 이미 했을 거예요.

해설 (A) 질문의 reservation과 발음이 비슷한 station을 이용한 오답이다.

(B) 일레인이 이미 했을 거라며 질문에 적절히 대답했으므로 정답이다.

어휘 make a reservation 예약하다 | subway station 지하철역 | close by 근처에, 인근에 | already 이미, 벌써

6. Do you regularly check the firm's customer database?
미국 ↓ (A) Yes, at least twice a day.
영국 (B) We received many complaints.

회사의 고객 데이터베이스를 정기적으로 확인하시나요?
(A) 네, 적어도 하루에 두 번씩이요.
(B) 저희는 많은 불만 사항을 받았습니다.

해설 (A) Yes라고 말한 뒤, 하루에 두 번은 한다는 부연 설명으로 대답한 정답이다.
(B) customer를 듣고 연상 가능한 complaints를 이용한 오답이다.

어휘 regularly 정기적으로 | firm 회사

7. Has the dentist already checked your teeth?
미국 ↓ (A) Yes, and she said they're in great condition.
미국 (B) A certificate in dental assisting.

치과 의사 선생님께서 당신 치아를 검사하셨나요?
(A) 네, 그리고 상태가 아주 좋다고 하셨어요.
(B) 치과 조무사 자격증요.

해설 (A) Yes(치아를 검사했다)로 답한 후, 치아 상태가 좋다고 했다는 부연 설명이 이어지고 있으므로 정답이다.
(B) 질문의 dentist를 듣고 연상할 수 있는 dental을 이용한 오답이다.

어휘 dentist 치과 의사 | condition 상태 | certificate 자격증, 증명서 | dental assisting 치과 조무[보조]

8. Has the plumber repaired the sink?
영국 ↓ (A) Yes, he's all done now.
미국 (B) It's under the sink.

그 배관공이 싱크대를 고쳤나요?
(A) 네, 이제 다 끝났어요.
(B) 싱크대 아래에 있어요.

해설 (A) 긍정의 Yes와 함께 일이 다 끝났다고 말하고 있으므로 정답이다.
(B) sink를 반복 사용한 오답이다.

어휘 plumber 배관공 | repair 수리하다 | sink 싱크대 | done 다 끝난

9. Have you set up the new color printer yet?
영국 ↓ (A) Fifty copies in color, please.
미국 (B) I finished that yesterday.

새 컬러 프린터를 설치하셨나요?
(A) 컬러로 50부 해주세요.
(B) 그 일을 어제 끝냈어요.

해설 (A) color를 반복 사용한 오답이다.
(B) 어제 완료했다고 대답했으므로 정답이다.

어휘 set up 설치하다 | copy 복사본

10. Should I bring anything else to the convention?
호주 ↓ (A) Did we pack enough brochures?
미국 (B) Most likely in the convention center.

제가 컨벤션에 가져갈 게 또 있을까요?
(A) 안내 책자는 충분히 챙겼어요?
(B) 아마 컨벤션 센터에 있을 거예요.

해설 (A) 안내 책자를 충분히 챙겼는지 되물으며 우회적으로 답한 정답이다.
(B) 질문의 convention을 반복 사용하여 혼동을 준 오답이다.

어휘 bring 가져가다 | convention 컨벤션 | pack 챙기다 | enough 충분한 | brochure 안내 책자 | most likely 아마

11. Will Ms. Gladden be on time today?
호주 ↓ (A) Yes, you won't have to wait much longer.
미국 (B) It should be on your desk.

글래든 씨가 오늘 제시간에 오실까요?
(A) 네, 그리 오래 기다리지 않아도 될 거예요.
(B) 당신 책상 위에 있을 거예요.

해설 (A) Yes라고 답한 후, 오래 기다리지 않아도 될 거라며 질문에 적절히 대답했으므로 정답이다.
(B) 질문의 be on을 반복 사용하여 혼동을 준 오답이다.

어휘 on time 시간을 어기지 않고 | wait 기다리다

12. Will the new employee orientation finish by 7:30?
영국 ↓ (A) The schedule was emailed to you.
미국 (B) No, the morning meeting.

신입 직원 오리엔테이션이 7시 반에 끝날까요?
(A) 일정표를 이메일로 보내 드렸어요.
(B) 아니요, 오전 회의요.

해설 (A) 일정표를 이메일로 보냈으니 확인해 보라고 우회적으로 말한 정답이다.
(B) orientation, 7:30을 듣고 연상 가능한 morning meeting을 이용한 오답이다.

어휘 orientation 오리엔테이션, 예비 교육

13. Don't you sell bookshelves here?
미국 ↓ (A) Yes, but they're out of stock.
미국 (B) The library is closed for maintenance.

여기서 책장 판매하지 않나요?
(A) 네, 그런데 다 팔렸어요.
(B) 도서관은 보수로 문을 닫았어요.

해설 (A) 책장을 판다는 Yes로 답한 후, 하지만 다 팔렸다며 질문에 적절히 대답했으므로 정답이다.
(B) 질문의 bookshelves를 듣고 연상할 수 있는 library를 이용한 오답이다.

어휘 sell 팔다 | bookshelf 책장 | out of stock 매진된 | library 도서관 | close 문을 닫다 | maintenance 유지 보수

14. <u>Aren't you going to</u> the staff meeting tomorrow 호주 morning?
↓
미국 (A) For a larger staff lounge.
(B) My client's coming in at 10.

내일 아침 직원 회의에 안 가세요?
(A) 좀 더 넓은 직원 휴게실로요.
(B) 10시에 제 고객이 오실 예정이에요.

해설 (A) 질문의 staff를 반복 사용하여 혼동을 준 오답이다.
(B) 10시에 고객이 올 예정이라며 가지 않겠다는 것을 우회적으로 대답했으므로 정답이다.

어휘 staff 직원 | lounge 휴게실, 라운지

---

15. <u>Wasn't</u> Marco at the <u>marketing seminar</u> this morning?
미국 (A) I don't remember.
↓
영국 (B) No, he's a marketing manager.

마르코가 오늘 아침 마케팅 세미나에 없었나요?
(A) 기억나지 않아요.
(B) 아니요, 그는 마케팅 관리자예요.

해설 (A) 기억이 나지 않는다고 말하고 있으므로 정답이다.
(B) marketing을 반복 사용한 오답이다.

어휘 remember 기억하다

---

16. Rachel's office <u>is on</u> this floor, isn't it?
미국 (A) Yes, it needs another chair.
↓
호주 (B) She moved to the 7th floor last month.

레이첼의 사무실은 이 층에 있죠, 그렇지 않나요?
(A) 네, 거기에 의자가 하나 더 필요해요.
(B) 그녀는 지난달에 7층으로 옮겼어요.

해설 (A) office를 듣고 연상 가능한 chair를 이용한 오답이다.
(B) 더 이상 이 층에 있지 않다고 말하고 있으므로 정답이다.

어휘 floor 층 | move 옮기다, 이동하다

---

17. The new executive director <u>will be starting</u> soon, 미국 won't he?
↓
영국 (A) Yes, he'll be here on Thursday.
(B) It's roughly 30 minutes away.

새로운 상무 이사님이 곧 부임하시죠, 그렇죠?
(A) 네, 목요일에 여기 오실 거예요.
(B) 대략 30분 거리에 있어요.

해설 (A) 곧 부임할 거라는 Yes로 답한 후, 목요일에 올 거라는 부연 설명이 적절하므로 정답이다.
(B) 질문의 soon을 듣고 연상할 수 있는 away를 이용한 오답이다.

어휘 executive director 상무 이사 | soon 곧, 조만간 | roughly 대략 | away 떨어진 곳에

---

18. Ms. Yuiko <u>made</u> the <u>slide show</u> for the meeting, 미국 didn't she?
↓
미국 (A) About 15 slides.
(B) No, I did.

유이코 씨가 회의용 슬라이드 쇼를 만들었죠, 그렇지 않나요?
(A) 대략 15개의 슬라이드예요.
(B) 아니요, 제가 만들었어요.

해설 (A) slide를 반복 사용한 오답이다.
(B) 부정의 No 뒤에 유이코 씨가 아니라 본인이 만들었음을 밝히고 있으므로 정답이다.

어휘 slide show 슬라이드 쇼

Exercise

본서 p.118

1. (A), (B)	2. (A), (B)	3. (B), (C)	4. (B), (C)
5. (B), (C)	6. (A), (B)	7. (A), (B)	8. (A), (C)
9. (B), (C)	10. (A), (B)	11. (B), (C)	12. (A), (C)

---

1. <u>Are you taking the train</u> to the Chicago World Expo?
미국 (A) No, I'm flying there.
↓
미국 (B) I don't think I'll be going.
(C) Around 50 thousand people.

시카고 세계 엑스포에 기차 타고 가세요?
(A) 아니요, 비행기로 가요.
(B) 가지 않을 것 같아요.
(C) 약 5만 명이요.

해설 (A) 기차를 타지 않는다는 No로 답한 후, 비행기로 간다며 질문에 적절히 대답했으므로 정답이다.
(B) 가지 않을 것 같다며 질문에 맞게 적절히 대답했으므로 정답이다.
(C) 질문의 world expo를 듣고 연상할 수 있는 참석자 수(50 thousand people)를 이용한 오답이다.

어휘 expo 박람회, 엑스포 | fly 비행기를 타고 가다 | around 약

---

2. Our <u>recent sales</u> are better than last year's, <u>right</u>?
호주 (A) Yes, they are.
↓
미국 (B) Who told you that?
(C) They said it's not on sale yet.

최근 매출이 작년보다 더 좋네요, 그렇죠?
(A) 네, 맞아요.
(B) 누가 그러던가요?
(C) 그건 아직 할인 판매를 안 한대요.

해설 (A) 맞다고 대답하고 있으므로 정답이다.
(B) 누가 알려 줬는지 물으며 우회적으로 대답한 정답이다.
(C) sales와 발음이 일부 동일한 sale을 이용한 오답이다.

어휘 sales 매출 | on sale 할인 중인

---

3. Will you be out of town this weekend?
미국 → 미국

(A) I used to live downtown.
(B) I'll be back on Saturday afternoon.
(C) Yes, for a conference in Shanghai.

이번 주말에 시외로 나가실 건가요?
(A) 전 시내에서 살았어요.
(B) 토요일 오후에 돌아올 거예요.
(C) 네, 상하이에서 있을 회의 때문에요.

해설 (A) town과 발음이 일부 동일한 downtown을 이용한 오답이다.
(B) 주말 내내 시외에 있는 것이 아니라 토요일 오후에는 돌아온다고 대답하고 있으므로 정답이다.
(C) 부재의 이유를 상세히 언급하고 있으므로 정답이다.

어휘 out of town (출장 등으로) 도시를 떠난 | weekend 주말 | downtown 시내에

4. You've seen the final program, haven't you?
호주 → 미국

(A) Yes, I will.
(B) Patrick showed me earlier.
(C) No, I was too busy.

최종 프로그램을 보셨죠, 그렇지 않나요?
(A) 네, 볼 거예요.
(B) 패트릭이 아까 저에게 보여 줬어요.
(C) 아니요, 너무 바빠서요.

해설 (A) 시제가 잘못된 오답이다.
(B) 패트릭이 보여 줘서 봤다고 대답하고 있으므로 정답이다.
(C) 너무 바빠서 못 봤다고 대답하고 있으므로 정답이다.

어휘 final 최종의

5. Have you heard back from the illustrator yet?
영국 → 미국

(A) I thought the illustrations were amazing.
(B) No, I'll call her now.
(C) Yes, she will send us a sample today.

삽화가한테서 연락 왔어요?
(A) 삽화가 굉장한 것 같아요.
(B) 아니요, 제가 지금 전화해 볼게요.
(C) 네, 오늘 샘플을 보내올 거예요.

해설 (A) 질문의 illustrator와 발음이 유사한 illustrations를 이용한 오답이다.
(B) 연락이 안 왔다는 No로 답한 후, 지금 전화해 본다며 질문에 적절히 대답했으므로 정답이다.
(C) 연락이 왔다는 Yes로 답한 후, 오늘 샘플을 보낼 거라며 질문에 적절히 대답했으므로 정답이다.

어휘 illustrator 삽화가 | illustration 삽화 | amazing 놀라운, 굉장한

6. The bus station's going to be ready this year, isn't it?
호주 → 미국

(A) Well, the construction is going pretty fast.
(B) Yes, that's what I heard.
(C) The next one leaves in an hour.

올해는 버스 정류장이 준비될 거죠, 그렇지 않나요?

(A) 글쎄요, 공사가 꽤 빠르게 진행되고 있어요.
(B) 네, 그렇게 들었어요.
(C) 다음 거는 한 시간 후에 떠나요.

해설 (A) 공사가 빠르게 진행되고 있다며 우회적으로 대답한 정답이다.
(B) 올해는 버스 정류장이 준비될 것으로 들었다고 대답하고 있으므로 정답이다.
(C) bus를 듣고 연상 가능한 The next one leaves in an hour를 이용한 오답이다.

어휘 bus station 버스 정류장 | be ready 준비되다 | construction 공사

7. Should I help you carry these boxes to your office?
미국 → 미국

(A) That would be very helpful.
(B) Just leave them by the door.
(C) Several small boxes on a cart.

이 상자들을 사무실로 옮기는 걸 도와드릴까요?
(A) 도움이 많이 될 것 같아요.
(B) 그냥 문 옆에 놔 주세요.
(C) 카트 위에 있는 작은 상자 몇 개요.

해설 (A) 많은 도움이 될 거라며 제의에 수락한 표현이므로 정답이다.
(B) 그냥 문 옆에 놔 달라며 질문에 적절히 대답했으므로 정답이다.
(C) 질문의 boxes를 반복 사용하여 혼동을 준 오답이다.

어휘 carry 옮기다 | helpful 도움이 되는 | leave 놓다 | cart 카트

8. Have you tried the new pizza place?
영국 → 호주

(A) Yes, last week.
(B) I like Italian dishes.
(C) I haven't had a chance yet.

새 피자 가게에 가 보셨나요?
(A) 네, 지난주에요.
(B) 전 이탈리아 요리를 좋아해요.
(C) 아직 기회가 없었어요.

해설 (A) 긍정의 Yes와 함께 지난주에 가 봤다고 대답하고 있으므로 정답이다.
(B) pizza를 듣고 연상 가능한 Italian dishes를 이용한 오답이다.
(C) 기회가 없어서 아직 못 가봤다고 대답하고 있으므로 정답이다.

어휘 try (좋은지 등을 보려고) 써 보다, 해 보다, 가 보다 | pizza place 피자집 | dish 요리

9. Didn't you distribute the handouts to the employees yesterday?
미국 → 미국

(A) You should check the employee contract.
(B) I was going to, but we ran out of copies.
(C) I thought Sarah was supposed to do that.

어제 직원들에게 유인물을 나눠 주지 않았어요?
(A) 직원 계약서를 확인해 보세요.
(B) 그러려고 했는데 사본이 다 떨어졌습니다.
(C) Sarah가 하기로 한 줄 알았어요.

해설 (A) 질문의 employees를 반복 사용하여 혼동을 준 오답이다.

(B) 나눠주려고 했는데, 사본이 떨어졌다며 질문에 어울리게 대답했으므로 정답이다.

(C) 사라가 한 줄 알았다며 나눠주지 않았음을 우회적으로 대답했으므로 정답이다.

어휘 distribute 나눠주다 | handout 유인물 | check 확인하다 | contract 계약(서) | run out of ~이 다 떨어지다 | copy 사본. (책, 서류 등의) 한 부 | be supposed to do ~하기로 되어 있다

---

10. Do you have Tula's phone number?
미국 → 영국 (A) Why do you need it?
(B) No, but Kaylee might know it.
(C) She just postponed the meeting.

툴라의 전화번호를 가지고 계시나요?
(A) 그게 왜 필요하세요?
(B) 아니요, 하지만 케일리가 알지도 몰라요.
(C) 그녀가 회의를 연기했어요.

해설 (A) 번호가 왜 필요하냐고 반문하며 우회적으로 대답한 정답이다.

(B) 전화번호는 모르지만 케일리가 알지도 모르니 그녀에게 물어보라고 우회적으로 대답한 정답이다.

(C) phone과 발음이 비슷한 postponed를 이용한 오답이다.

어휘 phone number 전화번호 | postpone 연기하다

---

11. Don't you have the same suitcase as this one?
미국 → 미국 (A) No, I haven't.
(B) Mine is in red, though.
(C) No, but my friend does.

이것과 같은 여행 가방을 가지고 있지 않아요?
(A) 아니요. 그런 적 없어요.
(B) 하지만 제 것은 빨간색이에요.
(C) 아니요, 하지만 제 친구가 갖고 있죠.

해설 (A) 현재 시제(Don't ~) 질문에 현재완료 시제(~ haven't)로 대답한 오답이다.

(B) 똑같은 여행 가방이 있지만 색깔은 다르다고 자세하게 설명하고 있으므로 정답이다.

(C) 자신은 가지고 있지 않고 친구가 똑같은 여행 가방을 가지고 있다고 대답했으므로 정답이다.

어휘 suitcase 여행 가방 | mine 나의 것

---

12. Did you have a chance to meet your new coworkers?
미국 → 미국 (A) Yes, they seemed very nice.
(B) I need to change my uniform.
(C) Not yet.

당신의 새 동료들을 만나 볼 기회가 있었나요?
(A) 네, 모두 친절해 보였어요.
(B) 유니폼을 갈아입어야 해요.
(C) 아직이요.

해설 (A) 만나 봤는데 모두 친절해 보였다고 내답하고 있으므로 정답이다.

(B) chance와 발음이 비슷한 change를 이용한 오답이다.

(C) 아직 만나지 못했다고 대답하고 있으므로 정답이다.

어휘 chance 기회 | coworker 동료 | seem ~인 것처럼 보이다 | change (옷을) 갈아입다 | uniform 유니폼

Practice

본서 p.120

1. (C)	2. (C)	3. (B)	4. (A)	5. (A)	6. (A)
7. (C)	8. (B)	9. (B)	10. (A)	11. (C)	12. (C)

1. Did you submit the proposal before the deadline?
미국 → 호주 (A) The outline for the upcoming project.
(B) We should close the door.
(C) It was extended.

마감일 전에 제안서 제출했어요?
(A) 곧 있을 프로젝트용 개요요.
(B) 문을 닫는 게 좋겠어요.
(C) 연장됐어요.

해설 (A) 질문의 deadline을 듣고 연상할 수 있는 project를 이용한 오답이다.

(B) 질문과 무관한 대답이다.

(C) 마감일이 연장되었다며 아직 제출하지 않았음을 우회적으로 대답했으므로 정답이다.

어휘 submit 제출하다 | proposal 제안(서) | deadline 마감일 | outline 개요 | upcoming 다가오는, 곧 있을 | close 닫다 | extend 연장하다

---

2. Weren't you at the meeting this morning?
호주 → 미국 (A) In conference room A.
(B) She's arriving in the afternoon.
(C) No, I had to visit a client.

오늘 오전 회의에 오지 않으셨나요?
(A) A 회의실에서요.
(B) 그녀는 오후에 도착합니다.
(C) 아니요, 고객을 만나야 했어요.

해설 (A) meeting을 듣고 연상 가능한 conference room을 이용한 오답이다.

(B) 주어가 she이므로 질문의 주어 you와 맞지 않고, this morning을 듣고 연상 가능한 in the afternoon을 이용한 오답이다.

(C) 회의에 참석하지 못한 이유를 설명하고 있으므로 정답이다.

어휘 conference room 회의실

---

3. You set up an appointment with Dr. Allen, didn't you?
미국 → 영국 (A) He's been appointed to the committee.
(B) Yes, for this Thursday.
(C) For my annual checkup.

알런 박사님과 예약하셨죠, 그렇지 않나요?
(A) 그는 위원회에 임명되었습니다.
(B) 맞아요, 이번 주 목요일로요.
(C) 제 연례 건강 검진을 위해서요.

해설 (A) appointment와 발음이 비슷한 appointed를 이용한 오답이다.

(B) 목요일로 예약했다고 대답했으므로 정답이다.

(C) appointment를 듣고 연상 가능한 annual checkup을 이용한 오답이다.

어휘 set up an appointment 예약을 하다 | appoint 임명하다 | committee 위원(회) | annual 연례의 | checkup 건강 검진

----

4. Isn't the bridge construction over Holston River finished?
미국 → 미국

(A) No, it'll be another month.

(B) I finally got my car repaired.

(C) There was a traffic jam all day.

홀스톤 강을 가로지르는 교량 공사가 끝나지 않았어요?

(A) 아니요, 한 달 더 걸릴 거예요.

(B) 드디어 제 차를 수리했어요.

(C) 하루 종일 교통 체증이 있었어요.

해설 (A) 끝나지 않았다는 No로 답한 후, 한 달 더 걸릴 거라며 질문에 적절히 대답했으므로 정답이다.

(B) 질문의 finished를 듣고 연상할 수 있는 finally를 이용한 오답이다.

(C) 질문의 bridge construction을 듣고 연상할 수 있는 traffic jam을 이용한 오답이다.

어휘 bridge 다리 | construction 공사 | finish 끝내다 | finally 마침내 | repair 수리하다 | traffic jam 교통 체증

----

5. Does this train go to City Hall?
영국 →
미국

(A) That's what the map says.

(B) About 30 minutes ago.

(C) I'll be leading a training session.

이 기차는 시청에 가나요?

(A) 지도에는 그렇게 나와 있어요.

(B) 약 30분 전에요.

(C) 제가 교육을 진행할 거예요.

해설 (A) 지도상으로는 그렇다며 Yes(시청에 간다)라는 의미를 우회적으로 나타내므로 정답이다.

(B) 현재 시제(Does ~) 질문에 과거(~ ago)로 대답했으므로 오답이다.

(C) train과 발음이 비슷한 training을 이용한 오답이다.

어휘 city hall 시청 | lead 진행하다 | training session 교육

----

6. Haven't we eaten at this restaurant before?
미국 →
미국

(A) No, this is my first time.

(B) The dinner special.

(C) What a great meal.

우리 전에 이 음식점에서 식사하지 않았나요?

(A) 아니요, 저는 이번이 처음이에요.

(B) 저녁 스페셜이요.

(C) 정말 훌륭한 식사네요.

해설 (A) No(식사하지 않았다)라고 말한 뒤, 이번이 처음이라고 부연 설명하고 있으므로 정답이다.

(B) restaurant를 듣고 연상 가능한 dinner special을 이용한 오답이다.

(C) restaurant를 듣고 연상 가능한 meal을 이용한 오답이다.

어휘 special (식당 등의) 특별 메뉴, 정식 | meal 식사

----

7. The heaters in this office were installed recently, weren't they?
미국 →
호주

(A) It's really hot outside.

(B) We've already set up the food stalls.

(C) No, but it's scheduled for next week.

이 사무실에 있는 난방기는 최근에 설치된 거죠, 그렇지 않나요?

(A) 밖이 정말 더워요.

(B) 우린 벌써 노점을 설치했어요.

(C) 아니요, 하지만 다음 주에 예정되어 있어요.

해설 (A) heaters를 듣고 연상 가능한 hot을 이용한 오답이다.

(B) installed와 발음이 비슷한 stalls를 이용한 오답이다.

(C) No(설치되지 않았다)라고 말한 뒤, 다음 주에 예정되어 있다고 부연 설명하고 있으므로 정답이다.

어휘 heater 히터, 난방기 | install 설치하다 | recently 최근에 | set up 설치하다, 세우다 | food stall 음식 노점, 좌판 | be scheduled for ~으로 예정되어 있다

----

8. Should we show the clients our new branch on Clark Road?
영국 →
미국

(A) A new business proposal.

(B) It's still under construction.

(C) From the airport.

고객들에게 클라크 가에 있는 새 지사를 보여 줘야 할까요?

(A) 신규 사업 제안서요.

(B) 거긴 아직 공사 중이에요.

(C) 공항에서부터요.

해설 (A) new를 반복 사용한 오답이다.

(B) 아직 공사 중이라며 보여 줄 때가 아니라는 의미를 우회적으로 나타내고 있는 정답이다.

(C) clients를 듣고 연상 가능한 airport를 이용한 오답이다.

어휘 client 고객 | branch 지사 | business proposal 사업 제안서 | be under construction 공사 중이다

----

9. The company sports day is this Friday, right?
미국 →
영국

(A) At the end of the day.

(B) Heavy rainfall is forecasted.

(C) OK. I like playing soccer anyway.

회사 체육 대회가 이번 주 금요일이죠, 그렇죠?

(A) 하루가 끝날 즈음에요.

(B) 폭우가 온다는 예보가 있어요.

(C) 알았어요. 어쨌든 전 축구하는 거 좋아해요.

해설 (A) 질문의 day를 반복 사용하여 혼동을 준 오답이다.

(B) 폭우가 온다는 예보가 있다며 질문에 우회적으로 대답했으므로 정답이다.

(C) 질문의 sports를 듣고 연상할 수 있는 playing soccer를 이용한 오답이다.

어휘 sports day 체육 대회 | heavy 심한, 많은 | rainfall 강우(량) | forecast 예보하다 | soccer 축구 | anyway 어쨌든

---

10. Have you read the interview with the CEO of Bayside
[영국] Trading?
↓
[호주] (A) No, where was it published?
(B) We have an interview with potential candidates.
(C) The trade show was last month.

베이사이드 트레이딩 CEO와의 인터뷰 읽어 봤어요?
(A) 아니요, 어디에 실렸나요?
(B) 잠재 후보자들과 면접이 있어요.
(C) 무역 박람회는 지난 달이었어요.

해설 (A) 읽지 않았다는 No로 답한 후 어디에 실렸냐고 반문하며 질문에 적
절히 대답했으므로 정답이다.
(B) 질문의 interview를 반복 사용하여 혼동을 준 오답이다.
(C) 질문의 Trading과 발음이 유사한 trade를 이용한 오답이다.

어휘 publish 발행하다, 싣다 | potential 잠재적인 | candidate 후보자,
지원자 | trade show 무역 박람회

---

11. You and Audrey attended the same university, didn't
[미국] you?
↓
[미국] (A) You can still sign up for the class.
(B) I'd better study at the library.
(C) Yes, but we didn't know each other then.

당신과 오드리는 같은 대학교를 다녔나요?
(A) 당신은 여전히 그 수업에 등록할 수 있어요.
(B) 저는 도서관에서 공부하는 것이 더 낫겠어요.
(C) 네, 하지만 저희는 그때 서로 몰랐어요.

해설 (A) university를 듣고 연상 가능한 class를 이용한 오답이다.
(B) university를 듣고 연상 가능한 study를 이용한 오답이다.
(C) 같은 대학교를 다녔지만 그때는 서로 알지 못했다고 설명하고 있
으므로 정답이다.

어휘 sign up for ~을 신청하다, 등록하다 | study 공부하다 | library
도서관

---

12. Isn't the team picnic tomorrow?
[호주] (A) The product development team.
↓
[미국] (B) Yes, I went there last weekend.
(C) Not that I know of.

내일 팀 야유회가 아닌가요?
(A) 제품 개발 팀이요.
(B) 네, 지난 주말에 그곳에 갔어요.
(C) 제가 알기로는 아니에요.

해설 (A) team을 반복 사용한 오답이다.
(B) tomorrow로 미래 시점을 물었는데 과거(last weekend)로 대답
했으므로 오답이다.
(C) 내일 팀 야유회가 없는 것으로 알고 있다고 대답했으므로 정답이다.

어휘 team 팀 | picnic 소풍, 야유회

UNIT 08. 선택 의문문·제안·요청·제공
의문문

핵심 문제 유형
본서 p.123

1. (C) **2.** (A)

1. 영화를 토요일에 볼까요, 일요일에 볼까요?
(A) 고래에 관한 다큐멘터리 영화요.
(B) 아가일가에 있는 극장이요.
(C) 일요일이 나을 것 같아요.

어휘 watch 시청하다 | documentary 다큐멘터리 | film 영화 | whale
고래 | theater 극장

---

2. 이번 주말에 하이킹 갈까요?
(A) 전 뮤지컬 티켓을 샀어요.
(B) 저희가 길을 올라가야 하나요, 내려가야 하나요?
(C) 아니요, 전 보통 자전거로 출근해요.

어휘 go on a hike 하이킹하다 | usually 보통 | ride 타다 | bike 자전거

Warm-up
본서 p.123

1. (A) **2.** (A) **3.** (A) **4.** (B) **5.** (B) **6.** (A)

1. Would you like a cup of tea or coffee?
[미국] (A) Water will do.
↓
[호주] (B) I'm going to take a quick break.

차 드실래요, 아니면 커피 드실래요?
(A) 물이면 됩니다.
(B) 잠깐만 쉴게요.

해설 (A) 물이면 된다며 둘 다 선택하지 않은 정답이다.
(B) 질문의 a cup of tea, coffee를 듣고 연상할 수 있는 break를 이
용한 오답이다.

어휘 water 물 | take a break 휴식을 취하다 | quick 신속한, 단시간의

---

2. Do you want to eat at our desks or in the break room?
[호주] (A) Let's eat together.
↓
[영국] (B) We went to that café yesterday.

자리에서 먹고 싶으세요, 아니면 휴게실에서 먹고 싶으세요?
(A) 같이 먹어요.
(B) 저희는 어제 그 카페에 갔어요.

해설 (A) 같이 먹자며 후자를 우회적으로 선택한 응답이므로 정답이다.
(B) 질문의 eat을 듣고 연상할 수 있는 café를 이용한 오답이다.

어휘 break room 휴게실 | café 카페

---

3. Should I go on the morning flight or wait until the
미국 afternoon?
↓
미국 (A) Take the morning flight.
(B) We're taking the same flight.

오전 항공편으로 가야 하나요, 아니면 오후까지 기다려야 하나요?
(A) 오전 항공편을 타세요.
(B) 우리는 같은 비행기를 탈 거예요.

해설 (A) 언급된 선택 사항 중 하나를 선택해서 대답했으므로 정답이다.
(B) flight를 반복 사용한 오답이다.

어휘 flight 항공편

---

4. Would you like some extra cheese on your pasta?
미국 (A) Thank you for visiting us today.
↓
영국 (B) That would be great.

파스타에 치즈를 좀 더 드릴까요?
(A) 오늘 방문해 주셔서 감사합니다.
(B) 그렇게 해 주시면 좋겠습니다.

해설 (A) 질문의 Would you like를 듣고 연상할 수 있는 표현(Thank you for)을 이용한 오답이다.
(B) 그렇게 해 주면 좋겠다는 수락 표현이므로 정답이다.

어휘 extra 추가의 | cheese 치즈 | pasta 파스타

---

5. Would you like me to give you a ride?
미국 (A) In front of the building.
↓
미국 (B) That'd be nice.

제가 태워 드릴까요?
(A) 건물 앞이요.
(B) 그럼 좋죠.

해설 (A) 장소에 대한 답변을 하고 있으므로 오답이다.
(B) 상대방의 제안을 수락한 정답이다.

어휘 give a ride 태워다 주다

---

6. Could you prepare the budget report for next quarter?
미국 (A) Oh, I already submitted it this morning.
↓
호주 (B) I spent time with him last weekend.

다음 분기 예산 보고서를 준비해 주시겠어요?
(A) 아, 오늘 아침에 벌써 제출했어요.
(B) 지난주 주말은 그와 함께 보냈어요.

해설 (A) 상대방의 서류 준비 요청에 이미 제출했다고 대답했으므로 정답이다.
(B) budget과 next를 듣고 연상 가능한 spent와 last를 이용한 오답이다.

어휘 prepare 준비하다 | budget report 예산 보고서 | quarter 분기 | submit 제출하다 | spend (시간을) 보내다, (돈을) 쓰다

Exercise

본서 p.126

1. (B), (C)	2. (B), (C)	3. (B), (C)	4. (A), (C)
5. (A), (B)	6. (B), (C)	7. (A), (B)	8. (A), (C)
9. (A), (C)	10. (A), (C)	11. (B), (C)	12. (A), (C)

1. Should I set this package on Macy's desk or put it
미국 somewhere else?
↓
미국 (A) Thanks, but I've already packed one.
(B) You can leave it at the front desk.
(C) Ask Macy where to put them.

이 소포를 메이시의 책상에 두어야 하나요, 아니면 다른 곳에 두어야 하나요?
(A) 고맙지만 하나는 이미 포장했어요.
(B) 안내 데스크에 맡기시면 돼요.
(C) 어디에 둬야 하는지 메이시에게 물어보세요.

해설 (A) package를 듣고 연상 가능한 packed를 이용한 오답이다.
(B) 언급된 선택 사항 중 하나를 선택하지 않고 제3의 선택을 제시하는 정답이다.
(C) 메이시한테 직접 물어보라고 우회적으로 대답한 정답이다.

어휘 package 소포 | somewhere 어딘가에 | pack 싸다, 포장하다 | leave 맡기다 | front desk 안내 데스크

---

2. Who got the Employee of the Year Award, Allen or
호주 Helena?
↓
영국 (A) No, it's her first year.
(B) I don't recall who it was.
(C) Actually, Zoe got the award.

누가 올해의 직원상을 받았나요, 앨런인가요 아니면 헬레나인가요?
(A) 아니요, 그녀의 입사 첫해였어요.
(B) 누구였는지 기억이 나지 않네요.
(C) 실은, 조이가 그 상을 받았어요.

해설 (A) 선택 의문문에서 정답으로 나오기 어려운 No와 함께 year를 반복 사용한 오답이다.
(B) 누가 받았는지 기억이 나지 않는다며 모르겠다고 대답한 정답이다.
(C) 언급된 선택 사항 중 하나를 선택하지 않고 제3의 선택을 제시하는 정답이다.

어휘 employee 직원 | award 상 | recall 기억해 내다

---

3. Do you want to get coffee now or would you rather
미국 go later?
↓
영국 (A) The place across the street.
(B) I have a meeting soon.
(C) I could use a break now.

지금 커피 마실래요, 아니면 나중에 갈래요?
(A) 길 건너편 집이요.
(B) 곧 회의가 있어요.
(C) 지금 쉬고 싶어요.

해설 (A) 질문의 go를 듣고 연상할 수 있는 place를 이용한 오답이다.

(B) 곧 회의가 있다며 후자를 우회적으로 선택한 응답이므로 정답이다.

(C) 지금 쉬고 싶다며 후자를 우회적으로 선택한 응답이므로 정답이다.

어휘 would rather ~하고 싶다, ~하겠다 | later 나중에 | break 휴식 시간

---

4. How about getting new computers for your business?

미국 → 미국

(A) Unfortunately, we can't afford that.

(B) How many do you need?

(C) We really should.

당신의 회사에 새 컴퓨터들을 들여놓으시는 게 어때요?

(A) 유감스럽게도 그럴 형편이 안 돼요.

(B) 몇 개 필요하세요?

(C) 정말 그래야겠어요.

해설 (A) 상대방의 제안에 부정적으로 답변하고 있으므로 정답이다.

(B) How를 반복 사용한 오답이다.

(C) 상대방의 제안에 동의하는 답변을 하고 있으므로 정답이다.

어휘 business 사업, 회사 | unfortunately 불행하게도, 유감스럽게도 | afford (~을 살 금전적) 여유가 되다

---

5. Do you work the morning or the evening shift?

미국 → 미국

(A) Neither, I work the afternoon shift.

(B) It depends on the day of the week.

(C) I have a two-hour break for lunch.

아침 시간대에 근무하세요, 아니면 저녁 시간대에 근무하세요?

(A) 둘 다 아닙니다, 전 오후 시간대에 근무합니다.

(B) 요일에 따라 달라요.

(C) 전 2시간의 점심시간이 있습니다.

해설 (A) 선택 의문문의 대표적인 대답 형태인 Neither를 사용한 정답이다.

(B) 요일에 따라 다르다고 말하는 우회적인 대답의 정답이다.

(C) morning과 evening을 듣고 연상 가능한 lunch를 이용한 오답이다.

어휘 shift (교대) 근무 | neither 어느 것도 ~아니다 | it depends ~에 따라 다르다 | break (작업 중의) 휴식 (시간)

---

6. Can you open the office door?

호주 → 미국

(A) It was my desk.

(B) Sure, just one second.

(C) I don't have the key.

사무실 문 좀 열어 주시겠어요?

(A) 그건 제 책상이었어요.

(B) 물론이죠, 잠깐만요.

(C) 저한텐 열쇠가 없어요.

해설 (A) office를 듣고 연상 가능한 desk를 이용한 오답이다.

(B) 상대방의 요청에 Sure로 동의하고 있으므로 정답이다.

(C) 열쇠가 없다고 말하며 열어 줄 수 없다는 의미를 우회적으로 대답한 정답이다

---

7. Why don't we leave work a little early today?

미국 → 호주

(A) Sounds good to me.

(B) OK, as soon as we finish this report.

(C) I don't live here.

오늘 우리 조금 일찍 퇴근하는 게 어때요?

(A) 전 좋아요.

(B) 좋아요, 우리가 이 보고서를 끝내는 대로요.

(C) 저는 여기 살지 않아요.

해설 (A) 상대방의 제안에 동의하는 답변을 하고 있으므로 정답이다.

(B) 상대방의 제안에 긍정적으로 대답한 정답이다.

(C) leave와 발음이 비슷한 live를 이용한 오답이다.

어휘 leave work 퇴근하다 | as soon as ~하자마자

---

8. Can you join us for the employee appreciation dinner?

미국 → 영국

(A) Of course. I'll be there.

(B) For the best employees of the year.

(C) Who else is coming?

직원 감사 만찬에 오실 수 있으세요?

(A) 그럼요. 갈게요.

(B) 올해 최고의 직원들을 위해서요.

(C) 또 누가 오나요?

해설 (A) Of course라고 답한 후, 가겠다며 수락한 표현이므로 정답이다.

(B) 질문의 employee를 반복 사용하여 혼동을 준 오답이다.

(C) 또 누가 오냐고 되물으며, 누가 참석하는지에 따라 달라질 수 있다는 의미를 담았으므로 정답이다.

어휘 join 합류하다 | employee 직원 | appreciation 감사

---

9. Why don't you reserve the movie tickets now since it's so popular?

영국 → 미국

(A) All right, let me check their website now.

(B) Yes, it was a great movie.

(C) Claire did it this morning.

영화가 인기가 많으니까 영화표를 지금 예약하는 게 어때요?

(A) 좋아요, 제가 지금 웹사이트를 확인해 볼게요.

(B) 네, 그건 좋은 영화였어요.

(C) 클레어가 오늘 아침에 했어요.

해설 (A) 상대방의 제안에 동의하는 답변을 하고 있으므로 정답이다.

(B) 시제도 맞지 않고 movie를 반복 사용한 오답이다.

(C) 다른 사람이 이미 예약했다고 대답한 정답이다.

어휘 reserve 예약하다 | popular 인기 있는 | great 정말 좋은

---

10. Is this blouse washable or is it dry-clean only?

미국 → 호주

(A) I'm not sure.

(B) I'll pick it up at the dry cleaner's then.

(C) Why don't you check the care label?

이 블라우스는 물빨래가 가능한가요, 아니면 드라이클리닝만 해야 하나요?

(A) 잘 모르겠어요.

(B) 그럼 제가 세탁소에서 그것을 찾아올게요.

(C) 옷에 붙어 있는 관리 안내 라벨을 확인해 보시는 게 어때요?

해설 (A) 잘 모르겠다고 우회적으로 대답한 정답이다.

(B) dry-clean과 발음이 비슷한 dry cleaner's를 이용한 오답이다.

(C) 옷에 붙어 있는 관리 안내 라벨을 확인해 보면 알 수 있다고 우회적으로 대답한 정답이다.

어휘 washable 물빨래가 가능한 | dry-clean 드라이클리닝 하다 | pick up 찾아오다 | dry cleaner's 세탁소 | care label 관리 안내 라벨

---

11. Can I get a ticket for tonight's play?

영국 (A) She's the one that wrote the play.
↓
미국 (B) The seats are full.

(C) How many do you need?

오늘 밤 공연 티켓을 구할 수 있을까요?

(A) 그녀가 극본을 쓴 분이세요.

(B) 만석이에요.

(C) 몇 장이나 필요하세요?

해설 (A) 질문의 play를 반복 사용하여 혼동을 준 오답이다.

(B) 만석이라며 티켓을 구할 수 없음을 우회적으로 대답했으므로 정답이다.

(C) 몇 장이 필요하냐고 되물으며 질문에 적절히 대답했으므로 정답이다.

어휘 play 공연 | seat 좌석 | full 가득 찬, 만원의

---

12. What would you like for lunch, Japanese or Chinese?

영국 (A) What about Italian?
↓
호주 (B) The restaurant is very popular.

(C) I don't have a preference.

점심으로 무엇을 원하세요, 일식 아니면 중식?

(A) 이탈리아 음식은 어때요?

(B) 그 식당은 매우 인기가 좋아요.

(C) 특별히 선호하는 것은 없습니다.

해설 (A) 언급된 선택 사항 중 하나를 선택하지 않고 제3의 선택을 제시한 정답이다.

(B) 질문의 lunch를 듣고 연상할 수 있는 restaurant를 이용한 오답이다.

(C) 선호하는 것이 없다고 말하며 아무거나 상관없다고 대답한 정답이다.

어휘 popular 인기 있는 | preference 선호

Practice
본서 p.128

1. (A)	2. (C)	3. (C)	4. (A)	5. (A)	6. (B)
7. (B)	8. (C)	9. (B)	10. (B)	11. (B)	12. (C)

---

1. Do you plan to submit the proposal electronically or in print?

미국 (A) It has to be online.
↓
미국 (B) Yes, the proposal was great.

(C) At the electronics store.

제안서를 온라인으로 제출할 계획이세요, 아니면 인쇄물로 제출할 계획이세요?

(A) 온라인이어야 해요.

(B) 네, 제안서가 훌륭했어요.

(C) 전자제품점에서요.

해설 (A) 온라인이어야 한다며 전자를 선택한 대답이므로 정답이다.

(B) 질문의 proposal을 반복 사용하여 혼동을 준 오답이다.

(C) 질문의 electronically와 발음이 유사한 electronics를 이용한 오답이다.

어휘 plan 계획하다 | submit 제출하다 | proposal 제안서 | electronically 전자로, 컴퓨터로 | in print 인쇄된 | electronics 전자제품

---

2. Could you help me move my desk?

미국 (A) Should I remove him from the list?
↓
미국 (B) It's already on the desk.

(C) Where should we put it?

책상 옮기는 것을 도와주실 수 있나요?

(A) 제가 목록에서 그를 지워야 하나요?

(B) 이미 책상 위에 있습니다.

(C) 어디에 두어야 할까요?

해설 (A) move와 발음이 비슷한 remove를 이용한 오답이다.

(B) desk를 반복 사용한 오답이다.

(C) 어디에 두어야 하냐고 되묻고 있으므로 정답이다.

어휘 move 옮기다 | desk 책상 | remove 없애다, 지우다 | list 목록

---

3. Do you want to ride the elevator or take the stairs?

미국 (A) A five-minute wait.
↓
미국 (B) We should call the repairperson.

(C) The seminar is on this floor.

엘리베이터를 타실래요, 아니면 계단으로 가실래요?

(A) 5분 기다려야 합니다.

(B) 수리 기사를 불러야 해요.

(C) 세미나는 이 층에서 해요.

해설 (A) ride, elevator를 듣고 연상 가능한 wait를 이용한 오답이다.

(B) elevator를 듣고 연상 가능한 repairperson을 이용한 오답이다.

(C) 세미나는 지금 있는 층에서 한다고 말하며 둘 다 선택하지 않았으므로 정답이다.

어휘 ride 타다 | take (도로 등을) 타다, 이용하다 | stair 계단 | repairperson 수리 기사

---

4. Would you mind working on the client presentation with me?

호주 (A) I'd be happy to help.
↓
영국 (B) They're giving out free gifts to all customers.

(C) Thank you for seeing me today.

저랑 같이 고객 프레젠테이션 작업을 해 주실 수 있으세요?

(A) 도와드릴게요.

(B) 전체 고객에게 무료 선물을 나눠 주고 있어요.

(C) 오늘 만나 주셔서 감사합니다.

해설 (A) 도와드리겠다며 수락의 표현으로 대답했으므로 정답이다.

(B) 질문의 client를 듣고 연상할 수 있는 customers를 이용한 오답이다.

(C) 질문의 Would you mind를 듣고 연상할 수 있는 표현(Thank you for)을 이용한 오답이다.

어휘 give out ~을 나눠 주다 | gift 선물 | customer 고객

---

5. Did you register for Monday's seminar, or Tuesday's?

호주 → 미국

(A) I haven't signed up yet.

(B) It was two hours long.

(C) I can reschedule.

월요일 세미나에 등록하셨나요, 아니면 화요일로 하셨나요?

(A) 아직 등록하지 않았어요.

(B) 두 시간짜리였어요.

(C) 일정을 변경할 수 있어요.

해설 (A) 아직 등록하지 않았다며 둘 다 선택하지 않았으므로 정답이다.

(B) seminar를 듣고 연상 가능한 two hours long을 이용한 오답이다.

(C) Monday, Tuesday를 듣고 연상 가능한 reschedule을 이용한 오답이다.

어휘 register for ~에 등록하다 | sign up 등록하다 | reschedule 일정을 변경하다

---

6. Would you like a catalog of our products?

영국 → 미국

(A) Yes, I logged in.

(B) I already have one, thanks.

(C) A wide selection.

저희 제품의 카탈로그를 원하시나요?

(A) 네, 로그인했어요.

(B) 저는 이미 하나 가지고 있어요, 감사합니다.

(C) 다양한 종류네요.

해설 (A) catalog와 발음이 일부 동일한 logged를 이용한 오답이다.

(B) 이미 가지고 있다고 말하며 상대방의 제안을 거절하고 있으므로 정답이다.

(C) catalog, products를 듣고 연상이 가능한 wide selection을 이용한 오답이다.

어휘 catalog 카탈로그 | wide selection 다양한 종류, 폭넓은 선택

---

7. Should we take a break, or finish packing these boxes?

영국 → 미국

(A) That sounds great.

(B) Let's stop after this one.

(C) I didn't break it.

잠시 쉴까요, 아니면 이 박스들을 포장하는 것을 끝낼까요?

(A) 좋아요.

(B) 이것까지 하고 싶습니다.

(C) 그건 제가 깨지 않았어요.

해설 (A) 주로 제안문의 대답이고 선택 의문문의 대답으로는 부적절하며,

break와 발음이 비슷한 great를 이용한 오답이다.

(B) 선택지 중 하나를 골라서 대답하고 있으므로 정답이다.

(C) break를 반복 사용한 오답이다.

어휘 break 휴식; 깨다 | pack 포장하다 | stop (하던 일을) 잠시 쉬다

---

8. Can you give me the number for the marketing agency?

미국 → 미국

(A) For the advertising campaign.

(B) I can give you a ride.

(C) Why don't you check their website?

마케팅 대행사 전화번호를 주시겠어요?

(A) 광고 캠페인을 위해서요.

(B) 제가 태워 드릴 수 있어요.

(C) 웹사이트를 확인해 보지 그래요?

해설 (A) marketing을 듣고 연상 가능한 advertising을 이용한 오답이다.

(B) can, give를 반복 사용한 오답이다.

(C) 웹사이트 확인을 제안하며 자신은 모르겠다고 대답한 정답이다.

어휘 number (전화 · 팩스 등의) 번호 | agency 대행사, 기획사 | advertising 광고 | campaign 조직적 활동 | give ~ a ride ~을 태워 주다

---

9. Would you like me to call Jay, or will you do it yourself?

미국 → 호주

(A) Call me tomorrow.

(B) I'll contact him.

(C) That's not my phone.

제가 제이에게 전화하길 원하세요, 아니면 당신이 직접 하시겠어요?

(A) 내일 저에게 전화 주세요.

(B) 제가 그에게 연락할게요.

(C) 그건 제 전화기가 아니에요.

해설 (A) call을 반복 사용한 오답이다.

(B) 언급된 선택지 중 하나를 골라 대답했으므로 정답이다.

(C) call을 듣고 연상 가능한 phone을 이용한 오답이다.

어휘 contact 연락하다

---

10. Why don't we set up the room for the product demonstration?

미국 → 미국

(A) Thank you. It was very informative.

(B) It isn't until tomorrow afternoon.

(C) They work in the production line.

방에 제품 시연 준비를 해놓는 게 어때요?

(A) 감사합니다. 정말 유익했어요.

(B) 그건 내일 오후는 되어야 해요.

(C) 그들은 생산 라인에서 일합니다.

해설 (A) 질문의 product demonstration을 듣고 연상할 수 있는 informative를 이용한 오답이다.

(B) 내일 오후는 되어야 한다며 조건을 들어 질문에 맞게 대답했으므로 정답이다.

(C) 질문의 product와 발음이 유사한 production을 이용한 오답이다.

어휘 set up 마련하다, (장비 등을) 설치하다 | product 제품 | demonstration 시연 | informative 유익한 | production 생산

---

11. Do you want to discuss it here or in my office?
[미국] (A) It's a long-distance phone call.
↓
[미국] (B) I'm OK with either.
(C) Something about the company merger.

여기에서 논의하고 싶으세요, 아니면 제 사무실에서 하고 싶으세요?
(A) 장거리 전화예요.
(B) 저는 둘 다 괜찮아요.
(C) 회사 합병에 관한 것이에요.

해설 (A) discuss와 발음이 비슷한 distance를 이용한 오답이다.
(B) 둘 다 괜찮다고 대답했으므로 정답이다.
(C) discuss를 듣고 연상 가능한 주제로 company merger를 이용한 오답이다.

어휘 discuss 논의하다 | long-distance phone call 장거리 전화 | either (둘 중) 어느 하나 | company merger 회사 합병

---

12. Would you mind reviewing the quarterly earnings
[영국] report?
↓
[호주] (A) It's not mine.
(B) In the Accounting Department.
(C) Sorry, I have other plans.

분기별 수익 보고서를 검토해 줄 수 있나요?
(A) 제 것이 아닌데요.
(B) 회계부에서요.
(C) 죄송해요, 다른 계획이 있어요.

해설 (A) mind와 발음이 비슷한 mine을 이용한 오답이다.
(B) quarterly earnings report를 듣고 연상 가능한 Accounting Department를 이용한 오답이다.
(C) 다른 계획이 있어서 보고서를 검토해 줄 수 없다는 거절을 우회적으로 대답했으므로 정답이다.

어휘 mind 언짢아하다 | review 검토하다 | quarterly earnings report 분기별 수익 보고서 | mine 나의 것 | Accounting Department 회계부 | plan 계획

UNIT 09. 간접 의문문·평서문

핵심 문제 유형
본서 p.131
1. (C)   2. (C)

1. 웹사이트 만드는 법 아세요?
(A) 저희는 이미 온라인 등록했어요.
(B) 나쁘지 않은 생각이에요.
(C) 네, 어떤 도움이 필요하세요?

어휘 already 이미, 벌써 | sign up 등록하다, 가입하다

---

2. 전자제품 매장에서 많은 제품이 세일했어요.
(A) 새 스마트폰 영수증요.
(B) 아니요, 창고에서 못 찾았어요.
(C) 뭐 좀 샀어요?

어휘 item 물품 | on sale 할인 중인 | electronics store 전자제품 매장 | receipt 영수증 | find 찾다 | storage 창고

Warm-up
본서 p.131

1. (B)	2. (B)	3. (A)	4. (A)	5. (B)	6. (A)
7. (B)	8. (A)	9. (A)	10. (B)	11. (B)	12. (B)

1. Do you know where I can get some milk?
[미국] (A) With my coffee every morning.
↓
[미국] (B) It's in aisle 3.

제가 어디서 우유를 살 수 있는지 아세요?
(A) 매일 아침 커피에 곁들여서요.
(B) 3번 통로예요.

해설 (A) some milk를 듣고 연상 가능한 my coffee를 이용한 오답이다.
(B) 3번 통로에 있다며 질문에 적절히 대답했으므로 정답이다.

어휘 aisle 통로

---

2. Can you tell me which countries you've traveled to?
[호주] (A) At the international airport.
↓
[영국] (B) I've only been to Australia and Japan.

어떤 나라들을 여행해 봤는지 말씀해 주시겠어요?
(A) 국제공항에서요.
(B) 전 호주와 일본에만 가 봤어요.

해설 (A) countries, traveled를 듣고 연상 가능한 airport를 이용한 오답이다.
(B) 질문 중간에 등장한 which countries에 대한 답변으로 국가명을 언급하고 있으므로 정답이다.

어휘 country 국가, 나라 | international airport 국제공항

---

3. Does anyone know why John's moving to Sydney?
[영국] (A) He got a job offer.
↓
[미국] (B) Because he liked the movie.

왜 존이 시드니로 이사 가는지 아는 분 계시나요?
(A) 그가 일자리를 제의받았거든요.
(B) 그가 그 영화를 좋아했기 때문이에요.

해설 (A) 질문 중간에 등장한 why의 답변으로 Because를 생략하고 적절한 이유를 들어 대답한 정답이다.
(B) Why의 대표적인 대답 형태의 하나인 Because로 시작하지만 뒤의 이유가 알맞지 않고 moving과 발음이 비슷한 movie를 이용한 오답이다.

PART 2 UNIT 09

어휘 move 이사하다 | offer 제의

4. Can you show me <u>how</u> to <u>fill out</u> a maintenance request?
미국
↓
호주
(A) I've never done it before.
(B) Selina, the maintenance worker.

보수 요청서를 어떻게 작성하는지 보여 줄 수 있나요?
(A) 저는 해 본 적 없어요.
(B) 정비 직원인 셀리나요.

해설 (A) 해 본 적 없어 보수 요청서를 어떻게 작성하는지 모른다고 우회적으로 대답한 정답이다.
(B) maintenance를 반복 사용한 오답이다.

어휘 fill out 작성하다 | maintenance request 보수 요청서 | maintenance worker 정비 직원, 시설 관리인

5. Did you find out <u>when</u> the next <u>board meeting</u> will be?
호주
↓
미국
(A) I'm about to board a plane now.
(B) It's next Thursday.

다음 이사회가 언제 열리는지 알아내셨어요?
(A) 저는 이제 막 비행기에 타려는 참이에요.
(B) 다음 주 목요일이에요.

해설 (A) board를 반복 사용한 오답이다.
(B) 질문 중간에 등장한 when에 대한 답변으로 요일을 언급하고 있으므로 정답이다.

어휘 board meeting 이사회 (회의) | be about to 막 ~하려는 참이다 | board 탑승하다

6. May I ask <u>who suggested</u> the changes to the poster?
미국
↓
영국
(A) It was my idea.
(B) Kristy posted it on the board.

포스터에 대한 변경 사항들을 제안하신 분이 누구인지 여쭤봐도 될까요?
(A) 제 아이디어였습니다.
(B) 크리스티가 그것을 게시했어요.

해설 (A) 질문 중간에 등장한 who에 대한 답변으로 my idea라고 언급해 본인이라고 대답하고 있으므로 정답이다.
(B) poster와 발음이 일부 동일한 posted를 이용한 오답이다.

어휘 change 변경 | post 게시하다 | board 게시판

7. I'll get you a <u>registration form</u> to fill out.
미국
↓
미국
(A) I just started my own firm.
(B) Thanks for your help.

작성하셔야 하는 등록 신청서를 한 부 가져다드릴게요.
(A) 저는 제 회사를 이제 막 시작했습니다.
(B) 도와주셔서 감사합니다.

해설 (A) form과 발음이 비슷한 firm을 이용한 오답이다.
(B) 상대방의 말에 감사를 표하며 긍정적으로 호응하는 대답을 했으므

로 정답이다.

어휘 registration form 등록 신청서 | own 자신의 | firm 회사

8. I think you should <u>get</u> Mike a new <u>cell phone</u> for his birthday.
영국
↓
미국
(A) I don't think he needs one.
(B) Give me a callback.

마이크에게 생일 선물로 새 휴대폰을 사 주셔야 할 것 같은데요.
(A) 그에게는 필요 없을 거예요.
(B) 저에게 회신 전화를 주세요.

해설 (A) 상대방의 제안에 대한 반대 의견을 말하고 있으므로 정답이다.
(B) cell phone을 듣고 연상할 수 있는 대답을 이용한 오답이다.

어휘 cell phone 휴대폰 | callback 회신 전화

9. I have a <u>flight to catch</u> in an hour.
호주
↓
미국
(A) Where are you going?
(B) I catch a cold every winter.

저는 한 시간 후에 비행기를 타야 해요.
(A) 어디로 가시나요?
(B) 저는 매해 겨울마다 감기에 걸려요.

해설 (A) 상대방의 말과 관련된 질문으로 반문하고 있으므로 정답이다.
(B) catch를 반복 사용한 오답이다.

어휘 catch a flight 비행기를 타다 | catch a cold 감기에 걸리다

10. Ms. Yoon will <u>be speaking</u> at the conference next week.
미국
↓
미국
(A) From June 11th to 13th.
(B) Great. I'm looking forward to it.

윤 씨가 다음 주 회의에서 발표를 할 겁니다.
(A) 6월 11일부터 13일까지요.
(B) 잘됐네요. 기대돼요.

해설 (A) conference를 듣고 연상할 수 있는 대답을 이용한 오답이다.
(B) 상대방의 말에 긍정적으로 호응하는 대답을 했으므로 정답이다.

어휘 be looking forward to ~을 기대하다

11. Patrick will <u>help you move</u> the office equipment.
미국
↓
호주
(A) Computers and printers.
(B) It's OK, I'm almost done.

당신이 사무기기를 옮기는 것을 패트릭이 도와줄 거예요.
(A) 컴퓨터와 프린터요.
(B) 괜찮아요, 거의 다 했어요.

해설 (A) office equipment를 듣고 연상 가능한 사무기기의 종류인 computers와 printers를 이용한 오답이다.
(B) 상대방의 말에 고맙지만 거의 다 끝났기 때문에 괜찮다고 거절한 정답이다.

어휘 office equipment 사무기기 | done 완료된, 다 끝낸

12. We have a <u>meeting</u> with Ms. Jonelle today.

미국 → 영국

(A) The meeting was a bit long.

(B) What time is the meeting again?

오늘 조넬 씨와 회의가 있습니다.

(A) 회의가 조금 길었어요.

(B) 그 회의가 몇 시라고 하셨죠?

해설 (A) meeting을 반복 사용한 오답이다.

(B) 상대방의 말과 관련된 질문으로 반문하고 있으므로 정답이다.

어휘 bit 다소, 약간

Exercise

본서 p.134

1. (B), (C)	**2.** (B), (C)	**3.** (A), (B)	**4.** (A), (B)
5. (B), (C)	**6.** (B), (C)	**7.** (A), (C)	**8.** (A), (B)
9. (A), (C)	**10.** (B), (C)	**11.** (A), (C)	**12.** (B), (C)

---

1. Do you know <u>what color</u> of fabric you want?

미국 → 호주

(A) Yes, she's a fashion designer.

(B) I'm still thinking.

(C) No, do you have the fabric samples?

당신이 원하는 천의 색상이 무엇인지 아시나요?

(A) 네, 그녀는 패션 디자이너예요.

(B) 저는 아직 생각 중이에요.

(C) 아니요, 천 샘플들을 가지고 계시나요?

해설 (A) 주어가 일치하지 않고 fabric을 듣고 연상 가능한 fashion designer를 이용한 오답이다.

(B) 아직 생각 중이라고 대답하고 있으므로 정답이다.

(C) 질문 중간에 등장한 what color에 대한 답변으로 모른다고 말하며 관련된 질문으로 반문하고 있으므로 정답이다.

어휘 fabric 천, 직물, 원단 | sample 견본, 표본, 샘플

---

2. I <u>watched that movie</u> yesterday.

미국 → 미국

(A) She enjoyed it very much.

(B) Oh, how was it?

(C) It's pretty bad, don't you think?

저는 그 영화를 어제 봤어요.

(A) 그녀가 아주 재미있게 봤어요.

(B) 아, 어땠어요?

(C) 그 영화는 아주 형편없죠, 그렇지 않아요?

해설 (A) 질문에서 언급된 적 없는 She가 주어로 사용되었으므로 오답이다.

(B) 상대방의 말과 관련된 질문으로 반문하고 있으므로 정답이다.

(C) 상대방의 말에 의견을 제시하며 상대방의 의견을 반문하고 있으므로 정답이다.

어휘 enjoy 즐기다 | pretty 꽤

---

3. Did you find out <u>why</u> our advertisement <u>isn't in</u> the newspaper yet?

미국 → 미국

(A) I heard it'll be in the papers starting tomorrow.

(B) Wait a moment. Let me check.

(C) We issue a weekly newsletter.

우리 광고가 왜 아직 신문에 실리지 않는지 알아내셨나요?

(A) 내일부터 신문에 실릴 거라고 들었어요.

(B) 잠시만요. 제가 확인해 볼게요.

(C) 우리는 주간 소식지를 발행합니다.

해설 (A) 왜 아직 광고가 실리지 않았는지를 묻는 질문에 상황을 설명해 주고 있으므로 정답이다.

(B) 확인해 보겠다고 말하면서 자신도 모르겠다고 대답한 정답이다.

(C) newspaper와 발음이 비슷한 newsletter를 이용한 오답이다.

어휘 advertisement 광고 | paper 신문 | issue 발행하다 | weekly newsletter 주간 소식지

---

4. I just heard that Colin was <u>promoted</u> to director.

미국 → 미국

(A) Yes, he really deserves it.

(B) Wasn't it Amber?

(C) The promotion starts Thursday.

콜린이 이사로 승진했다고 방금 들었어요.

(A) 네, 그는 정말 그럴 만해요.

(B) 앰버 아니었어요?

(C) 판촉 행사가 목요일에 시작해요.

해설 (A) 상대방의 말에 긍정적으로 호응하고 있으므로 정답이다.

(B) 상대방의 말과 관련된 질문으로 반문하고 있으므로 정답이다.

(C) promoted와 발음이 비슷한 promotion을 이용한 오답이다.

어휘 be promoted to ~으로 승진하다 | deserve ~을 받을 만하다 | promotion 홍보 활동, 판촉 행사, 승진

---

5. Do you remember <u>when</u> the bank <u>opens</u> on Mondays?

미국 → 호주

(A) I need to open a bank account.

(B) At 9 A.M., I believe.

(C) It depends on what bank you use.

은행이 월요일 몇 시에 여는지 기억하세요?

(A) 저는 은행 계좌를 하나 개설해야 해요.

(B) 제가 알기로는 오전 9시예요.

(C) 당신이 어떤 은행을 사용하는지에 따라 다르죠.

해설 (A) bank를 듣고 연상 가능한 bank account를 이용한 오답이다.

(B) 질문 중간에 등장한 when에 대한 답변으로 시간을 언급했으므로 정답이다.

(C) '~에 따라 다르다'라는 의미를 가진 It depends로 대답하는 우회적인 대답의 정답이다.

어휘 open a bank account 계좌를 개설하다 | it depends on ~에 따라 다르다

---

6. I need to <u>stop by</u> the <u>repair shop</u> to fix my laptop.

영국 → 미국

(A) That's not fair.

(B) Well, let me take a look at it.

PART 2 UNIT 09

(C) What's wrong with it?

제 노트북을 고치러 수리점에 들러야 해요.

(A) 그건 불공평해요.

(B) 음, 제가 한번 볼게요.

(C) 뭐가 문제인데요?

해설 (A) repair와 발음이 비슷한 fair를 이용한 오답이다.

(B) 상대방의 말에 자신이 문제를 해결해 보겠다고 대답하는 정답이다.

(C) 상대방의 말과 관련된 질문으로 반문하고 있으므로 정답이다.

어휘 repair 수리; 수리하다 | laptop 노트북 | fair 공평한 | take a look at ~을 한번 보다

---

7. Do you know which employee ordered a photocopier?

호주
↓
미국

(A) I think Melissa did.

(B) Can I get my order to go?

(C) I've been out of the office.

어떤 직원이 복사기를 주문했는지 아시나요?

(A) 멀리사인 것 같아요.

(B) 제가 주문한 음식을 테이크아웃 할 수 있나요?

(C) 저는 사무실에 없었어요.

해설 (A) 멀리사인 것 같다는 사람 이름으로 대답했으므로 정답이다.

(B) ordered와 발음이 비슷한 order를 이용한 오답이다.

(C) 사무실에 없었기 때문에 누가 주문했는지 모른다고 우회적으로 대답한 정답이다.

어휘 employee 직원 | order 주문하다 | photocopier 복사기 | to go 들고 가다 (테이크아웃하다) | out of the office 사무실에 없다

---

8. Can you tell me where I can stay in Tokyo?

영국
↓
미국

(A) You should research some accommodations online.

(B) I can recommend some hotels.

(C) No, we'll be there for three days only.

도쿄에서 제가 어디에 머물 수 있을지 말씀해 주시겠어요?

(A) 온라인으로 숙박 시설들을 조사해 보세요.

(B) 제가 호텔 몇 군데를 추천해 드릴게요.

(C) 아니요, 우리는 그곳에 3일만 있을 거예요.

해설 (A) 온라인으로 찾아보라며 자신도 모르겠다고 대답하는 정답이다.

(B) 질문 중간에 등장한 where에 대한 답변으로 hotel이 등장하므로 정답이다.

(C) 기간에 대한 답변을 하고 있으므로 오답이다.

어휘 stay 머물다 | research 조사하다 | accommodation 숙박 시설 | recommend 추천하다

---

9. I couldn't go to the staff meeting yesterday.

호주
↓
영국

(A) I can tell you what we discussed.

(B) At the same time as yesterday.

(C) What happened?

저는 어제 직원회의에 갈 수 없었어요.

(A) 제가 논의했던 것을 당신에게 말해 줄 수 있어요.

(B) 어제와 같은 시간에요.

(C) 무슨 일 있었어요?

해설 (A) 직원회의 때 논의했던 것을 말해 줄 수 있다는 해결책 제시로 대답했으므로 정답이다.

(B) yesterday를 반복 사용한 오답이다.

(C) 무슨 일이 있었는지 참석하지 못한 이유와 관련된 질문으로 반문하고 있으므로 정답이다.

어휘 staff meeting 직원회의 | discuss 논의하다 | at the same time as ~와 동시에 | happen 일어나다, 발생하다

---

10. May I ask who's attending the award banquet?

미국
↓
영국

(A) It's an honor to receive this award.

(B) The attendance list is on our website.

(C) Almost everyone in the company.

누가 시상식 연회에 참석하는지 여쭤봐도 될까요?

(A) 이 상을 받게 되어 영광입니다.

(B) 참석자 명단은 저희 웹사이트에 있습니다.

(C) 회사 직원 거의 모두요.

해설 (A) award를 듣고 즉시 연상할 수 있는 수상 소감을 이용한 오답이다.

(B) 웹사이트에서 확인할 수 있다고 우회적으로 대답한 정답이다.

(C) Who 의문문의 대표적인 대답 형태 중 하나인 everyone을 사용해서 답변하고 있는 정답이다.

어휘 award banquet 시상식 연회 | honor 영광 | attendance list 참석자 명단

---

11. The department meeting has been rescheduled to next week.

미국
↓
미국

(A) Why was it postponed?

(B) Check the schedule.

(C) That works better for me.

부서 회의가 다음 주로 변경됐어요.

(A) 왜 연기됐어요?

(B) 일정을 확인하세요.

(C) 저는 그게 더 좋습니다.

해설 (A) 왜 연기됐냐고 되물으며 상대방의 말과 관련된 추가 정보를 요구하는 응답이므로 정답이다.

(B) 질문의 rescheduled와 발음이 유사한 schedule을 이용한 오답이다.

(C) 연기된 일정이 더 좋다며 질문에 맞게 호응한 응답이므로 정답이다.

어휘 department 부서 | reschedule 일정을 변경하다 | postpone 연기하다 | check 확인하다 | schedule 일정; 일정을 잡다 | work 효과가 있다, 영향을 미치다

---

12. Can you show me how to upload these images to the website?

호주
↓
미국

(A) I'll download all the documents we need.

(B) Here, let me help you.

(C) Just choose the pictures and press enter.

이 이미지들을 웹사이트에 어떻게 올리는지 보여 주시겠어요?

(A) 우리가 필요한 모든 서류들을 제가 다운로드할게요.

(B) 자, 제가 도와드릴게요.

(C) 그냥 사진들을 고르시고 엔터 버튼을 누르세요.

해설 (A) upload과 발음이 일부 동일한 download를 이용한 오답이다.

(B) 도와주겠다고 말하면서 우회적으로 대답한 정답이다.

(C) 질문 중간에 등장한 how에 대한 답변으로 방법을 설명하고 있으므로 정답이다.

어휘 upload 업로드하다 l download 다운로드하다 l press 누르다

Practice

본서 p.136

1. (C)	2. (A)	3. (C)	4. (C)	5. (B)	6. (A)
7. (A)	8. (A)	9. (B)	10. (B)	11. (B)	12. (B)

1. I've been asked to transfer to the main office.

영국 (A) Justin can bring it.
↓
미국 (B) My schedule is up to date.

(C) When are you going?

본사로 전근을 가라고 요청받았어요.

(A) 저스틴이 그것을 가져올 수 있어요.

(B) 제 일정은 최근 것이에요.

(C) 언제 가나요?

해설 (A) main office를 듣고 연상 가능한 bring it을 이용한 오답이다.

(B) transfer를 듣고 연상 가능한 schedule을 이용한 오답이다.

(C) 상대방의 말과 관련된 질문으로 반문하고 있으므로 정답이다.

어휘 transfer 전근 가다, 이동하다 l main office 본사 l up to date 최근의, 최신의

2. The weather is too hot today.

미국 (A) Why don't we go inside?
↓
미국 (B) I wonder whether she's busy.

(C) I'll meet you at 2 then.

오늘 날씨가 너무 덥네요.

(A) 우리 안으로 들어가는 게 어때요?

(B) 그녀가 바쁜지 궁금하네요.

(C) 그럼 2시에 만나요.

해설 (A) 상대방의 말과 관련된 질문으로 되묻고 있으므로 정답이다.

(B) weather와 발음이 같은 whether를 이용한 오답이다.

(C) too와 발음이 같은 two를 이용한 오답이다.

어휘 inside 안으로 l wonder 궁금하다 l whether ~인지 l then 그럼

3. Can I ask how much it would cost to buy a computer?

미국 (A) A lot of commuters.
↓
호주 (B) How much was it?

(C) It depends on the model.

컴퓨터를 사는 데 비용이 얼마나 드는지 여쭤봐도 될까요?

(A) 많은 통근자들이요.

(B) 그게 얼마였어요?

(C) 모델에 따라 다르죠.

해설 (A) computer와 발음이 비슷한 commuters를 이용한 오답이다.

(B) how much를 반복 사용한 오답이다.

(C) 모델에 따라 다르다고 말하면서 우회적으로 대답한 정답이다.

어휘 cost (비용이) 들다 l a lot of 많은 l commuter 통근자 l it depends on ~에 따라 다르다

4. I'd be happy to attend the career fair next week.

호주 (A) The talk was interesting.
↓
영국 (B) Jenny helped me open a new business.

(C) Registration closed yesterday.

제가 다음 주 취업 박람회에 기꺼이 참석할게요.

(A) 그 연설이 재밌었어요.

(B) 제니가 새로운 업체를 여는 것을 도와줬어요.

(C) 등록이 어제 마감되었어요.

해설 (A) career fair를 듣고 연상 가능한 talk를 이용한 오답이다.

(B) career fair를 듣고 연상 가능한 new business를 이용한 오답이다.

(C) 등록이 마감되었다며 취업 박람회에 참가할 수 없다고 부정적인 대답하고 있으므로 정답이다.

어휘 be happy to 기꺼이 ~하다 l attend 참석하다 l career fair 취업 박람회 l talk 연설 l business 사업, 업체 l registration 등록

5. Let's go to Jessie's birthday party on Friday.

영국 (A) Since early this morning.
↓
미국 (B) Do you know where it'll be held?

(C) This present is very nice.

금요일에 제시의 생일 파티에 갑시다.

(A) 오늘 아침 일찍부터요.

(B) 어디에서 열리는지 아세요?

(C) 이 선물이 매우 좋네요.

해설 (A) birthday party를 듣고 특정 시점으로 연상 가능한 early this morning을 이용한 오답이다.

(B) 상대방의 말과 관련된 질문으로 되묻고 있으므로 정답이다.

(C) birthday party를 듣고 연상 가능한 present를 이용한 오답이다.

어휘 birthday party 생일 파티 l since ~부터 l early 일찍 l this morning 오늘 아침 l hold 개최하다, 열다 l present 선물

6. Do you remember who organized the office party last year?

미국 (A) Wasn't it Lora?
↓
호주 (B) I'm not a member.

(C) How many people were invited?

작년에 사무실 파티를 누가 준비했는지 기억나세요?

(A) 로라 아니었나요?

(B) 저는 회원이 아니에요.

(C) 몇 명의 사람을 초대했죠?

해설 (A) 질문 중간에 등장한 who에 대한 대답으로 사람 이름을 언급하고 있으므로 정답이다.

(B) remember와 발음이 일부 동일한 member를 이용한 오답이다.

(C) party를 듣고 연상 가능한 invited를 이용한 오답이다.

어휘 organize 준비하다 I member 구성원, 회원

---

7. You can have dinner in the train's dining car.

미국 → 미국

(A) That's certainly convenient.

(B) At the auto dealership.

(C) Did you attend the training?

당신은 기차의 식당 칸에서 저녁을 먹을 수 있어요.

(A) 그것은 확실히 편리하네요.

(B) 자동차 대리점에서요.

(C) 교육에 참가했나요?

해설 (A) 확실히 편리하다는 동의를 나타내고 있으므로 정답이다.

(B) car를 듣고 연상 가능한 auto dealership을 이용한 오답이다.

(C) train과 발음이 일부 동일한 training을 이용한 오답이다.

어휘 dinner 저녁 (식사) I dining car (기차의) 식당 칸 I certainly 분명히, 확실히 I convenient 편리한, 가까운 I auto dealership 자동차 대리점 I training 교육

---

8. These new scanners are very easy to use.

영국 → 미국

(A) I like the old ones better.

(B) With a discount.

(C) I used to work at an electronics store.

이 새 스캐너들은 사용하기가 아주 쉽네요.

(A) 전 예전 것들이 더 좋아요.

(B) 할인해서요.

(C) 전 전자제품 매장에서 일했었어요.

해설 (A) 상대방의 말에 부정적으로 대답하고 있는 정답이다.

(B) new scanners를 듣고 연상 가능한 discount를 이용한 오답이다.

(C) used와 발음이 비슷한 use와 함께 scanners를 듣고 연상 가능한 electronics를 이용한 오답이다.

어휘 scanner 스캐너 I easy to use 사용하기 쉬운 I used to 예전에 ~했다 I electronics store 전자제품 매장

---

9. Can you tell me when Max will be back?

미국 → 호주

(A) That's his backpack.

(B) Around 4, I guess.

(C) He was here around 3.

맥스가 언제 돌아올지 말씀해 주시겠어요?

(A) 그것이 그의 배낭이에요.

(B) 4시쯤일 것 같아요.

(C) 그는 3시쯤 여기에 있었어요.

해설 (A) back과 발음이 일부 동일한 backpack을 이용한 오답이다.

(B) 질문 중간에 등장한 when에 대한 대답으로 시간을 언급하고 있으므로 정답이다.

(C) 시제가 틀렸으므로 오답이다.

어휘 backpack 배낭

---

10. There's a great new office space on Cheshire Road.

호주 → 영국

(A) The rental application process.

(B) We just renewed our lease.

(C) I really enjoyed the walk.

체셔로에 아주 좋은 새 사무실 공간이 있어요.

(A) 임대 신청 절차요.

(B) 우린 얼마 전에 임대 계약을 갱신했어요.

(C) 산책 정말 즐거웠어요.

해설 (A) 질문의 office space를 듣고 연상할 수 있는 rental을 이용한 오답이다.

(B) 얼마 전에 임대 계약을 갱신했다며 새 사무실 공간은 필요 없다는 대답이므로 정답이다.

(C) 질문과 무관한 대답이다.

어휘 space 공간 I rental 임대[임차] I application 신청 I process 절차, 과정 I renew 갱신하다 I lease 임대차 계약 I walk 산책

---

11. I can't find my wallet anywhere.

영국 → 미국

(A) I found it very difficult.

(B) Have you checked your bag?

(C) It's a fine day today.

제 지갑을 어디에서도 찾을 수가 없어요.

(A) 저는 그게 아주 어렵던데요.

(B) 당신 가방을 확인해 보셨나요?

(C) 오늘 날씨가 좋네요.

해설 (A) find의 과거형인 found를 이용한 오답이다.

(B) 상대방의 말과 관련된 질문으로 되묻고 있으므로 정답이다.

(C) find와 발음이 비슷한 fine을 이용한 오답이다.

어휘 wallet 지갑 I anywhere 어디에서도 I find it difficult 어렵다고 생각하다

---

12. Did you find out why my order hasn't arrived?

미국 → 미국

(A) He ordered it three weeks ago.

(B) Why don't you call the store and ask?

(C) A confirmation number.

왜 제가 주문한 물건이 아직도 도착하지 않는지 알아내셨나요?

(A) 그는 그것을 3주 전에 주문했어요.

(B) 가게로 전화해서 여쭤보시는 게 어때요?

(C) 확인 번호요.

해설 (A) 질문에서 언급된 적 없는 He가 주어로 사용되었고 order와 발음이 비슷한 ordered를 이용한 오답이다.

(B) 질문 중간에 등장한 why에 대한 답변으로 가게로 전화해서 물어보라고 제안하고 있으므로 정답이다.

(C) order를 듣고 연상 가능한 confirmation number를 이용한 오답이다.

어휘 find out 알아내다 I order 주문 I confirmation 확인

본서 p.138

7. (B)	8. (A)	9. (B)	10. (B)	11. (C)	12. (C)
13. (A)	14. (C)	15. (C)	16. (A)	17. (C)	18. (A)
19. (B)	20. (C)	21. (A)	22. (A)	23. (A)	24. (A)
25. (C)	26. (C)	27. (B)	28. (C)	29. (A)	30. (C)
31. (B)					

7. Where is the new office building going to be built?

미국 (A) Oh, isn't that interesting?

미국 (B) We're not sure yet.

(C) Building new office furniture.

새로운 사무실 건물은 어디에 지어질 예정인가요?

(A) 아, 그거 재밌지 않아요?

(B) 아직 잘 모르겠어요.

(C) 새로운 사무용 가구 만들어요.

해설 (A) 질문과 무관한 대답이다.

(B) 아직 잘 모르겠다며 질문에 적절히 대답했으므로 정답이다.

(C) 질문의 office, building을 반복 사용하여 혼동을 준 오답이다.

어휘 build 짓다 | interesting 재미있는, 흥미로운 | furniture 가구

8. How cold is it today?

미국 (A) I'm taking a sweater.

영국 (B) Check back with us tomorrow.

(C) Can I have an iced coffee?

오늘 얼마나 추워요?

(A) 전 스웨터를 가져갈 거예요.

(B) 내일 다시 확인해 주세요.

(C) 아이스 커피 주시겠어요?

해설 (A) 스웨터를 가져갈 거라며 춥다는 걸 우회적으로 대답했으므로 정답이다.

(B) 질문의 today를 듣고 연상할 수 있는 tomorrow를 이용한 오답이다.

(C) 질문의 cold를 듣고 연상할 수 있는 iced를 이용한 오답이다.

어휘 sweater 스웨터 | check 확인하다 | iced coffee 아이스 커피

9. Have you met Mr. Shin, the senior manager?

영국 (A) The Finance and Accounting Department.

호주 (B) He helped me with a project recently.

(C) This week's managerial meeting.

신 씨 부장님은 만나 보셨어요?

(A) 경리부요.

(B) 그분이 최근에 제 프로젝트를 도와주셨죠.

(C) 이번 주 운영회의요.

해설 (A) 직급(senior manager)을 듣고 연상 가능한 부서(Finance and Accounting Department)를 이용한 오답이다.

(B) 최근에 자신의 프로젝트를 도와줬다고 말하며 만난 적이 있음을 나타내는 정답이다.

(C) manager와 발음이 유사한 managerial을 이용한 오답이다.

어휘 finance 재정, 재무 | accounting 회계 | department 부서 | recently 최근에 | managerial 관리의, 운영의

10. Would you like me to make a travel arrangement?

호주 (A) No, they don't look alike.

미국 (B) Yes, do you have time?

(C) We usually take a train.

제가 여행 준비를 해 드릴까요?

(A) 아니요, 그것들은 비슷해 보이지 않아요.

(B) 네, 시간 있나요?

(C) 저희는 보통 기차를 타요.

해설 (A) like와 발음이 유사한 alike를 이용한 오답이다.

(B) 시간 있냐며 수락의 표현으로 대답하고 있으므로 정답이다.

(C) travel을 듣고 연상 가능한 train을 이용한 오답이다.

어휘 Would you like me to ~? 제가 ~해 드릴까요 | travel arrangement 여행 준비 | alike 비슷한

11. How did you like the café?

미국 (A) A lunch special.

미국 (B) Yes, please take some.

(C) You were right. It wasn't crowded.

그 카페는 어땠나요?

(A) 점심 특선요.

(B) 네, 드셔보세요.

(C) 당신 말이 맞았어요. 혼잡하지 않았어요.

해설 (A) café를 듣고 연상 가능한 lunch special을 이용한 오답이다.

(B) 의문사 의문문에서 대답할 수 없는 Yes/No와 함께 café를 듣고 연상 가능한 응답으로 please take some을 이용한 오답이다.

(C) 말이 맞는다며 혼잡하지 않았다고 말했으므로 정답이다.

어휘 How do you like ~? ~은 어떻습니까? | lunch special 점심 특선 | crowded 붐비는, 혼잡한

12. Who has been assigned to lead the project?

미국 (A) The overseas assignment.

영국 (B) That's too bad. The projector needs to be replaced.

(C) Melody from the Johannesburg office.

그 프로젝트 진행에는 누가 배정됐어요?

(A) 해외 임무요.

(B) 안타깝네요. 프로젝터는 교체해야 해요.

(C) 요하네스버그 사무실의 멜로디요.

해설 (A) 질문의 assigned와 발음이 유사한 assignment를 이용한 오답이다.

(B) 질문의 project와 발음이 유사한 projector를 이용한 오답이다.

(C) 이름으로 대답했으므로 정답이다.

어휘 assign (일 등을) 맡기다, 배정하다 | lead 이끌다, 지휘하다 | overseas 해외의 | assignment 임무, 배치 | projector 프로젝터 | replace 교체하다

13. You looked over the proposal, didn't you?

미국 → 호주

(A) I'm reviewing it now.
(B) A business contract.
(C) It overlooks the lake.

기획안 검토하셨죠, 그렇죠?

(A) 지금 검토하고 있어요.
(B) 사업 계약이요.
(C) 호수가 내려다보이는 곳입니다.

해설 (A) 지금 검토하는 중이라고 대답했으므로 정답이다.
(B) proposal을 듣고 연상 가능한 contract를 이용한 오답이다.
(C) looked over와 발음이 유사한 overlooks를 이용한 오답이다.

어휘 look over 검토하다 I proposal 제안서 I review 검토하다 I
contract 계약(서) I overlook 내려다보다

---

14. Are we going to the restaurant at 7 P.M. or 8 P.M.?

호주 → 미국

(A) I prefer a patio table.
(B) Yes, it's very early.
(C) Our reservation is for 6.

우리가 식당에 오후 7시에 가나요, 아니면 8시에 가나요?

(A) 저는 테라스 자리가 더 좋아요.
(B) 네, 매우 이른 시간이네요.
(C) 우리 예약은 6시예요.

해설 (A) restaurant를 듣고 연상 가능한 patio table을 이용한 오답이다.
(B) 선택 의문문에는 Yes / No로 거의 응답하지 않으므로 오답이다.
(C) 예약은 6시라며 둘 다 아니라는 의미를 나타내므로 정답이다.

어휘 prefer 선호하다 I patio 테라스 I reservation 예약

---

15. What requirements do I need for the job?

미국 → 영국

(A) Your interview will start at 2:30.
(B) You did a good job.
(C) They're listed on our website.

그 직책에는 어떤 자격 요건들이 필요한가요?

(A) 면접은 2시 30분에 시작됩니다.
(B) 매우 잘하셨어요.
(C) 그것들은 저희 웹사이트에 나와 있습니다.

해설 (A) job을 듣고 연상 가능한 interview를 이용한 오답이다.
(B) job을 반복 사용한 오답이다.
(C) 웹사이트에 모두 적혀 있다고 말하면서 우회적으로 대답한 정답이다.

어휘 requirement 자격 요건 I list 리스트를 작성하다

---

16. Isn't the CEO in the office today?

미국 → 영국

(A) No, but he will be tomorrow.
(B) They're looking for a new vice president.
(C) To review an official document.

오늘 최고경영자께서는 사무실에 안 계시나요?

(A) 네, 하지만 내일은 계실 거예요.
(B) 그들은 새 부사장을 물색 중이에요.
(C) 공문서를 검토하려고요.

해설 (A) No(사무실에 없다)라고 한 뒤, 내일은 있을 거라고 부연 설명하고 있는 정답이다.
(B) CEO를 듣고 연상 가능한 vice president를 이용한 오답이다.
(C) office와 발음이 유사한 official을 이용한 오답이다.

어휘 vice president 부사장 I review 검토하다 I official 공식적인 I
document 문서, 서류

---

17. I think we should switch to another courier service.

호주 → 미국

(A) We should talk to Nathan first.
(B) The hotel has great customer service.
(C) Please turn the switch off on your way out.

다른 택배사로 바꿔야 할 것 같아요.

(A) 네이선에게 먼저 이야기해야 해요.
(B) 그 호텔은 고객 서비스가 훌륭해요.
(C) 나가는 길에 스위치를 꺼주세요.

해설 (A) 네이선에게 먼저 이야기해야 한다며 상대방의 말에 적절히 대답했으므로 정답이다.
(B) 질문의 service를 반복 사용하여 혼동을 준 오답이다.
(C) 질문의 switch를 반복 사용하여 혼동을 준 오답이다.

어휘 switch 바꾸다; 스위치 I courier service 택배 회사 I turn off
끄다 I on one's way out 나가는 길에

---

18. The deadline for the report is today, right?

미국 → 미국

(A) You should ask Tom.
(B) At the head office.
(C) I work the morning shift.

보고서 마감일이 오늘이죠, 그렇죠?

(A) 톰에게 물어보세요.
(B) 본사에서요.
(C) 저는 오전 근무로 일해요.

해설 (A) 톰에게 물어보라며 자신도 모르겠다고 우회적으로 대답한 정답이다.
(B) report를 듣고 연상 가능한 head office를 이용한 오답이다.
(C) today를 듣고 연상 가능한 morning을 이용한 오답이다.

어휘 deadline 기한, 마감일 I report 보고서 I head office 본사 I shift
근무 (시간)

---

19. When is our new laptop planned to launch?

호주 → 영국

(A) It's been three years.
(B) Not until next year.
(C) Why don't you join us for lunch?

우리의 새 노트북 컴퓨터는 언제 출시될 예정인가요?

(A) 3년이 되었어요.
(B) 내년은 되어야 해요.
(C) 저희랑 점심 식사 함께하실래요?

해설 (A) 질문에 적절하지 않은 대답을 했으므로 오답이다.
(B) 시점을 잘 묘사하고 있으므로 정답이다.
(C) launch와 발음이 비슷한 lunch를 이용한 오답이다.

어휘 laptop 노트북 컴퓨터 I launch 출시하다 I join 함께 하다

20. Can you show me where the information desk is on this map?

미국 → 미국

(A) We enjoyed our city sightseeing.

(B) This desktop computer is working well.

(C) It's next to the rear entrance.

이 지도에서 안내 데스크가 어디 있는지 알려 주시겠어요?

(A) 도심 관광은 즐거웠어요.

(B) 이 데스크톱 컴퓨터는 작동이 잘 돼요.

(C) 후문 옆에 있습니다.

해설 (A) information desk, map을 듣고 연상 가능한 sightseeing을 이용한 오답이다.

(B) desk와 발음이 유사한 desktop을 이용한 오답이다.

(C) 후문 옆에 있다고 장소 표현으로 대답했으므로 정답이다.

어휘 sightseeing 관광 | work 작동하다 | rear entrance 후문

---

21. How often do you have a department meeting?

미국 → 미국

(A) Every two months.

(B) For three hours.

(C) On Thursday, September 25th.

얼마나 자주 부서 회의를 하시나요?

(A) 두 달마다 해요.

(B) 3시간 동안이요.

(C) 9월 25일 목요일에요.

해설 (A) 빈도를 묘사하므로 정답이다.

(B) 기간으로 대답했으므로 오답이다.

(C) 시점으로 대답했으므로 오답이다.

어휘 department 부서 | every ~마다

---

22. What did Ms. Lee think about our monthly earnings report?

미국 → 호주

(A) She had a positive response.

(B) That would be helpful.

(C) I get paid on every 25th day of the month.

이 씨는 저희 월간 수익 보고서에 대해 어떻게 생각했어요?

(A) 긍정적인 반응을 보였어요.

(B) 그게 도움이 되겠어요.

(C) 저는 매달 25일에 월급을 받아요.

해설 (A) 긍정적인 반응을 보였다며 질문에 적절히 대답했으므로 정답이다.

(B) 질문의 report를 듣고 연상할 수 있는 helpful을 이용한 오답이다.

(C) 질문의 monthly와 발음이 유사한 month를 이용한 오답이다.

어휘 monthly 월간의 | earning 수익 | report 보고서 | positive 긍정적인 | response 반응 | helpful 도움이 되는 | get paid 보수를 받다

---

23. You've booked an appointment with Dr. Dreger, haven't you?

호주 → 영국

(A) Yes, I called his office.

(B) I didn't have the time to read it.

(C) Sore throat and runny nose.

드레거 박사님과 약속을 잡으셨죠, 그렇죠?

(A) 네, 사무실로 전화했어요.

(B) 그걸 읽을 시간이 없었어요.

(C) 목이 아프고 콧물이 나요.

해설 (A) 약속을 잡았다는 Yes로 답한 후, 사무실로 전화했다며 질문에 적절히 대답했으므로 정답이다.

(B) 질문의 booked를 book(책)으로 잘못 이해했을 때 연상할 수 있는 read를 이용한 오답이다.

(C) 질문의 appointment with Dr. Dreger를 듣고 연상할 수 있는 Sore throat and runny nose를 이용한 오답이다.

어휘 book 예약하다 | appointment 예약 | call 전화하다 | read 읽다 | sore 아픈 | throat 목 | runny nose 콧물

---

24. I can't download the form you emailed me.

미국 → 미국

(A) I'll send it to you again.

(B) Yes, it's downstairs.

(C) She's the former manager.

이메일로 보내주신 양식이 다운로드가 안 돼요.

(A) 다시 보내 드릴게요.

(B) 네, 아래층에 있습니다.

(C) 그녀가 전임 관리자입니다.

해설 (A) 다운로드가 안 된다는 말에 다시 보내 주겠다고 대답했으므로 정답이다.

(B) download와 발음이 유사한 downstairs를 이용한 오답이다.

(C) 질문 주어 I와 보기의 주어 She가 일치하지 않고, form과 발음이 유사한 former를 이용한 오답이다.

어휘 form 양식 | email 이메일로 보내다 | downstairs 아래층에 있는 | former 이전의

---

25. Which room are we using for the interview?

영국 → 미국

(A) It will start at 1 P.M.

(B) At the office building.

(C) Can you check with Reception?

우리는 면접 때 어떤 방을 사용할 건가요?

(A) 오후 1시부터 시작할 겁니다.

(B) 사무실 건물에서요.

(C) 접수처에 확인해 보시겠어요?

해설 (A) 시점으로 대답했으므로 오답이다.

(B) 면접에 사용할 방을 묻는 질문에 사무실 건물을 언급했으므로 오답이다.

(C) 다른 곳에 물어보라고 말하면서 자신도 모르겠다고 대답한 정답이다.

어휘 office building 사무실 건물 | reception 접수처, 프런트

---

26. Why can't I access the security system?

미국 → 영국

(A) I already entered the access code.

(B) For the safety procedures.

(C) You should give IT Department a call.

왜 제가 보안 시스템에 접속할 수 없는 거죠?

(A) 제가 이미 접속 코드를 입력했어요.

(B) 안전 절차를 위해서요.

(C) IT 부서에 전화해 보세요.

해설 (A) access를 반복 사용한 오답이다.

(B) security를 듣고 연상 가능한 safety procedures를 이용한 오답이다.

(C) IT 부서에 연락해 보라고 대답했으므로 정답이다.

어휘 **access** 접속하다; 접속 | **security system** 보안 시스템 | **enter** 입력하다 | **access code** 접속 코드 | **safety procedures** 안전 절차 | **give ~ a call** ~에게 전화하다

---

27. Do you think we should postpone the company

미국
↓
호주
picnic this weekend?

(A) Phone me next week.

(B) Yes, it might rain.

(C) Around 120 people.

이번 주말에 있을 회사 야유회를 연기해야 한다고 생각하세요?

(A) 다음 주에 제게 전화 주세요.

(B) 네, 비가 올지도 모르니까요.

(C) 약 120명이요.

해설 (A) postpone과 발음이 일부 비슷한 phone과 함께 weekend와 발음이 일부 동일한 week를 이용한 오답이다.

(B) Yes로 대답한 후 날씨가 안 좋을 것이라며 야유회를 연기해야 하는 이유를 설명하고 있으므로 정답이다.

(C) picnic을 듣고 즉시 연상할 수 있는 대답을 이용한 오답이다.

어휘 **postpone** 연기하다 | **phone** (~에게) 전화하다

---

28. Will you be at the award dinner?

호주
↓
미국
(A) Kevin Wong won the award.

(B) On Friday evening.

(C) I haven't made a decision.

시상식 만찬에 오실 건가요?

(A) 케빈 웡이 상을 받았습니다.

(B) 금요일 저녁에요.

(C) 아직 결정 못 했어요.

해설 (A) award를 반복 사용한 오답이다.

(B) 시점으로 대답했으므로 오답이다.

(C) 아직 결정하지 못했다고 대답한 정답이다.

어휘 **award dinner** 시상식 만찬 | **make a decision** 결정하다

---

29. I could upload the files for you if you'd like.

미국
↓
호주
(A) Yes, I'd appreciate that.

(B) It should be in the filing cabinet.

(C) He got to work at 10:30.

원하시면 제가 파일을 올려 드릴 수 있어요.

(A) 네, 그렇게 해 주시면 감사드려요.

(B) 서류 보관함에 있을 거예요.

(C) 그는 10시 30분에 출근했어요.

해설 (A) 올려 달라는 Yes로 답한 후, 그렇게 해 주면 감사하겠다며 적절히 대답했으므로 정답이다.

(B) 질문의 files와 발음이 유사한 filing을 이용한 오답이다.

(C) 질문과 무관한 대답이다.

어휘 **upload** 올리다, 업로드하다 | **appreciate** 고마워하다 | **filing cabinet** 서류 보관함 | **get to work** 일을 시작하다, 일하러 가다

---

30. Should I set up the meeting for Tuesday or Wednesday?

영국
↓
미국
(A) Room 808.

(B) With the engineering team.

(C) Later would be better.

제가 회의를 화요일로 잡아야 할까요, 아니면 수요일로 잡아야 할까요?

(A) 808호요.

(B) 엔지니어링 팀이랑요.

(C) 나중이 더 좋겠어요.

해설 (A) 질문의 meeting을 듣고 연상할 수 있는 Room을 이용한 오답이다.

(B) 질문의 set up the meeting을 듣고 연상할 수 있는 team을 이용한 오답이다.

(C) 나중이 더 좋겠다며 Wednesday를 우회적으로 선택한 대답이므로 정답이다.

어휘 **set up** (어떤 일이 있도록) 마련하다 | **engineering** 공학 기술 | **later** 뒤에, 나중에 | **better** 더 나은

---

31. I'd like to hire another server at the restaurant.

영국
↓
호주
(A) Yes, the network server is down.

(B) It is getting busier these days.

(C) They're on the higher shelf.

식당에 직원을 한 명 더 채용하고 싶어요.

(A) 네, 네트워크 서버가 다운됐어요.

(B) 요즘 점점 더 바빠지고 있어요.

(C) 그것들은 높은 선반에 있어요.

해설 (A) 질문의 server를 반복 사용하여 혼동을 준 오답이다.

(B) 요즘 점점 더 바빠지고 있다며 질문에 호응하며 대답했으므로 정답이다.

(C) 질문의 hire와 발음이 유사한 higher를 이용한 오답이다.

어휘 **hire** 고용[채용]하다 | **server** 종업원; (컴퓨터의) 서버 | **network** 네트워크 | **down** 다운된 | **higher** 더 높은 | **shelf** 선반

PART 3

UNIT 10. 문제 유형

핵심 문제 유형
본서 p.151

1. (D) 2. (A) 3. (A) 4. (D) 5. (B) 6. (A)

1-3번은 다음 대화에 관한 문제입니다.

🗨 이건 당신 신분증 명찰이에요. 제롬. 기보트 이노베이션에 오신 것을 정식으로 환영합니다. **1** 제 이름은 재닛 웰즈이고, 저는 여기 수석 엔지니어예요. 세가 당신의 멘토가 되어 당신이 우리 회사에서의 새로운 직무에 적응하도록 도울 겁니다.

🗨 감사합니다. **2** 최고 자동차 배터리 제조사라는 회사의 지위를 감안하면 저는 이 기회에 굉장히 기대가 됩니다. 대학에서 배운 내용을 빨리 제 업무에 적용하고 싶어요.

🗨 그 말을 들으니 기쁘네요. **3** 첫 번째 활동으로 오늘 일정을 시작할 거예요. 여기서 근무하는 모든 엔지니어는 가장 먼저 전체 안전 영상을 시청해야 합니다. 저희는 직원 안전을 매우 심각하게 생각하기에, 반드시 모든 직원이 규칙을 알고 있도록 하고 있어요.

어휘 identification 신분 확인 | badge 명찰, 배지 | officially 정식으로, 공식적으로 | welcome 환영하다, 맞이하다 | lead 수석의 | engineer 엔지니어 | mentor 지도하다 | adjust to ~에 적응하다 | post 직무 | given ~을 고려해 볼 때 | status 지위 | manufacturer 제조사 | vehicle 자동차 | battery 건전지, 배터리 | incredibly 엄청나게 | opportunity 기회 | apply 적용하다 | safety 안전 | extremely 굉장히, 매우 | seriously 진지하게, 심각하게 | make sure 보장하다, 반드시 ~하다 | rule 규칙

---

1. 여자는 누구인가?

(A) 정부 조사관
(B) 사무장
(C) 보안 요원
(D) 엔지니어

해설 ① 문제 확인: Who, woman → 여자의 정체

② 단서 찾기: 여자가 자신의 이름은 재닛 웰즈이고, 여기 수석 엔지니어라고 말했으므로 (D)가 정답이다.

---

2. 회사는 어떤 제품을 생산하는가?

(A) 차량 배터리
(B) 게임기
(C) 가정용 스마트 기기
(D) 사무용 프린터

해설 ① 문제 확인: What, product, company, manufacture → 회사가 생산하는 제품

② 단서 찾기: 남자가 최고 자동차 배터리 제조사라는 회사의 지위를 감안하면 이 기회에 굉장히 기대가 된다고 말했으므로 (A)가 정답이다.

③ Paraphrasing: (지문 ➡ 정답)
vehicle batteries → car batteries

---

3. 남자는 다음으로 무엇을 하겠는가?

(A) 영상을 시청할 것이다
(B) 동료들을 만날 것이다
(C) 안전 장비를 받을 것이다
(D) 몇몇 양식을 작성할 것이다

해설 ① 문제 확인: What, man, do next → 남자가 다음에 할 일

② 단서 찾기: 여자가 첫 번째 활동으로 오늘 일정을 시작할 거라며, 여기서 근무하는 모든 엔지니어는 가장 먼저 전체 안전 영상을 시청해야 한다고 말했으므로 (A)가 정답이다.

4번은 다음 대화와 평면도에 관한 문제입니다.

🗨 안녕하세요, 희원. 안내 데스크예요. 6층 객실은 끝내셨어요?

🗨 아직 못 끝냈어요. 침구 정리는 마쳤는데, 진공 청소는 아직 절반밖에 못했어요.

🗨 **4** 604호가 오늘 오전에 퇴실할 예정이에요. 이미 떠났는지 봐 주실래요?

🗨 **4** 그런 것 같아요. 방이 비어 있어요.

🗨 체크인을 일찍 하고 싶어 하는 손님이 계세요. 그 방을 조금 일찍 끝낼 수 있으세요?

🗨 그럼요. 10분 안에 끝낼게요.

🗨 감사합니다! 아, 그리고 오늘 근무 마치시기 전에 피트니스 센터에 새 물병 채우는 것도 잊지 마세요.

🗨 알겠습니다!

6층

601 제너비브 라이스	602 딘 에번스
603 티머스 젠킨스	**4** 604 캐럴 버드

어휘 make the bed 침구를 정리하다 | halfway 중간의 | through ~을 지나 | vacuum 진공청소기로 청소하다 | check out 체크아웃하다 | vacant 비어 있는 | check in 체크인하다 | finish up 끝내다 | soon 빨리 | stock (상품 등을) 채우다, 갖추다 | bottle 병 | fitness center 피트니스 센터 | shift 교대 근무

---

4. 시각 자료를 보시오. 누가 이미 떠났는가?

(A) 제너비브 라이스
(B) 딘 에번스
(C) 티머스 젠킨스
(D) 캐럴 버드

해설 ① 문제 확인: Who, already, left → 이미 떠난 투숙객

② 단서 찾기: 남자가 604호가 오늘 오전에 퇴실할 예정이라며 이미 떠났는지 봐 달라고 요청했고, 여자가 그런 것 같다며 방이 비어 있다고 했는데, 시각 자료에서 604호 투숙객이 캐럴 버드임을 알 수 있으므로 (D)가 정답이다.

5번은 다음 대화에 관한 문제입니다.

남 안녕하세요, 조이. 지난 며칠간 일이 많으셨던 거로 알고 있는데, 제가 요청드린 복사는 다 하셨나요?

여 네, 준비됐어요.

남 좋아요. 감사합니다. 그런데, 라이언 멀론의 퇴임 기념행사 계획은 어떻게 되고 있어요?

여 나쁘지 않아요. 제가 이미 방을 예약했고 저희 팀 전원한테 초대장을 발송했어요. 제가 오늘 출장 연회 업체에 연락하려던 참이었어요.

남 흠… **5** 전부 초대하는 게 당신에게 너무 부담되는 일이 아니라면 다른 팀에 있는 옛 동료들과 시간을 보내는 것도 그분이 좋아하실 것 같아요.

여 **5** 문제없을 거예요. 제가 C 회의실을 예약했어요. 그런데 변경할게요.

어휘 task 일, 과업 | past 지난 | photocopy 복사 | request 요청하다 | ready 준비가 된 | plan 계획 | retirement 퇴직, 은퇴 | celebration 축하 | come along 되어가다 | already 이미, 벌써 | reserve 예약하다 | send out 발송하다 | invitation 초대 | contact 연락하다 | caterer 출장 연회 업체 | enjoy 즐기다 | spend (시간을) 보내다 | colleague 동료 | invite 초대하다 | problem 문제 | reserve 예약하다 | conference room 회의실

---

5. 여자가 "제가 C 회의실을 예약했어요"라고 말할 때, 그녀가 내비친 것은?

(A) 초대장에 잘못된 정보가 들어 있다.

(B) 행사장이 너무 작다.

(C) 다른 회의실은 예약이 꽉 찼다.

(D) 다른 사무 보조원이 다른 업무로 바빴다.

해설 ① 문제 확인: "I reserved conference room C" → 여자가 C 회의실을 예약했다고 말한 의도 파악

② 단서 찾기: 남자가 여자에게 전부 초대하는 게 너무 부담되는 일이 아니라면 다른 팀에 있는 옛 동료들과 시간을 보내는 것도 그분이 좋아하실 거라고 한 말에, 여자가 문제없을 거라며, C 회의실을 예약했지만 변경하겠다고 말한 것으로 보아 C 회의실이 다른 팀의 옛 동료들까지 수용하기에는 너무 작다는 의미를 내포하고 있음을 알 수 있다. 따라서 (B)가 정답이다.

6번은 다음 세 화자 간 대화에 관한 문제입니다.

여2 안녕하세요, 언더우드 씨. 저와 제 동료는 저희 회사에서 개발 중인 신제품을 시연해 드리고자 당신과 만나고 싶었습니다.

남 저희 생각에는 아주 관심이 있으실 것 같습니다. 건물 바닥을 자동으로 청소하는 기기입니다.

여1 흥미롭네요. 저희 직원들은 현재 수동으로 작업합니다.

여2 이 기기는 핸드폰으로 제어 가능해서 직원들의 시간을 절약해 줄 겁니다.

여1 아주 매력적이네요. 기기가 어떻게 작동하는지 볼 수 있나요?

남 한번 써 보게 해드릴게요. **6** 그런데 먼저 설명서를 핸드폰에 다운로드해 주셔야 저희가 설명해 드릴 수 있어요.

어휘 colleague 동료 | demonstrate 시연하다 | device 기기, 장치 | automatically 자동으로 | clean 청소하다 | floor 바닥 | control 제어하다, 통제하다 | save 절약하다 | appealing 매력적인, 흥미로운 | try out 시험 사용하다 | talk through 설명하다

---

6. 남자는 무엇을 하라고 제안하는가?

(A) 문서를 다운로드하라고

(B) 영상을 시청하라고

(C) 상자를 열라고

(D) 고객 후기를 읽어 보라고

해설 ① 문제 확인: What, man, suggest → 남자가 제안한 것

② 단서 찾기: 남자가 설명서를 핸드폰에 다운로드해야 설명해 줄 수 있다고 말했으므로 (A)가 정답이다.

Warm-up

본서 p.154

1. (A)   2. (A)   3. (B)   4. (B)   5. (B)

미국 ↔ 미국

Question 1 refers to the following conversation.

W Hi, I'm Janice Smith and I'm calling about a <u>utility bill</u> that I received. The <u>bill</u> was... uhh... <u>forwarded to</u> me, but I clearly remember that I <u>paid this bill</u> before moving. I was wondering if you could please help <u>clear this up</u>.

M Sure. Can you tell me your <u>phone number</u>, please?

1번은 다음 대화에 관한 문제입니다.

여 안녕하세요, 전 제니스 스미스인데요. 제가 받은 공과금 고지서에 관해서 전화드립니다. 그 고지서가… 음… 제게 발송되었는데요, 제가 이사 오기 전에 지불한 것을 확실히 기억하거든요. 이것 좀 해결해 주실 수 있는지 궁금합니다.

남 물론이죠. 고객님 전화번호를 말씀해 주시겠어요?

어휘 utility bill 공과금 고지서 | forward ~을 발송하다, (새 주소로 다시) 보내다 | clearly 확실하게 | wonder 궁금하다 | clear something up ~을 해결하다

---

1. 전화의 목적은 무엇인가?

(A) 청구서 오류를 처리하기 위해

(B) 서비스에 대해 불만을 제기하기 위해

해설 전화의 목적은 대화의 앞부분에 단서가 나온다. 여자가 청구서를 받아 이미 지불했는데 또 청구서를 받게 되었으므로 이 문제를 해결해 달라고 하고 있다. 따라서 청구서 관련 오류 문제를 처리하기 위해 전화한 것임을 알 수 있다. 따라서 (A)가 정답이다.

미국 ↔ 영국

Question 2 refers to the following conversation.

M Hi. I <u>own</u> a local café, and I was wondering if your company could <u>design a logo</u> for my business.

W Of course! I'd be <u>more than happy</u> to help you.

2번은 다음 대화에 관한 문제입니다.

남 안녕하세요. 제가 이 지역에 카페를 하나 가지고 있고, 당신의 회사가 저희 사업장 로고를 디자인해 줄 수 있을지 궁금합니다.

여 물론이죠! 제가 기꺼이 도와드리겠습니다.

어휘 own 소유하다 | local 지역의 | business 사업체

---

2. 여자는 누구이겠는가?

(A) 그래픽 디자이너

(B) 건축가

해설 여자의 직업을 묻는 문제이다. 남자가 카페의 로고 디자인을 요청하자 여자가 기꺼이 해 줄 수 있다고 말하고 있으므로 여자는 회사 로고 등을 디자인해 주는 그래픽 디자이너임을 알 수 있다. 따라서 (A)가 정답이다.

호주 ↔ 영국

Question 3 refers to the following conversation.

M Hello, I'm calling about the flyer I saw on the window of your bakery. It was about baking classes. Can I still sign up for the class?

W I'm sorry, but because we have limited kitchen appliances, all courses are already full.

3번은 다음 대화에 관한 문제입니다.

남 안녕하세요, 당신의 제과점 창문에서 본 전단지 관련해서 전화드립니다. 제빵 수업과 관련된 거였는데요. 아직 수업에 등록할 수 있나요?

여 죄송합니다만, 주방 기기가 한정되어 있어서요, 모든 강좌가 이미 마감됐습니다.

어휘 flyer 전단지 | bakery 제과점 | sign up 등록하다 | kitchen appliance 주방 기기 | limited 한정된 | course 강좌

---

3. 남자가 무엇을 하고 싶어 하는가?

(A) 인터뷰 일정을 잡는다

(B) 수업에 등록한다

해설 남자가 제빵 수업과 관련한 전단지 때문에 전화했다고 언급한 후, 아직 등록이 가능한지를 묻고 있으므로 (B)가 정답이다.

미국 ↔ 미국

Question 4 refers to the following conversation.

W Hey, Eric! Did you know that Shabu Zen—the Japanese restaurant near our office—closed last week?

M Really? I didn't know that.

W I'm upset because it was one of my favorite restaurants.

M That's too bad. But you know what? A fusion Chinese restaurant opened across the street last Wednesday. Why don't we try that place for lunch today?

4번은 다음 대화에 관한 문제입니다.

여 에릭! 지난주에 우리 회사 근처에 있는 일식당 샤브 젠이 문 닫은 거 아세요?

남 그래요? 몰랐어요.

여 제가 좋아하는 식당이었는데 속상하네요.

남 아쉽네요. 하지만 그거 아세요? 지난 수요일에 길 건너에 퓨전 중식당이 생겼어요. 우리 오늘 점심으로 거기 가보는 게 어때요?

어휘 near ~ 근처에 | favorite 매우 좋아하는 | You know what? 그거 알아? (재미있거나 놀라운 의견이나 소식 등을 말하려 할 때 씀)

---

4. 화자들이 무엇을 논의하는가?

(A) 지역 식료품점

(B) 근처 식당

해설 여자가 먼저 일식집이 문을 닫았다는 것을 이야기하고 남자가 새로 중국집이 오픈했다는 소식을 전하고 있다. 즉 화자들이 지문 전반에 걸쳐 식당 이야기를 하고 있으므로 (B)가 정답이다.

미국 ↔ 미국

Question 5 refers to the following conversation.

M Hi, Joanne. What do you think about the interviewees for the marketing manager position?

W Well, all five candidates are well qualified, but Megan seems to understand our brand better than the others.

M I think you're right.

5번은 다음 대화에 관한 문제입니다.

남 안녕하세요, 조앤. 마케팅 매니저 자리의 면접 지원자들에 대해 어떻게 생각하세요?

여 글쎄요, 5명의 후보자 모두 자격이 충분하지만 메건이 다른 분들보다 저희 브랜드를 더 잘 이해하고 있는 거로 보이네요.

남 당신 말이 맞는 것 같아요.

어휘 interviewee 면접 받는 사람 | position (일)자리 | candidate 후보자 | well qualified 자격이 충분한

---

5. 화자들이 메건에 대해 무엇을 암시하는가?

(A) 그 자리에 자격이 없다.

(B) 그 자리에 최고의 후보자다.

해설 여자가 메건이 자신들의 브랜드를 제일 잘 이해하고 있다고 말하고 남자가 그 말에 호응하고 있으므로 (B)가 정답이다.

Exercise

본서 p.155

1. (C) **2.** (B) **3.** (C) **4.** (D) **5.** (B) **6.** (B)

7. (A) **8.** (A)

미국 ↔ 호주

Questions 1-2 refer to the following conversation.

W Mr. Park, here is your receipt for the new television.
1 Now I just need your address and desired

delivery date. We make deliveries every day except Sunday.

Ⓜ Saturday is the only day I don't have to work, so I would like it delivered on Saturday morning. Is there an additional delivery charge?

Ⓦ No, there is no delivery fee. **2** Just write your address on this form, and I will arrange the delivery for you.

1-2번은 다음 대화에 관한 문제입니다.

Ⓦ 박 씨, 여기 고객님의 새 텔레비전 영수증입니다. **1** 이제 고객님의 **주소와 원하시는 배송 날짜가 필요합니다.** 일요일만 제외하고 매일 배송합니다.

Ⓜ 저는 토요일만 빼고 매일 일을 해서, 토요일 오전에 배송이 오면 좋겠네요. 혹시 추가 배송 비용이 있나요?

Ⓦ 아니요, 배송은 무료입니다. **2** 이 용지에 주소를 적어 주시면, 제가 배송 일정을 잡아 드리겠습니다.

어휘 receipt 영수증 | address 주소 | desired 원하는 | deliver 배송하다 | except ~은 제외하고 | form 양식 | arrange 일정을 조절하다

---

1. 대화의 주제는 무엇인가?

(A) 낡은 텔레비전 버리는 것

(B) 새로운 차량 구매하는 것

(C) 배송 날짜 잡는 것

(D) 고장 난 제품 반품하는 것

해설 주제를 묻는 문제 – 지문 초반에서 여자가 남자에게 주소와 배송을 원하는 날짜를 알려 주면 배송해 주겠다고 하므로 (C)가 정답이다.

---

2. 남자는 다음에 무엇을 하겠는가?

(A) 이메일을 보낸다

(B) 주소를 제공한다

(C) 확인 번호를 검토한다

(D) 전화를 건다

해설 다음에 할 일을 묻는 문제 – 남자가 주소를 적어 주면 여자가 배송 일정을 잡아 주겠다고 했으므로 (B)가 정답이다.

영국 ↔ 미국

Questions 3-4 refer to the following conversation.

Ⓦ Jason, do you have a few minutes to spare? I'd like to discuss our upcoming account, Houghton International. This case is particularly important to me, as **3** it will be the first acquisition I'll be handling at our law firm.

Ⓜ Oh, right. I believe they're looking to take over their biggest competitor, Macon Textiles.

Ⓦ Yes, Houghton wants to attain more global market share of synthetic fabrics. Anyway, they reached out to me this morning, and they would like to see the draft of the acquisition contract next week.

Ⓜ Alright. **4** Let me schedule a conference call with their representatives right away.

3-4번은 다음 대화에 관한 문제입니다.

Ⓦ 제이슨, 잠깐 시간 있나요? 저희 고객이 될 호턴 인터내셔널 관련해서 의논하고 싶어서요. 이 건이 저한테 특히 중요한데, **3** 저희 법률 사무소에서 제가 맡게 될 첫 인수 건이거든요.

Ⓜ 아, 그래요. 그쪽에서 최대 경쟁사인 메이컨 텍스타일을 인수하려고 하는 걸로 알고 있어요.

Ⓦ 맞아요, 호턴에서는 합성섬유에 대한 세계 시장 점유율을 더 늘리고 싶어 해요. 어쨌든, 그쪽에서 오늘 아침 저한테 연락해 왔는데, 인수 계약서 초안을 다음 주에 보고 싶어 해요.

Ⓜ 알았어요. **4** 제가 지금 바로 그쪽 직원과 전화 회의 일정을 잡을게요.

어휘 account 고객, 거래처 | case 건 | particularly 특히 | acquisition 인수, 매입 | law firm 법률 사무소 | take over 인수하다 | competitor 경쟁자 | attain 차지하다, 달성하다 | global 세계적인 | market share 시장 점유율 | synthetic fabric 합성섬유 | reach out to ~에게 연락하다

---

3. 화자들은 누구이겠는가?

(A) 회계사

(B) 기술자

(C) 법률 고문

(D) 영업 사원

해설 직업/신분을 묻는 문제 – 지문 초반에서 여자가 법률 사무소에서 맡게 될 첫 인수 건이라고 말했으므로 (C)가 정답이다.

---

4. 남자는 무엇을 하겠다고 말하는가?

(A) 계약서에 서명한다

(B) 자신의 담당자에게 연락한다

(C) 해외 출장을 간다

(D) 회의를 잡는다

해설 다음에 할 일을 묻는 문제 – 남자가 마지막 문장에서 바로 전화 회의 일정을 잡겠다고 말했으므로 (D)가 정답이다.

미국 ↔ 미국

Questions 5-6 refer to the following conversation.

Ⓜ **5** So, the total comes to $200.20. Can I have your membership card, please?

Ⓦ Umm... I don't have one. What kinds of benefits does the card have?

Ⓜ **6** Well, it's a reward card that accrues points on every purchase at our store. **5** When you earn 300 points, you'll receive a coupon for the item that you have purchased most frequently, like canned fruits, cookies, chips...

Ⓦ Wow! That sounds like a great deal. I shop here frequently, but I've never heard of this membership card — no one ever told me. Where do I sign up?

M 6 Here is an application for the card. You can actually start earning points today. Let me just get that card for you.

5-6번은 다음 대화에 관한 문제입니다.

남 5 총액이 200달러 20센트입니다. 회원 카드 주시겠어요?

여 음... 없는데요. 이 회원 카드에 어떤 혜택이 있나요?

남 네, 저희 가게에서 6 구입하시는 모든 제품의 금액에 대한 포인트가 누적이 되는 보상 카드입니다. 5 300 포인트를 모으시면, 과일 통조림, 쿠키, 감자 칩처럼 가장 자주 구매하시는 제품을 사실 수 있는 쿠폰을 드립니다.

여 우와! 정말 좋은 혜택이네요. 제가 여기 꽤 자주 오는데 지금껏 아무도 제게 말씀해 주신 분이 없어서 멤버십 얘기는 오늘 처음 듣네요. 어디서 가입할 수 있죠?

남 6 여기 카드 가입 신청서입니다. 오늘부터 당장 포인트 적립을 하실 수 있습니다. 제가 카드를 가져다드리도록 하겠습니다.

어휘 benefit 혜택 | accrue 누적하다, 누적되다 | receive 받다 | frequently 빈번하게 | sign up 가입하다 | application 가입 신청서

---

5. 남자가 일하는 곳은 어디이겠는가?
(A) 은행에서
(B) 슈퍼마켓에서
(C) 보석 가게에서
(D) 전자제품 소매업체에서

해설 근무지를 묻는 문제 – 첫 문장에서 남자가 총액이 200달러 20센트라며 회원 카드를 달라고 말한 후 회원 카드에 대해 묘사하면서 300 포인트를 모으면, 과일 통조림이나 감자 칩처럼 가장 자주 구매하는 제품을 살 수 있는 쿠폰을 준다고 말했으므로 (B)가 정답이다.

6. 여자가 무엇을 가입하겠는가?
(A) 쿠폰 책
(B) 보상 프로그램
(C) 설명회
(D) 월간 소식지

해설 세부 사항을 묻는 문제 – 지문 전반에 걸쳐서 상점의 보상 카드에 대해 설명한 남자가 마지막 문장에서 카드 가입 신청서를 주면서 가입을 권유하고 있으므로 (B)가 정답이다.

영국 ↔ 호주 ↔ 미국

Questions 7-8 refer to the following conversation with three speakers.

W I was wondering if you two had some time to go over a report I'm working on.

M1 Oh, is it for the marketing meeting tomorrow?

W Yes. I'm not sure about some of the figures.

M2 Actually, 7 I just received an e-mail saying that the meeting's been postponed until next week.

W That's good to know. 7 I was afraid I wouldn't be able to get it done in time. 7 Anyway, I'd really appreciate your help.

M1 Well, I'd be glad to take a look at it, but 8 I have to prepare some training materials for the new employees first.

M2 8 That's right. The company orientation is coming up soon.

7-8번은 다음 세 화자의 대화에 관한 문제입니다.

여 당신 두 분이 제가 만들고 있는 보고서를 검토해 줄 시간이 있는지 궁금하군요.

남1 아, 그게 내일 있을 마케팅 회의를 위한 건가요?

여 네. 수치 몇 개가 확실치 않네요.

남2 실은 7 제가 방금 그 회의가 다음 주로 연기되었다는 이메일을 받았어요.

여 알게 돼서 다행이에요. 7 그것을 제시간에 할 수 없을 것 같아서 걱정했거든요. 어쨌든, 도와주시면 감사하겠습니다.

남1 음, 그건 기꺼이 봐드릴게요, 하지만 8 저는 먼저 신입 직원들을 위한 교육 자료를 준비해야 해요.

남2 8 맞아요. 회사 오리엔테이션이 곧 있을 거예요.

어휘 go over 검토하다 | figure 수치 | postpone 연기하다 | in time 시간 맞춰 | appreciate 고마워하다 | take a look at ~을 보다 | come up 다가오다

---

7. 여자는 왜 "알게 돼서 다행이에요"라고 말하는가?
(A) 어떤 소식을 듣고 안도했다.
(B) 몇 가지 유용한 정보를 제공할 것이다.
(C) 어떤 아이디어에 감명을 받았다.
(D) 회의를 이끌게 되어 기쁘다.

해설 화자 의도 파악 문제 – 남자 2가 '제가 방금 그 회의가 다음 주로 연기되었다는 이메일을 받았어요.'라고 말하자 여자는 '알게 돼서 다행이에요.'라고 답하며, '그것을 제시간에 할 수 없을 것 같아서 걱정했거든요.'라고 말했으므로 (A)가 정답이다.

8. 남자들이 그 회사에 관하여 무엇을 암시하는가?
(A) 최근에 직원들을 고용했다.
(B) 고객들이 곧 방문할 것이다.
(C) 새로운 정책을 이행할 것이다.
(D) 광고 캠페인을 마련할 것이다.

해설 세부 사항을 묻는 문제 – 남자 1이 '저는 먼저 신입 직원들을 위한 교육 자료를 준비해야 해요.'라고 말했고, 남자 2는 '맞아요. 회사 오리엔테이션이 곧 있을 거예요.'라고 호응했으므로 (A)가 정답이다.

Practice
본서 p.156

| 1. (C) | 2. (D) | 3. (A) | 4. (A) | 5. (D) | 6. (B) |
| 7. (A) | 8. (C) | 9. (B) | 10. (B) | 11. (D) | 12. (D) |

미국 ↔ 미국

Questions 1-3 refer to the following conversation.

M Hi, Sun-Hee. 1 I came by to check up on the

preparations for Belle Boutique's grand opening tomorrow. How is our kitchen staff doing?

W Everything's going smoothly in the kitchen. But **2** one of the servers that was supposed to work tomorrow had a family emergency. I'll call Rose and ask if she can help us out tomorrow.

M OK. Let me know how that goes. She wanted to pick up additional shifts anyway. **3** We'll also need enough food warmer candles to last us for three hours of service. I'll go check now.

1-3번은 다음 대화에 관한 문제입니다.

남 안녕하세요. 선희. **1** 내일 있을 벨 부티크의 개장식 준비 상황을 확인하려고 들렀어요. 주방 직원들은 잘하고 있나요?

여 주방 쪽은 모두 순조롭게 진행되고 있어요. 그런데 **2** 내일 근무하기로 한 서빙 직원 중 한 명이 집에 급한 일이 생겼어요. 제가 로즈한테 연락해서 내일 도와줄 수 있는지 물어볼게요.

남 알았어요. 어떻게 되는지 저한테 알려 주세요. 그녀가 추가 근무를 하고 싶어 했었죠. **3** 그리고 세 시간 동안의 서비스를 위해 음식 보온용 양초가 충분히 필요해요. 제가 지금 가서 확인할게요.

어휘 come by 잠깐 들르다 | check up on ~을 확인하다 | preparation 준비 | staff 직원들 | smoothly 순조롭게 | server 서빙하는 사람 | be supposed to ~하기로 되어 있다 | pick up 얻다, 획득하다 | additional 추가의 | shift 교대 근무 | warmer 데우는 데 쓰이는 것 | candle 초 | last 지속되다

1. 내일 무슨 행사가 열릴 것인가?

(A) 친목 도모 오찬
(B) 요리 경연 대회
(C) 개장식
(D) 퇴임식

해설 세부 사항을 묻는 문제 – 지문 초반에서 남자가 내일 열릴 개장식 준비 상황을 확인하러 들렀다고 말했으므로 (C)가 정답이다.

2. 로즈는 누구이겠는가?

(A) 의사
(B) 디자이너
(C) 영업 사원
(D) 종업원

해설 세부 사항을 묻는 문제 – 여자가 서빙 직원인 로즈한테 연락해 보겠다고 말했으므로 (D)가 정답이다.

3. 남자는 다음에 무엇을 할 것인가?

(A) 물품을 확인한다
(B) 행사 일정을 변경한다
(C) 식기 세척기를 싣는다
(D) 메뉴를 출력한다

해설 다음에 할 일을 묻는 문제 – 남자가 마지막 문장에서 음식 보온용 양초가 충분히 있는지 확인하겠다고 말했으므로 (A)가 정답이다.

Questions 4-6 refer to the following conversation with three speakers.

W1 **4** You've reached Leonard Groceries. How can I be of assistance today?

M Hello. **5** I was wondering if I could order some dishes for a Thanksgiving event our company is holding this Thursday.

W1 Of course. I'll transfer you to the catering team.

M Thank you. I'll hold.

W2 Catering. This is Regina speaking.

M Hi. I want to order some Thanksgiving dishes. I need the dishes for a company function this Thursday evening at Grand Bedford Hotel. **6** Do you have some waitstaff that can help serve the dishes?

W2 Yes, we do, but that costs extra.

4-6번은 다음 세 화자의 대화에 관한 문제입니다.

여1 **4** 레너드 식료품점입니다. 무엇을 도와드릴까요?

남 안녕하세요. **5** 저희 회사에서 이번 주 목요일에 개최하는 추수감사절 행사용 음식을 주문할 수 있을까 해서요.

여1 그럼요. 출장 요리팀으로 연결해 드릴게요.

남 감사합니다. 기다릴게요.

여2 출장 요리입니다. 저는 레지나입니다.

남 안녕하세요. 제가 추수감사절 요리를 주문하고 싶은데요. 이번 주 목요일 저녁 그랜드 베드퍼드 호텔에서 열리는 회사 행사용 음식이 필요합니다. **6** 음식 서빙을 도와줄 직원이 있나요?

여2 네, 있어요. 그런데 추가 비용이 발생합니다.

어휘 reach ~에 이르다 | groceries 식료품점 | assistance 도움, 지원 | transfer 옮기다, 이동시키다 | catering 출장 요리 | hold 기다리다 | function 행사 | waitstaff 종업원들 | serve (음식을) 제공하다 | cost 비용이 들다 | extra 추가로

4. 여자들은 어디에서 근무하는가?

(A) 슈퍼마켓에서
(B) 자선 단체에서
(C) 제조 공장에서
(D) 농장에서

해설 근무지를 묻는 문제 – 첫 문장에서 첫 번째 여자가 레너드 식품점이라고 대답했으므로 (A)가 정답이다.

5. 남자는 무엇을 계획하고 있는가?

(A) 창립기념일
(B) 기금 모금행사
(C) 강의 프로그램
(D) 연휴 기념행사

해설 세부 사항을 묻는 문제 – 남자가 회사에서 추수감사절 행사를 위해 음식을 주문하고 싶다고 말했으므로 (D)가 정답이다.

6. 남자는 무엇에 관하여 물어보는가?

    (A) 근무 시간

    (B) 서빙 직원

    (C) 배송 서비스

    (D) 제품 상세 정보

해설 세부 사항을 묻는 문제 – 남자가 두 번째 여자에게 서빙을 도와줄 직원이 있는지 물어보고 있으므로 (B)가 정답이다.

미국 ↔ 영국

Questions 7-9 refer to the following conversation.

Ⓜ Hello. I have a meeting with the Marketing Department, and **7** I was instructed to come by here for a visitor's name tag. I was told that I have already been registered by your security team. My name should be on your computer. My last name is Leigh, L-E-I-G-H.

Ⓦ I'll look it up now. Hmm... I'm sorry Mr. Leigh, but I can't find your name.

Ⓜ **8** That's weird. I'm positive they said I would be registered in the computer.

Ⓦ Well, we just installed a new security program. You can just tell me your information. But **9** first let me call the Marketing Department and have someone walk over here to meet you.

7-9번은 다음 대화에 관한 문제입니다.

🧑 안녕하세요. 마케팅 부서와 회의가 있는데, **7** 방문객 출입증을 받을 수 있도록 이곳에 들르라는 안내를 받았습니다. 저는 이미 이 보안 팀에 등록되어 있다는 말을 들었어요. 제 이름이 당신 컴퓨터에 있을 겁니다. 제 성은 리, L–E–I–G–H입니다.

👩 지금 확인해 보겠습니다. 흠… 죄송하지만 리 씨, 성함을 찾을 수 없네요.

🧑 **8** 이상하네요. 분명 제가 컴퓨터에 등록되어 있을 거라고 얘기해 주셨어요.

👩 저, **저희가 새 보안 프로그램을 막 설치했습니다.** 그냥 저에게 정보를 말씀해 주셔도 됩니다. 하지만 **9** 먼저 제가 마케팅 부서에 전화를 걸어 누군가가 이쪽으로 오게 해서 만나실 수 있도록 해 드리겠습니다.

어휘 be instructed to do ~하라고 안내 받다 | come by ~에 들르다 | be told that ~라는 말을 듣다 | register 등록시키다 | security 보안 | look up 확인해 보다, 살펴보다 | weird 이상한 | be positive (that) 분명 ~하다 | install 설치하다 | let me do 제가 ~해 보겠습니다 | over here 바로 이쪽으로

---

7. 남자는 무엇이 필요한가?

    (A) 방문객 출입증

    (B) 새 컴퓨터

    (C) 전화번호

    (D) 주차증

해설 세부 사항을 묻는 문제 – 남자가 첫 부분에서 방문객 출입증을 받을 수 있는 안내를 받았다고 말했으므로 (A)가 정답이다.

---

8. 여자는 왜 "저희가 새 보안 프로그램을 막 설치했습니다"라고 말하는가?

    (A) 배송 주소를 바꾸기 위해

    (B) 구입품을 추천해 주기 위해

    (C) 오류에 대해 변명하기 위해

    (D) 새 서비스를 소개하기 위해

해설 화자 의도 파악 문제 – 남자가 분명히 자기 이름이 컴퓨터에 등록되어 있을 거라고 말하자 여자는 보안 프로그램을 새로 막 설치했다고 대답해 변명하고 있음을 알 수 있다. 따라서 (C)가 정답이다.

---

9. 여자는 다음에 무엇을 할 것인가?

    (A) 휴식을 취한다

    (B) 동료에게 전화한다

    (C) 컴퓨터를 다시 시작한다

    (D) 안내도를 확인한다

해설 다음에 할 일을 묻는 문제 – 여자가 마케팅부에 전화를 걸어 사람을 부르겠다고 말했으므로 (B)가 정답이다.

영국 ↔ 호주

Questions 10-12 refer to the following conversation and table of contents.

Ⓦ Good afternoon. This is Nancy in Technical Support.

Ⓜ Hello, Nancy. This is Ernest Edwards, and I hope you can help me. See, **10** some of our lawyers now work from home. So, when we need to consult with a client, **11** it would be helpful if we could talk face-to-face via video conference.

Ⓦ Oh, **11** there are instructions about how to do that in the IT manual.

Ⓜ Yes, and we've read them, but my colleagues keep getting error messages whenever they try to join a video call.

Ⓦ Hmm... **12** could you give me their e-mail accounts so I can contact them and try to figure out what the problem is?

10-12번은 다음 대화와 목차에 관한 문제입니다.

👩 안녕하세요. 기술 지원 팀의 낸시입니다.

🧑 안녕하세요, 낸시. 저는 어니스트 에드워즈이고, 저 좀 도와주시면 좋겠는데요. 보시면, **10** 저희 변호사 몇 분이 현재 재택근무를 하고 계시는데요. 그래서, 저희가 고객과 상담해야 할 때, **11** 화상 회의를 통해 대면으로 얘기할 수 있으면 도움이 될 것 같아서요.

👩 아, **11** IT 안내서에 그것을 하는 방법에 관한 설명이 있는데요.

🧑 네, 그래서 저희가 그걸 읽어 봤는데, 제 동료들이 화상 회의에 합류하려고 할 때마다 계속 오류 메시지를 받고 있어요.

👩 음… **12** 제가 그분들께 연락해서 무엇이 문제인지 알아낼 수 있게 그분들의 이메일 계정을 알려 주시겠어요?

```
┌─────────────────────────────────┐
│          IT 안내서 목차           │
├─────────────────────────────────┤
│  1장: 이메일에 등록하기            │
│  2장: 전자 서명                   │
│  3장: 기록 데이터베이스            │
│  11 4장: 화상 회의                │
└─────────────────────────────────┘
```

어휘 lawyer 변호사 | consult with ~와 상담하다 | face-to-face 대면하여 | via ~을 통해 | video conference 화상 회의 | instructions 안내, 설명 | how to do ~하는 법 | manual 안내서, 설명서 | colleague 동료 | keep -ing 계속 ~하다 | whenever ~할 때마다 | try to ~하려고 하다 | join 합류하다, 함께하다 | account 계정 | contact 연락하다 | figure out ~을 알아내다 | register for ~에 등록하다 | signature 서명

---

10. 남자가 일하는 곳은 어디이겠는가?

(A) 병원에서

(B) 법률 사무소에서

(C) 소프트웨어 회사에서

(D) 대학교에서

해설 근무지를 묻는 문제 – 남자가 현재 몇몇 변호사들이 재택근무를 하고 있다고 말했으므로 (B)가 정답이다.

---

11. 시각 정보를 보시오. 여자는 안내서의 어느 장을 언급하는가?

(A) 1장

(B) 2장

(C) 3장

(D) 4장

해설 시각 정보 연계 문제 – 남자가 화상 회의를 통해 대면으로 얘기하길 바란다고 말하자, 여자가 화상 회의를 진행하는 방법이 IT 안내서에 나온다고 대답했다. 목차에서 화상 회의에 해당하는 부분은 4장이므로 (D)가 정답이다.

---

12. 여자는 남자에게 무엇을 요청하는가?

(A) 통지서의 사본

(B) 일부 장비

(C) 광고주들의 명단

(D) 연락처

해설 요청 사항을 묻는 문제 – 마지막 문장에서 여자가 문제점을 알아내기 위해 법률 사무소 직원들의 이메일 계정을 요청하고 있으므로 (D)가 정답이다.

UNIT 11. 일상생활 1

핵심 문제 유형

본서 p.160

1. (C) **2.** (D) **3.** (B)

1-3번은 다음 대화에 관한 문제입니다.

남 **1** 하버뷰 호텔에 전화 주셔서 감사합니다. 무엇을 도와드릴까요?

여 안녕하세요, 저는 애슐리입니다. 제가 12월 2일부터 5일까지 디럭스 스위트룸을 예약했습니다. 웹사이트에 따르면 **2** 체크인 시간이 오후 2시부터 자정까지인데요. 맞나요?

남 그렇습니다, 부인.

여 아… **2** 제 비행기가 오전 2시에 도착해요.

남 괜찮습니다, 이 씨. 저희는 손님을 모시게 되어 기쁩니다.

여 감사합니다. 마음이 놓이네요.

남 아닙니다. 사실, 저희는 당신을 호텔로 바로 모셔올 무료 공항 셔틀을 마련해 드릴 수도 있습니다. **3** 저한테 항공편 번호를 알려 주셔야 하지만요.

여 그러면 아주 좋을 것 같아요. **3** 제가 지금 바로 찾아볼게요.

어휘 assist 돕다, 도움이 되다 | booking 예약 | deluxe 디럭스의, 고급의 | suite (호텔의) 스위트룸 | check-in 체크인 | hours 운영 시간 | midnight 자정 | correct 맞는, 정확한 | flight 비행, 항공편 | accommodate (지낼) 공간을 제공하다 | reassuring 안심시키는 | set up 마련하다 | complimentary 무료의 | airport 공항 | shuttle 셔틀 | directly 곧장 | look it up 찾아보다 | right now 지금 당장

---

1. 남자는 누구겠는가?

(A) 셔틀버스 기사

(B) 공항 체크인 담당 직원

(C) 호텔 접수 담당 직원

(D) 행사 기획자

해설 ① 문제 확인: Who, man → 남자의 정체

② 단서 찾기: 남자가 "하버뷰 호텔에 전화 주셔서 감사합니다. 무엇을 도와드릴까요?"라고 말했으므로 (C)가 정답이다.

---

2. 여자는 왜 "제 비행기가 오전 2시에 도착해요."라고 말하는가?

(A) 초대를 거절하려고

(B) 감사를 표하려고

(C) 불만을 제기하려고

(D) 걱정을 표현하려고

해설 ① 문제 확인: "My flight arrives at 2 A.M." → 비행기가 오전 2시에 도착한다고 말한 의도 파악

② 단서 찾기: 여자가 체크인 시간이 오후 2시부터 자정까지인 게 맞는지 확인하면서, 자신이 탄 비행기가 오전 2시에 도착한다고 말한 것이므로 (D)가 정답이다.

---

3. 여자는 다음으로 무엇을 할 것인가?

(A) 추가 수하물 비용을 지불할 것이다

(B) 여행 정보를 공유할 것이다

(C) 전자 송금을 할 것이다

(D) 이메일에 답장을 보낼 것이다

해설 ① 문제 확인: What, woman, do next → 여자가 다음에 할 일

② 단서 찾기: 남자가 여자에게 항공편 번호를 말해달라고 하자, 여자가 바로 찾아보겠다고 말했으므로 (B)가 정답이다.

Warm-up

본서 p.161

1. (B) 2. (B) 3. (B) 4. (A) 5. (B)

호주 ↔ 영국

Question 1 refers to the following conversation.

M Excuse me. Do you have any city maps or travel brochures for tourists?

W Yes, we have all the travel brochures near the front desk.

M I see. Thank you.

W No problem. And there should be some in your room as well.

1번은 다음 대화에 관한 문제입니다.

녀 실례합니다. 관광객들을 위한 시내 지도나 여행안내 책자를 가지고 계시나요?

여 네, 저희 모든 여행안내 책자는 안내 데스크 근처에 있습니다.

녀 알겠습니다. 감사합니다.

여 별말씀을요. 그리고 손님 객실에도 몇 개 있을 겁니다.

어휘 travel brochure 여행안내 책자 | tourist 관광객

1. 여자의 직업은 무엇이겠는가?

(A) 여행사 직원

(B) 호텔 직원

해설 여자가 front desk(안내 데스크)와 in your room(손님 객실)을 언급했으므로 여자가 현재 일하는 장소가 호텔이라는 것을 알 수 있다. 따라서 (B)가 정답이다.

미국 ↔ 미국

Question 2 refers to the following conversation.

M Hi, how may I help you?

W Hi, I ordered a pair of boots from your store last week, and I received them yesterday. But this morning I realized that I ordered the wrong ones.

M Oh, I understand. Would you like to exchange them for a new pair?

2번은 다음 대화에 관한 문제입니다.

녀 안녕하세요, 무엇을 도와드릴까요?

여 안녕하세요, 지난주에 당신의 가게에서 부츠 한 켤레를 주문해서 어제 받았습니다. 그런데 오늘 아침에 보니 제가 물건을 잘못 주문했더군요.

녀 아, 알겠습니다. 새것으로 교환해 드릴까요?

어휘 order 주문하다 | realize 알아차리다 | exchange 교환하다

2. 남자가 일하는 곳은 어디이겠는가?

(A) 수리점에서

(B) 신발 가게에서

해설 여자가 지난주에 남자의 가게에서 부츠 한 켤레를 주문해서 어제 받았다고 언급하고 있으므로 (B)가 정답이다.

영국 ↔ 호주

Question 3 refers to the following conversation.

W Hi. I need a direct flight to New York for January 7. Do you have any flights that arrive in New York in the morning?

M Yes, I see one here... It's a direct flight and will land in New York at 10:05 A.M.

W Hmm... Do you have any earlier flights? I have a meeting at 10:30 A.M., so I need to get there a bit earlier than that.

3번은 다음 대화에 관한 문제입니다.

여 안녕하세요. 제가 1월 7일에 뉴욕으로 가는 직항편이 필요한데요. 뉴욕에 아침에 도착하는 항공편이 있나요?

녀 네, 하나 있네요… 직항편이고, 뉴욕에 오전 10시 05분에 도착할 겁니다.

여 흠… 혹시 더 이른 항공편이 있을까요? 제가 오전 10시 30분에 회의가 있어서 그것보다는 좀 더 일찍 도착해야 하거든요.

어휘 direct flight 직항편 | land 착륙하다

3. 여자는 항공편에 대해 무엇을 암시하는가?

(A) 직항 항공편이 아니다.

(B) 그녀가 바랐던 것보다 늦게 도착한다.

해설 여자가 더 이른 항공편이 있는지 물어보며 오전 10시 30분에 회의가 있어서 그것보다는 좀 더 일찍 도착해야 한다고 말한다. 즉, 남자가 언급한 항공편이 여자가 예상했던 것보다 늦게 도착해 좀 더 일찍 도착하는 항공편을 원한다는 것을 알 수 있으므로 (B)가 정답이다.

미국 ↔ 미국

Question 4 refers to the following conversation.

W May I help you?

M Yes, how much is the admission fee for the modern art exhibition?

W It's $20 per person on weekends and $13 during the week.

ⓜ Wow, that's <u>kind of</u> expensive. Well... I think I should come back <u>during the week</u>.

4번은 다음 대화에 관한 문제입니다.

ⓦ 도와드릴까요?

ⓝ 네, 현대 미술 전시회 입장료가 얼마죠?

ⓦ 주말에는 일 인당 20달러이고, 주중에는 13달러입니다.

ⓝ 와, 조금 비싸네요. 음... 주중에 다시 와야겠어요.

어휘 admission fee 입장료 | modern 현대의 | exhibition 전시회 | on weekends 주말에 | kind of 약간 | during the week 주중에

4. 화자들이 무엇을 논의하는가?
(A) 입장료
(B) 회원권

해설 남자가 현대 미술 전시회 입장료가 얼마인지 묻고 여자가 대답하고 있으므로 (A)가 정답이다.

호주 ↔ 영국

Question 5 refers to the following conversation.

ⓜ Hi, I'd like to buy two tickets for the <u>new action film</u> at 8:30.

ⓦ I'm very sorry, but it's <u>sold out</u>.

ⓜ Really? Wow, the <u>movie</u> must be really good. Didn't it <u>come out</u> a few weeks ago?

ⓦ Yes, it did. But it's still <u>very popular</u>.

5번은 다음 대화에 관한 문제입니다.

ⓝ 안녕하세요, 이번에 새로 개봉한 8시 30분 액션 영화표를 2장 사고 싶습니다.

ⓦ 정말 죄송하지만, 매진되었습니다.

ⓝ 진짜요? 우와, 그 영화 진짜 괜찮나 보네요. 그거 몇 주 전에 나온 거 아닌가요?

ⓦ 맞아요. 하지만 여전히 인기가 좋네요.

어휘 sold out 표가 매진된 | come out 나오다

5. 화자들은 어디에 있는가?
(A) 놀이공원
(B) 영화관

해설 남자가 8시 30분에 새로 개봉한 액션 영화표를 2장 사고 싶다고 말하고 있으므로 (B)가 정답이다.

Exercise
본서 p.162

1. (C)	2. (B)	3. (D)	4. (B)	5. (D)	6. (B)
7. (A)	8. (D)				

미국 ↔ 미국

Questions 1-2 refer to the following conversation.

ⓜ Hello, 🔳 I lost my tickets for this Saturday's musical, and I was wondering... um... who I needed to speak with.

ⓦ I see. Well, that shouldn't be too much of an issue. Did you purchase your tickets with a credit card or with cash?

ⓜ I used my credit card.

ⓦ OK, 🔳 all you have to do is bring the credit card that you purchased the tickets with to the box office, and we will print you new tickets.

ⓜ That's great! Thank you so much!

1-2번은 다음 대화에 관한 문제입니다.

ⓝ 안녕하세요. 🔳 제가 이번 주 토요일에 있을 뮤지컬 표를 잃어버려서요… 음… 어떤 분께 상의를 드려야 할지 궁금합니다.

ⓦ 그러시군요. 그런데 크게 문제는 안 될 겁니다. 표를 구매하실 때 신용카드로 결제하셨나요, 아니면 현금으로 결제하셨나요?

ⓝ 신용카드를 사용했습니다.

ⓦ 네, 🔳 표 구입 당시에 결제하신 신용카드를 가지고 매표소에 오시기만 하시면, 저희가 새 표를 프린트해 드리겠습니다.

ⓝ 잘 됐네요! 정말 감사합니다!

어휘 issue 문제 | purchase 구매하다 | credit card 신용카드 | cash 현금 | box office 매표소 | misplace 찾지 못하다 | birth certificate 출생증명서

1. 남자는 어떤 문제를 언급하는가?
(A) 행사에 갈 수 없다.
(B) 공연에 늦을 것이다.
(C) 표를 분실했다.
(D) 추가 좌석을 구매하길 원한다.

해설 문제점을 묻는 문제 – 대화 첫 부분에서 남자가 이번 주 토요일에 있을 뮤지컬 표를 잃어버렸다면서 누구와 상의해야 할지 묻고 있으므로 (C)가 정답이다.

2. 남자는 무엇을 매표소에 가져가야 하는가?
(A) 영수증
(B) 신용카드
(C) 출생증명서
(D) 은행 계좌 정보

해설 세부 사항을 묻는 문제 – 여자가 남자에게 표 구입 당시에 결제했던 신용카드를 가지고 매표소에 가면 새 표를 프린트해 주겠다고 말하므로 (B)가 정답이다.

호주 ↔ 영국

Questions 3-4 refer to the following conversation.

ⓜ Hello. I ordered a jacket from your catalog, and it arrived this afternoon. 🔳 I was very disappointed to see that the jacket was torn, dirty, and just unwearable.

W I apologize for that, sir. Could you please give me your name?

M I'm John Erins.

W Alright. I see the Davenport Tweed Sports Coat, size large, in brown. They must have made a mistake at the factory. I'll have a replacement jacket sent to you as soon as possible.

M I'd appreciate that. So, how can I get this one back to you?

W On our website, 4 you can download and print a return shipping label. That way, you won't have to pay for shipping.

3-4번은 다음 대화에 관한 문제입니다.

남 안녕하세요. 제가 귀사의 카탈로그에서 재킷을 하나 주문했고, 그게 오늘 오후에 도착했는데요. 3 그 재킷이 찢어져 있고, 더럽고, 바로 입을 수 없는 것을 보고 매우 실망했어요.

여 그 일에 대해 사과드립니다, 선생님. 성함을 말씀해 주시겠습니까?

남 존 에린스입니다.

여 알겠습니다. 라지 사이즈의 갈색 대븐포트 트위드 스포츠 코트로 확인됩니다. 공장에서 실수한 것이 틀림없는데요. 제가 가능한 한 빨리 대체할 재킷을 보내 드리겠습니다.

남 그러면 감사하겠습니다. 그럼, 이 재킷은 어떻게 되돌려 드릴 수 있나요?

여 저희 웹사이트에서, 4 반송용 라벨을 다운로드해서 출력하실 수 있습니다. 그렇게 하시면, 배송료를 내실 필요가 없습니다.

어휘 order 주문하다 | arrive 도착하다 | disappointed 실망한 | torn 찢긴 | unwearable 입을 수 없는 | apologize 사과하다 | make a mistake 실수하다 | replacement 대체품 | as soon as possible 가능한 한 빨리 | appreciate 감사하다 | return shipping 반송 | that way 그렇게 하면

---

3. 제품에 무엇이 문제인가?
(A) 잘못된 색상이다.
(B) 단추 하나가 없다.
(C) 사이즈가 너무 작다.
(D) 손상되어 있다.

해설 문제점을 묻는 문제 – 남자가 주문해서 받은 재킷이 찢어져 있고, 더럽고, 입을 수 없는 제품이라는 것을 보고 실망했다고 말했으므로 (D)가 정답이다.

---

4. 여자는 남자가 무엇을 해야 한다고 말하는가?
(A) 설명서를 읽는다
(B) 라벨을 다운로드한다
(C) 창고를 방문한다
(D) 서비스 문제를 보고한다

해설 제안 사항을 묻는 문제 – 여자가 남자에게 반송용 라벨을 다운로드해 출력할 수 있다고 말했으므로 (B)가 정답이다.

Questions 5-6 refer to the following conversation.

M Excuse me… 5 I need to file a report for some missing baggage. I just arrived on Flight A252 from Los Angeles, and it looks like my suitcase never got here. My luggage claim number is 392830.

W 5 I apologize for the inconvenience. Let me check my computer right now to see what's going on.

M OK. I really need it today because I'm leaving Boston tomorrow afternoon.

W Don't worry. According to the system, your suitcase will be sent with an evening flight from Los Angeles. I'll make sure you get it today. 6 Just write down the phone number and address of the place you'll be staying at.

5-6번은 다음 대화에 관한 문제입니다.

남 실례합니다… 5 분실 수하물 신고를 해야 하는데요. 로스앤젤레스발 A252 비행기로 막 도착했는데, 제 여행 가방이 이곳에 도착하지 않은 것 같네요. 제 수하물 수취 번호는 392830입니다.

여 5 불편에 사과드립니다. 무슨 일인지 알아보도록 지금 바로 컴퓨터를 확인해 보겠습니다.

남 네, 제가 내일 오후에 보스턴을 떠나야 해서 오늘 꼭 필요해요.

여 걱정하지 마세요. 시스템에 따르면, 귀하의 여행 가방은 로스앤젤레스에서 저녁 비행기로 보내질 것입니다. 오늘 확실히 받으실 수 있도록 할게요. 6 묵으실 곳의 전화번호와 주소만 적어 주세요.

어휘 file a report 신고하다 | missing 잃어버린 | luggage claim 수하물 찾는 곳, 수하물 수취 | inconvenience 불편함 | go on 일어나다, 벌어지다 | booking 예약 | contact information 연락처

---

5. 여자는 누구이겠는가?
(A) 호텔 지배인
(B) 택시 기사
(C) 식당 직원
(D) 항공사 직원

해설 직업/신분을 묻는 문제 – 남자가 비행기에서 방금 내렸다면서 분실 수하물 신고를 해야 한다고 여자에게 말했고, 여자가 불편을 준 것에 대해 사과하고 있으므로 여자는 항공사 직원임을 알 수 있다. 따라서 (D)가 정답이다.

---

6. 여자는 무엇을 요청하는가?
(A) 예약 세부 내역
(B) 연락처
(C) 은행 계좌 번호
(D) 회사의 이름

해설 요청 사항을 묻는 문제 – 여자의 마지막 대사에서 숙박할 곳의 전화번호와 주소를 적어 달라고 말하므로 (B)가 정답이다.

Questions 7-8 refer to the following conversation.

M Hello. Welcome to Bishop Furniture. How can I assist you today?

W Hi. Do you provide custom design services?

M Yes, we do. If you have a certain design in mind, we can help you bring it to life. We work with both private and commercial customers to make custom pieces for their everyday needs.

W That's perfect. **7** I'm planning to open a diner in the city. We want the interior to have a contemporary style.

M We can provide just that. If you'd like customized designs, **8** we can give you a complimentary consultation session with our designer to help you brainstorm some ideas.

7-8번은 다음 대화에 관한 문제입니다.

남 안녕하세요. 비숍 가구에 오신 것을 환영합니다. 무엇을 도와드릴까요?

여 안녕하세요. 주문 제작 서비스를 제공하시나요?

남 네, 제공합니다. 염두에 두신 특정 디자인이 있으시면 실현해 드립니다. 개인 고객 및 기업 고객 모두와 작업하여 고객의 일상적인 필요에 맞춤형 제품을 만들어 드립니다.

여 잘 됐네요. **7** 제가 시내에 식당을 열 계획인데요. 실내 장식을 현대적인 스타일로 하고 싶어요.

남 바로 그렇게 제공해 드릴 수 있습니다. 맞춤형 디자인을 원하시면, **8** 저희 디자이너와 무료 상담으로 아이디어를 얻도록 도와드릴 수 있습니다.

어휘 furniture 가구 | assist 돕다 | custom 주문 제작한 | certain 확실한 | have ~ in mind ~을 염두에 두다 | bring ~ to life 생기를 불어넣다 | private 개인의 | commercial 상업의, 기업용의 | piece 작품 | everyday 일상적인, 매일의 | need 필요, 요구 | perfect 완벽한 | interior 실내 장식 | contemporary 현대의 | customized 주문 제작한, 맞춤형의 | complimentary 무료의 | consultation 상담 | brainstorm 아이디어를 내다

7. 여자는 현재 무엇에 관련된 계획을 실행하고 있는가?
(A) 식당을 개장하는 것
(B) 기념행사를 계획하는 것
(C) 사무실을 개조하는 것
(D) 의류점을 최신화하는 것

해설 세부 사항을 묻는 문제 – 여자가 시내에 식당을 열 계획이라고 말했으므로 (A)가 정답이다.

8. 남자에 따르면, 무엇이 무료로 제공되는가?
(A) 배송
(B) 샘플
(C) 설치
(D) 상담

해설 세부 사항을 묻는 문제 – 남자가 여자에게 디자이너와 무료 상담을 통해 아이디어를 얻어 도와줄 수 있다고 말했으므로 (D)가 정답이다.

Practice

본서 p.163

| 1. (B) | 2. (A) | 3. (C) | 4. (C) | 5. (A) | 6. (C) |
| 7. (D) | 8. (B) | 9. (C) | 10. (D) | 11. (D) | 12. (A) |

Questions 1-3 refer to the following conversation.

M Hello, my name is Mark Prichard, and **1** I'm responsible for organizing theater performances here at the Broadway Frenzy Theater. I believe you are Ms. Jenkins's agent, right?

W Oh, yes, I am. I'm in charge of scheduling her theater performances.

M Great, before we proceed, **2** congratulations on the award she won last month. She absolutely deserved to win an award for Best Actress.

W Thank you. We weren't even expecting it, but we were definitely glad.

M Also, it would be great if we could interview her for our weekly newsletter.

W **3** Just give me your phone number, and I will definitely get back to you as soon as I discuss it with her.

1-3번은 다음 대화에 관한 문제입니다.

남 안녕하세요, 저는 마크 프리처드이며, **1** 이곳 브로드웨이 프렌지 극장에서 연극 공연을 편성하는 일을 책임지고 있습니다. 젠킨스 씨의 대리인 맞으시죠?

여 아, 네, 그렇습니다. 그분의 연극 공연 일정을 조정하는 일을 맡고 있습니다.

남 좋습니다. 이야기를 진행하기 전에, **2** 그분의 지난달 수상을 축하 드립니다. 정말 여우주연상을 받으실 자격이 충분하셨어요.

여 감사합니다. 저희는 기대조차 안 하고 있었는데, 분명 기쁜 일이었습니다.

남 그리고, 저희 주간 소식지를 위해 그분 인터뷰를 할 수 있다면 아주 좋을 것 같습니다.

여 **3** 저에게 전화번호를 알려 주시면, 그분과 논의하는 대로 꼭 다시 연락 드리겠습니다.

어휘 be responsible for ~을 책임지다, ~을 맡고 있다 | organize 편성하다, 조직하다 | theater performance 연극 공연 | agent 대리인 | schedule 일정을 정하다 | proceed 계속하다 | congratulate on ~에 대해 축하하다 | absolutely 분명히, 확실히 | deserve to do ~할 만한 자격이 있다 | win an award 상을 받다 | expect 예상하다 | get back to ~에게 다시 연락하다 | as soon as ~하자마자 | discuss 논의하다

1. 화자들은 어느 업계에서 일하겠는가?
(A) 관광
(B) 연예
(C) 디자인

(D) 광고

해설 근무지를 묻는 문제 – 지문 초반에서 남자가 극장에서 연극 공연을 편성하는 일의 책임자라고 말했으므로 (B)가 정답이다.

---

2. 남자에 따르면, 지난달에 젠킨스 씨에게 무슨 일이 있었는가?

(A) 상을 받았다.

(B) 인터뷰를 했다.

(C) 연극을 봤다.

(D) 일정이 겹쳤다.

해설 세부 사항을 묻는 문제 – 남자가 지난달에 젠킨스 씨가 상을 받는 것에 대해 축하의 한 마디를 말했으므로 (A)가 정답이다.

---

3. 여자는 남자에게 무엇을 요청하는가?

(A) 서명된 계약서

(B) 연극 대본

(C) 연락처

(D) 질문 목록

해설 요청 사항을 묻는 문제 – 마지막 문장에서 여자가 남자에게 전화번호를 알려달라고 말했으므로 (C)가 정답이다.

영국 ↔ 미국

Questions 4-6 refer to the following conversation.

W ４ Kentucky State Transportation Office. This is Olivia. Can I help you?

M Hi. I own a restaurant here in Arlington, and ５ I heard that you're looking for stores to sponsor the local airport. This is something I would like to do. Can you give me some information?

W Yes, we're seeking stores to sponsor the airport. We're asking them to pay for cleaning and maintenance. The main advantage for sponsors is that they can post advertisements at no cost anywhere in the airport.

M ６ Could we open our branch in the airport also?

W I'm sorry, rental spaces are now unavailable, but there's a lot of room both outside and inside the airport for the advertisements.

4-6번은 다음 대화에 관한 문제입니다.

여 ４ 켄터키주 교통국입니다. 저는 올리비아이고요. 무엇을 도와드릴까요?

남 안녕하세요. 저는 이곳 알링턴에서 식당을 운영하고 있는데, ５ 거기서 지역 공항을 후원할 가게를 찾고 있다고 들었어요. 이 일은 제가 하고 싶었거든요. 제게 정보를 좀 주시겠어요?

여 네, 저희가 공항을 후원할 상점을 찾고 있습니다. 그분들께 청소와 유지 보수에 대해 부담할 것을 요청드리고 있고요. 후원 업체를 위한 주요 혜택으로는 공항 내 어느 곳이든 비용을 들이지 않고 광고를 게시할 수 있다는 점입니다.

남 ６ 저희가 공항 안에 지점을 열 수도 있나요?

여 죄송합니다만, 현재는 임대 공간이 없습니다. 하지만 공항 안팎에 모두 광고할 공간은 많이 있습니다.

어휘 transportation 교통 | sponsor 후원하다 | seek 찾다, 구하다 | maintenance 유지보수 | advantage 이점, 장점 | post 게시하다 | advertisement 광고 | at no cost 비용을 들이지 않고 | branch 지사, 지점 | rental 임대

---

4. 여자는 어느 업종에서 일하는가?

(A) 음식

(B) 제조

(C) 교통

(D) 예술

해설 근무지를 묻는 문제 – 첫 번째 문장에서 여자가 켄터키주 교통국의 올리비아라고 대답했으므로 (C)가 정답이다.

---

5. 남자는 무엇을 하는 것에 관심 있는가?

(A) 후원자가 되는 것

(B) 식당을 개조하는 것

(C) 그의 일정을 변경하는 것

(D) 계약직 직원들을 고용하는 것

해설 세부 사항을 묻는 문제 – 남자가 지역 공항을 후원할 가게를 찾고 있다는 것을 듣고 그것이 자신이 하고 싶었던 일이라고 말했으므로 (A)가 정답이다.

---

6. 남자는 무엇을 하고 싶어 하는가?

(A) 미디어로부터 주목을 받는다

(B) 프로젝트의 완성을 축하한다

(C) 그의 사업을 확장한다

(D) 예산 산출을 수정한다

해설 세부 사항을 묻는 문제 – 남자가 공항 안에서 자신이 운영하는 식당의 지점을 열 수 있는지 물어봤으므로 (C)가 정답이다.

영국 ↔ 미국

Questions 7-9 refer to the following conversation.

W Good afternoon. I hope you enjoyed shopping here at Sanway Groceries. ７ Do you have your store membership card with you?

M ７ Ah, actually, I left it at home.

W ８ Hmm... Unfortunately, I'm unable to enter your telephone number since our system is down right now. So I won't be able to apply your usual discount today.

M It's OK. By the way, ９ I grabbed these cans of beans from a shelf, but now I've decided not to buy them.

W That's alright. ９ I know where those go. Now, how will you be paying today?

7-9번은 다음 대화에 관한 문제입니다.

여 안녕하세요. 저희 샌웨이 식료품점에서 즐거운 쇼핑하셨길 바랍니다. ７ 매장 회원 카드가 있으신가요?

남 **7** 아, 실은 집에 놔두고 왔어요.

여 **8** 음… 죄송하지만, 저희 시스템이 지금 작동하지 않아서 고객님의 전화번호를 입력할 수가 없습니다. 그래서 오늘은 평소대로 할인을 적용해 드릴 수 없겠네요.

남 괜찮아요. 그런데 **9** 제가 이 콩 캔 몇 개를 선반에서 꺼냈는데, 사지 않으려고요.

여 괜찮습니다. **9** 어디에 두는지 제가 알아요. 자, 오늘은 어떻게 계산하시겠어요?

어휘 membership card 멤버십 카드 | leave 남겨두다 | enter 입력하다 | down 작동이 안 되는 | apply 적용하다 | grab 움켜쥐다 | bean 콩 | voucher 할인권 | receipt 영수증 | sold out 매진된 | access 접속하다 | list 목록을 작성하다 | incorrect 부정확한 | locate 찾아내다 | aisle 통로

---

7. 남자는 무엇을 잊고 가져오지 않았는가?
(A) 할인권
(B) 매장 영수증
(C) 쇼핑백
(D) 회원 카드

해설 세부 사항을 묻는 문제 – 여자가 회원 카드가 있는지 묻자 남자가 집에 두고 왔다고 했으므로 (D)가 정답이다.

---

8. 여자는 어떤 문제를 언급하는가?
(A) 물건이 매진되었다.
(B) 시스템에 접속할 수 없다.
(C) 표시된 가격이 잘못되었다.
(D) 직원이 출근하지 않았다.

해설 문제점을 묻는 문제 – 시스템이 고장 나서 남자의 전화번호를 입력할 수가 없다고 말했으므로 (B)가 정답이다.

---

9. 여자가 "어디에 두는지 제가 알아요"라고 말할 때 무엇을 의도하는가?
(A) 몇몇 물건들이 엉뚱한 선반에 놓여 있었다.
(B) 그녀가 남자가 상품을 찾도록 도와줄 것이다.
(C) 그녀가 제품을 다시 원래 위치에 둘 것이다.
(D) 일부 상품이 다른 통로로 옮겨졌다.

해설 화자 의도 파악 문제 – 남자가 사려고 했던 상품을 사지 않기로 했다고 하자 여자가 그 물건이 어디에 놓여 있었는지 안다고 말한 것이므로 자신이 원래 자리에 가져다 놓겠다는 의미임을 알 수 있다. 따라서 (C)가 정답이다.

호주 ↔ 영국

Questions 10-12 refer to the following conversation and directory.

M I'm glad we decided to drop by the supermarket before heading off to the department picnic. What else do we need to pick up?

W It'll be good if everyone had a healthy option for dessert. I was thinking of getting a box of apples. **10** I really hope that this department outing in the afternoon will help build better relationships.

M Me, too. By the way, **11** make sure that you complete a reimbursement form after making the purchase. The company covers all costs related to these kinds of events.

W OK. Actually, this is my first time at this supermarket. **12** Do you know where the apples are?

M **12** I'm not sure. Why don't we check the directory?

10-12번은 다음 대화와 안내도에 관한 문제입니다.

남 부서 야유회를 떠나기 전에 슈퍼마켓에 들르게 돼서 다행이네요. 우리가 또 뭘 사야 되죠?

여 모두 몸에 좋은 디저트를 먹을 수 있으면 좋을 것 같아요. 사과 한 상자를 살까 생각 중이에요. **10** 저는 오후에 있을 부서 야유회가 관계를 돈독하게 하는 데 도움이 되면 정말 좋겠어요.

남 저도 그래요. 그런데 **11** 구매한 후에는 꼭 환급 신청서를 작성하세요. 회사가 이런 행사와 관련된 모든 비용을 부담해요.

여 알겠어요. 사실, 이 슈퍼마켓은 처음이거든요. **12** 사과가 어디 있는지 아세요?

남 **12** 잘 모르겠네요. 안내도를 확인해 보는 게 어때요?

1층 안내도	
12 A 구역	농산물
B 구역	제과
C 구역	음료
D 구역	육류

어휘 drop by 잠깐 들르다 | head off to (특정한 장소로) 떠나다 | outing 소풍, 야유회 | cover 다루다, 덮다, 부담하다 | related to ~와 관련된 | directory 안내도, 명부 | produce 농산물 | gathering 모임 | mobile application (핸드폰이나 태블릿에서 사용할 수 있는 응용 프로그램) 모바일 앱 | specific 특정한, 구체적인 | section 구역, 부분

---

10. 오후에 무슨 일이 일어날 것인가?
(A) 해외 고객이 방문할 것이다.
(B) 건강 세미나가 열릴 것이다.
(C) 할인 행사가 시작할 것이다.
(D) 친목 모임이 개최될 것이다.

해설 세부 사항을 묻는 문제 – 여자의 첫 대사에서 오후에 있을 부서 야유회가 관계를 돈독하게 하는 데 도움이 되길 바라고 있다고 말했으므로 (D)가 정답이다.

---

11. 남자는 여자에게 무엇을 하라고 지시하는가?
(A) 모바일 앱을 다운로드한다
(B) 관리자에게 연락한다
(C) 동료를 태워 온다
(D) 특정 서식을 이용한다

해설 세부 사항을 묻는 문제 – 남자가 환급 신청서를 작성하라고 했으므로 (D)가 정답이다.

---

12. 시각 정보를 보시오. 화자들은 어디로 가겠는가?

    (A) A 구역

    (B) B 구역

    (C) C 구역

    (D) D 구역

해설 시각 정보 연계 문제 – 여자가 어디에 사과가 있는지 남자에게 묻자 남자가 안내도를 확인해 보자고 제안했고, 안내도에는 A 구역이 농산물을 취급하는 구역이므로 (A)가 정답이다.

UNIT 12. 일상생활 2

핵심 문제 유형
본서 p.168

1. (B)   **2.** (C)   **3.** (D)

1-3번은 다음 대화와 도서 목록에 관한 문제입니다.

여 안녕하세요, 제가 이 책들을 대출하려고 했는데, **1** **도서관 카드를 집에 두고 왔어요.** 회원 데이터베이스에서 제 개인 정보를 찾아봐 주시겠어요? 제 이름은 크리스티나 윌리엄스예요.

남 그럼요. 여기 있네요. 그런데 시스템 상으로는 이미 여러 권을 대출하셨네요. 한도는 알고 계신 거 맞죠? 딱 한 권만 더 대출 가능하세요.

여 아, 죄송해요. 몰랐어요. **2** **《신세계》로 가져갈게요. 제가 좋아하는 작가가 썼어요.**

남 알겠습니다. 그런데요, **3** **다음 달에 저희 도서관에서 기금 마련 행사를 개최할 예정이에요.** 중고책을 일부 판매해서 지역 주민 수업 자금을 마련할 계획입니다.

당신에게 바치는 송가 – 에리카 하월
자연의 하이쿠스 – 아야코 기무라
2 **신세계** **– 필립 체임버**
숨은 그림자 – 대니 호건

어휘 check out 대출하다 I forget 잊다 I personal 개인적인 I detail 세부 사항 I member 회원 I database 데이터베이스 I aware 알고 있는 I limit 한도 I item 항목 I hold 개최하다 I fundraiser 기금 마련 행사 I plan 계획하다 I sell 판매하다 I second-hand 중고의 I raise (자금 등을) 모으다

---

1. 여자는 무엇을 하는 것을 깜박했는가?

    (A) 연회비 지불하는 것

    (B) 회원 카드를 가져오는 것

    (C) 책을 예약하는 것

    (D) 수업에 등록하는 것

해설 ① 문제 확인: What, woman, forget to do → 여자가 잊은 것

② 단서 찾기: 여자가 도서관 카드를 집에 두고 왔다고 말했으므로 (B)가 정답이다.

③ Paraphrasing: (지문 ➡ 정답)

    library card → membership card

---

2. 시각 자료를 보시오. 여자가 좋아하는 작가는 누구인가?

    (A) 에리카 하월

    (B) 아야코 기무라

    (C) 필립 체임버

    (D) 대니 호건

해설 ① 문제 확인: Who, woman's favorite writer → 여자가 좋아하는 작가

② 단서 찾기: 여자가 《신세계》로 가져간다며, 자신이 좋아하는 작가가 썼다고 했는데, 시각 자료에서 《신세계》의 저자가 필립 체임버임을 알 수 있으므로 (C)가 정답이다.

---

3. 남자에 따르면, 다음 달에 무슨 일이 있는가?

    (A) 작문 워크숍

    (B) 실시간 낭독

    (C) 도서 사인회

    (D) 기금 마련 행사

해설 ① 문제 확인: what, take place, next month → 다음 달에 일어날 일

② 단서 찾기: 남자가 다음 달에 도서관에서 기금 마련 행사를 개최할 예정이라고 말했으므로 (D)가 정답이다.

③ Paraphrasing: (지문 ➡ 정답)

    a fundraiser → a fund-raising event

Warm-up
본서 p.169

1. (B)   **2.** (B)   **3.** (A)   **4.** (A)   **5.** (A)

영국 ↔ 미국

Question 1 refers to the following conversation.

W Hi, the driver's side <u>rear door</u> of my car <u>doesn't close properly</u>, and I was going to ask you to <u>fix it</u> today.

M I'm sorry, but I don't think I can <u>fix your car</u> today. If you leave it here, I can take a look at it <u>first thing</u> tomorrow morning.

1번은 다음 대화에 관한 문제입니다.

여 안녕하세요, 제 차 운전자 쪽 뒷문이 제대로 닫히지가 않아서, 오늘 그것을 좀 고쳐 달라고 부탁드리려고 했습니다.

남 죄송합니다만 오늘은 손님 차를 고칠 수 없을 것 같네요, 여기 두고 가시면, 제가 내일 아침에 제일 먼저 살펴보겠습니다.

어휘 rear door 뒷문 I properly 제대로 I take a look at ~을 한 번 보다 I first thing 맨 먼저

1. 남자는 무엇을 해 달라고 요청받고 있는가?

(A) 견적을 제공한다

(B) 자동차를 수리한다

해설 여자가 자신의 차에 생긴 문제를 설명하고 오늘 그것을 좀 고칠 수 있는지 물어보고 있다. 또 fix와 의미가 같은 repair가 사용되었으므로 (B)가 정답이다.

미국 ↔ 호주

Question 2 refers to the following conversation.

W Hi, this is Heather Lee calling from Mitchell <u>Real Estate</u>. There is a <u>one-bedroom apartment</u> that just <u>became available</u> and is located near Hynd River.

M Near Hynd River? That's <u>right next to</u> my work!

W Great! So when would you like to <u>take a look at</u> this place?

2번은 다음 대화에 관한 문제입니다.

여 안녕하세요, 미첼 부동산에서 전화드리는 헤더 이입니다. 침실 한 개 짜리 아파트 한 채가 이제 막 매물로 나왔는데요, 힌드 강 근처에 위치하는 곳이에요.

남 힌드 강 근처요? 거긴 저희 회사 바로 옆이에요!

여 잘됐네요! 그럼, 언제쯤 여길 한번 보시겠어요?

어휘 real estate 부동산 | one-bedroom apartment 침실 한 개짜리 아파트 | available (사물이) 이용할 수 있는

---

2. 여자는 어디에서 일하는가?

(A) 우체국에서

(B) 부동산 중개소에서

해설 여자가 자신의 이름과 함께 미첼 부동산에서 전화한다고 언급하고 있으므로 (B)가 정답이다.

미국 ↔ 미국

Question 3 refers to the following conversation.

W Hi. This is Alexa Chen, a <u>reporter</u> from the *Daily News*. I'm calling to <u>follow up</u> on an article about your plans to open a <u>children's hospital</u> next year.

M Hi, Alexa. Well, I was going to call you today. I heard my <u>assistant</u> sent you some documents yesterday. Did you get them?

W Yes, I did. Thank you. But um... Can you please send me some blueprints or other images of the building so that I can add them to the <u>article</u> as well?

3번은 다음 대화에 관한 문제입니다.

여 안녕하세요, 전 〈데일리 뉴스〉 기자인 알렉사 첸입니다. 내년에 어린이 병원을 열겠다는 당신의 계획에 대한 기사를 마무리 짓기 위해 전화드립니다.

남 안녕하세요, 알렉사. 음, 오늘 전화드리려고 했는데요. 제 비서가 어제 당신에게 문서를 좀 보냈다고 들었어요. 혹시 받으셨나요?

여 네, 감사합니다. 근데, 음… 기사에 넣을 수 있게 설계도나 다른 건물 이미지를 좀 보내 주실 수 있으실까요?

어휘 follow up on ~을 끝까지 마무리 하다 | article 기사 | children's hospital 어린이 병원 | blueprint 청사진

---

3. 여자는 누구인가?

(A) 기자

(B) 변호사

해설 여자가 자신의 이름과 함께 〈데일리 뉴스〉 기자라고 말하고 있으므로 (A)가 정답이다.

호주 ↔ 미국

Question 4 refers to the following conversation.

M Good morning, Goubman <u>Clinic</u>.

W Hi, I made an <u>appointment</u> with <u>Dr.</u> Goubman today, but I'd like to <u>cancel it</u>.

M Oh, OK. Would you like to <u>reschedule</u> it?

4번은 다음 대화에 관한 문제입니다.

남 안녕하세요, 거브먼 클리닉입니다.

여 안녕하세요, 제가 거브먼 박사님과 오늘 예약이 있는데 취소하고 싶어서요.

남 아, 네. 예약 일정을 변경해 드릴까요?

어휘 make an appointment 예약을 하다 | reschedule 일정을 변경하다

---

4. 남자는 어떤 종류의 회사에서 일하는가?

(A) 의료 센터

(B) 헬스클럽

해설 남자가 첫 문장에서 거브먼 클리닉이라고 말하고 있으므로 (A)가 정답이다.

영국 ↔ 호주

Question 5 refers to the following conversation.

W Hi, I'm interested in signing up for <u>a library card</u>.

M OK, <u>fill out</u> this form, please. And... um... Do you have any <u>photo identification</u>?

W Here, I have a <u>driver's license</u>.

5번은 다음 대화에 관한 문제입니다.

여 안녕하세요, 도서관 카드를 등록하고 싶은데요.

남 네, 이 서류를 작성해 주세요. 그리고… 음… 혹시 사진이 부착된 신분증을 가지고계신가요?

여 여기, 제 운전면허증이요.

어휘 interested in ~에 관심 있는 | fill out a form 용지에 써 넣다 | photo identification 사진이 부착된 신분증 | driver's license 운전면허증

---

5. 여자가 가지고 싶어 하는 것은 무엇인가?

(A) 도서관 카드

(B) 운전면허증

해설 첫 문장에서 여자가 도서관 카드를 등록하고 싶다고 말하고 있으므로 (A)가 정답이다.

Exercise

1. (B) 2. (B) 3. (D) 4. (C) 5. (B) 6. (D)
7. (A) 8. (C)

미국 ↔ 영국

Questions 1-2 refer to the following conversation.

M Hello. I purchased a water heater from your shop a while ago. I tried turning on the hot water today, but only cold water came out. **1** Can you send a technician to check it out?

W Sure. All you have to do is schedule an appointment on our website. Just remember that we're closed on Sundays.

M Hmm… The inspection won't cost me anything, right? I have a warranty that says it covers this kind of thing.

W If the product is defective, then it should be fine. **2** Just make sure that you present that warranty to the technician.

1-2번은 다음 대화에 관한 문제입니다.

남 안녕하세요, 전에 매장에서 온수기를 구입했어요. 오늘 온수기를 틀었는데 찬물만 나오더군요. **1** 살펴볼 수 있게 기사를 보내 주시겠어요?

여 물론입니다. 저희 웹사이트에서 예약만 하시면 됩니다. 저희가 일요일에는 영업을 하지 않는다는 점을 잊지 마시고요.

남 흠… 점검은 비용이 들지 않는 거죠, 그렇죠? 이런 문제에는 비용을 처리해 준다는 품질 보증서를 갖고 있어요.

여 만약 제품에 결함이 있다면 괜찮을 겁니다. **2** 그 품질 보증서를 기사에게 꼭 보여 주세요.

어휘 purchase 구매하다 | water heater 온수기 | technician 기술자 | appointment 약속, 예약 | inspection 검사 | cost 비용이 들다 | warranty 품질 보증서 | cover 보장하다, 포함하다 | defective 결함이 있는 | present 보여 주다

---

1. 남자는 무엇에 대해 여자에게 연락하는가?

(A) 공석

(B) 점검

(C) 배송

(D) 최근 송장

해설 목적을 묻는 문제 – 남자의 첫 대사에서 일전에 구입한 온수기에서 찬물만 나오니, 기계를 살펴볼 기술자를 보내 달라고 요청하며 대화를 시작하고 있으므로 (B)가 정답이다.

---

2. 여자는 남자에게 무엇을 하라고 말하는가?

(A) 쿠폰을 제시한다

(B) 품질 보증서를 제시한다

(C) 카탈로그를 확인한다

(D) 돈을 지불한다

해설 요청 사항을 묻는 문제 – 여자의 마지막 대사에서 제품 결함 시 비용이 들지 않는다고 말하며 품질 보증서를 기사에게 보여주라고 했으므로 (B)가 정답이다.

호주 ↔ 미국

Questions 3-4 refer to the following conversation.

M Hi, I got a job near DePaul Station, and **3** I'm looking for a one-bedroom apartment to rent in that area. Do you have anything available?

W Let me see. Yes, we do have an apartment, which is about three blocks from the station.

M That's great! **3** Would it be possible to see the place tomorrow morning?

W **4** Let me call the landlord and see if he's available tomorrow.

3-4번은 다음 대화에 관한 문제입니다.

남 안녕하세요, 제가 데폴역 근처에 직장을 구해서 **3** 그 지역에 방이 하나 있는 아파트를 임대하려고 알아보고 있습니다. 혹시 임대 가능한 곳이 있나요?

여 한번 볼게요. 네, 역에서 3블록 정도 떨어져 있는 아파트가 하나 있네요.

남 잘 됐네요! **3** 혹시 내일 아침에 그곳을 좀 볼 수 있을까요?

여 **4** 내일 집주인이 시간이 되는지 제가 전화해서 한번 확인해 보겠습니다.

어휘 rent 임대하다 | block (도로로 나뉘는) 블록 | landlord 집주인 | floor plan 평면도 | availability 가능성

---

3. 대화는 주로 무엇에 관한 것인가?

(A) 교육 시간

(B) 출퇴근 옵션

(C) 직장 면접

(D) 아파트 임대

해설 주제를 묻는 문제 – 대화 초반에 남자가 회사 근처에 방이 하나 있는 아파트를 임대하려고 알아보고 있다고 말하고 있고, 두 번째 말에서 내일 아침에 집 구경을 갈 수 있는지 묻고 있으므로 (D)가 정답이다.

---

4. 여자는 무엇을 확인하겠다고 말하는가?

(A) 지하철 노선

(B) 평면도

(C) 집 주인을 만날 수 있는지의 여부

(D) 가격표

해설 다음에 할 일을 묻는 문제 – 여자가 마지막 문장에서 내일 집주인이 시간이 되는지 전화해서 한번 확인해 보겠다고 말했으므로 (C)가 정답이다.

PART 3 UNIT 12

Questions 5-6 refer to the following conversation.

Ⓜ Hi, I was supposed to receive my package by 4 P.M. today, but it's 5 P.M. right now.

Ⓦ **5** Can I have your order number?

Ⓜ Yes, it's XN8304.

Ⓦ Ah, yes, Mr. Kevin Kim. **6** There's a lot of traffic on Main Street right now, so I'm running behind schedule. I should be there within 30 minutes. Sorry about that!

Ⓜ That's OK. Please give me a call when you're almost here.

5-6번은 다음 대화에 관한 문제입니다.

남 안녕하세요, 오늘 오후 4시까지 소포를 받았어야 하는데 지금이 오후 5시라서요.

여 **5** 주문 번호를 알 수 있을까요?

남 네, XN8304예요.

여 아, 네, 케빈 김 씨. **6** 지금 메인 가의 교통체증이 심해서 일정이 늦어지고 있습니다. 30분 내에 도착할 거예요. 죄송합니다!

남 괜찮습니다. 거의 다 오시면 전화 주세요.

어휘 package 소포 | order number 주문 번호 | behind schedule 예정보다 늦게

---

5. 여자는 남자에게 무엇을 달라고 요청하는가?

(A) 이름 전체

(B) 주문 번호

(C) 우편 주소

(D) 쿠폰 코드

해설 요청 사항을 묻는 문제 – 남자가 소포를 아직 받지 못했다고 하자, 여자가 주문 번호를 물었으므로 (B)가 정답이다.

---

6. 여자에 따르면, 무엇이 지연을 야기하고 있는가?

(A) 직원 부족

(B) 기술적 문제

(C) 악천후

(D) 심한 교통체증

해설 세부 사항을 묻는 문제 – 여자가 교통 정체가 심해서, 일정보다 늦어지고 있다고 말했으므로 (D)가 정답이다.

Questions 7-8 refer to the following conversation.

Ⓜ How can I help you?

Ⓦ I made a 10 A.M. appointment with Dr. Simpson for a dental checkup. My name is Tricia Cruise.

Ⓜ Let me check the record. Oh, this is your first visit here. **7** You will need to fill out a new patient form before your appointment.

Ⓦ OK. Should I give you the form after I finish it?

Ⓜ Yes, please. After I check it, I'll pass it on to Dr. Simpson.

Ⓦ I see.

Ⓜ Also, **8** I suggest getting our smartphone application. With the app, you can make appointments and make a payment in advance.

7-8번은 다음 대화에 관한 문제입니다.

남 무엇을 도와드릴까요?

여 제가 오전 10시에 심슨 박사님과 치과 진료를 예약했어요. 제 이름은 트리시아 크루즈입니다.

남 기록을 조회해 볼게요. 아, 첫 방문이시군요. **7** 진료 전에 신규 환자 양식을 작성해 주셔야 해요.

여 네. 다 쓰면 양식을 갖다 드려야 하나요?

남 네, 부탁드려요. 제가 확인한 후 심슨 박사님께 전해 드릴 거예요.

여 알겠습니다.

남 그리고, **8** 저희 스마트폰 앱을 받으시길 권해 드려요. 그 앱으로 예약 및 사전 결제를 하실 수 있어요.

어휘 appointment 예약 | dental 치과의 | checkup 검진 | record 기록 | visit 방문 | fill out 작성하다 | patient 환자 | pass on to 전해 주다 | suggest 제안하다, 시사하다 | make a payment 결제하다 | in advance 사전에, 미리

---

7. 여자는 진료 전에 무엇을 해야 하는가?

(A) 서류를 작성한다

(B) 결제한다

(C) 옷을 갈아입는다

(D) 차량을 옮긴다

해설 세부 사항을 묻는 문제 – 남자가 여자에게 진료 전에 신규 환자 양식을 작성해야 한다고 말했으므로 (A)가 정답이다.

---

8. 남자는 무엇을 하라고 추천하는가?

(A) 예약을 취소하는 것

(B) 대기실에 앉아 있는 것

(C) 앱을 다운로드하는 것

(D) 팟캐스트를 청취하는 것

해설 제안 사항을 묻는 문제 – 남자가 여자에게 스마트폰 앱을 받는 것을 권했으므로 (C)가 정답이다.

Practice

본서 p.171

| 1. (C) | 2. (C) | 3. (A) | 4. (B) | 5. (A) | 6. (C) |
| 7. (A) | 8. (B) | 9. (C) | 10. (C) | 11. (D) | 12. (A) |

Questions 1-3 refer to the following conversation.

Ⓦ Darryl, could you drive me to work today? **1** My car's check engine light is on.

M No problem. **2** But I have to warn you, we will have to take a detour. After I pick you up, we'll have to drop by Joshua's to pick him up as well. **2** That'll add around 15 more minutes to your commute.

W Don't worry about it.

M **3** You know, my sister works at an auto shop. I could ask her to take a look at your car if you'd like.

1-3번은 다음 대화에 관한 문제입니다.

여 대릴, 오늘 회사까지 태워다 줄 수 있어요? **1** 제 차 엔진 점검등에 불이 들어왔어요.

남 그럼요. **2** 그런데 미리 알려 줄 게 있는데요, 다른 곳을 들렀다 가야 해요. 당신을 픽업한 후에 조슈아 집에도 들러서 그를 픽업해야 해요. **2** 통근 시간이 15분 정도 더 늘어날 거예요.

여 괜찮아요.

남 **3** 제 여동생이 정비소에서 일해요. 원하시면 당신 차를 봐 달라고 부탁할게요.

어휘 check engine light 엔진 점검등 | warn 경고하다, 주의를 주다 | take a detour 우회하다 | drop by 잠깐 들르다 | add 더하다, 추가하다 | commute 통근 | auto shop 자동차 정비소 | malfunction 제대로 작동하지 않다

---

1. 여자는 자신의 차에 대해 뭐라고 말하는가?
    (A) 전조등에 금이 갔다.
    (B) 타이어가 손상됐다.
    (C) 엔진이 오작동한다.
    (D) 배터리가 나갔다.

해설 세부 사항을 묻는 문제 – 지문 초반에서 여자가 자신의 차 엔진 점검등에 불이 들어왔다고 말했으므로 (C)가 정답이다.

---

2. 남자는 여자에게 무엇에 대해 주의를 주는가?
    (A) 도로 공사가 있을 것이다.
    (B) 불편할 수도 있다.
    (C) 여정이 예상보다 오래 걸릴 수 있다.
    (D) 팀원을 구할 수 없을 것이다.

해설 세부 사항을 묻는 문제 – 남자가 여자에게 다른 곳을 들렀다 가야 한다고 하면서 통근 시간이 15분 정도 더 늘어날 거라고 말했으므로 (C)가 정답이다.

---

3. 남자는 왜 자신의 여동생을 언급하는가?
    (A) 문제에 도움을 줄 수 있다.
    (B) 자동차 제조사에서 근무한다.
    (C) 차를 사려고 알아보고 있다.
    (D) 그들과 함께 차를 탈 것이다.

해설 세부 사항을 묻는 문제 – 남자가 자신의 여동생이 정비소에서 일한다고 하면서 여자의 차를 봐 달라고 부탁해 보겠다고 말했으므로 (A)가 정답이다.

Questions 4-6 refer to the following conversation.

W Hi, my name is Megan Miller. **4** I'm here to pick up my medication.

M **5** I'm sorry, Ms. Miller, but unfortunately it's not ready yet.

W Really? **4** But the clinic sent my prescription to this pharmacy at least half an hour ago.

M Well, we are very busy at the moment, so your medication won't be ready for another 30 minutes. I'm sorry for the inconvenience.

W I understand. Well, **6** I need to stop by the post office next door anyway. I'll be back in about 30 minutes then.

M Thank you for your understanding, Ms. Miller.

4-6번은 다음 대화에 관한 문제입니다.

여 안녕하세요, 제 이름은 메건 밀러입니다. **4** 제 약을 찾으러 왔는데요.

남 **5** 죄송합니다, 밀러 씨, 안타깝게도 아직 준비가 되지 않았습니다.

여 정말요? **4** 하지만 병원에서 적어도 30분 전에 이 약국으로 제 처방전을 보냈어요.

남 음, 저희가 지금은 매우 바쁘거든요. 그래서 손님의 약은 앞으로 30분 후에나 준비가 될 것 같습니다. 불편을 드려서 죄송합니다.

여 알겠습니다. 음, **6** 제가 어차피 바로 옆 우체국에 들러야 해요. 그럼 30분 후에 다시 올게요.

남 이해해 주셔서 감사합니다, 밀러 씨.

어휘 medication 약 | prescription 처방전 | pharmacy 약국 | inconvenience 불편 | next door 옆집에

---

4. 남자가 누구이겠는가?
    (A) 은행원
    (B) 약사
    (C) 간호사
    (D) 접수원

해설 직업/신분을 묻는 문제 – 초반에 여자가 남자에게 약을 찾으러 왔다고 말하고, 여자의 두 번째 말에서도 병원에서 적어도 30분 전에 이 약국으로 처방전을 보냈다고 언급해 대화 장소가 약국임을 유추할 수 있다. 따라서 남자는 약사이므로 (B)가 정답이다.

---

5. 남자는 왜 여자에게 사과하는가?
    (A) 주문품이 아직 준비되지 않았다.
    (B) 회사가 막 문을 닫으려고 한다.
    (C) 여자에게 초과 청구되었다.
    (D) 남자가 잘못된 정보를 제공했다.

해설 세부 사항을 묻는 문제 – 남자가 아직 준비가 되지 않았다고 말해 여자의 약이 아직 준비되지 않은 것을 사과하고 있다. 따라서 (A)가 정답이다.

---

6. 여자는 다음에 무엇을 할 것인가?
    (A) 환불을 받는다
    (B) 의사에게 전화를 건다

(C) 옆 건물로 간다

(D) 구매품을 지불한다

해설 다음에 할 일을 묻는 문제 – 후반부에 여자가 어차피 바로 옆 우체국에 들러야 한다고 말하며 30분 후에 다시 오겠다고 했으므로 (C)가 정답이다.

영국 ↔ 호주 ↔ 미국

Questions 7-9 refer to the following conversation with three speakers.

W1 Hello, Mr. Ueda. **7** My coworkers and I are excited to relocate to this office complex. Here are all the documents you needed.

M Thank you, Ms. Hammond. Here's a copy of the rental agreement. You can have your legal team review it and return it to us after you sign it.

W1 OK, I will. By the way, you told me there was a communal lounge in the building. I'd like to see it while I'm here.

M Of course. Uh, sorry, **8** but my phone's ringing, and I need to answer this. Oh, here comes my colleague, Lindsay. **9** Lindsay, good thing we ran into you. Could you show Ms. Hammond where the lounge is?

W2 **9** Sure. Let's head over there now, Ms. Hammond.

7-9번은 다음 세 화자의 대화에 관한 문제입니다.

여1 안녕하세요, 우에다 씨. **7** 저와 제 동료들은 여기 사무 단지로 이전하게 돼서 너무 기쁩니다. 필요로 하신 문서 전부 여기 있어요.

남 고마워요, 하몬드 씨. 여기 임대 계약서 사본이에요. 업무 팀에 검토 의뢰하시고 서명하셔서 저희한테 돌려주시면 돼요.

여1 네, 그럴게요. 그런데, 건물에 공용 휴게실이 있다고 하셨잖아요. 여기 온 김에 구경하고 싶어요.

남 그래요. 아, 죄송한데. **8** 저한테 전화가 오는데 이걸 받아야 해요. 아, 여기 제 동료 린지가 오네요. **9** 린지, 마주쳐서 다행이에요. 하몬드 씨께 휴게실 위치를 알려 줄 수 있으세요?

여2 **9** 그럼요. 지금 그쪽으로 갈까요, 하몬드 씨.

어휘 coworker 동료 | relocate 이전[이동]하다 | office complex 사무 단지 | rental agreement 임대 계약서 | legal team 법무 팀 | review 검토하다 | return 돌려주다 | sign 서명하다 | communal 공용의, 공동의 | lounge 휴게실, 라운지 | ring 울리다 | colleague 동료 | run into 우연히 만나다 | show 보여 주다 | head over ~으로 향하다 | engagement 약속, 선약

---

7. 화자들은 어디에 있는가?

(A) 사무 단지에

(B) 쇼핑몰에

(C) 아파트 건물에

(D) 직업 박람회에

해설 대화 장소를 묻는 문제 – 첫 번째 여자가 현재 대화가 이루어지고 있는 사무 단지로 이전하게 되어서 기쁘다고 말했으므로 (A)가 정답이다.

---

8. 남자는 왜 하몬드 씨를 도와줄 수 없는가?

(A) 문서를 출력해야 한다.

(B) 전화를 받아야 한다.

(C) 열쇠를 찾을 수 없다.

(D) 약속에 늦었다.

해설 세부 사항을 묻는 문제 – 남자가 걸려온 전화를 받아야 한다고 말했으므로 (B)가 정답이다.

---

9. 린지는 하몬드 씨를 위해 무엇을 하겠다고 동의하는가?

(A) 주차증을 갱신한다

(B) 새 열쇠를 발급한다

(C) 휴게실을 구경시켜 준다

(D) 태워 준다

해설 다음에 할 일을 묻는 문제 – 남자가 두 번째 여자에게 첫 번째 여자를 휴게실 위치를 알려 주는 것을 부탁하자 두 번째 여자가 그렇기 하기로 하겠다고 대답했으므로 (C)가 정답이다.

미국 ↔ 미국

Questions 10-12 refer to the following conversation and form.

M Good afternoon. I'm here to send money to Thailand.

W Alright. Did you fill out the appropriate document?

M I did—here you go. **10** It's $18.00, right?

W Yes, as long as the amount you're wiring does not exceed $1000.

M Great. **11** It's my first time transferring money overseas, so I'm concerned that it'll take too long to arrive.

W International wires can take as long as 10 business days. But most likely, it should get there within five days.

M That's not so bad. By the way, **12** I'm glad your bank opened another location. It's right across the street from my office, so I can easily come here during lunch.

W I'm happy to hear that.

10-12번은 다음 대화와 양식에 관한 문제입니다.

남 안녕하세요. 태국으로 송금하러 왔습니다.

여 알겠습니다. 해당 서류를 작성하셨나요?

남 네. 여기 있어요. **10** 18달러 맞죠?

여 네. 1000달러를 초과하지 않는 한에서요.

남 잘 됐네요. **11** 해외 송금은 처음이라 입금되는 데 너무 오래 걸릴까 봐 걱정돼요.

여 국제 송금은 영업일 기준으로 최대 열흘까지 걸릴 수 있습니다. 그래도 대개 5일 이내에는 입금돼요.

남 그 정도면 괜찮네요. 그런데 **12** 은행에서 또 다른 지점을 열어서 좋네요. 저희 사무실 바로 건너편에 있으니 점심시간에 편하게 올 수 있겠어요.

여 그러시다니 기쁘네요.

고객: 조지프 베닝턴
은행원: 클라리스 박
거래 번호: 403310
송금 액수: 850.00달러
송금 수수료: 18.00달러
날짜: 4월 10일

어휘 fill out 작성하다 I appropriate 적합한 I wire 송금; 송금하다 I exceed 초과하다 I transfer 이체하다 I overseas 해외로 I transaction 거래 I remittance fee 송금 수수료 I undergo 겪다, 받다

---

10. 시각 정보를 보시오. 남자는 어떤 정보에 내해 묻는가?
(A) 거래 번호
(B) 송금 금액
(C) 송금 수수료
(D) 날짜

해설 시각 정보 연계 문제 – 남자가 18달러가 맞는지 확인하고 있고, 서식에서 18달러에 해당하는 것은 송금 수수료이므로 (C)가 정답이다.

---

11. 남자는 무엇에 대해 걱정하는가?
(A) 소포에 서명할 수 있는 사람
(B) 상품이 배달되어야 하는 장소
(C) 필요한 신분증
(D) 송금 완료 시점

해설 걱정거리를 묻는 문제 – 남자가 해외로 송금하는 건 처음이라며 입금되는 데 오래 걸릴지 걱정이라고 말했으므로 (D)가 정답이다.

---

12. 남자는 은행에 대해 뭐라고 말하는가?
(A) 그의 직장과 가깝다.
(B) 새로운 서비스가 추가되었다.
(C) 곧 개조될 것이다.
(D) 영업시간이 더 길어야 한다.

해설 세부 사항을 묻는 문제 – 남자가 여자에게 또 다른 지점이 생겨서 기쁘다고 말하며 직장 바로 건너편이라 점심시간에도 쉽게 올 수 있겠다고 말했으므로 (A)가 정답이다.

UNIT 13. 회사 생활 1

핵심 문제 유형
본서 p.176

1. (B)   2. (D)   3. (A)

1-3번은 다음 대화와 평면도에 관한 문제입니다.
🔵 비키, 의료 학회 때 **1** 몇 호실에서 강연하는지 알아냈어요?

🔴 네, 그런데 정확한 숫자를 까먹었어요. **1** 다과 스탠드 옆 모퉁이에 있는 방이라는 것만 알아요.
🔵 와우, 제일 큰 방이네요! **2** 학회 주최 측에서 당신 강연에 참석자가 많을 걸로 예상하고 있는 게 분명해요.
🔴 저는 미처 생각하지 못한 부분이네요. 만약 그런 거라면, 유인물을 추가로 출력해야 할지 모르겠어요.
🔵 저라면 그렇게 하겠어요. **3** 원한다면 제가 복사해 줄 수 있어요. 다음 회의 전에 시간이 좀 있어요.

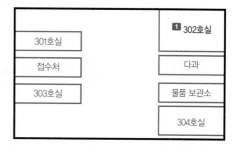

어휘 figure out 알아내다 I give a talk 강연하다 I medical 의료의 I exact 정확한 I next to ~의 옆에 I refreshment 다과 I stand 스탠드, 작은 탁자 I organizer 주최자 I anticipate 예상하다 I attend 참석하다 I consider 고려하다 I wonder 궁금해하다

---

1. 시각 자료를 보시오. 여자는 어느 방에서 발표할 예정인가?
(A) 301호실
(B) 302호실
(C) 303호실
(D) 304호실

해설 ① 문제 확인: Which room, woman, presenting → 여자가 발표할 방
② 단서 찾기: 남자가 몇 호실에서 강연하는지 아냐고 묻자, 여자가 다과 스탠드 옆 모퉁이에 있는 방이라는 것만 안다고 말했는데, 시각자료에서 다과 스탠드 옆 모퉁이에 있는 방이 302호실임을 알 수 있으므로 (B)가 정답이다.

---

2. 여자의 강연에 관해 무엇이 예상되는가?
(A) 예정보다 길어질 것이다.
(B) 매우 전문적일 것이다.
(C) 온라인으로 업로드될 것이다.
(D) 사람들이 많이 참석할 것이다.

해설 ① 문제 확인: What, predicted, woman's presentation → 여자의 강연에 관해 예상되는 것
② 단서 찾기: 남자가 학회 주최 측에서 당신의 강연에 참석자가 많을 걸로 예상하고 있는 게 분명하다고 말했으므로 (D)가 정답이다.

---

3. 남자는 무엇을 해 주겠다고 하는가?
(A) 복사해 주겠다고
(B) 일부 장비를 옮겨 주겠다고
(C) 여자를 학회까지 태워 주겠다고
(D) 여자를 위해 소개 연설을 써 주겠다고

해설 ① 문제 확인: What, man, offer to do → 남자가 제의하는 것
② 단서 찾기: 남자가 원한다면 자신이 복사해 줄 수 있다고 말했으므로 (A)가 정답이다.

Warm-up
본서 p.177

1. (A) 2. (A) 3. (A) 4. (B) 5. (B)

미국 ↔ 미국

Question 1 refers to the following conversation.

Ⓜ Hi, Ashley. I'm Eric, and we'll be working together in the Sales Department.
Ⓦ Hi, Eric. Nice to meet you.
Ⓜ So, how's your first day so far?
Ⓦ I'm still getting used to everything.

1번은 다음 대화에 관한 문제입니다.

남 안녕하세요, 애슐리. 전 에릭이고요, 당신과 함께 영업부에서 일하게 될 겁니다.
여 안녕하세요, 에릭. 만나서 반가워요.
남 자, 첫 출근 날인데 지금까진 어때요?
여 아직 적응하는 중이에요.

어휘 sales department 영업부 | get used to ~에 적응하다, ~에 익숙해지다

1. 여자가 누구이겠는가?
  (A) 신입 직원
  (B) 영업 부장

해설 남자가 여자에게 영업부에서 같이 일하게 될 거라고 언급한 후 첫 출근 날인데 지금까진 어떠냐고 묻는 것으로 보아, 여자가 영업부 신입 직원이라는 것을 유추할 수 있다. 따라서 (A)가 정답이다.

호주 ↔ 영국

Question 2 refers to the following conversation.

Ⓜ Security office. How may I help you?
Ⓦ Hi, my badge isn't working, but I need to pick up some documents in my office. Could you please send someone to open the door for me?
Ⓜ OK, but first, can you verify your employee identification number?

2번은 다음 대화에 관한 문제입니다.

남 경비실입니다. 무엇을 도와드릴까요?
여 안녕하세요, 제 배지가 작동을 안 하는데, 제가 사무실에 있는 서류들을 가져가야 해서요. 문을 열어 줄 사람을 좀 보내 주시겠어요?
남 네, 근데 먼저, 사원 번호를 말씀해 주시겠어요?

어휘 security office 경비실 | pick up 가져가다 | verify 입증하다, 말해 주다 | employee identification number 사원 번호

2. 남자가 요청하는 것은 무엇인가?
  (A) 사원 번호
  (B) 사무실의 위치

해설 남자가 사원 번호를 말해 달라고 하므로 (A)가 정답이다.

미국 ↔ 호주

Question 3 refers to the following conversation.

Ⓜ Hi. I'm trying to apply for a job at your company, but the website keeps malfunctioning. When I press the submit button, an error message pops up, and the information I entered gets deleted.
Ⓜ I'm sorry about that. We're currently experiencing technical issues. Everything should be resolved in about an hour.
Ⓦ Oh, OK. Then I'll try again later.

3번은 다음 대화에 관한 문제입니다.

여 안녕하세요. 제가 귀사에 입사 지원을 하려고 하는데 웹사이트가 제대로 작동을 하지 않는 것 같아요. 제출 버튼을 누르면 에러 메시지가 뜨고, 제가 입력한 정보들이 삭제가 돼요.
남 죄송합니다. 현재 기술적 문제를 겪고 있습니다. 약 한 시간 내로 모든 것이 해결될 겁니다.
여 아, 알겠습니다. 그러면 나중에 다시 해 볼게요.

어휘 apply for a job 입사 지원하다 | seem like ~처럼 보이다 | malfunction 제대로 기능하지 못하다 | press 누르다 | pop up (불쑥) 나타나다 | experience 겪다, 경험하다 | issue 문제 | resolve 해결하다

3. 여자가 하고 싶어 하는 것은 무엇인가?
  (A) 일자리에 지원한다
  (B) 주문을 한다

해설 여자가 회사에 입사 지원을 하려고 한다고 언급하고 있으므로 (A)가 정답이다.

미국 ↔ 영국

Question 4 refers to the following conversation.

Ⓜ Hi, Megan. I just heard that you're going to transfer to our Vienna branch next week. Is that true?
Ⓦ Yes. The company wants me to oversee our new store there.
Ⓜ Let's have a farewell lunch this week then. Are you free this Friday?

4번은 다음 대화에 관한 문제입니다.

남 안녕하세요, 메건. 당신이 다음 주에 비엔나 지점으로 전근 간다고 방금 들었는데요, 사실이에요?
여 네. 회사가 그 곳의 새 매장을 제가 감독하길 원해서요.
남 이번 주에 마지막으로 같이 점심 먹어요. 이번 주 금요일에 시간 괜찮으세요?

어휘 transfer 전근 가다 | branch 지점 | oversee 감독하다 |
farewell 작별 | relocate 재배치하다

4. 여자가 다음 주에 무엇을 할 것인가?

(A) 교육을 이끈다

(B) 다른 지점으로 재배치한다

해설 남자가 여자에게 다음 주에 여자가 비엔나 지점으로 전근 간다고 방금 들었다고 말하고 있으므로 (B)가 정답이다.

미국 ↔ 호주

Question 5 refers to the following conversation.

W Did you hear that the company's going to replace all the desktop PCs with laptops next month?

M Yes, I heard that. Apparently, each staff member will get one.

W Really? That's great!

M I know. We've been using those computers for quite a long time.

5번은 다음 대화에 관한 문제입니다.

여 회사가 다음 달에 모든 데스크톱을 노트북으로 교체할 거라는 얘기 들었어요?

남 네, 들었어요. 듣자 하니, 모든 직원들이 각자 하나씩 받을 거래요.

여 진짜요? 잘 되었네요!

남 네. 저희가 저 컴퓨터를 엄청 오랫동안 쓴 것 같네요!

어휘 replace 교체하다 | apparently 듣자 하니

5. 남자가 데스크톱 컴퓨터에 대해 무엇을 암시하는가?

(A) 최근에 수리되었다.

(B) 낡았다.

해설 남자가 현재 데스크톱 컴퓨터를 엄청 오랫동안 쓴 것 같다고 말해 컴퓨터를 사용한 지 굉장히 오래됐다는 것을 유추할 수 있다. 따라서, (B)가 정답이다.

Exercise

본서 p.178

1. (A)   2. (B)   3. (B)   4. (B)   5. (D)   6. (C)

7. (A)   8. (A)

호주 ↔ 미국

Questions 1-2 refer to the following conversation.

M Hello, this is Daniel from the Human Resources Department again. Unfortunately, my e-mail account is still malfunctioning.

W Really? **1** I thought I took care of that problem just a few hours ago.

M Well, **2** now I can receive e-mails, but I still can't send any.

W OK, I'll take a look at it right now.

1-2번은 다음 대화에 관한 문제입니다.

남 안녕하세요, 다시 인사부의 대니얼입니다. 죄송하지만 제 이메일 계정이 아직도 오작동하는데요.

여 정말요? **1** 제가 불과 몇 시간 전에 그 문제를 처리해 드린 걸로 알고 있었는데요.

남 음, **2** 이제 이메일을 받을 수는 있는데, 여전히 아무것도 보내지는 못하고 있어요.

여 알겠어요, 제가 지금 바로 확인할게요.

어휘 human resources department 인사부 | e-mail account 이메일 계정 | malfunctioning 제대로 움직이지 않는, 오작동 하는 | take care of ~을 처리하다 | work on (해결하기 위해) ~에 애쓰다

1. 여자는 어떤 부서에서 일하겠는가?

(A) 기술 지원부

(B) 인사부

(C) 출판부

(D) 경리부

해설 근무지를 묻는 문제 – 남자가 이메일 계정에 아직도 문제가 있다고 말하자 여자가 불과 몇 시간 전에 그 문제를 처리해 드린 걸로 알고 있었다고 대답한다. 따라서 여자는 기술적인 문제 해결해 주는 부서에서 일하고 있다는 것을 유추할 수 있으므로 (A)가 정답이다.

2. 남자는 어떤 문제점을 알리는가?

(A) 마감 기한을 맞출 수 없다.

(B) 메시지를 보낼 수 없다.

(C) 비밀번호를 잊어버렸다.

(D) 그의 개인 정보를 수정할 수 없다.

해설 문제점을 묻는 문제 – 남자가 이제 이메일을 받을 수는 있는데, 아무것도 보내지는 못하고 있다고 언급하므로 (B)가 정답이다.

미국 ↔ 영국

Questions 3-4 refer to the following conversation.

M **3** Hi, Morgan. How do you feel about the open office layout?

W Well, I've always had my own office, so I'm not completely used to it yet.

M I understand. It was strange for me in the beginning too.

W Yeah. **4** Sometimes, it can get a little loud in here, which makes it hard to focus.

M That is what everyone says at first, but after some time passes, you will get used to it.

3-4번은 다음 대화에 관한 문제입니다.

남 **3** 안녕하세요, 모건. 사무실의 개방형 구조에 대해 어떻게 생각하시나요?

여 글쎄요, 저는 항상 개인 사무실에서 일을 해서, 그것에 아직 완전히 익숙하진 않아요.

남 이해합니다. 저 역시도 처음엔 매우 어색했답니다.

여 네. **4** 가끔은 집중하기 힘들 정도로 이곳 소음이 조금 클 때가 있어요.

남 다들 처음에 그렇게 이야기하는데, 시간이 조금 지나면 익숙해지실 거예요.

어휘 be used to ~에 익숙하다 | layout 구조, 형식, 배치 | in the beginning 처음에는 | focus 집중하다 | workspace 업무 공간

3. 대화의 주제는 무엇인가?
(A) 공석
(B) 사무실 구조
(C) 프로젝트 마감일
(D) 직원 오리엔테이션

해설 주제를 묻는 문제 – 첫 문장에서 남자가 여자에게 사무실의 개방형 구조에 대해 어떻게 생각하냐고 물어보므로 (B)가 정답이다.

4. 여자는 사무실이 가진 문제점이 무엇이라고 말하는가?
(A) 조명이 너무 흐리다.
(B) 업무 공간이 너무 시끄럽다.
(C) 공간이 너무 작다.
(D) 직원 휴게실이 너무 멀다.

해설 문제점을 묻는 문제 – 여자가 사무실 구조에 아직 익숙하지 않다는 이야기를 하다가 가끔은 집중하기 힘들 정도로 소음이 조금 클 때가 있다고 언급하므로 (B)가 정답이다.

미국 ↔ 미국

Questions 5-6 refer to the following conversation.

W **5** Hi. My name is Ashley Kim, and **5** I have a job interview with Mr. Carey for the marketing position this morning.

M Hello, Ms. Kim. **6** Unfortunately, Mr. Carey's return flight was delayed, so he'll be coming in the afternoon. Didn't you receive my text message earlier?

W Ah, sorry. I forgot to check my phone. Should I come back another day then?

M Actually, Mr. Carey does have some free time at 3 P.M. today, if you are available.

W That'll work. Then I'll just go to the café across the street and return then.

M Alright, I'll see you later.

5-6번은 다음 대화에 관한 문제입니다.

여 안녕하세요, 제 이름은 로라 김이고 **5** 오늘 아침에 마케팅 직책과 관련해 케리 씨와 면접이 있습니다.

남 안녕하세요, 김 씨. **6** 안타깝게도 케리 씨의 돌아오는 항공편이 지연되어 오후에 오게 되었습니다. 제가 아까 보낸 문자를 못 받으셨나요?

여 아, 죄송합니다. 핸드폰을 확인하는 것을 잊었어요. 그러면 다른 날에 다시 올까요?

남 오실 수 있으시다면, 사실 오늘 오후 3시에 케리 씨가 시간이 있으세요.

여 좋습니다. 그러면 길 건너에 있는 카페에 있다 그때 다시 오겠습니다.

남 알겠습니다. 이따가 봐요.

어휘 job interview 면접 | flight 항공편 | available 시간이 있는 | across 건너편에 | demonstrate (행동으로) 보여 주다, 시연하다

5. 여자가 방문하는 목적은 무엇인가?
(A) 콘퍼런스를 구성하기 위해
(B) 프로젝트를 제안하기 위해
(C) 제품을 시연하기 위해
(D) 일자리 면접을 보기 위해

해설 목적을 묻는 문제 – 여자가 오늘 케리 씨와 마케팅 직책을 위한 면접이 있어서 왔다고 말했으므로 (D)가 정답이다.

6. 여자는 왜 아침에 케리 씨를 만날 수 없는가?
(A) 급히 고객 미팅을 하게 되었다.
(B) 몸이 안 좋다.
(C) 항공편이 지연되었다.
(D) 차가 고장 났다.

해설 세부 사항을 묻는 문제 – 케리 씨의 항공편이 지연되어 오후에나 돌아올 거라고 말했으므로 (C)가 정답이다.

영국 ↔ 호주

Questions 7-8 refer to the following conversation.

W **7** Hi, Garrett. I heard that you're responsible for hosting the clients from Osaka during their visit on Wednesday.

M Yes, I have a factory tour all planned out for that morning.

W I see. Is there anything that I can help you with?

M Well, I want to take them out for a good meal in a nice part of town, but nothing really comes to mind. Do you know any good places?

W You could take them to Old Town Pasadena. It isn't too far, and it has a great view of the mountains. I bet they'd really like that. **8** I also know of a good Mexican restaurant there. I think it's called El Torero. I can call for a reservation if you're interested.

7-8번은 다음 대화에 관한 문제입니다.

여 **7** 안녕하세요, 개릿. 수요일에 오사카에서 오는 고객들의 접대를 당신이 담당하게 되었다고 들었어요.

남 네. 그날 아침에 그분들과 공장 견학을 하려고 전부 계획해 두었어요.

여 그렇군요. 혹시 뭐 제가 도와드릴 게 있을까요?

남 글쎄요, 사실 그분들께 좋은 동네에서 맛있는 음식을 대접하고 싶은데 마땅히 떠오르는 게 없네요. 괜찮은 곳을 알고 계시나요?

여 올드 타운 패서디나라는 곳에 모시고 가 보세요. 여기서 너무 멀지도 않은 데다가, 산의 경치가 아주 아름다워요. 그분들이 분명히 좋아하실 거예요. **8** 그리고 제가 그곳의 괜찮은 멕시코 식당을 알아요. 아마 이름이 엘 토레로일 건데요. 관심 있으시면 제가 전화로 예약해 드릴 수 있어요.

어휘 be responsible for ~을 담당하다, ~을 맡다 | host (행사를) 주최하다, 접대하다 | client 고객 | come to mind 떠오르다 | view 경치 | inspection 점검 | performance review 인사 고과

---

7. 남자는 무엇을 준비하고 있는가?

(A) 고객 방문
(B) 건물 점검
(C) 인사 고과
(D) 스포츠 경기

해설 주제를 묻는 문제 – 대화의 초반부에서 여자가 수요일에 오사카에서 오는 고객들의 접대를 남자가 담당하게 되었다고 들었다고 언급해 남자가 고객 접대를 계획 중임을 유추할 수 있다. 따라서 (A)가 정답이다.

---

8. 여자는 어떻게 돕겠다고 제안하는가?

(A) 예약을 함으로써
(B) 견학을 이끎으로써
(C) 파티를 계획함으로써
(D) 차량을 운전함으로써

해설 제의 사항을 묻는 문제 – 마지막 문장에서 여자가 괜찮은 멕시코 식당 전화번호를 알고 있는데, 관심 있으면 전화로 예약해 줄 수 있다고 언급하므로 (A)가 정답이다.

Practice

본서 p.179

1. (B) 2. (D) 3. (B) 4. (A) 5. (D) 6. (A)
7. (C) 8. (D) 9. (A) 10. (C) 11. (D) 12. (A)

호주 ↔ 영국

Questions 1-3 refer to the following conversation.

M Ms. Schmidt, can I talk to you for a minute? **1** I'd like to discuss the new self-service kiosks we ordered for our fast-food chain. We have a problem.

W Oh? What's wrong?

M Well, **2** three kiosks were supposed to be installed this morning. It's 2, but they're still not here yet.

W I see. Unfortunately, we've had several issues with this company in the past few weeks. I'll set up a meeting with their account representative. While I do that, **3** please let our counter cashiers know that they'll have to take the orders manually today.

1-3번은 다음 대화에 관한 문제입니다.

남 슈미트 씨, 잠깐 얘기 좀 할 수 있어요? **1** 저희 패스트푸드 체인점을 위해 주문한 신규 셀프서비스 키오스크에 대해 논의하고 싶어서요. 문제가 생겼어요.

여 네? 무슨 일이에요?

남 음, **2** 오늘 아침에 키오스크 3개를 설치할 예정이었어요. 2신데, 아직 도착하지 않았어요.

여 알았어요. 안타깝게도, 지난 몇 주 동안 이 회사하고 문제가 여러 번 있었어요. 제가 그쪽 고객 서비스 담당 직원하고 회의를 잡을게요. 그러는 동안, **3** 오늘 수동으로 주문을 받아야 할 거라고 계산 직원들에게 알려주세요.

어휘 self-service 셀프서비스 | kiosk 키오스크 | be supposed to ~할 예정이다 | install 설치하다 | unfortunately 안타깝게도 | several 몇몇의 | issue 문제 | set up 마련하다, 설치하다 | account 고객 | representative 담당자 | counter 계산대 | cashier 출납원, 캐셔 | order 주문 | manually 수동으로 | action plan 상세한 사업 계획 | vendor 판매자 | distribute 배포하다

---

1. 화자들이 일하는 곳은 어디이겠는가?

(A) 꽃가게에서
(B) 식당에서
(C) 호텔에서
(D) 옷가게에서

해설 근무지를 묻는 문제 – 남자가 화자들의 패스트푸드 체인점을 위해 주문한 키오스크에 대해 논의하고 싶다고 말한 것으로 보아 화자들이 식당에서 일하는 사람들임을 알 수 있으므로 (B)가 정답이다.

---

2. 남자는 어떤 문제를 언급하는가?

(A) 문서가 만료됐다.
(B) 직원이 없다.
(C) 고객이 불만을 제기했다.
(D) 배송이 오지 않았다.

해설 문제점을 묻는 문제 – 남자가 아침에 설치할 예정이었던 키오스크가 아직 도착하지 않았다고 말했으므로 (D)가 정답이다.

---

3. 남자는 다음에 무엇을 하겠는가?

(A) 실행 계획을 만든다
(B) 몇몇 직원들과 이야기를 나눈다
(C) 다른 판매업체를 찾아본다
(D) 언론 보도자료를 배포한다

해설 다음에 할 일을 묻는 문제 – 지문의 마지막에서 여자가 남자에게 수동으로 주문을 받는 것을 계산 직원들에게 알려주라고 말했으므로 (B)가 정답이다.

영국 ↔ 미국 ↔ 호주

Questions 4-6 refer to the following conversation with three speakers.

W1 Thank you for meeting with me, Dorothy and

Brandon. **4** Since both of you have been managers here at our publisher for the past few years, I'd like to get your opinion on something.

W2 OK. What can we help you with?

W1 Well, I just received the results of the staff survey we conducted last week. **5** Many of our employees said they don't feel like they have much say about company decisions.

W2 Yes, I saw that as well. I agree with them. **5** The executives of our publishing house don't interact too much with our staff.

M We should change that then. **6** Let's speak with the president and let her know having a company-wide newsletter would be helpful.

4-6번은 다음 세 화자의 대화에 관한 문제입니다.

여1 시간 내 주셔서 감사해요, 도리시, 브랜던. **4** 두 분 모두 지난 몇 년 간 저희 출판사에서 관리자로 근무하셨으니, 제가 여러분께 의견을 듣고 싶어요.

여2 네, 무엇을 도와드릴까요?

여1 음, 제가 지난주에 실시한 직원 설문 조사 결과를 방금 받았어요. **5** 저희 직원 상당수가 회사 결정에 관해 발언권이 거의 없다고 느낀다고 답했어요.

여2 네, 저도 그거 봤어요. 저도 동의해요. **5** 저희 출판사 임원들은 직원들과 많이 소통하지 않아요.

남 그러면 그 부분을 바꿔야 해요. **6** 사장님께 전사 차원의 소식지를 만드는 게 도움이 될 거라고 말씀드립시다.

어휘 publisher 출판사 | opinion 의견 | result 결과 | staff 직원 | survey 설문 조사 | conduct 실시하다 | say 발언권 | decision 결정 | as well 또한 | agree 동의하다 | executive 임원 | publishing house 출판사 | interact 소통하다 | president 사장 | company-wide 전사의 | newsletter 소식지, 뉴스레터 | helpful 도움이 되는 | understaffed 인원이 부족한 | amend 개정하다, 수정하다

---

4. 화자들은 어디에서 근무하는가?

(A) 출판사에서

(B) 회계 사무소에서

(C) 마케팅 대행사에서

(D) 미술관에서

해설 근무지를 묻는 문제 – 첫 번째 여자가 몇 년간 출판사에서 관리자로 일한 두 번째 여자와 남자에게 의견을 듣고 싶다고 요청하고 있으므로 (A)가 정답이다.

---

5. 어떤 문제가 언급되는가?

(A) 직원 생산성이 떨어졌다.

(B) 많은 부서에 인력이 부족하다.

(C) 충분한 정보가 고객과 공유되지 않는다.

(D) 소통이 부족하다.

해설 문제점을 묻는 문제 – 첫 번째 여자가 회사 결정에 관해 발언권이 거의 없다고 많은 직원들이 느낀다고 했으므로 (D)가 정답이다.

---

6. 남자는 회사에서 무엇을 할 수 있다고 말하는가?

(A) 소식지를 시작한다

(B) 예산을 업데이트한다

(C) 회의를 더 많이 한다

(D) 직원 계약서를 수정한다

해설 세부 사항을 묻는 문제 – 남자가 전사 차원의 소식지를 만드는 것이 문제를 해결할 수 있을 거라고 하며 사장님께 말씀드리자고 했으므로 (A)가 정답이다.

호주 ↔ 미국

Questions 7-9 refer to the following conversation.

M Hi. I'm from the convention center's tech team. I've been visiting each booth to make sure everything is running smoothly. Is there anything I can do for you?

W Actually, there is. **7** I can't seem to connect my laptop to the Internet.

M Hmm… It looks like you were trying to connect to the wrong network. Here, I got it to work.

W Thank you! **8** I was starting to get anxious since my demonstration is scheduled at 10 A.M. Umm… I have one more question. **9** I need to print out some materials. Where can I get that done?

M **9** The media room is on the second floor, right next to the staircase.

7-9번은 다음 대화에 관한 문제입니다.

남 안녕하세요, 저는 컨벤션 센터 기술 팀에서 왔습니다. 모든 일이 순조롭게 진행되고 있는지 확인차 각 부스를 방문하고 있는데요. 제가 도와드릴 일이 있나요?

여 실은, 있어요. **7** 제 컴퓨터가 인터넷 연결이 안 되는 것 같아요.

남 음… 잘못된 네트워크로 연결하려고 하신 것 같네요. 자, 이제 작동돼요.

여 감사합니다! **8** 오전 10시에 시연이 예정돼 있어서 걱정되던 참이었어요. 음… 질문이 하나 더 있는데요. **9** 자료를 출력해야 돼서요. 어디서 할 수 있을까요?

남 **9** 미디어룸이 2층에 있는데, 계단 바로 옆이에요.

어휘 run 운영하다 | smoothly 부드럽게, 순조롭게 | connect 연결하다 | anxious 불안해하는 | demonstration 시연, 설명 | materials 자료, 재료 | locate 놓다, ~의 위치를 찾다 | access 접근하다, 이용하다 | payment 지불, 결제 | discard 버리다, 폐기하다 | conduct 실시하다 | hold (회의 등을) 열다, 하다 | dining 식사 | laundry 세탁

---

7. 여자는 어떤 문제를 겪고 있는가?

(A) 일부 문서를 찾는 것

(B) 부스를 청소하는 것

(C) 인터넷에 접속하는 것

(D) 결제하는 것

해설 문제점을 묻는 문제 – 여자가 자신의 컴퓨터를 인터넷에 연결할 수 없다고 했으므로 (C)가 정답이다.

---

8. 여자는 오전 10시에 무엇을 할 것인가?

(A) 교육에 참석한다

(B) 일부 자료를 폐기한다

(C) 조사를 실시한다

(D) 시연을 한다

해설 세부 사항을 묻는 문제 – 여자가 오전 10시에 있을 시연이 걱정되던 참이라고 말했으므로 (D)가 정답이다.

---

9. 남자는 2층에서 무엇을 이용할 수 있다고 말하는가?

(A) 인쇄 센터

(B) 체력 단련실

(C) 식당

(D) 세탁 서비스

해설 세부 사항을 묻는 문제 – 여자가 자료를 어디서 출력할 수 있는지 묻자 남자가 2층에 있는 미디어룸을 안내하고 있으므로 (A)가 정답이다.

영국 ↔ 미국

Questions 10-12 refer to the following conversation and chart.

W Hi, I would like to get some information about your bathroom products. 🔟 I manage the Charleston Inn on Rivera Avenue, and I'm interested in using your eco-friendly towels at our hotel.

M OK. We actually took a survey last week about our most popular towels. Why don't I show you the results first?

W Thank you. Oh… 🔢 It looks like the blue cotton towel did the best. Hmm… 🔢 I was considering using towels made of bamboo, though.

M Ah, great. 🔢 Those towels are just as good and healthy for your skin.

W 🔢 OK, then I'll go with the one that was rated the higher of the two.

10-12번은 다음 대화와 차트에 관한 문제입니다.

여 안녕하세요, 귀사의 욕실 제품에 대한 정보를 얻고 싶습니다. 🔟 **전 리베라 가에 있는 찰스턴 호텔을 관리하고 있는데, 귀사의 친환경 수건을 저희 호텔에서 사용하고 싶어요.**

남 그러시군요. 사실 저희가 지난주에 자사의 가장 인기 있는 수건에 대한 설문 조사를 했습니다. 결과를 우선 좀 보여 드려도 될까요?

여 감사합니다. 아… 🔢 **청색 면 수건이 가장 인기가 많은 것 같네요. 흠… 그런데 저는 대나무 소재 수건을 사용할까 생각하던 중이었어요.**

남 아, 잘 됐네요. 🔢 그 대나무 수건도 피부에 정말 좋습니다.

여 🔢 **알겠습니다. 그럼 둘 중 더 평이 좋은 것으로 할게요.**

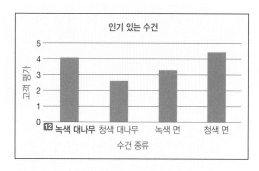

어휘 manage 관리하다, 경영하다 | inn 여관 | eco-friendly 환경친화적인 | cotton 면직물, 목화 | bamboo 대나무 | rate (특정한 수준으로) 평가되다, 평가하다 | lightweight 가벼운 | various 다양한

---

10. 여자는 누구인가?

(A) 여행사 직원

(B) 위생 검사관

(C) 호텔 지배인

(D) 실험실 연구원

해설 직업/신분을 묻는 문제 – 여자가 찰스턴 호텔의 관리자라고 자신을 소개하며, 친환경 수건을 자신의 호텔에서 사용하고 싶다고 말했으므로 (C)가 정답이다.

---

11. 제품이 주는 이점은 무엇인가?

(A) 오래 쓸 수 있다.

(B) 무게가 가볍다.

(C) 다양한 크기로 나온다.

(D) 몸에 좋다.

해설 세부 사항을 묻는 문제 – 여자가 대나무로 만든 수건을 사용할까 생각 중이었다고 하자, 남자가 대나무 수건도 면 수건만큼 피부에 좋다고 말했으므로 (D)가 정답이다.

---

12. 시각 정보를 보시오. 여자는 어떤 수건을 선택하겠는가?

(A) 녹색 대나무

(B) 청색 대나무

(C) 녹색 면

(D) 청색 면

해설 시각 정보 연계 문제 – 여자가 청색 면 수건이 가장 인기가 좋은 것 같은데 자신은 대나무로 만든 수건을 사용할까 생각 중이었으며, 대나무로 만든 두 수건 중에서 더 높은 평가를 받은 것으로 하겠다고 말했다. 차트상 녹색 대나무가 이에 해당하므로 (A)가 정답이다.

UNIT 14. 회사 생활 2

1. (B)   **2.** (A)   **3.** (A)

1-3번은 다음 대화와 가격표에 관한 문제입니다.

🔵 안녕하세요, 희성. **1** 스포츠 용품 판매 준비에 수고해 줘서 고마워요.

🟠 아니에요. **1** 이번 주 금요일이라, 창고 정리 세일에 들어갈 운동화 진열 작업을 하고 있었어요.

🔵 좋네요. 아, 잠깐만요. **2** 여기 가격표에 문제가 있는 것 같아요. 이건 7사이즈예요.

🟠 아, 그렇네요. **2** 제가 고쳐 놓을게요. **3** 정문에 현수막도 설치해야 하는데, 제 키가 닿지 않아요.

🔵 **3** 그건 제가 처리할게요.

2 1열 → 사이즈: 7.5
2열 → 색상: 흰색
3열 → 모델: NS17
4열 → 가격: 130달러

어휘   hard work 노고 | prepare 준비하다 | yearly 연간의 | goods 상품 | sale 판매 | display 진열 | running shoes 운동화 | clearance 창고 정리 세일 | mistake 실수 | price tag 가격표 | put up 설치하다 | banner 현수막 | front door 정문 | take care of 처리하다

---

1. 금요일에 무슨 일이 있는가?

(A) 전체 재고 확인

(B) 연례 창고 정리 세일

(C) 스포츠 경기

(D) 상점 개장 행사

해설   ① 문제 확인: What, happen, Friday → 금요일에 일어날 일

② 단서 찾기: 남자가 스포츠 용품 판매 준비에 수고해 줘서 고맙다고 하자, 여자가 이번 주 금요일이라, 창고 정리 세일에 들어갈 운동화 진열 작업을 하고 있었다고 말했으므로 (B)가 정답이다.

---

2. 시각 자료를 보시오. 여자는 어느 열을 바꿀 것인가?

(A) 1열

(B) 2열

(C) 3열

(D) 4열

해설   ① 문제 확인: Which line, woman, change → 여자가 바꿀 열

② 단서 찾기: 남자가 여기 가격표에 문제가 있는 것 같다며 이건 7사이즈라고 한 말에 여자가 고치겠다고 했는데, 시각 자료에서 사이즈를 표기한 열이 1열임을 알 수 있으므로 (A)가 정답이다.

---

3. 남자는 무엇을 하겠다고 말하는가?

(A) 배너를 설치하겠다고

(B) 전단을 출력하겠다고

(C) 제조사에 이메일을 보내겠다고

(D) 진열을 손보겠다고

해설   ① 문제 확인: What, man, will do → 남자가 할 일

② 단서 찾기: 여자가 정문에 현수막도 설치해야 하는데, 키가 닿지 않는다고 하자, 남자가 자신이 처리하겠다고 말했으므로 (A)가 정답이다.

---

1. (B)   **2.** (A)   **3.** (B)   **4.** (B)   **5.** (B)

미국 ↔ 미국

Question 1 refers to the following conversation.

🔵 Good morning. It's Ji-sun <u>from</u> the Remeau Chemical <u>Laboratory</u>. I wanted to find out <u>how many students</u> from your university <u>will be visiting</u>.

Ⓜ <u>Nine people will be coming</u>. I'll send you their photos and names via e-mail this afternoon.

🔵 Great! I'll use them to create visitor IDs for everyone.

1번은 다음 대화에 관한 문제입니다.

🟠 안녕하세요. 리모 화학 연구소의 지선입니다. 당신 대학교에서 학생 몇 명이 방문할지 알고 싶어요.

🔵 아홉 명이 갈 겁니다. 오늘 오후에 사진과 이름을 이메일로 보내드릴게요.

🟠 잘 됐네요! 모든 분들의 방문객 신분증을 만드는 데 사용할게요.

어휘   chemical 화학의 | laboratory 연구소, 실험실 | find out 알아내다 | via ~을 거쳐, ~을 통하여

---

1. 여자는 무엇에 관하여 알고 싶어 하는가?

(A) 시설 위치

(B) 방문자 수

해설   여자가 대학교에서 몇 명의 학생들이 실험실에 방문할 건지 물었으므로 (B)가 정답이다.

영국 ↔ 호주

Question 2 refers to the following conversation.

Ⓦ Jerome, I should <u>inspect</u> the <u>stockroom</u> now. Do you know where the inventory list is?

Ⓜ Um… Ms. Mancini <u>should have put</u> the list in the <u>drawer</u> over there.

Ⓦ Alright. <u>I'll check what items we have in storage</u> right now.

2번은 다음 대화에 관한 문제입니다.

🟠 제롬, 제가 지금 창고를 점검해야 하거든요. 재고 목록이 어디 있는지 아세요?

🔵 음… 맨시니 씨가 저기 서랍에 목록을 넣었을 텐데요.

여 좋습니다. 우리가 지금 어떤 상품들을 보관하고 있는지 확인해 볼게요.

어휘 inspect 점검하다 | stockroom 창고 | inventory 재고 | storage 저장, 보관

---

2. 여자는 다음에 무엇을 할 것인가?
(A) 재고를 확인한다
(B) 소포를 배달한다

해설 여자가 마지막에 어떤 상품들을 재고로 가지고 있는지 확인하겠다고 말하므로 (A)가 정답이다.

미국 ↔ 미국

Question 3 refers to the following conversation.

M Janice, are you attending the management training seminar at the office this Friday? Do you know what time it's going to start?

W It begins at 9 A.M. By the way, they changed the location of the seminar. It will now be held in meeting room 1, not 3.

M Ah, thanks for letting me know.

3번은 다음 대화에 관한 문제입니다.

남 제니스, 이번 주 금요일에 회사에서 하는 경영 트레이닝 세미나에 참석하세요? 몇 시에 시작하는지 아시나요?

여 오전 9시에 시작해요. 그런데, 세미나 장소를 바꿨던데요. 이제 3번이 아니라 1번 회의실에서 열릴 거예요.

남 아, 알려줘서 고마워요.

어휘 attend 참석하다 | management 경영(진) | location 장소

---

3. 여자는 무엇이 최근에 바뀌었다고 말하는가?
(A) 참가자 수
(B) 행사 장소

해설 남자가 처음에 세미나 날짜와 장소, 시간을 물었는데, 여자가 세미나 장소가 변경되었다고 말했으므로 (B)가 정답이다.

미국 ↔ 영국

Question 4 refers to the following conversation.

M Courtney, I just got a call from one of our clients about an advertising campaign we're working on for them.

W You mean Takapuna Tech? My team has been working on the viral campaign for Takapuna's social media channels.

4번은 다음 대화에 관한 문제입니다.

남 코트니, 방금 우리가 진행하고 있는 광고 캠페인 건으로 고객에게 전화를 받았어요.

여 타카푸나 테크 말씀이신가요? 우리 팀에서 타카푸나 소셜 미디어 채널용 바이럴 캠페인을 진행하는 중이에요.

어휘 client 고객 | advertising 광고 | campaign 캠페인 | viral 바이럴, 입소문

---

4. 화자들은 어느 업계에 일하겠는가?
(A) 제조
(B) 광고

해설 남자가 현재 진행하고 있는 광고 캠페인 관련해서 고객에게 전화를 받았다고 말했으므로 (B)가 정답이다.

미국 ↔ 호주

Question 5 refers to the following conversation.

W Hello, Juan. I just reviewed the sales report from last quarter.

M Anything worth of note?

W The online sales of our latest line of footwear surged by 15 percent!

M That's wonderful news. This Friday, we have a meeting with the board of directors. I'd like to double-check the sales data beforehand.

5번은 다음 대화에 관한 문제입니다.

여 안녕하세요, 후안. 지난 분기 매출 보고서 검토를 방금 마쳤어요.

남 주목할 만한 게 있나요?

여 최신 신발 라인의 온라인 매출이 15퍼센트나 증가했어요!

남 굉장한 소식인데요. 이번 주 금요일에 이사회 회의가 있어요. 그전에 매출 자료를 다시 한번 확인하고 싶어요.

어휘 review 검토하다 | sale 매출, 판매 | report 보고서 | quarter 분기 | worth of ~할 가치가 있는 | note 주목, 주의 | footwear 신발류 | surge 급증하다 | board of directors 이사회 | double-check 재확인하다 | beforehand 사전에

---

5. 화자들은 주로 무엇에 대해 이야기하고 있는가?
(A) 마케팅 캠페인
(B) 판매 증가

해설 여자가 지난 분기 매출 보고서 검토를 마쳤다면서 온라인 매출이 15퍼센트나 증가했다고 말했으므로 (B)가 정답이다.

Exercise
본서 p.186

1. (D)	2. (B)	3. (C)	4. (B)	5. (D)	6. (B)
7. (B)	8. (C)				

영국 ↔ 미국

Questions 1-2 refer to the following conversation.

W Hi, this is Jamie in Tech Support.

M Good morning. I'm Roy Chan from the marketing

team. Yesterday, **1** you installed new design software on everyone's computers in the office, but I'm not seeing it on mine.

W Oh, that's because you have to complete a request form. I'll send that to you after lunch. It should take approximately two days to process after I receive it.

M Hmm… **2** Would it be possible for you to install it by tomorrow? I need to finalize an advertisement, and the deadline is this Wednesday.

1-2번은 다음 대화에 관한 문제입니다.

예 안녕하세요. 기술 지원 팀의 제이미입니다.

남 안녕하세요. 마케팅 팀의 로이 찬입니다. 어제 **1** 사무실에 있는 모든 사람들의 컴퓨터에 새로운 디자인 소프트웨어를 설치해 주셨는데 제 컴퓨터엔 그게 안 보여서요.

예 아, 그건 신청서를 작성해 주셔야 하기 때문이에요. 점심 후에 보내드릴게요. 제가 그걸 받고 나서 처리하는 데에 대략 이틀 정도 걸립니다.

남 음… **2** 혹시 내일까지 설치해 주실 수 있으세요? 광고를 마무리 지어야 하는데 마감일이 이번 주 수요일이에요.

어휘 tech support 기술 지원 팀 ｜ install 설치하다 ｜ complete 작성하다; 완료하다 ｜ request form 신청서 ｜ approximately 대략 ｜ process 처리하다, 완료하다 ｜ finalize 마무리하다 ｜ revise 수정하다 ｜ extension 연장 ｜ estimate 견적 ｜ in a hurry 서둘러서 ｜ leave 떠나다 ｜ business 사업, 사업체

---

1. 남자는 무엇을 요청하고 있는가?

(A) 수정된 계약서

(B) 마감일 연장

(C) 비용 견적

(D) 프로그램 설치

해설 요청 사항을 묻는 문제 – 남자가 팀 내 모든 직원들에게 소프트웨어를 설치해 줬는데, 자신의 컴퓨터에는 보이지 않는다고 말하므로 프로그램 설치를 우회적으로 요청하고 있다. 따라서 (D)가 정답이다.

· ·

2. 남자는 왜 서두르는가?

(A) 그는 컨퍼런스를 위해 곧 떠나야 한다.

(B) 그는 업무를 끝내야 한다.

(C) 사업체가 일찍 문을 닫을 것이다.

(D) 고객이 예상보다 일찍 도착할 것이다.

해설 세부 사항을 묻는 문제 – 남자의 마지막 대사에서 내일까지 설치가 가능한지 물으며, 작업 중인 광고의 마감일이 이번 주 수요일이라고, 빨리 설치되어야 하는 이유를 대고 있으므로 (B)가 정답이다.

미국 ↔ 호주

Questions 3-4 refer to the following conversation.

M1 Hello, Greg. **3** I remember you asking around the office to see if anyone was interested in participating in the company basketball tournament. Are you still looking for people?

M2 Oh, yeah. We just need one more player. Do you want to join?

M1 Ah, no, I'm not good at basketball. But **4** one of my department members, Dan Lanowitz, wants to. He took over the assistant sales manager position a few days ago, so you might not know him yet. I heard he was on his high school basketball team.

M2 Wow, he'll be a great asset to our team! You should ask Dan to come with us to dinner tomorrow after work. It'll be a great way to introduce him to our other coworkers.

3-4번은 다음 대화에 관한 문제입니다.

남1 안녕하세요, 그레그. **3** 당신이 회사 농구 대회 참여에 관심 있는 사람이 있는지 사무실을 돌아다니며 묻던 게 기억이 나는데요. 아직 사람을 찾고 계신가요?

남2 아, 네. 이제 한 사람만 더 있으면 돼요. 같이 하실래요?

남1 아, 아니요. 저는 농구를 못해요. 하지만 **3** 우리 부서원 중 하나인 댄 라노위츠가 하고 싶어 해요. 며칠 전 어시스턴트 영업 매니저 일을 맡게 되어서 당신은 아직 그분을 모를 수도 있어요. 고등학교 농구팀에 있었다고 하더군요.

남2 와, 우리 팀에 훌륭한 전력이 되어 주겠군요! 내일 업무가 끝나고 우리와 같이 저녁 먹으러 가자고 댄에게 물어보세요. 다른 동료들에게 그분을 소개하기 아주 좋은 방법이겠네요.

어휘 participate 참가하다 ｜ tournament 대회 ｜ high school 고등학교 ｜ asset 자산 ｜ introduce 소개하다 ｜ coworker 동료

---

3. 대화의 주제는 무엇인가?

(A) 할인 행사

(B) 광고 캠페인

(C) 운동 대회

(D) 제품 출시

해설 주제를 묻는 문제 – 여자가 회사 농구 대회에 참여하는 것과 관련하여, 아직 모집 중인지 물으며 대화가 시작되고 있으므로 (C)가 정답이다.

· ·

4. 댄 라노위츠는 누구인가?

(A) 트레이닝 강사

(B) 신입 직원

(C) 이사진

(D) 이전 고객

해설 직업/신분을 묻는 문제 – 여자가 같은 부서의 댄 라노위츠가 참가하기를 원한다고 말하며, 그가 며칠 전에 어시스턴트 영업 매니저를 맡게 되어서 남자가 그를 잘 모를 수도 있다고 말했으므로 (B)가 정답이다.

미국 ↔ 미국

Questions 5-6 refer to the following conversation.

W Hello, Boris. **5** I managed to book The Razz Jazz Group to perform at our restaurant on November 2!

M That's good news! I'll include them on the live concert list on our flyer.

W Oh, I'm glad you brought that up. **6** The sample flyer you designed looks amazing. Thank you for doing that. But I wonder if we should print it on glossy paper.

M It'd certainly make it look nicer. But glossy paper is a bit pricey.

W Hmm… yeah. I'll go over our budget and see if it's feasible.

5-6번은 다음 대화에 관한 문제입니다.

여 안녕하세요, 보리스. **5** 제가 11월 2일에 저희 식당에서 공연할 라즈 재즈 그룹을 겨우 예약했어요!

남 좋은 소식이네요! 저희 전단의 라이브 콘서트 목록에 포함할게요.

여 아, 그 얘기를 꺼내 주셔서 기뻐요. **6** 디자인해 주신 샘플 전단이 정말 멋지더라고요. 그렇게 해 주셔서 감사해요. 그런데 저희가 광택지에 인쇄해야 할지 모르겠네요.

남 그게 분명 더 멋져 보일 거예요. 그런데 광택지가 약간 비싸요.

여 음… 네. 예산을 검토해 보고 가능한지 알아볼게요.

어휘 manage to 가까스로 ~하다 | perform 공연하다 | flyer 전단 | bring up 꺼내다, 제기하다 | glossy paper 광택지 | pricey 값비싼 | go over 검토하다 | feasible 실현 가능한

---

5. 11월 2일에 무슨 일이 일어날 것인가?
(A) 디자인 공모전
(B) 책 출간
(C) 식당 개업
(D) 음악 공연

해설 세부 사항을 묻는 문제 – 11월 2일에 화자들의 식당에서 공연할 재즈 그룹을 예약했다고 말하므로 (D)가 정답이다.

---

6. 여자는 남자에게 무엇에 대해 감사하고 있는가?
(A) 프린터를 수리하는 것
(B) 전단을 만드는 것
(C) 메뉴를 수정하는 것
(D) 손님을 모시고 오는 것

해설 세부 사항을 묻는 문제 – 남자가 디자인해 준 샘플 전단이 정말 멋지다며, 감사를 전하고 있으므로 (B)가 정답이다.

호주 ↔ 영국

Questions 7-8 refer to the following conversation.

M Meena, people really seem to like our original coffee blends. **7** What do you think about providing sampling sessions for potential customers?

W Oh, you're talking about an event where people can come and try our products, right?

M Yes. Maybe we could even teach them about where the beans come from and how we roast them.

W What a fantastic idea! Why don't we plan to have one on the last Saturday of the month?

M Great. **8** I'll make a post about this on our social media site now.

7-8번은 다음 대화에 관한 문제입니다.

남 미나, 사람들이 저희 오리지널 블렌드 커피를 정말로 좋아하는 거 같아요. **7** 잠재 고객을 위해 시음회 자리를 마련하는 거 어떻게 생각하세요?

여 아, 사람들이 와서 저희 제품을 맛보는 행사 말씀하시는 거 맞죠?

남 맞아요. 저희가 커피콩 원산지랑 콩 볶는 방법을 알려줄 수도 있을 것 같아요.

여 아주 좋은 생각이에요! 이번 달 마지막 토요일로 계획하는 거 어때요?

남 좋아요. **8** 제가 지금 소셜 미디어 사이트에 관련 게시 글을 올릴게요.

어휘 provide 제공하다 | sampling 시음, 시식 | potential 잠재적인 | customer 고객 | try 먹어 보다 | teach 가르쳐 주다, 알려 주다 | bean 콩 | roast (콩 등을) 볶다 | plan 계획하다 | post 게시 글 | source 공급자를 찾다 | discounted price 할인된 가격

---

7. 남자는 무엇을 하자고 제안하는가?
(A) 지역 상품의 공급자를 찾는 것
(B) 특별 행사를 제공하는 것
(C) 평면도를 업데이트하는 것
(D) 새로운 로고를 디자인하는 것

해설 제안 사항을 묻는 문제 – 남자가 여자에게 잠재 고객을 위한 시음회 자리를 마련하는 행사에 대해 어떻게 생각하는지 묻고 있으므로 (B)가 정답이다.

---

8. 남자는 무엇을 할 거라고 말하는가?
(A) 공간을 예약한다
(B) 할인가에 판매한다
(C) 웹사이트를 업데이트한다
(D) 매니저와 이야기한다

해설 다음에 할 일을 묻는 문제 – 남자가 소셜 미디어 사이트에 관련 게시 글을 올리겠다고 말했으므로 (C)가 정답이다.

Practice

본서 p.187

| 1. (D) | 2. (A) | 3. (C) | 4. (B) | 5. (C) | 6. (C) |
| 7. (A) | 8. (D) | 9. (B) | 10. (D) | 11. (A) | 12. (C) |

미국 ↔ 미국

Questions 1-3 refer to the following conversation.

W Hey, Dominic. **1** Have you heard about the mandatory system update for our computers? I just got an e-mail that I'll need to update my computer tomorrow.

Ⓜ Yes, I did mine yesterday, and everything went as expected.

Ⓦ That's good. **2** I'm a little worried that the file I've been working on may be lost. I have a press conference that afternoon.

Ⓜ Hmm… **3** If that's bothering you, why don't you speak with the IT team and postpone your update just in case?

Ⓦ Oh, yeah! I'll just do that. Thanks.

1-3번은 다음 대화에 관한 문제입니다.

여 도미닉, 안녕하세요. **1** 저희 컴퓨터 필수 시스템 업데이트 소식 들은 거 있어요? 전 방금 이메일 확인했는데 내일 컴퓨터를 업데이트해야 한대요.

남 네, 전 어제 했는데, 모두 예상대로 됐어요.

여 잘 됐네요. **2** 작업해 온 파일이 없어질까 봐 전 좀 걱정돼요. 그날 오후에 기자 회견이 있어요.

남 흠… **3** 그게 신경 쓰이면, 혹시 모르니 IT 팀에 연락해서 업데이트를 연기하면 어때요?

여 오, 네! 그래야겠어요. 고마워요.

어휘 mandatory 필수의 | mine 내 것 | as expected 예상대로 | worried 걱정하는 | lose 잃다 | press conference 기자 회견 | bother 신경 쓰다 | postpone 연기하다 | just in case 만약을 위해서 | evacuation 대피 | delete 삭제하다

---

1. 여자는 무엇에 대한 이메일을 받았는가?
(A) 긴급 대피 계획
(B) 전사 회의
(C) 근로 계약 만료
(D) 필수 컴퓨터 업데이트

해설 세부 사항을 묻는 문제 – 여자가 컴퓨터 필수 시스템 업데이트에 대한 소식을 이메일을 통해서 확인했다고 말했으므로 (D)가 정답이다.

---

2. 여자에게는 어떤 걱정이 있는가?
(A) 파일이 삭제될지도 모른다.
(B) 비밀번호가 유효하지 않을지도 모른다.
(C) 마감일을 맞추기 힘들 것이다.
(D) 장비를 이용하지 못할지도 모른다.

해설 세부 사항을 묻는 문제 – 여자가 작업해 온 파일이 없어질까 봐 걱정된다고 말했으므로 (A)가 정답이다.

---

3. 여자는 다음에 무엇을 하겠는가?
(A) 기자 회견에 참석한다
(B) 회의를 연기한다
(C) 동료에게 연락한다
(D) 문서 사본을 만든다

해설 다음에 할 일을 묻는 문제 – 남자가 여자에게 IT 팀에 연락해서 시스템 업데이트를 연기해 보라고 말했으므로 (C)가 정답이다.

Questions 4-6 refer to the following conversation with three speakers.

Ⓦ1 Wesley, Patricia. With so many people shopping for their furniture online these days, **4** we should come up with some ideas that can help boost sales here in our store.

Ⓜ **5** Do you remember the small business podcast we told you about? Last week's episode was about improving the shopping experience so customers would want to come into physical stores.

Ⓦ1 Did they have any recommendations on how to do that?

Ⓦ2 They suggested putting more thought into the displays. **6** We could move some of the furniture around to create a small bedroom or living room. Then the customers might want to visit our stores to get some decoration ideas.

Ⓦ1 That's a great suggestion. The designs will inspire the customers to buy our products.

4-6번은 다음 세 화자의 대화에 관한 문제입니다.

여1 위즐리, 파트리샤. 요즘에는 온라인으로 가구를 쇼핑하는 사람들이 많아서, **4** 이곳 매장의 판매 증진에 도움이 될 만한 아이디어를 마련해야 해요.

남 **5** 저희가 말했던 소기업 팟캐스트 기억해요? 지난주 방송이 쇼핑 경험을 향상시켜서 고객들이 실제 매장으로 오고 싶게 하는 내용이 었어요.

여1 방법에 관해 추천해 준 게 있었나요?

여2 진열에 좀 더 공을 들이라고 제안했어요. **6** 저희가 가구를 일부 옮겨서 작은 침실이나 거실을 만들 수도 있어요. 그러면 고객들이 장식 아이디어를 얻으러 우리 매장에 방문하고 싶어 할 수도 있어요.

여1 훌륭한 제안이네요. 디자인이 고객들에게 영감을 줘서 우리 제품을 구입하게 만들 거예요.

어휘 furniture 가구 | come up with ~을 생각해 내다 | boost 북돋우다 | podcast 팟캐스트 | episode 방송분, 에피소드 | improve 향상시키다 | experience 경험 | customer 고객 | physical 물리적인 | recommendation 추천 | suggest 제안하다 | thought 생각 | display 진열 | move 옮기다 | create 만들어 내다, 창조하다 | decoration 장식 | design 디자인, 설계도 | inspire 고무하다, 영감을 주다 | recruit 모집하다, 채용하다 | rearrange 재배열하다, 재배치하다

---

4. 대화는 무엇에 관한 것인가?
(A) 사업 확장하는 것
(B) 매장 내 매출 올리는 것
(C) 회사 경비 낮추는 것
(D) 임시 직원 채용하는 것

해설 주제를 묻는 문제 – 첫 번째 여자가 매장의 판매 증진에 도움이 될 만한 아이디어를 마련해야 한다고 말했으므로 (B)가 정답이다.

5. 남자는 어떻게 아이디어를 얻었는가?

(A) 경쟁 업체 매장을 방문함으로써

(B) 고객 피드백을 읽음으로써

(C) 팟캐스트를 청취함으로써

(D) 온라인 과정을 수강함으로써

해설 세부 사항을 묻는 문제 – 남자가 두 번째 여자와 함께 말했던 소기업 팟캐스트를 기억하냐면서 지난 방송이 쇼핑 경험을 향상시켜서 고객들이 매장으로 찾아오고 싶게 만드는 내용이었다고 설명했으므로 (C)가 정답이다.

6. 화자들은 무엇을 하겠는가?

(A) 무료 선물을 제공한다

(B) 소셜 미디어에 사진을 올린다

(C) 일부 상품을 재배치한다

(D) 더 나은 납품 업체를 찾아본다

해설 다음에 할 일을 묻는 문제 – 두 번째 여자가 가구를 일부 옮겨서 침실이나 거실을 만들 수도 있다고 말했으므로 (C)가 정답이다.

영국 ↔ 미국

Questions 7-9 refer to the following conversation.

W Nick, **7** is your boss in charge of November's shareholders meeting?

M **7** Yes, and I'm helping her organize the agenda. Actually, she just emailed me a preliminary list of presenters. She wants me to confirm each presenter's participation and then update the company's website.

W Oh, well, **8** I was really hoping to recommend a possible presenter.

M It's not too late. Nothing's been finalized yet.

W Good. Then **9** what do you think about Quincy Vanvoreen speaking? He's recently won an international award for his movie. It's on the Top Ten List.

M He would be great. I'll suggest him to my boss.

7-9번은 다음 대화에 관한 문제입니다.

여 닉, **7** 당신 상사가 11월 주주 총회를 맡고 계시죠?

남 **7** 네, 그리고 제가 그분을 도와 안건을 준비하고 있어요. 사실, 그분께서 방금 이메일로 저에게 발표자 예비 명단을 보내주셨어요. 저에게 각 발표자의 참가 여부를 확인한 다음, 회사 웹사이트에 업데이트하기를 원하세요.

여 오, 저, **8** 제가 가능한 발표자 한 분을 추천해 드릴 수 있기를 꼭 바라고 있었어요.

남 아주 늦진 않았습니다. 아직 아무것도 최종 확정되지 않았어요.

여 좋습니다. 그럼, **9** 퀸시 반보린이 연설하시는 것에 대해 어떻게 생각하세요? 그분께서 최근에 본인의 영화로 국제상을 수상하셨어요. 상위 10위 목록에 오른 작품입니다.

남 그분이라면 아주 좋을 것 같아요. 상사에게 그분을 권해 볼게요.

어휘 in charge of ~을 맡고 있는, 책임지는 | shareholder 주주 | help A do A가 ~하는 것을 돕다 | organize 준비하다, 조직

하다 | agenda 안건, 의제 | preliminary 예비의 | presenter 발표자 | want A to do A에게 ~하기를 원하다 | confirm 확인하다 | participation 참가 | recommend 추천하다 | possible 가능성 있는 | finalize 최종 확정하다 | recently 최근에 | win an award 상을 받다 | suggest 권하다, 제안하다 | director 감독 | venue 장소 | confirm 확정하다

7. 남자는 어떤 프로젝트에 일을 하고 있는가?

(A) 주주 총회를 계획하는 것

(B) 인턴 프로그램을 시작하는 것

(C) 두 번째 지점을 개장하는 것

(D) 경쟁사의 제품을 획득하는 것

해설 세부 사항을 묻는 문제 – 여자가 남자의 상사가 주주 총회를 맡고 있는지 묻자, 남자가 안건을 준비해 상사를 도와주고 있다고 말했으므로 (A)가 정답이다.

8. 남자가 "아직 아무것도 최종 확정되지 않았어요"라고 말한 의도는 무엇인가?

(A) 직원 한 명이 마감 기한을 맞추지 못했다.

(B) 행사 장소가 확정되지 않았다.

(C) 구직 지원자들이 많지 않다.

(D) 추천할 시간이 있다.

해설 화자 의도 파악 문제 – 여자가 발표자 한 명을 추천할 수 있기를 바란다고 하자, 남자가 아직 아무것도 최종 확정되지 않았다고 말한 것이므로 추천할 시간이 있음을 의미한 것이다. 따라서 (D)가 정답이다.

9. 퀸시 반보린은 누구인가?

(A) 전문 운동선수

(B) 영화감독

(C) 회사 대표

(D) 기업의 채용 담당자

해설 직업/신분을 묻는 문제 – 여자가 남자에게 퀸시 반보린이 연설하는 것에 대해서 어떻게 생각하는지 물어보며, 그가 최근에 본인의 영화로 국제상을 수상했다고 말했으므로 (B)가 정답이다.

미국 ↔ 호주

Questions 10-12 refer to the following conversation and menu.

W Good morning. My name is Tianna Berstein. **10** I was invited to your company's anniversary party, and I wanted to let you know that I'll be going.

M Hello, Tianna. Thank you for confirming your attendance. Have you decided on what meal option to go with?

W Well, I'm a vegetarian, so...

M Ah. **11** Well then, you could get either the vegetable omelet or the stuffed potatoes.

W **11** Hmm... not the potatoes.

Ⓜ Alright. By the way, parking will be limited that night. 🔢 If you don't want to spend a lot of time looking for a parking spot, you should probably take the subway that day.

10-12번은 다음 대화와 메뉴에 관한 문제입니다.

Ⓒ 안녕하세요. 제 이름은 티안나 베르슈타인입니다. 🔟 **창립 기념일 파티에 초대받았는데** 참석을 알리려고 전화드렸어요.

Ⓝ 안녕하세요, 티안나. 참석 여부를 알려 주셔서 고맙습니다. 어떤 메뉴로 할지 결정하셨나요?

Ⓒ 음. 제가 채식주의자거든요. 그래서…

Ⓝ 아. 🔢 **그러시다면 채소 오믈렛이나 스터프트 포테이토를 드시면 되겠네요.**

Ⓒ 🔢 음… 감자는 말고요.

Ⓝ 알겠습니다. 그런데 그날 저녁에는 주차가 제한될 겁니다. 🔢 **주차할 곳을 찾느라 많은 시간을 보내고 싶지 않으시다면** 그날은 지하철을 이용하시는 게 좋을 것 같아요.

메인 메뉴
🔢 **A 세트**: 채소 오믈렛
B 세트: 케이준 쉬림프 파스타
C 세트: 스터프트 포테이토
D 세트: 몽골리안 비프
*모든 세트 메뉴는 수프나 샐러드, 그리고 음료수와 함께 나옵니다.

어휘 anniversary 기념일 | confirm 확인하다 | attendance 참석 | meal 식사 | vegetarian 채식주의자 | parking 주차 | limited 제한된 | subway 지하철 | demonstration 시연 | public transportation 대중교통 | confirm 확인하다 | stuffed (음식에) 소가 가득 들어간

10. 어떤 행사가 열릴 것인가?
(A) 요리 시연회
(B) 기술 박람회
(C) 이사회 회의
(D) 기념일 축하 행사

해설 주제를 묻는 문제 – 여자가 남자에게 귀사 창립 기념 파티에 초대받았다고 말했으므로 (D)가 정답이다.

11. 시각 정보를 보시오. 여자는 어느 세트 메뉴를 선택하겠는가?
(A) A 세트
(B) B 세트
(C) C 세트
(D) D 세트

해설 시각 정보 연계 문제 – 여자가 채식주의자라고 하자 남자가 채소 오믈렛과 스터프트 포테이토를 추천했고, 여자가 감자는 원치 않는다고 했으므로 채소 오믈렛을 선택할 것임을 알 수 있다. 메뉴에서 채소 오믈렛은 A 세트이므로 (A)가 정답이다.

12. 남자는 여자에게 무엇을 하라고 권하는가?
(A) 프로그램을 검토한다

(B) 친구를 데려온다
(C) 대중교통을 이용한다
(D) 주차권을 구입한다

해설 세부 사항을 묻는 문제 – 남자가 주차할 곳을 찾느라 많은 시간을 보내고 싶지 않다면 그날은 지하철을 이용하는 게 좋겠다고 말했으므로 (C)가 정답이다.

REVIEW TEST

32. (B)	33. (C)	34. (C)	35. (A)	36. (B)	37. (A)
38. (A)	39. (D)	40. (C)	41. (B)	42. (A)	43. (D)
44. (D)	45. (C)	46. (B)	47. (C)	48. (A)	49. (D)
50. (C)	51. (D)	52. (D)	53. (D)	54. (C)	55. (C)
56. (D)	57. (C)	58. (A)	59. (D)	60. (D)	61. (A)
62. (C)	63. (B)	64. (B)	65. (D)	66. (D)	67. (B)
68. (B)	69. (D)	70. (B)			

미국 ↔ 호주

Questions 32-34 refer to the following conversation.

Ⓦ Good afternoon. How can I help you today?

Ⓜ I'm still not sure what I'd like. 🔢 I'm craving something fruity, but your blueberry donut is a little too sweet for my taste.

Ⓦ Why don't you try our blueberry muffin instead? Our muffins are made with whole wheat flour, so it's not as sweet or heavy as the donut.

Ⓜ Thanks for the recommendation. I'll have the blueberry muffin. 🔢 And I'll add a fruit cup to my order as well.

Ⓦ Sure thing. 🔢 Do you have your customer loyalty card with you?

Ⓜ 🔢 I do. Here you go.

32-34번은 다음 대화에 관한 문제입니다.

Ⓔ 안녕하세요. 어떻게 도와드릴까요?

Ⓝ 마음에 드는 걸 아직 모르겠어요. 🔢 **과일 맛 나는 게 먹고 싶은데, 블루베리 도넛은 제 입맛에 너무 달아요.**

Ⓔ 그럼 저희 블루베리 머핀을 드셔 보시겠어요? 저희 머핀은 통밀 가루로 만들어서 도넛만큼 달거나 기름지지 않아요.

Ⓝ 추천 감사합니다. 블루베리 머핀으로 할게요. 🔢 **그리고 과일 컵도 주문에 추가할게요.**

Ⓔ 알겠습니다. 🔢 **고객 카드 있으세요?**

Ⓝ 🔢 네, 여기 있어요.

어휘 crave ~ 생각이 간절하다 | fruity 과일 맛이 나는 | blueberry 블루베리 | donut 도넛 | sweet 달콤한, 단 | taste 취향, 입맛 | instead 대신에 | whole wheat 통밀로 된 | flour (곡물) 가루 | heavy (음식이) 기름진 | recommendation 추천 |

86   파고다 토익 기본 완성 LC

add 추가하다 I order 주문 I as well 또한 I customer loyalty card 고객 카드 I overpriced 너무 비싼

32. 남자는 음식에 어떤 불만이 있는가?
(A) 가격이 너무 비싸다.
(B) 너무 달다.
(C) 먹기 너무 힘들다.
(D) 너무 작다.

해설 세부 사항을 묻는 문제 – 남자가 블루베리 도넛은 남자의 입맛에 너무 달다고 말했으므로 (B)가 정답이다.

33. 남자는 주문에 어떤 품목을 추가하는가?
(A) 커피
(B) 차
(C) 과일 컵
(D) 샐러드

해설 세부 사항을 묻는 문제 – 남자가 과일 컵을 주문에 추가하겠다고 말했으므로 (C)가 정답이다.

34. 남자는 여자에게 무엇을 건네는가?
(A) 명함
(B) 재사용 컵
(C) 고객 카드
(D) 할인 쿠폰

해설 세부 사항을 묻는 문제 – 여자가 남자에게 고객 카드 있냐고 묻자, 남자가 있다고 말했으므로 (C)가 정답이다.

미국 ↔ 미국

Questions 35-37 refer to the following conversation.

M Woodbury City Planetarium. I'm Clint.

W Hello. **35** I'd like to get four tickets to the planetarium fundraising dinner next month.

M Of course. The tickets will include a full-course meal. **36** Do you or anyone in your party have any allergies?

W Yes, actually. One of my friends is allergic to shellfish.

M I see. Thank you for letting me know. I'll make sure to make a note of this. By the way, the planetarium has limited parking. **37** Our guests will be able to use the large garage across from the planetarium free of charge.

W Well, that won't be necessary. My friends and I will be taking the subway there anyway.

35-37번은 다음 대화에 관한 문제입니다.

남 우드버리 시 천문관입니다. 저는 클린트입니다.

여 안녕하세요. **35** 다음 달에 열리는 천문관 기금 마련 행사 표 4장을 구매하려고요.

남 알겠습니다. 표에는 풀코스 식사가 포함됩니다. **36** 일행 중에 알레르기 있는 분이 있으세요?

여 네, 있어요. 친구 한 명이 갑각류에 알레르기가 있어요.

남 그렇군요. 알려주셔서 감사합니다. 제가 메모해 두겠습니다. 그런데 천문관에 주차 공간이 한정적이에요. **37** 저희 고객은 천문관 맞은편 대형 주차장을 무료로 이용하실 수 있습니다.

여 음, 그건 필요 없어요. 저와 제 친구들은 어차피 지하철 타고 갈 거예요.

어휘 planetarium 천문관 I fundraising 기금 마련 행사 I include 포함하다 I full course 풀코스 I meal 식사 I party 일행 I allergy 알레르기 I be allergic to ~에 알레르기가 있다 I shellfish 조개류, 갑각류 I make a note of 메모하다 I limited 한정된, 제한된 I parking 주차 I garage 주차장 I across from ~의 맞은편에 I free of charge 무료로

35. 통화의 목적은 무엇인가?
(A) 표를 구매하기 위해
(B) 시설에 대해 문의하기 위해
(C) 예약을 취소하기 위해
(D) 투어를 확인하기 위해

해설 목적을 묻는 문제 – 여자가 다음 달에 있을 천문관 기금 마련 행사 표 4장을 구입하고 싶다고 말했으므로 (A)가 정답이다.

36. 남자는 무엇에 관하여 물어보는가?
(A) 숙박 이용
(B) 식단 제한
(C) 좌석 배치
(D) 교통수단

해설 세부 사항을 묻는 문제 – 남자가 여자에게 일행 중에 알레르기 있는 사람이 있는지 물어보므로 (B)가 정답이다.

37. 남자는 무엇이 무료라고 언급하는가?
(A) 주차
(B) 입장
(C) 배송
(D) 다과

해설 세부 사항을 묻는 문제 – 남자가 천문관 고객은 맞은편에 있는 대형 주차장을 무료로 이용할 수 있다고 말했으므로 (A)가 정답이다.

호주 ↔ 영국

Questions 38-40 refer to the following conversation.

M Hey, Lydia. **38** How is your diner doing? You've been in business for one year now, right?

W It's doing very well, Todd, and yes, the anniversary is in two weeks. To celebrate the occasion, I was thinking about making some new desserts and putting photos of them on the menu. But the thing is that I'm terrible at taking pictures.

M Well, **39** I recently completed a course in digital photography, and I'm always looking to get more practice. My camera is new as well, so if you don't mind, I can try taking the photos.

W That's a great idea! **40** Why don't you come by the diner tomorrow? If your photos turn out better than mine, I'll definitely use them in the menu.

38-40번은 다음 대화에 관한 문제입니다.

남 안녕하세요, 리디아. **38** 식당은 어때요? 이제 개업한 지 1년 됐죠, 그렇죠?

여 매우 잘 되고 있어요, 토드. 그리고 맞아요, 2주 후가 기념일이에요. 이 행사를 축하하기 위해 새로운 디저트 몇 개를 만들어서 그 사진들을 메뉴에 넣을 생각을 하고 있었어요. 그런데 문제는 제가 사진을 정말 못 찍는다는 거예요.

남 음. **39** 제가 최근에 디지털 사진 강의를 수료했고, 항상 연습을 더 하길 바라고 있어요. 또 제 카메라는 새것이니 괜찮다면 제가 사진을 한번 찍어 볼게요.

여 좋은 생각이에요! **40** 내일 식당에 잠시 들르는 게 어때요? 제 사진보다 나으면, 그것들을 메뉴에 사용할 거예요.

어휘 in business 사업을 하는 | anniversary 기념일 | occasion 행사, 때 | terrible 끔찍한, 심한 | recently 최근에 | as well 또한, 역시 | mind 언짢아하다 | come by (잠시) 들르다 | turn out 모습을 드러내다, 나타나다 | definitely 분명히, 틀림없이

---

38. 여자는 누구이겠는가?

(A) 식당 주인

(B) 웹 디자이너

(C) 미술관 큐레이터

(D) 대학교수

해설 직업/신분을 묻는 문제 – 남자가 식당은 어떻냐고 물어보므로 여자가 레스토랑 주인임을 유추할 수 있다. 따라서 (A)가 정답이다.

---

39. 남자는 무엇을 공부했는가?

(A) 미술사

(B) 그림

(C) 컴퓨터 소프트웨어

(D) 사진

해설 세부 사항을 묻는 문제 – 남자가 최근에 디지털 사진 강의를 수료했다고 말했으므로 (D)가 정답이다.

---

40. 여자는 남자에게 무엇을 하라고 제안하는가?

(A) 비품을 다시 채운다

(B) 논평을 제출한다

(C) 업체를 방문한다

(D) 디저트를 만든다

해설 제의 사항을 묻는 문제 – 여자가 남자에게 내일 식당에 잠시 들르라고 말했으므로 (C)가 정답이다.

Questions 41-43 refer to the following conversation with three speakers.

M1 Good morning. **41** Do either of you know if Stacey came into work today? I haven't seen her all day.

W I believe it's her day off. But I do have her cell phone number. **41** Would you like me to give her a call?

M1 That won't be necessary. **42** Stacey is fluent in Japanese, so I was going to ask her to translate an e-mail received from one of our clients in Tokyo. But that can wait until tomorrow.

W **43** Well, you know, Matt studied in Japan for over six years.

M2 **43** Yeah. And I can spare a few hours today if you need me to work on it.

41-43번은 다음 세 화자의 대화에 관한 문제입니다.

남1 안녕하세요. **41** 둘 중에 오늘 스테이시가 출근했는지 아는 사람 있나요? 그녀를 하루 종일 보지 못했거든요.

여 오늘 휴가일 거예요. 하지만 제게 그녀의 핸드폰 번호가 있어요. **41** 한번 전화해 볼까요?

남1 그럴 필요는 없어요. **42** 스테이시가 일본어에 유창해서 도쿄에 있는 우리 고객에게서 받은 이메일을 그녀에게 번역해 달라고 부탁하려고 했거든요. 하지만 내일 해도 돼요.

여 **43** 저기, 맷이 일본에서 6년 넘게 공부했어요.

남2 **43** 네, 필요하시면 제가 오늘 몇 시간 정도 시간을 내서 해 드릴 수 있어요.

어휘 day off 쉬는 날 | fluent in ~에 유창한 | translate 해석하다; 옮기다 | client 고객 | spare (시간을) 할애하다 | coworker 동료 | review 검토하다; 복습하다 | make a reservation 예약하다 | contact 연락하다 | job candidate 입사 지원자 | business trip 출장 | coordinate 조직화하다, 편성하다 | propose 제의하다, 제안하다 | revise 수정하다 | transfer 전근하다, 옮기다 | venue (회담, 공연 등이 열릴) 장소 | recommend 추천하다 | assignment 업무; 과제

---

41. 여자는 무엇을 하겠다고 제안하는가?

(A) 이메일을 보낸다

(B) 동료에게 전화한다

(C) 일정을 검토한다

(D) 예약을 한다

해설 세부 사항을 묻는 문제 – 첫 번째 남자가 두 사람에게 오늘 스테이시가 출근했는지 아는지 묻자 여자가 한번 전화해 보겠다고 했으므로 (B)가 정답이다.

---

42. 무슨 일 때문에 스테이시가 필요한가?

(A) 문서를 번역하는 것

(B) 입사 지원자들에게 연락하는 것

(C) 해외 출장을 계획하는 것

(D) 연수를 기획하는 것

해설 세부 사항을 묻는 문제 – 첫 번째 남자가 스테이시가 일본어에 유창해서 도쿄에 있는 고객에게 받은 이메일 번역을 부탁하려 했다고 말했으므로 (A)가 정답이다.

----

43. 여자는 왜 "맷이 일본에서 6년 넘게 공부했어요"라고 말하는가?

(A) 맷을 다른 지점으로 전근을 보내라고 제안하기 위해

(B) 변경된 정보를 제공하기 위해

(C) 새로운 행사 장소를 제안하기 위해

(D) 맷에게 업무를 맡기도록 권하기 위해

해설 화자 의도 파악 문제 – 여자가 맷이 일본에서 6년 넘게 공부했다고 말했고, 두 번째 남자인 맷이 원한다면 시간을 좀 낼 수 있다고 한 것으로 보아 맷도 번역을 충분히 할 수 있으리라는 의미가 담겨 있다. 따라서 (D)가 정답이다.

미국 ↔ 영국

Questions 44-46 refer to the following conversation.

M Hello, 44 Seascape Gardens management office.

W Hi, I just moved into the complex this week, but I've already misplaced my key card.

M That's OK. Let me arrange a replacement key card made for you. But 45 there is a processing fee of 10 dollars. 44 Can I have your name and apartment number, please?

W I'm Teresa Saunders, and I live in Unit 34A.

M OK, Ms. Saunders. Your key card will be ready in a few hours. I'll give you a call when it's done.

W Thank you so much.

M Oh, by the way, tonight, 46 we're holding a picnic in the common area for all residents. I'm sure it will be a great way for you to meet your new neighbors.

44-46번은 다음 대화에 관한 문제입니다.

남 안녕하세요. 44 시스케이프 가든즈 관리 사무소입니다.

여 안녕하세요, 제가 이번 주에 단지로 이사 왔는데요, 벌써 키 카드를 잃어버렸어요.

남 괜찮습니다. 제가 교체용 키 카드를 준비해 드릴게요. 그런데 45 10달러의 수수료가 있습니다. 44 이름과 아파트 호수를 알려주시겠어요?

여 테리사 손더스고, 34A호에 살아요.

남 알겠습니다, 손더스 씨. 키 카드가 준비되는 데 몇 시간 걸릴 겁니다. 다 되면 전화드릴게요.

여 정말 감사합니다.

남 아, 그런데요, 오늘 밤에 46 저희가 전체 주민을 위해 공용 구역에서 피크닉을 열 예정이에요. 새로운 이웃들을 만날 아주 좋은 방법이 될 겁니다.

어휘 management 관리 | complex (건물) 단지 | misplace (물건을 엉뚱한 곳에 놓아) 잃어버리다 | key card 키 카드, 카드식 열쇠 | processing fee 수수료 | ready 준비가 된 | common 공동의 | area 구역 | resident 주민 | neighbor 이웃

44. 남자는 어디서 일하겠는가?

(A) 가정용품점에서

(B) 건축 회사에서

(C) 커뮤니티 센터에서

(D) 아파트 단지에서

해설 직업/신분을 묻는 문제 – 남자가 시스케이프 가든즈 관리 사무소라고 하면서 이름과 아파트 호수를 알려달라고 한 점으로 보아 (D)가 정답이다.

----

45. 남자에 따르면, 여자는 무엇을 해야 하는가?

(A) 비밀번호를 입력해야 한다

(B) 나중에 다시 와야 한다

(C) 요금을 지불해야 한다

(D) 양식을 작성해야 한다

해설 세부 사항을 묻는 문제 – 남자가 교체용 키 카드를 준비해 주겠다고 하면서 10달러의 수수료가 있다고 말하므로 (C)가 정답이다.

----

46. 남자는 어떤 행사를 언급하는가?

(A) 시즌 할인 행사

(B) 공동체 피크닉

(C) 마을 축제

(D) 스포츠 경기

해설 세부 사항을 묻는 문제 – 남자가 오늘 밤에 전체 주민을 위해 공용 구역에서 피크닉을 열 예정이라고 말하므로 (B)가 정답이다.

미국 ↔ 미국

Questions 47-49 refer to the following conversation.

W 47 Hi, I'm interested in ordering some company hats for my staff members.

M Great! 48 Would you like to see the samples?

W Actually, I already saw them on your website, so I know what kind of hats I want to order. If I ordered 50 hats, would I get them by the end of next week?

M That should be no problem. It's Monday today, so I'm sure you'll get them by the end of this week. 47 What do you want to be printed on the hats?

W 47 Our company logo. Actually, I just realized I didn't bring it with me. How can I get it to you?

M 49 Just email us the image file of the logo today.

47-49번은 다음 대화에 관한 문제입니다.

여 47 안녕하세요, 저희 직원들을 위한 회사 모자를 주문하고 싶습니다.

남 잘 됐네요! 48 샘플을 좀 보시겠어요?

여 실은 제가 당신의 회사 웹사이트에서 샘플을 봐서 어떤 종류의 모자를 주문하고 싶은지 알아요. 제가 50개를 주문하면 다음 주말까지 받을 수 있을까요?

남 그건 문제없을 거예요. 오늘이 월요일이니까 이번 주말까지는 받으실 겁니다. 47 모자에는 무엇을 인쇄해 드릴까요?

여 47 저희 회사 로고요. 사실 지금 보니까 제가 그걸 안 가져왔네요. 어떻게 보내드릴까요?

남 49 그냥 오늘 로고 이미지 파일을 이메일로 보내 주세요.

어휘 interested in ~에 관심 있는 | sample 견본 | estimate 견적서 | realize 깨닫다. 알아차리다 | customized 주문 제작된

47. 여자는 무엇을 구매하고 싶어 하는가?
(A) 전광판
(B) 명함
(C) 주문 제작 모자
(D) 신문 구독권

해설 세부 사항을 묻는 문제 – 여자가 직원들을 위한 회사 모자를 주문하고 싶다고 말했고, 남자가 모자에 무엇을 인쇄하고 싶냐고 묻자 여자가 회사로고라고 대답하므로 (C)가 정답이다.

48. 남자가 여자에게 무엇을 보여 주겠다고 제안하는가?
(A) 몇몇 샘플
(B) 몇몇 안내 책자
(C) 할인율
(D) 가격 목록

해설 세부 사항을 묻는 문제 – 남자가 샘플을 좀 보겠냐고 물어보므로 (A)가 정답이다.

49. 남자는 여자에게 무엇을 하라고 요청하는가?
(A) 배송 주소를 제공한다
(B) 견적서를 검토한다
(C) 계약서에 서명한다
(D) 이메일을 보낸다

해설 요청 사항을 묻는 문제 – 마지막 문장에서 남자가 오늘 로고 이미지 파일을 이메일로 보내 달라고 말했으므로 (D)가 정답이다.

영국 ↔ 호주

Questions 50-52 refer to the following conversation.

W 🔟 Hi, I was looking to rent a cello from your store.
M OK. Is there a specific model or feature you are looking for?
W Not really, I'm just looking for a good one to begin with.
M I see. Well, 🔟 this is our cello section. They start at 50 dollars per month including insurance.
W That sounds reasonable. I was also wondering if you had a program that allowed me to purchase the cello after the rental period has finished.
M Of course. But 🔟 I would definitely recommend that you consult with your teacher before deciding to buy a cello.

50-52번은 다음 대화에 관한 문제입니다.

여 🔟 안녕하세요, 여기서 첼로를 대여하려고 알아보는데요.
남 네, 특별히 찾는 모델이나 사양이 있으신가요?
여 딱히 그런 건 아니에요. 그냥 입문자가 쓰기 적당한 것을 찾고 있어요.
남 그렇군요. 음, 🔟 여기가 저희 첼로 섹션이에요. 가격은 한 달에 보험까지 포함해서 50달러부터 있습니다.
여 합리적이네요. 혹시 대여 기간이 끝나면 이것을 구매할 수 있도록 하는 프로그램이 있는지 궁금하네요.
남 당연하죠. 하지만 🔟 구매를 결정하시기 전에 손님의 첼로 선생님과 한번 얘기를 꼭 해 보시라고 권해 드리고 싶네요.

어휘 rent 대여하다 | specific 특정한 | feature 기능, 특징, 사양 | section 구획 | including ~은 포함하여 | insurance 보험 | rental period 대여 기간 | consult with ~와 상의하다 | measurement 치수 | attend 참석하다 | compare 비교하다 | instructor 강사, 교사

50. 여자는 왜 상점에 있는가?
(A) 책을 반납하기 위해
(B) 콘서트 표를 사기 위해
(C) 악기를 빌리기 위해
(D) 일자리에 지원하기 위해

해설 세부 사항을 묻는 문제 – 여자가 첫 문장에서 첼로 대여를 알아본다고 언급하므로 (C)가 정답이다.

51. 남자에 따르면, 대여비에 무엇이 포함되어 있는가?
(A) 세금
(B) 운송료
(C) 청소비
(D) 보험

해설 세부 사항을 묻는 문제 – 남자가 가격은 한 달에 보험까지 포함해서 50달러부터 있다고 언급하므로 (D)가 정답이다.

52. 남자는 여자에게 구매 전에 무엇을 하라고 추천하는가?
(A) 치수를 재본다
(B) 세미나에 참석한다
(C) 온라인으로 가격을 비교한다
(D) 선생님과 이야기한다

해설 제안 사항을 묻는 문제 – 마지막 문장에서 남자가 구매를 결정하기 전에 첼로 선생님과 한번 얘기를 꼭 해 보는 것을 권한다고 말했으므로 (D)가 정답이다.

미국 ↔ 호주

Questions 53-55 refer to the following conversation.

W Hello, Amir. 🔟 I wanted to hear more about the meetings you had yesterday in Miami. Were you able to persuade those writers to sign the contract?
M Oh, yes! 🔟 Ms. Atkins agreed to let us handle her latest romance novel. Mr. Herrington also agreed to hand over his latest work of fiction.
W That's wonderful news. It will clearly pay off to work with these writers. Such big names should help us have even more prominent writers. Oh, and don't forget to fill out a reimbursement claim form.
M I see, but I've never filled out that form before.
W 🔟 Don't worry. Ms. Laizza, my office assistant, will take you through the process.

53-55번은 다음 대화에 관한 문제입니다.

예 안녕하세요, 아미르. **53** 어제 마이애미에서 있었던 회의에 관해 더 들어보고 싶었어요. 그 작가들을 설득해서 계약서에 서명하게 할 수 있었나요?

남 아, 네! **54** 앳킨스 씨는 저희가 그녀의 최신 로맨스 소설을 관리하는 데 동의했어요. 헤링턴 씨도 그의 최신 소설 작품을 넘겨주기로 합의했습니다.

예 아주 좋은 소식이네요. 이 작가들과 함께 하는 게 분명 그만한 성과가 있을 겁니다. 이렇게 대단한 분들이 있으면 우리가 훨씬 더 많은 유명 작가들을 확보하는 데 도움이 될 겁니다. 아, 그리고 비용 환급 요청 양식을 잊지 말고 작성해 주세요.

남 그렇군요. 그런데 저는 그 서식을 작성해 본 적이 없어서요.

예 **55** 걱정하지 마세요. 제 비서인 라이자 씨가 그 절차를 익힐 수 있도록 도와드릴 겁니다.

어휘 be able to do ~할 수 있다 | persuade 설득하다 | sign a contract 계약서에 서명하다 | agree to do ~하는 데 동의하다 | let A do A에게 ~하게 하다 | handle 다루다, 처리하다 | latest 최신의, 최근의 | hand over ~을 넘겨주다 | work 작품 | fiction 소설 | clearly 분명히 | pay off 성과를 내다 | help A do A가 ~하는 데 도움이 되다 | prominent 유명한 | forget to do ~하는 것을 잊다 | fill out ~을 작성하다 | reimbursement 비용 환급 | claim 요청 | form 양식, 서식 | take A through B A가 B를 익히도록 하다

53. 남자는 어제 무엇을 했는가?
(A) 지역 행사에 참석했다.
(B) 긴급한 일로 인해 하루 쉬었다.
(C) 워크숍에 참가했다.
(D) 잠재 고객들과 만났다.

해설 세부 사항을 묻는 문제 – 여자가 남자에게 회의 때 작가들을 설득해 계약서에 서명하게 했는지에 대해 물어봤으므로 (D)가 정답이다.

54. 화자들이 일하는 회사의 종류는 무엇이겠는가?
(A) 마케팅 회사
(B) 행사 기획사
(C) 출판사
(D) 유람선 여행사

해설 세부 사항을 묻는 문제 – 남자가 앳킨스 씨와 헤링턴 씨의 최신 소설 작품을 화자들이 일하는 회사에서 관리하기로 합의했다고 말했으므로 (C)가 정답이다.

55. 남자는 왜 "저는 그 서식을 작성해 본 적이 없어요"라고 말하는가?
(A) 변명을 하기 위해
(B) 불만을 설명하기 위해
(C) 도움을 요청하기 위해
(D) 거래 내역서를 변경하기 위해

해설 화자 의도 파악 문제 – 남자가 그 서식을 작성해 본 적이 없다고 하자, 여자가 비서인 라이자 씨가 그 절차를 익힐 수 있도록 도와주겠다고 말했으므로 (C)가 정답이다.

Questions 56-58 refer to the following conversation.

W Fred, are you free to work this Thursday evening? **56** A local bank reserved our private banquet room for their employee appreciation dinner.

M Umm… I already made plans to watch a movie that night.

W Well, for this event, **57** I'll be paying 20 dollars an hour instead of the usual 18.

M Oh, hmm… **57** In that case, I'll be happy to do it.

W Great. By the way, **58** I'm asking all the waitstaff to wear a black shirt and black pants for the event.

56-58번은 다음 대화에 관한 문제입니다.

예 프레드, 이번 주 목요일 저녁에 일할 시간 있으세요? **56** 지역 은행에서 직원 감사 만찬 장소로 우리 개별 연회장을 예약했어요.

남 음… 그날 밤에는 영화 보러 가기로 이미 약속을 잡았어요.

예 음, 이 행사의 경우에는, **57** 시간당 평소 18달러가 아니라 20달러를 드릴게요.

남 오, 흠… **57** 그렇다면, 제가 할게요.

예 좋아요. 그런데, **58** 저는 전체 서빙 직원에게 행사 때 검은색 셔츠와 검은색 바지를 입어 달라고 요청할 예정이에요.

어휘 reserve 예약하다 | private 사적인 | banquet room 연회장 | employee 직원 | appreciation 감사 | pay 지불하다 | instead of ~가 아니라, 대신에 | usual 평상시의, 보통의 | waitstaff 종업원들 | wear 입다

56. 화자들은 어디서 일하겠는가?
(A) 의료 기관에서
(B) 은행에서
(C) 식료품점에서
(D) 식당에서

해설 직업/신분을 묻는 문제 – 여자가 지역 은행에서 직원 감사 만찬 장소로 우리 개별 연회장을 예약했다고 말한 것으로 보아 (D)가 정답이다.

57. 남자는 왜 행사 때 일하는 데 동의하는가?
(A) 동료가 시간이 안 된다.
(B) 약속 일정이 변경됐다.
(C) 시급이 평소보다 높다.
(D) 유명인이 참석할 예정이다.

해설 세부 정보를 묻는 문제 – 여자가 시간당 평소 18달러가 아니라 20달러를 지불하겠다고 하자, 남자가 그러면 자신이 하겠다고 말하므로 (C)가 정답이다.

58. 여자는 남자가 무엇을 해야 한다고 말하는가?
(A) 복장 규정을 따라야 한다고
(B) 입구에서 손님을 맞아야 한다고
(C) 몇 가지 장식을 해야 한다고
(D) 한 시간 일찍 도착해야 한다고

해설 세부 정보를 묻는 문제 – 여자가 전체 서빙 직원에게 행사 때 검은색

셔츠와 검은색 바지를 입어 달라고 요청할 예정이라고 말하므로 (A)가
정답

영국 ↔ 호주

Questions 59-61 refer to the following conversation.

W Hi, Nathan. As you know, Sharon's team is currently working on the new jacket's ad series. But it's not going so well. I was wondering if you could assist her with the project. **59** I know you're really skilled at troubleshooting marketing issues.

M Ah, thank you for the compliment. **60** But keep in mind that I'm pretty tied up with the commercial for our new sweater line.

W I'm aware of your situation. I'm planning on hiring a temporary worker to help you out with the projects. You'll also be getting a nice bonus.

M Wow, that certainly sounds good to me! **61** It's going to take several days to review all the details for the ad campaign. Will that be alright?

59-61번은 다음 대화에 관한 문제입니다.

여 안녕하세요, 네이슨. 아시다시피, 샤론의 팀이 현재 새 재킷 광고 시리즈를 작업하고 있어요. 그런데 잘 되고 있지 않아요. 그녀를 도와 프로젝트를 할 수 있을지 궁금하네요. **59** 당신이 마케팅 문제를 해결하는 데 정말 능숙하다고 알고 있어요.

남 아, 칭찬 감사합니다. **60** 하지만 저는 새 스웨터 TV 광고로 매우 바쁘다는 걸 알아주세요.

여 당신의 상황은 알고 있어요. 프로젝트를 도울 임시 직원을 채용할 계획입니다. 괜찮은 보너스도 받을 수 있을 거예요.

남 와, 정말 좋네요! **61** 광고 캠페인의 모든 세부 사항을 검토하는 데 며칠이 걸릴 거예요. 괜찮을까요?

어휘 wonder 궁금하다 | skilled 능숙한 | troubleshoot 중재역을 하다, 해결하다 | issue 문제, 사안 | compliment 칭찬 | keep in mind 유념하다 | tied up with ~으로 바쁘다 | commercial 광고 | temporary 임시적인 | certainly 분명히 | qualified 적격의, 자격을 갖춘 | applicant 신청자, 지원자 | resolve 해결하다 | detailed 상세한 | costly 많은 비용이 드는 | look over 살펴보다 | additional 추가적인

59. 여자는 남자가 무엇을 잘한다고 말하는가?

(A) 적임자를 선발한다.

(B) 문제를 해결한다.

(C) 연설을 잘한다.

(D) 상세한 보고서를 준비한다.

해설 세부 사항을 묻는 문제 – 대화 초반에 여자가 남자에게 마케팅 문제를 해결하는 데 정말 능숙한 걸로 알고 있다고 말했으므로 (B)가 정답이다.

60. 남자는 여자에게 무엇을 상기시키는가?

(A) 기계가 고장 났다

(B) 프로젝트가 비용이 많이 든다

(C) 휴가가 다가오고 있다

(D) 매우 바쁘다

해설 세부 사항을 묻는 문제 – 대화 중반에 남자가 새 스웨터 TV 광고 업무에 매여 있다고 말하므로 (D)가 정답이다.

61. 남자는 무엇을 요청하는가?

(A) 정보를 살펴볼 시간

(B) 더 큰 사무실

(C) 상품을 디자인할 추가 자금

(D) 새로운 컴퓨터 소프트웨어

해설 요청 사항을 묻는 문제 – 대화 마지막에 남자가 광고 캠페인을 모두 검토하는 데 며칠이 걸린다며, 괜찮은지 묻고 있으므로 (A)가 정답이다.

미국 ↔ 호주

Questions 62-64 refer to the following conversation and playlist.

W **62** How are preparations for the staff picnic going, Ricardo?

M We're almost ready for this weekend. I called the catering service to confirm the delivery time. I even put together a playlist of songs to listen to during lunch. Do you want to check it out?

W Oh, these songs look great! **63** But are you sure about the classical song? We're supposed to have a casual event. We don't want the atmosphere to be too formal.

M That makes sense. **63** I'll take that one out.

W Oh! I just remembered you wanted me to pick up the banner. **64** I'll go over to the store tomorrow.

62-64번은 다음 대화와 재생 목록에 관한 문제입니다.

여 **62** 직원 야유회 준비는 어떻게 돼 가나요, 리카르도?

남 이번 주 주말 준비가 거의 마무리됐어요. 케이터링 업체에 연락해서 배송 시간도 확인했어요. 점심시간에 들을 노래 목록까지 준비했어요. 한번 볼래요?

여 오, 노래들 아주 좋은데요! **63** 그런데 클래식 괜찮을까요? 행사가 캐주얼한 분위기잖아요. 분위기가 너무 경직되지 않았으면 해요.

남 일리 있네요. **63** 그건 뺄게요.

여 아! 현수막 찾아오라고 하셨던 게 방금 생각났어요. **64** 내일 제가 매장에 가 볼게요.

음악 재생 목록	
🎉	록 〈영원한 행복〉
☀	**63** 클래식 〈우리의 여름〉
✦	재즈 〈혼자가 아니야〉
🌈	팝 〈천국의 구름〉

어휘 preparation 준비 | staff 직원 | ready 준비가 된 | catering 케이터링 | confirm 확인하다 | delivery 배달 | put together 만들다, 준비하다 | playlist 재생 목록 | check out 확인하다 | classical 클래식의 | be supposed to ~하기로 되어 있다 | casual 캐주얼한 | atmosphere 분위기 | formal 격식을 차린, 딱딱한 | take out 제거하다 | pick up 찾아오다 | banner 현수막

---

62. 화자들은 어떤 행사에 관하여 이야기하고 있는가?
(A) 개장식
(B) 퇴임식
(C) 회사 야유회
(D) 사업 세미나

해설 세부 사항을 묻는 문제 – 여자가 남자에게 직원 야유회 준비는 어떻게 돼 가는지 묻고 있으므로 (C)가 정답이다.

---

63. 시각 정보를 보시오. 여자는 어떤 노래를 빼라고 권하는가?
(A) 영원한 행복
(B) 우리의 여름
(C) 혼자가 아니야
(D) 천국의 구름

해설 시각 정보 연계 문제 – 여자가 남자에게 캐주얼 분위기인 야유회에서 클래식 음악은 괜찮겠냐고 묻자, 남자가 클래식 음악을 빼겠다고 말했다. 음악 재생 목록에는 〈우리의 여름〉이 이에 해당하므로 (B)가 정답이다.

---

64. 여자는 내일 무엇을 하겠다고 말하는가?
(A) 행사장을 확인한다
(B) 매장을 방문한다
(C) 의자를 배치한다
(D) 출장 연회 업체를 고용한다

해설 다음에 할 일을 묻는 문제 – 마지막 문장에 여자가 내일 매장에 가 보겠다고 말했으므로 (B)가 정답이다.

영국 ↔ 미국

Questions 65-67 refer to the following conversation and website.

W You've reached Personal Creations. How may I help you today?
M Hello. 65 I would like to give a gift to every employee at my company. We're going to be having our annual sports day, so I was thinking about getting them a water bottle.
W We have a range of beverage containers. If you check our website, you will be able to find them under the Home & Kitchen page.
M Let me see... Oh, I see it now.
W 66 I suggest the plastic water bottle. It's leak proof but still affordable.

M I see. Can you add our corporate logo to it?
W Of course, 67 as long as you send us the graphic file.
M 67 I'll be able to do that.

65-67번은 다음 대화와 웹사이트에 관한 문제입니다.

여 퍼스널 크리에이션즈입니다. 무엇을 도와드릴까요?
남 안녕하세요. 65 제 회사 전 직원에게 선물을 주고 싶어요. 저희가 연례 체육 대회를 할 예정이라 물병을 주는 걸 생각하고 있었어요.
여 저희는 다양한 음료 용기를 보유하고 있습니다. 저희 웹사이트를 확인하시면 가정 및 주방 페이지에서 찾아보실 수 있으세요.
남 어디 봅시다…. 아, 이제 보이네요.
여 66 저는 플라스틱 물통을 추천해 드려요. 새지 않으면서 가격이 저렴합니다.
남 그렇군요. 저희 회사 로고를 추가해 주실 수 있나요?
여 그럼요. 67 그래픽 파일을 보내 주시면 됩니다.
남 67 그렇게 할 수 있습니다.

가정 및 주방	
제품	**개당 가격**
진공 단열 처리된 스테인리스 병	25달러
실리콘 뚜껑이 포함된 스테인리스 머그잔	18달러
1갤런 플라스틱 물 주전자	12달러
66 새지 않는 플라스틱 물병	20달러

어휘 reach 연락하다 | gift 선물 | annual 연례의 | water bottle 물통 | a range of 다양한 | beverage 음료 | container 용기 | check 확인하다 | leak proof 새지 않는 | affordable (가격이) 알맞은 | add 추가하다 | corporate 회사의 | logo 로고 | as long as ~하는 한 | graphic 그래픽의 | file 파일 | vacuum insulated 진공 단열 처리된 | stainless steel 스테인리스로 된 | mug 머그잔 | silicone 실리콘 | lid 뚜껑 | gallon 갤런(약 3.8리터에 해당하는 액체 부피) | plastic 플라스틱으로 된 | jug 주전자

---

65. 누구를 위한 선물인가?
(A) 지역 봉사자들
(B) 재정 기부자들
(C) 잠재 고객들
(D) 직원들

해설 대상을 묻는 문제 – 남자가 전 직원들에게 선물을 주고 싶다고 말하므로 (D)가 정답이다. employee가 staff members로 패러프레이징 되었다.

---

66. 시각 자료를 보시오. 여자가 추천하는 제품의 가격은 무엇인가?
(A) 25달러
(B) 18달러
(C) 12달러
(D) 20달러

해설 시각 정보 연계 문제 – 여자가 플라스틱 물통을 추천하면서, 새지 않으

면서 가격이 저렴하다고 했는데, 시각 자료에서 플라스틱 물통 가격이 20달러임을 알 수 있으므로 (D)가 정답이다.

67. 남자는 여자에게 무엇을 보낼 예정인가?
(A) 명단
(B) 그래픽 파일
(C) 연락 정보
(D) 청구 주소

해설 세부 정보를 묻는 문제 – 여자가 그래픽 파일을 보내주면 된다고 하자, 남자가 그렇게 할 수 있다고 말하므로 (B)가 정답이다.

미국 ↔ 호주

Questions 68-70 refer to the following conversation and sign.

W Good morning. 68 Can I get an iced coffee and a blueberry muffin, please?

M Yes. It will cost seven dollars. 69 Do you have a membership here at Richard's?

W 69 No, I don't.. But I can pay in cash.

M Sounds good. Let me get your order for you now.

W Thanks. Oh, by the way, I want to order some coffee for my team members on Friday. Is it possible to make the order in advance?

M Of course. Do you want to do it right away?

W That's OK. 70 I'll come back tomorrow after I figure out everyone's drink order. Thank you.

68-70번은 다음 대화와 안내판에 관한 문제입니다.

여 안녕하세요. 68 아이스 커피랑 블루베리 머핀 한 개 주시겠어요?

남 네. 7달러입니다. 69 여기 리처드스에 회원이신가요?

여 69 아니요, 아니에요. 근데 현금으로 낼 수 있어요.

남 좋습니다. 지금 주문 처리해 드릴게요.

여 감사합니다. 아, 그런데 제가 금요일에 팀원들을 위해 커피를 주문하고 싶은데요. 미리 주문하는 게 가능한가요?

남 그럼요. 지금 바로 해 드릴까요?

여 괜찮아요. 70 전체 음료 주문을 파악하고 나서 내일 다시 올게요. 감사합니다.

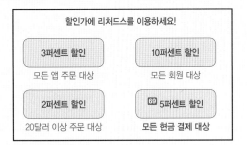

할인가에 리처드스를 이용하세요!

3퍼센트 할인	10퍼센트 할인
모든 앱 주문 대상	모든 회원 대상
2퍼센트 할인	69 5퍼센트 할인
20달러 이상 주문 대상	모든 현금 결제 대상

어휘 blueberry 블루베리 l muffin 머핀 l cost 비용이 들다 l membership 회원 (자격) l pay 지불하다 l cash 현금 l possible 가능한 l in advance 미리 l figure out 파악하다

68. 대화는 어디서 일어나겠는가?
(A) 가전제품 매장에서
(B) 커피숍에서
(C) 패션 부티크에서
(D) 사무용품점에서

해설 대화 장소를 묻는 문제 – 여자가 아이스 커피와 블루베리 머핀을 달라고 한 것으로 보아 (B)가 정답이다.

69. 시각 자료를 보시오. 여자는 자신의 주문에 얼마의 할인을 받게 되는가?
(A) 3퍼센트
(B) 10퍼센트
(C) 2퍼센트
(D) 5퍼센트

해설 시각 자료 연계 문제 – 남자가 여기 리처드스의 회원이냐고 묻자, 여자가 회원은 아니라고 말하며, 현금으로 낼 수 있다고 했다. 시각 자료에서 모든 현금 결제에 5퍼센트 할인을 해 주는 것을 알 수 있으므로 (D)가 정답이다.

70. 여자는 무엇을 할 거라고 말하는가?
(A) 주문서를 작성할 거라고
(B) 다음날 다시 올 거라고
(C) 고객에게 연락할 거라고
(D) 설문지를 작성할 거라고

해설 세부 정보를 묻는 문제 – 여자가 전체 음료 주문을 파악하고 나서 내일 다시 오겠다고 말하므로 (B)가 정답이다. come back tomorrow가 Return on a later day로 패러프레이징 되었다.

PART 4

UNIT 15. 문제 유형

핵심 문제 유형
본서 p.204

1. (B) 2. (A) 3. (D) 4. (C) 5. (D)

1-3번은 다음 연설에 관한 문제입니다.

🔊 **1** 오늘 교육 공학 학회에 참석해 주신 모든 분께 깊은 감사의 말씀 드립니다. 올해는 전 세계에서 굉장한 연구가 진행되고 있습니다. **2** 이번 학회가 특별한 이유는 올해에는 저희가 선택 기부 대신 참가비를 면제해 드렸기 때문입니다. 저희는 참가자 수 증가로 이 연구 분야에 대한 관심이 높아지기를 바라는 바입니다. 저희 웹사이트에서 전체 학회 연사 목록을 확인하실 수 있습니다. 시작하기 전, 모든 분께 다시 한번 말씀드리고 싶은 내용은 관중석에서 발생하는 소음은 연사분들에게 굉장한 방해 요인으로 작용할 수 있습니다. **3** 따라서 저희가 시작하면 모든 분이 기기 전원을 꺼 주실 것을 정중히 요청 드립니다. 15분 후 시작할 예정입니다.

어휘 attend 참석하다 | conference 회의, 학회 | educational technology 교육 공학 | incredible 놀라운, 굉장한 | research 연구 | conduct 실시하다 | waive 면제하다 | attendance 참석 | fee 요금 | instead of ~ 대신에 | optional 선택적인 | donation 기부 | turnout 참가자 수 | interest 관심 | field 분야 | speaker 연사 | remind 상기시켜주다 | noise 소음 | crowd 군중 | incredibly 엄청나게 | distracting 방해가 되는 | kindly 친절하게, 부디 | switch off 전원을 끄다 | device 기기

---

1. 청자들은 어떤 분야에 종사하겠는가?
(A) 헬스 케어
(B) 교육
(C) 시장 조사
(D) 토목

해설 ① **문제 확인:** What field, listeners, work in → 청자들이 일하는 분야
② **단서 찾기:** 화자가 오늘 교육 공학 학회에 참석해 주신 모든 분께 깊은 감사의 말씀을 드린다고 말한 점으로 보아 (B)가 정답이다.

---

2. 화자에 따르면 학회의 특별한 점은?
(A) 참가비가 없다.
(B) 다과를 이용할 수 있다.
(C) 인터넷으로 방송되고 있다.
(D) 정부 기관의 자금 지원을 받았다.

해설 ① **문제 확인:** What, special, conference → 학회의 특별한 점
② **단서 찾기:** 화자가 이번 학회가 특별한 이유는 올해는 선택 기부 대신 참가비를 면제해 드렸기 때문이라고 말했으므로 (A)가 정답이다.

---

3. 청자들은 무엇을 해 달라고 요청받는가?
(A) 방문자 출입증을 수령해 달라고
(B) 온라인으로 등록해 달라고
(C) 팸플릿을 살펴봐 달라고
(D) 핸드폰 전원을 꺼 달라고

해설 ① **문제 확인:** What, listeners, asked to → 청자들이 요청받는 것
② **단서 찾기:** 화자가 시작하면 모두가 기기 전원을 꺼 줄 것을 정중히 요청드린다고 말했으므로 (D)가 정답이다.
③ **Paraphrasing:** (지문 → 정답)
switch off → turn off

4번은 다음 안내와 시간표에 관한 문제입니다.

🔊 모든 승객 여러분께 중요한 안내 말씀 드립니다. 지난주 극심한 폭풍우로 인해 저희 기차역 일부가 추후 공지 시까지 폐쇄되었습니다. 내리실 정거장까지 가는 데 우회하셔야 하는 경우라면 사과의 말씀 드립니다. 하지만 저희 버스 일정에는 영향이 없습니다. 해밀턴으로 가시는 모든 승객은 해밀턴행 309번 버스가 곧 도착할 예정이오니 4A 정거장으로 가시기 바랍니다. 특별 요구 사항이 있으시거나 가방 관련 도움이 필요하신 경우 가까이 있는 매표원에게 말씀해 주시기 바랍니다. **4** 309번 버스 최종 목적지는 해밀턴이지만 두 번 정차할 것이며, 첫 번째는 러셀이고, 그다음은 푸호이입니다.

309번 버스	
도시	도착 시간
커리커리	오전 9시 00분
와이탕기	오전 10시 25분
4 러셀	**오전 11시 40분**
푸호이	오후 1시 15분
해밀턴	오후 2시 30분

어휘 announcement 소식, 발표 내용 | passenger 승객 | due to ~으로 인해 | severe 심각한, 혹독한 | storm 폭풍우 | close off 폐쇄하다 | until further notice 추후 공지 시까지 | apologize 사과하다 | detour 우회 | impact 영향을 미치다 | schedule 일정(표) | proceed to ~으로 가다 | arrive 도착하다 | shortly 곧 | requirement 요구 사항 | nearest 가장 가까운 | ticket agent 매표원 | final 최종의 | destination 목적지 | arrival 도착

---

4. 시각 자료를 보시오. 309번 버스는 다음 정거장에 언제 도착할 예정인가?
(A) 오전 9시 00분
(B) 오전 10시 25분
(C) 오전 11시 40분
(D) 오전 1시 15분

해설 ① **문제 확인:** When, Bus 309, scheduled to arrive, at its next stop → 309번 버스가 다음 정거장에 도착할 시간
② **단서 찾기:** 화자가 309번 버스 최종 목적지는 해밀턴이지만 두 번 정차할 것이며, 첫 번째는 러셀이고, 그다음은 푸호이라고 했으며, 시각 자료에서 러셀에 도착하는 시간이 오전 11시 40분임을 알 수 있으므로 (C)가 정답이다.

5번은 다음 회의 발췌록에 관한 문제입니다.

🔊 안녕하세요, 여러분. 오늘 안건으로 들어가기 전에 저는 새로운 자동 세척 물병의 진행 상황을 보고 깜짝 놀랐습니다. 저희는 빠른 시일 내 시제품을 생산할 예정입니다. 일정 면에서는 7월에 있을 기술 컨벤션에 제품을 출시할 준비가 아주 잘 진행되고 있습니다. 또한 저희 쪽에서 멜로디 하비가 회의 때 관련 프레젠테이션을 할 예정입니다. **5 회사에서 여러분의 등록비를 지불할 것임을 다시 한번 알려드립니다. 올해 굉장한 행사가 될 거예요.**

어휘 mention 언급하다 | amazed 놀란 | progress 진행, 진척 | self-cleaning 자동 세척식의 | water bottle 물병 | produce 생산하다 | prototype 시제품 | shortly 곧 | in terms of ~ 면에서 | schedule 일정 | on track 제대로 진행되고 있는 | launch 출시하다 | product 제품 | reminder 상기시키는 것 | cover (비용을) 대다 | registration fee 등록비

5. 화자는 왜 "올해 굉장한 행사가 될 거예요"라고 말하는가?
(A) 행사장에 대한 우려를 표하려고
(B) 왜 제품이 중요한지 설명하려고
(C) 행사가 녹화되어야 한다고 제안하려고
(D) 청자들에게 참석을 독려하려고

해설 ① 문제 확인: "This is going to be an incredible event this year" → 화자가 "올해 굉장한 행사가 될 거예요"라고 말한 의도 파악
② 단서 찾기: 화자가 회사에서 여러분의 등록비를 지불할 것임을 다시 한번 알려 드린다고 하면서 올해 굉장한 행사가 될 거라고 말한 것이므로 (D)가 정답이다.

Warm-up
본서 p.206

1. (A) 2. (B) 3. (A) 4. (A) 5. (B)

미국

Question 1 refers to the following telephone message.

🔊 Hi, my name is Shannon Simon, and I made a dinner reservation for three people next Friday. I was wondering if I could change it to five people.

1번은 다음 전화 메시지에 관한 문제입니다.

🔊 안녕하세요, 제 이름은 샤논 시몬이고요, 제가 다음 주 금요일에 3명 저녁 식사 예약을 했는데요. 5명으로 바꿀 수 있는지 궁금해서요.

어휘 dinner reservation 저녁 식사 예약

1. 전화를 건 사람은 어떤 업체에 연락했는가?
(A) 식당
(B) 컨벤션 센터

해설 화자는 3명 저녁 식사 예약을 했는데 5명으로 바꿀 수 있는지 알고 싶어 한다. 따라서 식당에 전화해서 메시지를 남기고 있음을 유추할 수 있으므로 (A)가 정답이다.

호주

Question 2 refers to the following talk.

🔊 Now, I'm happy to announce the recipient of the Outstanding Architect of the Year Award. The award goes to Sarah Flint.

2번은 다음 담화에 관한 문제입니다.

🔊 자, 올해의 우수 건축가상의 수상자를 발표하게 되어 기쁩니다. 상은 사라 플린트에게 주어집니다.

어휘 recipient 수상자 | outstanding 뛰어난 | architect 건축가

2. 담화의 목적은 무엇인가?
(A) 디자인을 논하기 위해
(B) 수상자를 발표하기 위해

해설 첫 문장에서 올해의 우수 건축가상의 수상자를 발표하게 되어 기쁘다라고 했으므로 (B)가 정답이다.

미국

Question 3 refers to the following recorded message.

🔊 You've reached Berwyn Health Clinic. Our business hours are from 9 A.M. to 5 P.M., Monday through Friday, and from 10 A.M. to 1 P.M. on Saturday.

3번은 다음 녹음 메시지에 관한 문제입니다.

🔊 버윈 진료소에 전화하셨습니다. 저희 영업시간은 월요일부터 금요일은 오전 9시에서 오후 5시까지, 토요일은 오전 10시에서 오후 1시까지입니다.

어휘 health clinic 진료소 | business hours 영업시간

3. 어떤 업체로부터 온 메시지인가?
(A) 진료소
(B) 법률 회사

해설 첫 문장에서 버윈 진료소에 전화 주셨다고 했으므로 (A)가 정답이다.

영국

Question 4 refers to the following tour information.

🔊 Good morning, everyone! My name is Melissa, and I'll be your tour guide for the next two days in Hawaii. During this time, you'll be able to enjoy many different activities including parasailing and snorkeling.

4번은 다음 관광 정보에 관한 문제입니다.

🔊 안녕하세요, 여러분! 제 이름은 멜리사이고, 앞으로 이틀간 하와이에서 여러분의 관광 가이드가 될 것입니다. 이 시간 동안, 여러분께선 파라세일링과 스노클링을 포함한 다양한 활동들을 즐기실 수 있으실 겁니다.

어휘 activity 활동

4. 화자가 누구이겠는가?
(A) 관광 가이드
(B) 스포츠 강사

해설 화자가 자신의 이름을 말한 후 앞으로 이틀간 하와이에서 관광 가이드가 될 것이라고 말했으므로 (A)가 정답이다.

호주

Question 5 refers to the following speech.

Ⓜ Good evening, and thank you for joining my reading session here at Graham's Bookstore. My name is Peter Barrel, and I'm here tonight to share some excerpts from my new novel, *A Man with a Mask*.

5번은 다음 연설에 관한 문제입니다.

⒩ 안녕하세요, 이곳 그라함의 서점에서 진행하는 저의 책 낭독회에 함께 해 주셔서 감사합니다. 제 이름은 피터 배럴이고요, 오늘 밤 저의 새 소설인 《가면을 쓴 남자》의 일부를 공유해 드리고자 이 자리에 왔습니다.

어휘 join 함께 하다 ┃ reading 낭독회 ┃ share 공유하다 ┃ excerpt 발췌 ┃ novel 소설

---

5. 행사는 어디에서 열리고 있는가?
(A) 도서관에서
(B) 서점에서

해설 첫 문장에서 그라함의 서점에서 진행하는 책 낭독회에 함께 해줘서 고맙다고 했으므로 (B)가 정답이다.

Exercise

본서 p.207

1. (A)	2. (C)	3. (D)	4. (A)	5. (D)	6. (C)
7. (A)	8. (B)				

미국

Questions 1-2 refer to the following announcement.

Ⓦ **1** Attention East Airlines passengers. We'll soon be landing in San Diego about 10 minutes behind schedule. We're very sorry for the delay. **2** Please make sure to take all your belongings with you when you leave the plane. Thank you for choosing East Airlines. Have a good day!

1-2번은 다음 안내 방송에 관한 문제입니다.

⒩ **1** 이스트 항공 승객 여러분께 안내 말씀 드립니다. 저희는 곧 샌디에이고에 예정보다 약 10분 늦게 착륙할 예정입니다. 지연된 점에 대해 정말 죄송합니다. **2** 비행기에서 내리실 때는 모든 소지품들을 꼭 잘 챙겨가시기 바랍니다. 이스트 항공을 선택해 주셔서 감사합니다. 즐거운 하루 보내세요!

어휘 land 착륙하다 ┃ behind schedule 예정보다 늦게 ┃ delay 지연 ┃ belongings 소지품

---

1. 안내 방송이 이루어지는 장소는 어디이겠는가?
(A) 비행기에서
(B) 여객선에서
(C) 기차에서
(D) 공항에서

해설 장소를 묻는 문제 – 첫 문장에서 이스트 항공 승객들에게 곧 샌디에이고에 예정보다 약 10분 늦게 착륙할 예정이라고 말했으므로 (A)가 정답이다.

---

2. 청자는 무엇을 하라고 요청받는가?
(A) 서류를 찾아간다
(B) 예약을 확인한다
(C) 그들의 개인 소지품들을 챙긴다
(D) 담요들을 놓고 간다

해설 요청 사항을 묻는 문제 – 지문의 후반부에서 비행기에서 내릴 때는 모든 소지품들을 꼭 잘 챙겨가라고 요청했으므로 (C)가 정답이다.

호주

Questions 3-4 refer to the following advertisement.

Ⓜ **3** Do you want your yard to be special? Geremi Landscaping Services could help! **4** We are now offering a 15 percent discount on all gardening services including lawn mowing, tree trimming, and flower caring. Don't miss out on this fantastic deal! **4** This offer is valid until the end of this week, so call us now at 555-2210.

3-4번은 다음 광고에 관한 문제입니다.

⒩ **3** 여러분의 마당이 특별하길 원하시나요? 제레미 조경 서비스가 도와드릴 수 있습니다! **4** 현재 저희는 잔디 깎기, 나무 가지치기 및 꽃 관리 서비스를 포함한 모든 정원 서비스를 15% 할인해 드리고 있습니다. 이 특별 할인 기회를 놓치지 마세요. **4** 이 할인은 이번 주말까지만 유효하니, 지금 바로 555-2210으로 전화 주세요.

어휘 yard 마당 ┃ landscaping 조경 ┃ lawn 잔디 ┃ mow 깎다 ┃ miss out on (참석하지 않음으로써 유익하거나 즐거운 것을) 놓치다 ┃ deal 거래 ┃ offer 할인, 제안 ┃ valid 유효한

---

3. 무엇이 광고되고 있는가?
(A) 호텔
(B) 부동산 중개소
(C) 꽃집
(D) 조경 회사

해설 광고 대상을 묻는 문제 – 첫 문장에서 마당이 특별하기 원하면 제레미 조경 서비스가 도와줄 수 있다고 했으므로 (D)가 정답이다.

PART 4 UNIT 15

4. 이번 주말에 무슨 일이 있겠는가?

(A) 할인이 끝날 것이다.

(B) 업체가 문을 닫을 것이다.

(C) 무료 체험 프로그램이 실시될 것이다.

(D) 새로운 도구들이 판매될 것이다.

해설 미래 계획을 묻는 문제 – 지문의 초반에서는 현재 모든 정원 서비스들을 15% 할인해 준다고 밝히고, 후반부에서 이번 주말까지만 할인이 유효하다고 했으므로 (A)가 정답이다.

미국

Questions 5-6 refer to the following talk.

M Good evening. Welcome to Cheesecake Planet. **5** I'm Scott, your server tonight. Just to let you know, starting this week we've added three new cheesecakes to our menu. And... umm... We'd like to know what customers think about our new cakes. So **6** please write your comments on the survey cards we've placed on the table. When you have completed the survey, I'll get each of you a coupon for 30 percent off on your next meal.

5-6번은 다음 담화에 관한 문제입니다.

남 안녕하세요. 치즈 케이크 행성에 오신 것을 환영합니다. **5** 저는 오늘 밤 여러분의 담당 종업원인 스콧입니다. 알려드리자면, 이번 주부터 저희 메뉴에 3개의 새로운 치즈 케이크가 추가되었습니다. 그리고… 음… 저희는 고객분들께서 저희 새로운 케이크에 대해 어떻게 생각하시는지 알고 싶습니다. 그러니 **6** 저희가 테이블에 놓아 둔 설문지에 여러분들의 의견을 써 주시기 바랍니다. 설문을 마치시면, 다음 방문 시 30% 할인을 받으실 수 있는 쿠폰을 드리겠습니다.

어휘 customer 손님 | comment 의견 | survey (설문) 조사 | complete 끝마치다 | meal 식사

5. 화자는 누구이겠는가?

(A) 제빵사

(B) 영양사

(C) 언론인

(D) 종업원

해설 화자의 정체를 묻는 문제 – 지문의 초반에서 이름과 함께 종업원이라고 밝히고 있으므로 (D)가 정답이다.

6. 화자에 따르면, 할인을 받으려면 청자들은 무엇을 해야 하는가?

(A) 회원 가입을 한다

(B) 명함을 테이블에 놓는다

(C) 서면 의견을 제공한다

(D) 30달러 이상 소비한다

해설 세부 사항을 묻는 문제 – 화자가 테이블에 놓아 둔 설문지를 이용해서 의견을 써 주면 다음 방문 시 30% 할인을 받을 수 있는 쿠폰을 준다고 말했으므로 (C)가 정답이다.

영국

Questions 7-8 refer to the following advertisement and program.

W **7** No Place Like Home, your one-stop shop for home improvement supplies, is proud to announce our grand reopening at our same location right here in Rancho Bernardo. Our newly-remodeled store has all the great product lines and features our customers have enjoyed in the past, but they are now offered in a greatly expanded area for a more relaxed shopping experience. And as always, our free "do-it-yourself" classes are offered every Saturday. **8** This week, our in-house expert will teach some great tricks for fixing up old furniture and making it beautiful again. Classes fill up quickly, so give us a call today to reserve your place!

7-8번은 다음 광고와 프로그램에 관한 문제입니다.

여 **7** 집 수리 자재를 한곳에서 해결할 수 있는 상점, 노 플레이스 라이크 홈이 바로 이곳 랜초 베르나르도의 같은 자리에서 **재개장을 알려드리게 된 것을** 자랑스럽게 생각합니다. 새롭게 리모델링된 저희 상점은 과거에 저희 고객이 누렸던 훌륭한 제품 라인들과 특징들을 모두 갖추고 있지만, 이제는 그 혜택들이 더 여유 있는 쇼핑 경험을 위해 크게 넓어진 장소에서 제공됩니다. 그리고 늘 그렇듯, 저희 '손수 제작' 무료 수업이 매주 토요일에 제공됩니다. **8** 이번 주에는 저희 사내 전문가가 낡은 가구를 수리해서 다시 멋지게 만들기 위한 몇 가지 비결들을 알려드릴 것입니다. 수업은 빨리 자리가 차기 때문에, 자리 예약을 위해 오늘 전화 주세요.

수업	강사
주방 디자인	제니 린치
8 가구 수리	**마티 그레그**
전기 배선	숀 존스
실내 페인팅	딜런 노리스

어휘 one-stop 한곳에서 다 할 수 있는 | home improvement 주택 개조 | feature ~을 특징으로 하다 | relaxed 느긋한, 여유 있는 | as always 늘 그렇듯 | do-it-yourself 손수 함, 손수 취미로 함 | in-house 사내의, 내부의 | trick 비결 | fix up 고치다, 수리하다 | fill up 채워지다 | reserve 예약하다

7. 무엇이 안내되고 있는가?

(A) 상점 재개장

(B) 특별 할인

(C) 연장된 영업시간

(D) 무료 가정배달

해설 광고 대상을 묻는 문제 – 담화의 처음 부분에서 집 수리 자재를 한 곳에서 해결할 수 있는 상점인 노 플레이스 라이크 홈이 재개장을 알려드리게 된 것을 자랑스럽게 생각한다고 말했으므로 (A)가 정답이다.

8. 시각 정보를 보시오. 이번 주 수업을 누가 가르칠 것인가?

(A) 제니 린치

(B) 마티 그레그

(C) 숀 존스

(D) 딜런 노리스

해설 시각 정보 연계 문제 – 담화의 마지막 부분에서 이번 주에는 사내 전문가가 낡은 가구를 수리하기 위한 몇 가지 비결들을 알려드리겠다고 한 내용을 토대로 표를 확인하면, 가구 수리에 대한 수업을 하는 강사는 마티 그레그이므로 (B)가 정답이다.

Practice

본서 p.208

1. (C)	2. (D)	3. (C)	4. (B)	5. (A)	6. (D)
7. (B)	8. (D)	9. (A)	10. (A)	11. (B)	12. (C)

영국

Questions 1-3 refer to the following announcement.

W Good morning, everyone. **1** Let me remind you that the company anniversary party will be held at the Stills Convention Center this year. **2** For your convenience, the company will offer free shuttle buses from our main office building to the venue. **3** I have to figure out how many buses we need that day, so please send me an e-mail if you need transportation.

1-3번은 다음 공지에 관한 문제입니다.

여 안녕하세요, 여러분. **1** 여러분께 올해의 창립 기념 파티가 스틸스 컨벤션 센터에서 열리는 것을 다시 알려드립니다. **2** 여러분의 편의를 위해, 회사는 우리 본사 건물에서 행사 장소까지 가는 무료 셔틀버스를 제공해 드릴 것입니다. **3** 그날 버스가 몇 대가 필요할지 알아야 하니, 교통편이 필요하시면 제게 이메일로 알려주시기 바랍니다.

어휘 remind 상기시키다 | convenience 편의 | transportation 차편, 교통수단 | flexible (일정 등이) 융통성 있는 | charity 자선, 자선 단체

1. 공지의 목적은 무엇인가?

(A) 여행 일정의 변경을 설명하기 위해

(B) 새 회사 정책을 발표하기 위해

(C) 회사 행사에 대해 직원들에게 상기시키기 위해

(D) 탄력 근무제를 소개하기 위해서

해설 목적을 묻는 문제 – 첫 문장에서 올해의 창립 파티가 스틸스 컨벤션 센터에서 열리는 것을 상기시켜 준다고 말했으므로 (C)가 정답이다.

2. 화자에 따르면, 무엇이 제공될 것인가?

(A) 식사

(B) 숙박

(C) 오락

(D) 교통편

해설 세부 사항을 묻는 문제 – 화자는 직원들의 편의를 위해 회사가 본사 건물에서 센터까지 가는 무료 셔틀버스를 제공해 줄 것이라고 말했으므로 (D)가 정답이다.

3. 화자는 청자들에게 무엇을 하도록 요청하는가?

(A) 자료를 분석한다

(B) 자선 모금을 한다

(C) 신청서를 이메일로 보낸다

(D) 인사과를 방문한다

해설 요청 사항을 묻는 문제 – 마지막 문장에서 그날 버스가 몇 대가 필요할지 알아야 하니, 교통편이 필요하면 이메일로 알려달라고 언급하므로 (C)가 정답이다.

미국

Questions 4-6 refer to the following telephone message.

M This is Lionel Dixon. **4** I'm leaving a message because I had tickets to the soccer match today. **5** When I checked out, I used a coupon that gave me a 10 percent discount. However, my bank statements indicate that I was charged for the full amount. To be perfectly honest, I only bought the tickets because I was able to receive a discount. I raised this issue last week with my bank, and they told me to notify you. **6** I still intend on going to the game tonight. I will be arriving early and raising this issue at the ticketing office. Thank you.

4-6번은 다음 전화 메시지에 관한 문제입니다.

남 저는 리오널 딕슨입니다. **4** 오늘 축구 경기 표가 있어서 메시지 남깁니다. **5** 제가 결제할 때, 10퍼센트 할인해 주는 쿠폰을 사용했습니다. 그런데 제 입출금 내역에는 전액 청구된 걸로 나와 있습니다. 정말 솔직히 말하면 저는 할인을 받을 수 있어서 티켓을 구입한 거였어요. 제가 지난주에 은행에 이 문제를 언급했더니 당신께 알리라고 말해 줬어요. **6** 저는 여전히 오늘 밤 경기에 갈 생각이에요. 일찍 도착해서 티켓 부스에서 이 문제를 언급할 예정입니다. 감사합니다.

어휘 match 시합, 경기 | check out 계산하다 | discount 할인 | bank statement (은행) 입출금 내역서 | charge for ~에 대한 요금을 청구하다 | full amount 전액 | perfectly 완전히 | honest 솔직한 | buy 사다 | notify 알리다 | still 여전히, 아직도 | intend on ~ing ~할 셈이다, 생각이다 | raise (문제 등을) 제기하다, 언급하다 | purchase 구입하다

4. 화자는 무슨 표를 구입했는가?

(A) 카운티 박람회

(B) 스포츠 행사

(C) 연휴 축제

(D) 음악 공연

해설 세부 사항을 묻는 문제 – 초반에 화자가 축구 경기 표가 있어서 전화 메시지 남긴다고 말했으므로 (B)가 정답이다.

5. 화자는 어떤 문제를 언급하는가?

(A) 잘못된 금액을 청구 받았다.

(B) 표를 받지 못했다.

(C) 날짜를 변경하고 싶다.

PART 4 UNIT 15

(D) 행사에 참석할 수 없다.

해설 문제점을 묻는 문제 – 화자가 결제할 때 10퍼센트 할인해 주는 쿠폰을 사용했는데, 화자의 입출금 내역에는 전액 청구됐다고 말했으므로 (A)가 정답이다.

----

6. 화자는 오늘 밤에 무엇을 하겠다고 말하는가?
(A) 영수증을 출력한다
(B) 문서를 제공한다
(C) 면제 신청한다
(D) 행사장에 일찍 도착한다

해설 다음에 할 일을 묻는 문제 – 대화 마지막에 화자가 오늘 밤 경기에 갈 생각이라며, 일찍 도착해서 티켓 부스에서 화자가 겪고 있는 문제를 언급할 예정이라고 말했으므로 (D)가 정답이다.

Questions 7-9 refer to the following talk.

Ⓜ Good morning. **7** I'm Tristan Lee from the Systems Department, and I'll be providing training on our company's updated accounting software. **8** Before we begin, please fill out the survey in front of you. The information from this form will allow us to determine how effective this software will be in performing your work. So please take your time. Once everyone finishes, **9** we will have a 15-minute break. When we resume, you will be placed in groups based on your survey answers so that you can work with those who have similar jobs.

7-9번은 다음 담화에 관한 문제입니다.

Ⓦ 안녕하세요. **7** 저는 시스템부의 트리스탄 이이고, 저희 회사의 최신 회계 소프트웨어 교육을 진행하게 되었습니다. **8** 시작하기 전에 앞에 있는 설문지를 작성해 주세요. 이 문서에 나온 정보는 여러분이 일을 하는 데 이 소프트웨어가 얼마나 효율적인지를 판단할 수 있도록 해 줄 것입니다. 그러니 충분히 시간을 가지세요. 모두 끝내면 **9** 15분간 휴식 시간을 가질 것입니다. 교육을 재개한 후에는 여러분들이 비슷한 직무를 가진 분들과 작업할 수 있도록 설문 조사 답변에 근거하여 조 편성이 될 겁니다.

어휘 accounting 회계 | survey 설문 조사 | determine 알아내다, 밝히다 | effective 효과적인 | perform 수행하다 | resume 재개하다 | based on ~에 근거하여 | log 일지에 기록하다

----

7. 화자는 누구이겠는가?
(A) 관광 가이드
(B) 소프트웨어 강사
(C) 취업 컨설턴트
(D) 영업 사원

해설 화자의 정체를 묻는 문제 – 화자가 자신을 시스템부의 트리스탄 이로 소개하며, 최신 회계 소프트웨어 교육을 진행하게 되었다고 말했으므로 (B)가 정답이다.

8. 화자가 "그러니 충분히 시간을 가지세요"라고 말한 의도는 무엇인가?
(A) 시스템 부서에서 모든 컴퓨터를 업데이트해야 한다.
(B) 직원들은 업무 시간을 제대로 입력해야 한다.
(C) 회계 담당자가 모든 비용 보고서를 확인해야 한다.
(D) 직원들은 질문지를 신중하게 작성해야 한다.

해설 화자 의도 파악 문제 – 설문지 작성을 요청하며 문서에 나온 정보가 업무 처리에 이 소프트웨어가 얼마나 효율적인지를 판단할 수 있도록 해 줄 거라고 하면서 충분한 시간을 가지라고 말한 것이므로 설문을 신경 써서 작성할 것을 당부한 말임을 알 수 있다. 따라서 (D)가 정답이다.

----

9. 청자들은 휴식 시간 후 무엇을 할 것인가?
(A) 조별로 작업한다
(B) 프레젠테이션을 본다
(C) 부서장들과 만난다
(D) 장비를 주문한다

해설 다음에 할 일을 묻는 문제 – 15분의 휴식 시간 후 교육을 재개한 다음에는 비슷한 직무를 가진 사람들과 작업할 수 있도록 설문 조사 답변에 근거한 그룹으로 배정될 거라고 말했으므로 (A)가 정답이다.

Questions 10-12 refer to the following announcement and weather report.

Ⓜ **10** Listen up, everyone. We'll arrive at the Doubleton Resort in about 10 minutes. Remember that we'll be leaving for our last attraction early in the morning tomorrow, so please be down in the lobby no later than 7 A.M. As for the rest of the day, you are free to do whatever you wish. If you plan on going out, **11** be sure to take a jacket with you as wind speeds are expected to reach 15 km/h today. The resort also offers a shuttle service to the downtown area, so keep that in mind. **12** If you're unsure of what to do, I recommend checking out Camila's Diner. They serve some of the best sandwiches in town.

10-12번은 다음 공지와 일기 예보에 관한 문제입니다.

Ⓦ **10** 모두들 잘 들어주세요. 우리는 약 10분 후에 더블턴 리조트에 도착할 겁니다. 내일 아침 일찍 마지막 관광지로 출발하니 늦어도 오전 7시까지는 로비에 내려와야 한다는 것을 유념해 주세요. 오늘 나머지 시간에는 여러분이 원하는 것은 무엇이든 자유롭게 하실 수 있습니다. **11** 오늘 풍속이 시속 15킬로미터에 이를 것으로 예상되므로 재킷을 반드시 가져가세요. 리조트는 시내로 가는 셔틀 서비스도 제공하니 그 점도 명심하세요. **12** 무엇을 해야 할지 모르겠다면, 카밀라의 식당을 살펴보시길 권합니다. 그곳에서는 이 도시 최고의 샌드위치를 제공합니다.

일기 예보 및 풍속				
월요일	화요일	**11** 수요일	목요일	금요일
☀	⛅	🌫	🌬	🌧
시속 0킬로미터	시속 5킬로미터	**시속 15킬로미터**	시속 12킬로미터	시속 10킬로미터

어휘 leave for ~로 떠나다 | attraction 관광지, 명소 | no later than 늦어도 ~까지 | as for ~에 관하여 | keep ~ in mind ~을 염두에 두다

10. 화자의 직업은 무엇이겠는가?
(A) 관광 가이드
(B) 출장 요리 매니저
(C) 리조트 직원
(D) 항공사 직원

해설 화자의 정체를 묻는 문제 – 약 10분 후에 더블턴 리조트에 도착할 거라면서 내일 아침 일찍 마지막 관광지로 출발할 테니 늦어도 오전 7시까지 로비로 내려오라고 알리는 것으로 보아 화자의 직업이 관광 가이드임을 알 수 있다. 따라서 (A)가 정답이다.

11. 시각 정보를 보시오. 공지는 어느 요일에 발표되고 있는가?
(A) 화요일
(B) 수요일
(C) 목요일
(D) 금요일

해설 시각 정보 연계 문제 – 외출 계획이 있다면 오늘 풍속이 시속 15킬로미터에 이를 것으로 예상되니 반드시 재킷을 가져가라고 했고, 일기 예보상 시속 15킬로미터에 해당하는 요일은 수요일이므로 (B)가 정답이다.

12. 화자는 어떤 활동을 제안하는가?
(A) 영화를 보는 것
(B) 패션쇼를 확인하는 것
(C) 식당에서 식사하는 것
(D) 박물관을 방문하는 것

해설 세부 사항을 묻는 문제 – 할 만한 활동을 찾지 못한 경우 카밀라의 식당에 들러보길 추천하면서 그곳이 이 도시에서 가장 맛있는 샌드위치를 제공한다고 말했으므로 (C)가 정답이다.

UNIT 16. 공지·안내방송

핵심 문제 유형
본서 p.212

1. (B) **2.** (D) **3.** (C)

1-3번은 다음 회의 발췌록에 관한 문제입니다.

남 **1** 제가 오늘 오리엔테이션에서 다룰 안건이 이제 하나 남았습니다. 모든 분이 이미 지게차 면허를 갖고 계신 걸로 알고 있습니다. **직무 요건 중 하나였죠.** 하지만 저희가 여기서 보유하고 있는 것은 여러분에게 익숙한 것과 다를 수 있습니다. **1** 저희는 하역장에서 저희 선반으로 재고를 옮기는 데 특수 제작된 자체 지게차를 사용합니다. 보시다시피, 저희 창고에 있는 선반은 매우 높습니다. **2** 바로 이러한 목

적을 위해 저희는 리프틱스라는 지게차를 사용해 꼭대기 선반에 도달합니다. **3** 이를 생산하는 저희 제조 협력사에서 저희 웹사이트에 올라와 있는 짤막한 특징 소개 영상을 제작했습니다. 함께 보시죠.

어휘 agenda 안건 목록 | orientation 오리엔테이션 | forklift 지게차 | license 면허증 | requirement 요건 | position 일자리 | be different from ~와 다르다 | own 자체의 | specially 특수하게 | designed 설계된 | move 옮기다 | inventory 재고(품) | loading dock 하역장 | shelf 선반 | warehouse 창고 | precisely 정확하게 | purpose 목적 | reach 닿다, 도달하다 | manufacturing 제조 | partner 협력사 | produce 생산하다 | showcase 소개하다 | feature 특징

1. 화자는 누구겠는가?
(A) 기계 설계자
(B) 창고 관리자
(C) 운전 강사
(D) 영업 사원

해설 ① 문제 확인: Who, speaker → 화자의 정체
② 문제 확인: 화자가 오늘 오리엔테이션에서 다룰 안건이 하나 남았다며, 모두가 직무 요건 중 하나인 지게차 면허를 갖고 있는 걸로 알고 있다는 말과 우리가 하역장에서 선반으로 재고를 옮기는 데 특수 제작된 자체 지게차를 사용한다는 점, 우리 창고에 있는 선반이 매우 높다는 점 등으로 보아 (B)가 정답이다.

2. 왜 특수 장비가 필요한가?
(A) 고객에게 물품을 수송하려고
(B) 비용을 최소화하려고
(C) 부지를 청소하려고
(D) 높은 선반에 닿으려고

해설 ① 문제 확인: Why, special equipment, needed → 특수 장비가 필요한 이유
② 문제 확인: 화자가 우리 창고에 있는 선반이 매우 높다며, 바로 이러한 목적을 위해 리프틱스라는 지게차를 사용해 꼭대기 선반에 도달한다고 말했으므로 (D)가 정답이다.

3. 청자들은 다음으로 무엇을 할 것인가?
(A) 서류를 살펴볼 것이다
(B) 시운전을 할 것이다
(C) 영상을 시청할 것이다
(D) 계약서에 서명할 것이다

해설 ① 문제 확인: What, listeners, do next → 청자들의 다음 행동
② 문제 확인: 화자가 지게차를 생산하는 협력사에서 소개 영상을 제작했다며, 함께 보자고 말했으므로 (C)가 정답이다.

Warm-up
본서 p.213

1. (B) **2.** (A) **3.** (B) **4.** (B) **5.** (B)

영국

Question 1 refers to the following announcement.

W Welcome to Wilson's Supermarket. We're happy to announce that the new Asian food section is now open! It is right next to the frozen food aisle—aisle number 5.

1번은 다음 안내 방송에 관한 문제입니다.

여 윌슨스 슈퍼마켓에 오신 것을 환영합니다. 새 아시아 음식 코너가 이제 오픈했음을 알려드리게 되어 기쁩니다! 냉동식품 코너 바로 옆 5번 통로로에 있습니다.

어휘 section 구획 | frozen food 냉동식품 | aisle 통로

---

1. 화자가 어디에 있겠는가?
   (A) 도서관에
   (B) 식료품점에

해설 첫 문장에서 윌슨스 슈퍼마켓에 오신 것을 환영한다는 말이 들리므로 (B)가 정답이다.

미국

Question 2 refers to the following announcement.

M Hello, everyone. Thanks for coming to the annual Grindale Jazz Festival. We have a variety of world-famous jazz bands performing for us at this year's festival.

2번은 다음 공지에 관한 문제입니다.

남 안녕하세요, 여러분. 연례 그린데일 재즈 페스티벌에 와 주셔서 감사합니다. 올해 페스티벌에서는 세계적으로 유명한 많은 재즈 밴드들이 우리를 위해 공연해 줄 것입니다.

어휘 annual 연례의 | a variety of 다양한, 여러 가지의 | world-famous 세계적으로 유명한 | perform 공연하다

---

2. 누구를 위한 공지인가?
   (A) 페스티벌 참석자들
   (B) 전문 음악가들

해설 화자가 첫 문장에서 연례 재즈 페스티벌에 와 줘서 고맙다고 말하므로 청자들이 페스티벌에 참석 중인 사람들임을 알 수 있다. 따라서 (A)가 정답이다.

미국

Question 3 refers to the following excerpt from a meeting.

W Good morning. First of all, I want to remind everyone about the recent change to the store's return policy.

3번은 다음 회의 발췌록에 관한 문제입니다.

여 안녕하세요. 우선, 저희 가게의 최근에 변경된 반품 정책에 대해 모든 분들께 다시 한번 알려드리고 싶습니다.

어휘 first of all 우선 | remind 상기시키다 | recent 최근의 | change 변경, 변화 | return policy 반품 정책

---

3. 공지의 주제는 무엇인가?
   (A) 새 급여 정산 시스템
   (B) 반품 정책

해설 화자가 가게의 최근에 변경된 반품 정책에 대해 다시 한번 알려주고 싶다고 말하므로 (B)가 정답이다.

영국

Question 4 refers to the following talk.

W Welcome everyone. I hope you are enjoying this year's health conference. Before we continue, I'd like to call your attention to something on the conference schedule—there is an error on the first page.

4번은 다음 담화에 관한 문제입니다.

여 환영합니다 여러분. 올해의 보건 회의를 즐겁게 보내고 계시길 바랍니다. 계속 진행하기 전에, 회의 일정에 여러분의 주의를 환기시키고 싶습니다. – 첫 장에 오류가 있거든요.

어휘 enjoy 즐기다 | conference 회의 | attention 주의 | error 오류

---

4. 공지가 어디에서 이루어지고 있는가?
   (A) 연회에서
   (B) 회의에서

해설 화자가 올해의 보건 회의를 즐겁게 보내고 계시길 바란다고 말했으므로 청자들이 회의에 참석 중임을 알 수 있다. 따라서 (B)가 정답이다.

호주

Question 5 refers to the following announcement.

M Good evening, ladies and gentlemen! Welcome to the Impala Theater. We are happy that you could come tonight. As many of you are already aware, tonight's performance has completely sold out. As the owner of this theater, I would personally like to thank all of you and hope that you enjoy the show.

5번은 다음 공지에 관한 문제입니다.

남 신사 숙녀 여러분, 안녕하세요! 임팔라 극장에 오신 것을 환영합니다. 오늘 밤 여러분들을 모실 수 있게 되어 기쁩니다. 여러분들께서도 이미 많이 알고 계시듯이, 오늘 밤 공연이 모두 매진되었습니다. 이 극장의 소유주로서, 모든 분께 개인적으로 감사를 드리고 싶고 즐거운 공연 관람하시기를 바랍니다.

어휘 performance 공연 | completely 완전히 | sold out 매진된 | owner 소유주 | theater 극장 | personally 직접, 개인적으로

5. 화자는 누구인가?
(A) 매표원
(B) 극장 소유주

해설 화자가 후반에 자신을 극장 소유주라고 하고 있으므로 (B)가 정답이다.

Exercise

1. (B) 2. (C) 3. (C) 4. (D) 5. (C) 6. (D)
7. (C) 8. (C)

미국

Questions 1-2 refer to the following announcement.

M 1 Attention, shoppers! Don't forget that right now we are having our big mattress sale! To make room for next season's inventory, the prices of selected items have been cut in half. That's right—50 percent off the regular price! 2 But remember that this sale will only last for the next three days. So get over to the bedroom section and get yourself a new mattress at a fantastic price!

1-2번은 다음 안내 방송에 관한 문제입니다.

남 1 고객 여러분께 안내 말씀 드립니다! 현재 매트리스 파격 세일을 하고 있다는 것을 잊지 마세요. 다음 시즌 재고를 들여올 공간을 마련하기 위해 선별된 품목들의 가격을 절반으로 내렸습니다. 맞습니다—정상가의 50퍼센트 할인입니다! 2 그러나 이 세일은 앞으로 3일 동안만 진행된다는 점 유의하시기 바랍니다. 그러니 침구류 코너로 가셔서 환상적인 가격에 새 매트리스를 장만해 보세요!

어휘 sale 할인 판매 | inventory 재고 | in half 절반으로 | last 계속되다 | get over to ~으로 가다 | price 가격

1. 공지가 이루어질 만한 장소는 어디이겠는가?
(A) 사무용품점에서
(B) 가구 소매점에서
(C) 슈퍼마켓에서
(D) 은행에서

해설 장소를 묻는 문제 – 첫 문장에서 고객들에게 매트리스 파격 세일을 하고 있다고 언급하므로 (B)가 정답이다.

2. 특가는 얼마 동안 진행될 것인가?
(A) 1일
(B) 2일
(C) 3일
(D) 4일

해설 세부 사항을 묻는 문제 – 지문의 후반부에서 세일은 3일 동안만 유효하다고 밝혔으므로 (C)가 정답이다.

영국

Questions 3-4 refer to the following excerpt from a meeting.

W Good morning, everyone. 3 Most of you have already seen some of the changes that we made to the Winslow Bank homepage. For those of you who are having trouble and want to learn more about how to use these features, there will be a seminar held by Samantha Surly. 4 She is part of our technology team, and she can answer any questions that you may have. If you are interested in attending, please come to the conference room at 3 P.M. today.

3-4번은 다음 회의 발췌록에 관한 문제입니다.

여 여러분, 안녕하세요. 3 여러분 대부분이 윈슬로 은행의 홈페이지에서 약간의 변화를 보셨을 겁니다. 어려움을 겪고 계시거나 이러한 기능의 사용 방법에 관해 더 알아보고자 하는 분들을 위해 서맨사 설리가 세미나를 진행할겁니다. 4 그녀는 저희 기술 팀의 직원이고요, 여러분의 모든 질문에 대답해 드릴 겁니다. 참석에 관심이 있으신 분들은 오늘 오후 3시에 회의실로 오시기 바랍니다.

어휘 feature 기능 | technology team 기술 팀 | conference room 회의실

3. 윈슬로 은행이 최근에 한 일은 무엇인가?
(A) 직원을 고용했다.
(B) 새로운 최고 경영자를 임명했다.
(C) 홈페이지를 업그레이드했다.
(D) 온라인 지원 팀을 신설했다.

해설 세부 사항을 묻는 문제 – 지문의 초반에서 윈슬로 은행의 홈페이지가 조금 달라졌다고 했으므로 (C)가 정답이다.

4. 서맨사 설리는 누구이겠는가?
(A) 최고 경영자
(B) 은행 업무 컨설턴트
(C) 인사부장
(D) 기술 팀 직원

해설 세부 사항을 묻는 문제 – 화자가 서맨사 설리의 이름을 언급한 후, 기술 팀의 직원이라고 말하므로 (D)가 정답이다.

미국

Questions 5-6 refer to the following announcement.

W Attention, all passengers. The airport is currently undergoing construction work. As a result, check-in counters 114 through 230 have been temporarily relocated. 5 Passengers whose flights check in at these counters should follow the signs to the temporary building adjacent to the short-term parking lot. **6** Please ask any member of staff for assistance.

5-6번은 다음 안내 방송에 관한 문제입니다.

01 승객 여러분 주목해 주십시오. 공항은 현재 건설 공사 중입니다. 그 결과 114번부터 230번 체크인 카운터를 임시로 이전하였습니다. **5** 이 카운터에서 항공편을 체크인하시는 승객분들은 표지판을 따라 단기 주차장 근처의 임시 건물로 가 주십시오. **6** 직원들에게 도움을 요청해 주십시오.

어휘 currently 현재 | undergo 겪다, 받다 | construction work 건설 공사 | as a result 그 결과 | check-in 탑승 수속 | temporarily 일시적으로, 임시로 | relocate 이전하다, 이동하다 | adjacent to ~에 인접한, 가까운 | short-term 단기의, 단기적인 | parking lot 주차장 | assistance 도움

5. 승객들은 주차장 근처에서 무엇을 할 수 있는가?
(A) 기념품을 구매한다
(B) 표를 예매한다
(C) 수하물을 체크인한다
(D) 비행기에 탑승한다

해설 세부 사항을 묻는 문제 – 공지의 중간 부분에 카운터에서 체크인하시는 승객분들은 표지판을 따라 단기 주차장 근처의 임시 건물로 가 달라고 말하므로 (C)가 정답이다.

6. 승객들은 질문이 있으면 무엇을 해야 하는가?
(A) 승무원에게 질문한다
(B) 주차장으로 간다
(C) 모니터를 본다
(D) 직원에게 이야기한다

해설 세부 사항을 묻는 문제 – 공지의 마지막 부분에 직원들에게 도움을 요청해 달라고 말하므로 (D)가 정답이다.

> 호주

Questions 7-8 refer to the following announcement.

M **7** Finally, I have some information for you on the company's new parking policy. From next Monday, the parking area behind the warehouse will be set aside for carpoolers only. If you travel to work in the same car with another staff member, you will be entitled to park there. **8** Just ask Paulo in Facilities Management for a permit. If not, you will have to look for a space in one of the other car parks, where, as you know, spaces are extremely limited. We hope you all appreciate that this policy is designed to encourage everyone to travel to work in a more environmentally friendly manner.

7-8번은 다음 공지에 관한 문제입니다.

남 **7** 마지막으로, 회사의 새로운 주차 방침에 대한 정보가 있습니다. 다

음 월요일부터 창고 뒤 주차 구역은 카풀하는 사람들만을 위해 배정될 것입니다. 다른 직원과 함께 같은 차를 타고 출근한다면, 그곳에 주차할 자격이 있을 것입니다. **8** 시설 관리 팀의 파울로에게 허가증을 요청하십시오. 그렇지 않다면, 다른 주차장에서 주차 공간을 찾아봐야 하는데, 아시다시피 공간이 매우 제한되어 있습니다. 이 규정이 보다 환경친화적인 방식으로 출근하도록 권장하기 위해 고안된 것임을 인식해 주시기를 희망합니다.

어휘 policy 방침, 정책 | set aside 따로 떼어 두다, 확보하다 | travel 이동하다, 다니다 | staff member 직원 | be entitled to ~할 자격이 되다 | facilities management 시설 관리 | permit 허가증 | extremely 극도로, 극히 | limited 제한된, 많지 않은 | appreciate 인정하다, 인식하다, 고마워하다 | manner 방식

7. 공지는 무엇에 관한 것인가?
(A) 지연된 승진
(B) 공사 프로젝트
(C) 새 주차 규정
(D) 채용 캠페인

해설 주제를 묻는 질문 – 공지의 처음 부분에서 회사의 새로운 주차 방침에 대한 정보가 있다고 말하므로 공지의 내용이 새로운 주차 규정에 관한 것임을 알 수 있다. 따라서 (C)가 정답이다.

8. 청자들은 왜 파울로에게 연락하라고 요청받는가?
(A) 채용 공고를 내기 위해
(B) 차량을 임차하기 위해
(C) 허가를 받기 위해
(D) 방문을 요청하기 위해

해설 요청 사항을 묻는 질문 – 공지의 중간 부분에 시설 관리팀의 파울로에게 허가증을 요청하라고 말하므로 (C)가 정답이다.

Practice

| 1. (A) | 2. (B) | 3. (C) | 4. (D) | 5. (B) | 6. (A) |
| 7. (C) | 8. (D) | 9. (C) | 10. (B) | 11. (C) | 12. (D) |

> 호주

Questions 1-3 refer to the following announcement.

M Attention all Hempington's shoppers. **1** For a short time only, we're offering 20 percent off on selected clothing lines. These include gentlemen's and ladies' formal and casual wear, and selected sportswear. **2** Look out for our blue cross stickers on items around the store. All items labeled with the blue crosses are part of this great promotion. **3** And what's more, customers making purchases with the Hempington's credit card during the promotion will get a further 5 percent reduction

104 파고다 토익 기본 완성 LC

on sale items. If you don't have a card yet, you can sign up for one today at any of the customer service desks.

1-3번은 다음 안내 방송에 관한 문제입니다.

남 헴핑턴의 고객 여러분 주목해 주십시오. **1** 짧은 기간 동안만 엄선된 **의류 제품을 20% 할인해 드립니다.** 여기에는 신사용 및 숙녀용 정장과 평상복, 엄선된 운동복이 포함됩니다. **2** 매장 내 물품에서 파란 **십자가 스티커를 찾아보세요.** 파란 십자가가 부착된 모든 물품은 이번 판촉 행사 대상입니다. **3** 뿐만 아니라, 판촉 기간 동안 헴핑턴의 **신용카드로 구매하신 고객님들은 세일 품목에서 추가로 5% 할인을 더 받으실 수 있습니다.** 아직 카드가 없으시면, 오늘 저희 고객 서비스 데스크 어느 곳에서든 카드를 신청하실 수 있습니다.

어휘 selected 엄선된 | formal wear 정장 | casual wear 평상복 | sportswear 운동복 | look out for ~을 찾아 보다 | promotion 판촉, 프로모션 | what's more 게다가, 뿐만 아니라 | further 추가적인 | reduction 할인 | sign up for ~을 신청하다

---

1. 무엇이 광고되고 있는가?
(A) 의류
(B) 스포츠 장비
(C) 욕실 용품 세트
(D) 식료품

해설 광고 대상을 묻는 문제 – 광고의 처음 부분에서 한정된 기간 동안 엄선된 의류 제품을 20% 할인해 준다고 말하고 있으므로 (A)가 정답이다.

---

2. 화자에 의하면, 청자들은 어떻게 세일 품목을 찾을 수 있는가?
(A) 직원과 이야기함으로써
(B) 특별한 스티커를 찾음으로써
(C) 지도를 따라감으로써
(D) 양식을 작성함으로써

해설 세부 사항을 묻는 문제 – 공지 중간 부분에서 매장 내 물품에서 파란 십자가 스티커를 찾아보라고 말하며, 파란 십자가가 부착된 모든 물품은 이번 판촉 행사 대상이라고 말했으므로 (B)가 정답이다.

---

3. 청자들은 왜 고객 서비스 데스크를 방문하도록 권장되는가?
(A) 상점 안내 책자를 받기 위해
(B) 선물 포장을 요청하기 위해
(C) 신용카드를 신청하기 위해
(D) 제품을 반품하기 위해

해설 요청 사항을 묻는 문제 – 특정 신용카드로 구매할 경우 세일 품목에서 추가로 5% 할인을 받으며, 또한 고객 서비스 데스크에서 바로 신청 가능하다고 했으므로 (C)가 정답이다.

영국

Questions 4-6 refer to the following talk.

W **4** Does everyone have what they need? We'll only be running this experiment once, so let's get it right the first time. It was difficult enough to get a permit. There are five of us, and I've divided us into two teams. Team One will take samples from the north side of the lake. Team Two will take samples from the south side of the lake. **5** Also, it's strangely quite foggy today. Watch your step as you may not see hazards. **6** Also, if you get lost and need a map, there will be plenty here at this table.

4-6번은 다음 담화에 관한 문제입니다.

여 **4** 모두 필요한 거 챙겼나요? 이 실험은 딱 한 번만 실시할 예정이니, **한번에 제대로 합시다.** 허가를 받기까지 힘들었어요. 우리 모두 해서 다섯 명이라 제가 두 팀으로 나눴어요. 1번 팀은 호수 북쪽에서 샘플을 채취할 거예요. 2번 팀은 호수 남쪽에서 샘플을 채취합니다. **5** 그리고 오늘 이상하게 안개가 심하네요. 위험 요소가 눈에 보이지 않을 수 있으니 조심해서 걸으세요. **6** 그리고 만약 길을 잃어 지도가 필요하면, 여기 테이블에 많이 있을 거예요.

어휘 run 실시하다 | experiment 실험 | get it right 제대로 하다 | permit 허가증 | divide 나누다 | lake 호수 | strangely 이상하게 안개 낀 | watch your step 조심해서 걷다 | hazard 위험 요소 | get lost 길을 잃다 | map 지도 | plenty 풍부한 양

---

4. 청자들은 누구이겠는가?
(A) 위생 검사관
(B) 여행 가이드
(C) 정원사
(D) 과학자

해설 청자의 정체를 묻는 문제 – 화자가 실시할 실험을 한번에 제대로 해보자고 말했으므로 (D)가 정답이다.

---

5. 화자에 따르면, 오늘 날씨가 어떻게 특이한가?
(A) 폭풍우가 몰아친다.
(B) 안개가 꼈다.
(C) 비가 온다.
(D) 화창하다.

해설 세부 사항을 묻는 문제 – 화자가 오늘 이상하게 안개가 심하다고 말했으므로 (B)가 정답이다.

---

6. 화자는 무엇이 이용 가능하다고 말하는가?
(A) 지도
(B) 음료
(C) 생수
(D) 가방

해설 세부 사항을 묻는 문제 – 화자가 청자들에게 지도가 필요할 시, 테이블에 많이 있을 거라고 말했으므로 (A)가 정답이다.

미국

Questions 7-9 refer to the following talk.

W Thank you for coming everyone. **7** I invited all

of our actors, costume and set designers, and stage crew for this meeting. I'll get straight to the point. This year has been the hardest year for our company. **8** We sold our fewest tickets yet, and a big part of that is our prices. We've had to raise them recently due to the rising costs of renting theaters. **9** I think at this point, we have to start advertising our shows more aggressively to reach more customers. I've been posting about our shows on social media, but it's not something I'm very familiar with. I know <mark>many of you are active on social media</mark>. I'd like us to spend just a few minutes talking about this.

7-9번은 다음 담화에 관한 문제입니다.

예 와 주신 모든 분께 감사드립니다. **7** 오늘 회의에는 배우들, 의상 및 세트 디자이너들, 무대 팀까지 모두 모셨습니다. 바로 본론으로 들어 갈게요. 올해는 우리 회사에 가장 힘든 한 해였습니다. **8** 지금까지 표 판매가 저조한데, 큰 요인은 가격입니다. 극장 임대료 상승으로 최근에 가격을 인상해야만 했어요. **9** 제 생각에 현시점에서 더 많은 고객을 유치하려면 더 공격적으로 우리 공연을 광고해야 합니다. 제가 소셜 미디어에 우리 공연에 관해 글을 올리고 있지만, 저한테 익숙한 분야는 아니에요. 제가 알기로는 **많은 분이 소셜 미디어에서 활발하게 활동하고 계세요.** 잠시 몇 분만 이것에 관한 이야기를 나누고자 합니다.

어휘 invite 초청하다 | actor 배우 | costume 의상 | set 무대 | stage 무대 | crew (함께 일하는) 팀, 조 | get straight to the point 본론으로 들어가다 | hard 힘든 | sell 팔다 | few (수가) 적은 | raise (양, 수준 등을) 올리다 | recently 최근 | rising 증가[상승]하는 | cost 비용 | rent 임대하다 | theater 극장 | advertise 광고하다, 알리다 | aggressively 공격적으로 | reach ~에 닿다, 도달하다 | post 올리다 | be familiar with ~에 익숙하다 | active 활발한, 활동적인 | spend (시간을) 보내다

---

7. 담화가 이루어질 만한 장소는 어디이겠는가?
  (A) 미술관에서
  (B) 스포츠 경기장에서
  (C) 극장에서
  (D) 식당에서

해설 장소를 묻는 문제 – 초반에 화자가 배우들, 의상 및 세트 디자이너들, 무대 팀을 모두 회의에 모셨다고 말했으므로 (C)가 정답이다.

....

8. 화자는 어떤 문제를 언급하는가?
  (A) 일부 직원들이 늦게 도착할 예정이다.
  (B) 일부 장비가 도난당했다.
  (C) 고객 후기가 형편없다.
  (D) 비용이 인상되었다.

해설 문제점을 묻는 문제 – 화자가 지금까지 표 판매가 저조했던 큰 요인은 가격이라고 가리키고, 이는 극장 임대료 상승으로 가격을 인상해야만 했다고 말했으므로 (D)가 정답이다.

....

9. 화자는 왜 "많은 분이 소셜 미디어에서 활발하게 활동하고 계세요"라고 말하는가?
  (A) 새로운 정책을 제안하기 위해
  (B) 문제를 명확히 하기 위해
  (C) 도움을 요청하기 위해
  (D) 실망을 표현하기 위해

해설 화자 의도 파악 문제 – 더 많은 고객을 유치하기 위해 공연에 관한 글을 소셜 미디어에 올리고 있지만, 화자에게는 익숙한 분야가 아니라고 말한 것으로 보아, 소셜 미디어에서 활발하게 활동하고 있는 청자들에게 도움을 요청하기 위한 말임을 알 수 있다. 따라서 (C)가 정답이다.

미국

Questions 10-12 refer to the following instructions and floor plan.

W Good morning, and welcome to our Monday meeting. Looks like it'll be a busy week for us, **10** especially with the new action film, *Madman on a Train*. That movie is completely sold out already. **11** Considering how crowded it will be, I'm glad that we've repaired the entrance by the food counter. Hopefully, that will help us increase our sales. **12** Oh, and one more thing: the new radio headsets have come in. We will be using the devices to communicate with each other. Please put them on before you start work tomorrow.

10-12번은 다음 지시 사항과 평면도에 관한 문제입니다.

예 안녕하세요. 월요일 회의에 오신 걸 환영합니다. 우리에겐 바쁜 한 주가 될 것 같은데요. **11** 특히 새로운 액션 영화 〈열차에 탄 미친 사람〉으로요. 이 영화는 벌써 매진되었습니다. **10** 얼마나 혼잡할지 감안하면 식품 판매대 옆 입구가 수리돼서 기쁘네요. 이게 우리가 매출을 올리는 데 도움이 되면 좋겠네요. **12** 아, 그리고 한 가지 더요. 새 무선 헤드셋이 들어왔어요. 이 장치는 서로 연락하는 데 사용할 것입니다. 내일 업무를 시작하기 전에 착용해 주세요.

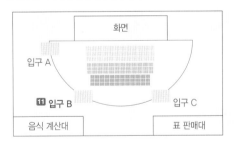

어휘 especially 특히, 특별히 | be sold out 매진되다 | considering ~을 고려하여 | crowded 붐비는, 복잡한 | entrance 입구 | hopefully 바라건대 | radio 무선의 | device 기기, 장치 | communicatie 의사소통을 하다

---

10. 새 영화에 대해 화자는 뭐라고 말하는가?
  (A) 몇몇 불만 사항이 있다.
  (B) 영화표가 더 이상 없다.
  (C) 출연진이 극장을 방문할 것이다.

(D) 개봉일이 수정될 것이다.

해설 세부 사항을 묻는 문제 – 새 액션 영화 〈열차에 탄 미친 사람〉을 언급하며, 이 영화가 벌써 매진되었다고 말했으므로 (B)가 정답이다.

----

11. 시각 정보를 보시오. 최근에 수리된 것은 무엇인가?
(A) 화면
(B) 입구 A
(C) 입구 B
(D) 입구 C

해설 시각 정보 연계 문제 – 극장이 혼잡할 텐데 식품 판매대 옆 입구가 수리돼 기쁘다고 말했고, 평면도에서 음식 계산대 옆 입구는 입구 B이므로 (C)가 정답이다.

----

12. 청자들은 무엇을 하라고 지시받는가?
(A) 설문지를 배포한다
(B) 방문자 입장권을 확인한다
(C) 근무 시간을 입력한다
(D) 헤드셋을 착용한다

해설 요구 사항을 묻는 문제 – 라디오 헤드폰이 새로 들어왔다고 말하며 서로 연락할 때 이 장치를 사용할 예정이니 내일 업무 시작 전에 착용해 달라고 했으므로 (D)가 정답이다.

UNIT 17. 전화·녹음 메시지

핵심 문제 유형
본서 p.220

1. (B)   2. (A)   3. (C)

1-3번은 다음 전화 메시지에 관한 문제입니다.

🔊 안녕하세요. 루크. 스타 싱 크리에이의 맥스입니다. **1** 지난달에 주문하신 재킷과 조끼를 방금 발송했습니다. **2** 그리고 저희가 문을 열었을 때부터 오랜 고객이 되어 주신 것에 감사드리기 위해 주문품과 함께 특별 선물도 넣었습니다. 신상 넥타이인데, 제가 신규 컬렉션의 일부로 제공하고 싶은 물건입니다. **3** 의견이 어떠신지 듣고 싶으니, 살펴보면 전화 부탁드립니다.

어휘 ship 발송하다 | jacket 재킷 | vest 조끼 | loyal customer 고객 | get off the ground 순조롭게 시작하다 | necktie 넥타이

----

1. 화자는 누구겠는가?
(A) 웹사이트 개발자
(B) 의류 디자이너
(C) 메이크업 아티스트
(D) 행사 기획자

해설 ① 문제 확인: Who, speaker → 화자의 정체
② 단서 찾기: 화자가 "지난달에 주문하신 재킷과 조끼를 방금 발송했

습니다."라고 말했으므로 (B)가 정답이다.

----

2. 화자는 왜 특별 선물을 넣었는가?
(A) 청자가 단골 고객이라서
(B) 청자가 비싼 주문을 해서
(C) 청자가 상을 받아서
(D) 청자가 긍정적인 후기를 제공해서

해설 ① 문제 확인: Why, speaker, include, special gift → 화자가 특별 선물을 포함한 이유
② 단서 찾기: 화자가 문을 열 때부터 오랜 고객이 되어 준 것에 감사드리기 위해 주문품과 함께 특별 선물도 넣었다고 말했으므로 (A)가 정답이다.
③ Paraphrasing: (지문 ➡ 정답)
loyal customer → frequent customer

----

3. 청자는 왜 전화를 회신해 달라고 요청받는가?
(A) 제휴에 관해 논의하기 위해
(B) 회의를 마련하기 위해
(C) 피드백을 주기 위해
(D) 송장을 확인하기 위해

해설 ① 문제 확인: Why, listener, asked to, return a phone call → 청자가 회신 전화를 요청받은 이유
② 단서 찾기: 화자가 의견이 어떤지 듣고 싶으니, 살펴보면 전화를 달라고 말했으므로 (C)가 정답이다.

Warm-up
본서 p.221

1. (A)   2. (B)   3. (B)   4. (A)   5. (B)

미국

Question 1 refers to the following telephone message.

🔊 Hi, Keith. This is Andrea calling from Sanbury Car Repair. I'm calling to remind you of your vehicle's maintenance appointment on Wednesday at 4 P.M.

1번은 다음 전화 메시지에 관한 문제입니다.

🔊 안녕하세요 키스, 저는 샌버리 카센터의 안드레아입니다. 수요일 오후 4시에 있을 차량 정비 예약을 상기시켜 드리려고 전화드립니다.

어휘 remind 상기시키다 | maintenance 정비, 관리

----

1. 화자는 어디에서 근무하는가?
(A) 카센터에서
(B) 치과에서

해설 첫 문장에서 샌버리 카센터의 안드레아라고 자신을 밝혔으므로 (A)가 정답이다.

Question 2 refers to the following telephone message.

Ⓜ Hi, Ms. Douglas. This is Nathan Dent <u>returning your call</u>. You said you wanted me to <u>make a new website</u> for your business. I'd like to <u>know more about</u> your business first, though. Can you please <u>send me</u> some information?

2번은 다음 전화 메시지에 관한 문제입니다.

Ⓜ 안녕하세요, 더글러스 씨, 답신 전화드리는 네이선 덴트입니다. 회사의 새 웹사이트를 만들고 싶다고 하셨죠. 하지만 먼저 당신의 업체에 관해 더 알고 싶습니다. 정보를 좀 보내주실 수 있을까요?

어휘 return a call 답신 전화를 하다

---

2. 화자는 누구이겠는가?
(A) 공사 관리자
(B) 웹디자이너

해설 웹사이트를 만들어 달라는 청자의 요청에 대한 답신이라고 밝히고 있으므로 (B)가 정답이다.

Question 3 refers to the following recorded message.

Ⓦ <u>You've reached</u> Welsby Real Estate Agency. We're now <u>closed for Labor Day</u>. Please leave a message after the beep, or contact us during <u>business hours</u>—Monday through Friday between 10 A.M. and 7 P.M.

3번은 다음 녹음 메시지에 관한 문제입니다.

Ⓦ 웰스비 부동산에 전화하셨습니다. 저희는 노동절로 현재 휴무입니다. 삐 소리가 나면 메시지를 남겨 주시거나 저희 영업시간인 월요일부터 금요일, 오전 10시부터 오후 7시 사이에 연락 주시기 바랍니다.

어휘 reach 연락하다 | Labor Day 노동절 | beep 삐 소리 | contact 연락하다 | business hours 영업시간

---

3. 청자가 지금 이 메시지를 듣고 있는 이유는 무엇인가?
(A) 모든 회선이 통화 중이다.
(B) 회사가 국경일로 문을 닫았다.

해설 화자가 노동절로 현재 휴무라고 했으므로 (B)가 정답이다.

Question 4 refers to the following telephone message.

Ⓜ Hello, <u>this is a message for</u> Mr. Kim. My name is Alfred Havelock from Havelock Enterprise. <u>I'm calling to</u> see if you are free to <u>give a lecture</u> at my company next month.

4번은 다음 전화 메시지에 관한 문제입니다.

Ⓜ 안녕하세요, 김 씨를 위한 메시지입니다. 저는 해브록 기업에서 전화 드리는 알프레드 해브록입니다. 혹시 다음 달 저희 회사에서 강연을 해 주실 수 있는 시간 여유가 있는지 여쭤보기 위해 전화드립니다.

어휘 enterprise 기업, 회사 | see if ~인지의 여부를 알다 | give a lecture 강연하다

---

4. 화자가 전화하는 이유는 무엇인가?
(A) 가능 여부를 문의하기 위해
(B) 연구 결과에 대해 묻기 위해

해설 화자가 자신을 소개한 후 다음 달 자신의 회사에서 강연을 해줄 수 있는지 묻기 위해 전화했다고 이유를 밝히므로 (A)가 정답이다.

Question 5 refers to the following telephone message.

Ⓦ Hi, Michael. This is Anne calling from the <u>technical support team</u>. You asked me to investigate why you're <u>not able to access</u> our company website. I've got good news for you — <u>I solved the problem</u>.

5번은 다음 전화 메시지에 관한 문제입니다.

Ⓔ 안녕하세요, 마이클. 전 기술 지원 팀의 앤입니다. 회사 웹사이트에 왜 접속이 안되는지 알아봐 달라고 요청하셨죠. 좋은 소식이 있어요. 제가 그 문제를 해결했습니다.

어휘 technical support 기술 지원 | investigate 조사하다 | able ~할 수 있는 | access 접속하다

---

5. 화자는 어떤 부서에서 근무하는가?
(A) 영업 팀
(B) 기술 지원 팀

해설 화자가 기술 지원 팀의 앤이라고 말하고 있으므로 (B)가 정답이다.

Exercise

본서 p.222

1. (C) 2. (B) 3. (A) 4. (C) 5. (B) 6. (C)
7. (A) 8. (D)

Questions 1-2 refer to the following telephone message.

Ⓦ Good morning, Seung-hyun. This is Janet calling. 🚹 Thank you for informing me about the online listing you uploaded about my house. According to the listing, the master suite has one walk-in closet, but there are actually two. 🌗 Could you please let me know after you've made this change? I want to check it just in case to make sure everything is alright. Keep in mind that I'll be traveling to Bangkok for business tomorrow morning. Thanks.

1-2번은 다음 전화 메시지에 관한 문제입니다.

여 안녕하세요, 승현. 저는 재닛입니다. **1** 저희 집에 관해 올리신 온라인 명부를 알려주셔서 감사합니다. 명부에는 안방에 드레스 룸이 한 개 있다고 되어 있는데, 실제로 두 개 있습니다. **2** 변경하시고 저에게 알려주시겠어요? 모두 제대로 되어 있는지 혹시나 싶어 확인하고 싶습니다. 참고차 알려드리면, 제가 내일 아침 방콕으로 출장을 갈 예정입니다. 감사합니다.

어휘 inform 알려주다 | listing 목록, 명부 | master suite 안방 | walk-in closet 사람이 드나들 수 있는 큰 벽장 | check 확인하다 | just in case 혹시나 | review 검토하다

---

1. 메시지는 누구를 대상으로 하겠는가?
(A) 인테리어 디자이너
(B) 건축가
(C) **부동산 중개인**
(D) 토목 기사

해설 청자의 정체를 묻는 문제 – 화자의 집에 관해 올린 온라인 명부를 알려줘서 감사하다고 했으므로 (C)가 정답이다.

---

2. 화자는 무엇을 하고 싶다고 말하는가?
(A) 부동산을 본다
(B) **최신 본을 검토한다**
(C) 회의를 잡는다
(D) 사진을 찍는다

해설 세부 사항을 묻는 문제 – 화자가 변경된 사항에 대해서 알려달라고 부탁하며 모두 제대로 되어 있는지 확인하고 싶다고 말했으므로 (B)가 정답이다.

영국

Questions 3-4 refer to the following telephone message.

W Hello, Mr. Brook. This is Olivia Kim from the Customer Service Department at Bow & Arrow Boutique. It shows in our system that you ordered a red shirt—item number 51142—last week. **3** Unfortunately, the item you ordered is currently not in stock. But the good news is that we'll be getting more stock next week. We'll make sure to send you the item as soon as we receive it. **4** And to compensate you for the delay, we'll also send you a $20 off coupon when we ship out your order. Thank you for shopping at Bow & Arrow Boutique. Have a great day.

3-4번은 다음 전화 메시지에 관한 문제입니다.

여 안녕하세요, 브룩 씨. 저는 보우 앤 애로우 부티크의 고객 서비스부 올리비아 킴입니다. 저희 시스템을 보니 고객님께서 지난주에 상품 번호

51142번인 빨간색 셔츠를 주문하셨는데요. **3** 유감스럽게도, 고객님께서 주문하신 상품이 현재 재고가 없습니다. 하지만 다행인 것은 저희가 다음 주에 재고를 더 받을 예정이에요. 주문하신 상품의 재고를 받는 즉시 저희가 보내 드리도록 하겠습니다. **4** 그리고 지연을 보상해 드리는 의미로, 고객님께 주문품을 보내드릴 때 20달러짜리 상품권도 함께 보내 드리겠습니다. 보우 앤 애로우 부티크를 이용해 주셔서 감사합니다. 좋은 하루 보내세요.

어휘 boutique 부티크 | not in stock 재고가 없는 | stock 재고 | compensate 보상하다 | delay 지연 | ship out ~을 보내다, 발송하다 | order (상품의) 주문

---

3. 어떤 문제가 발생했는가?
(A) **상품이 품절됐다.**
(B) 배송물이 분실됐다.
(C) 잘못된 제품이 발송됐다.
(D) 청구서에 오류가 발생했다.

해설 문제점을 묻는 문제 – 화자는 고객이 주문한 상품이 현재 재고가 없다고 말했으므로 (A)가 정답이다.

---

4. 화자는 청자에게 무엇을 해 주겠다고 제안하는가?
(A) 무료 배송을 제공한다
(B) 회비를 깎아준다
(C) **상품권을 우편으로 보내 준다**
(D) 무료 견본을 준다

해설 제의 사항을 묻는 문제 – 지문의 후반부에서 상품권을 보내 주겠다고 말했으므로 (C)가 정답이다.

미국

Questions 5-6 refer to the following telephone message.

W Hi, this is Evelyn Mongell from Dr. Blaire's office. **5** I reported a water leak in the office ceiling here this morning. Well... I was wondering if you could come and fix it later today. **6** Apparently, there will be a rainstorm tomorrow morning, and I'd like to fix it before then. Please call me back, and let me know if you could stop by today. Thank you.

5-6번은 다음 전화 메시지에 관한 문제입니다.

여 안녕하세요, 저는 블레어 박사님 사무실의 에블린 몽겔입니다. **5** 제가 오늘 아침에 사무실 천장에 누수가 있다고 알려드렸는데요. 음… 혹시 오늘 오후에 오셔서 고쳐 주실 수 있는지 궁금해서 연락드립니다. **6** 듣자 하니, 내일 아침에 폭풍우가 올 거라던데, 그전에 고치고 싶어서요. 오늘 들르실 수 있으신지 제게 전화로 알려주세요. 감사합니다.

어휘 report 알리다 | leak (액체 기체의) 누출 | ceiling 천장 | wonder 궁금하다 | apparently 듣자 하니 | rainstorm 폭풍우

---

5. 전화의 목적은 무엇인가?
(A) 청자에게 예약을 상기시키기 위해

(B) 수리 일정을 잡기 위해

(C) 배송을 확인하기 위해

(D) 견적서를 요청하기 위해

해설 목적을 묻는 문제 – 지문의 초반부에서 화자는 청자에게 오후에 와서 사무실 천장의 누수를 고쳐 줄 수 있는지 묻고 있다. 따라서 (B)가 정답이다.

---

6. 내일 무슨 일이 일어날 것인가?

(A) 시연이 열릴 것이다.

(B) 공사가 시작될 것이다.

(C) 폭우가 내릴 것이다.

(D) 장비가 교체될 것이다.

해설 세부 사항을 묻는 문제 – 화자가 내일 아침에 폭풍우가 온다고 말했으므로 (C)가 정답이다.

호주

Questions 7-8 refer to the following recorded message.

M Hello, and thank you for calling the National Museum. **7** The museum is situated in the center of the capital, next to the central train station. It houses a fine collection of important artifacts from our nation's history, including documents and texts created by the country's founders. Currently, the museum has a special exhibit of traditional clothing from the eighteenth century. The museum opens Tuesday through Sunday from 9 A.M. until 6 P.M. **8** Please press 3 now if you wish to hear directions to the museum and information about public transportation.

7-8번은 다음 녹음 메시지에 관한 문제입니다.

남 안녕하세요, 국립 박물관에 전화 주셔서 감사합니다. **7** 저희 박물관은 중앙 기차역 옆, 수도 중앙에 위치해 있습니다. 우리나라의 창건자들이 만든 문서와 글을 포함하여 우리나라의 역사 속 중요한 유산들을 소장하고 있습니다. 현재 저희 박물관은 18세기 전통 의상에 대한 특별 전시를 하고 있습니다. 저희 박물관은 화요일부터 일요일 오전 9시부터 오후 6시까지 개장합니다. **8** 박물관으로 오시는 길과 대중교통에 관한 정보를 듣기를 원하시면 지금 3번을 눌러 주십시오.

어휘 national museum 국립 박물관 | situated 위치해 있는 | capital 수도 | house 소장하다, 보관하다 | collection 수집품, 소장품 | artifact 유물, 공예품 | exhibit 전시, 전시품 | textile 직물, 섬유 | ancient 고대의 | direction 방향

---

7. 박물관은 어디에 있는가?

(A) 기차역 옆

(B) 도서관 앞

(C) 섬유 공장 근처

(D) 미술관 맞은편

해설 세부 사항을 묻는 문제 – 녹음된 메시지 치음 부분에서 박물관은 중앙 기차역 옆의 수도 중앙에 위치해 있다고 말했으므로 (A)가 정답이다.

---

8. 청자들은 왜 3번을 누를 것인가?

(A) 음성 메시지를 남기기 위해

(B) 투어에 자리를 예약하기 위해

(C) 전시 관련 정보를 얻기 위해

(D) 박물관으로 가는 방법을 얻기 위해

해설 세부 사항을 묻는 문제 – 녹음된 메시지 마지막 부분에서 박물관으로 오시는 길이나 대중교통에 관한 정보를 듣기를 원하시면 지금 3번을 누르라고 말했으므로 (D)가 정답이다.

Practice

본서 p.223

1. (B)	2. (C)	3. (A)	4. (C)	5. (D)	6. (A)
7. (D)	8. (A)	9. (B)	10. (B)	11. (A)	12. (C)

영국

Questions 1-3 refer to the following telephone message.

W **1** My name is Sonia Lukes, and I'm a subscriber to *The Daily Express*. **2** I'm calling because I'd like to change my delivery address since I'm moving next week. **3** The thing is... I already tried doing it myself online, but your website is down, and I think I need someone's help. Please get back to me at 555-1417. Thanks.

1-3번은 다음 전화 메시지에 관한 문제입니다.

여 **1** 제 이름은 소니아 루크스고요, 〈데일리 익스프레스〉 구독자인데요. **2** 제가 다음 주에 이사를 가서 배달 주소를 바꾸고 싶어요. **3** 문제는… 제가 이미 온라인에서 시도를 해 보았는데, 귀사의 웹사이트가 다운이 되어 도움이 필요할 것 같아요. 555–1417로 답신 전화 주시면 좋겠습니다. 감사합니다.

어휘 subscriber 구독자 | delivery address 배달 주소 | down 작동이 안 되는, 다운된

---

1. 청자가 일하는 회사의 종류는 무엇이겠는가?

(A) 전자 제품 매장

(B) 신문사

(C) 이삿짐센터

(D) 슈퍼마켓

해설 근무지를 묻는 문제 – 첫 문장에서 화자가 자신을 소개할 때 〈데일리 익스프레스〉 구독자임을 밝히고 있으므로 (B)가 정답이다.

---

2. 화자는 무엇을 하고 싶어 하는가?

(A) 직책에 지원한다

(B) 계약을 갱신한다

(C) 어떤 정보를 수정한다

(D) 소포를 배달한다

해설 세부 사항을 묻는 문제 – 화자가 다음 주에 이사를 가서 배달 주소를 바꾸고 싶다고 언급하고 있으므로 (C)가 정답이다.

---

3. 화자에 따르면, 문제는 무엇인가?

    (A) 웹사이트가 고장 났다.

    (B) 여자는 주문한 물건을 받지 못했다.

    (C) 여자는 비밀번호를 잊어버렸다.

    (D) 청구된 금액이 잘못되었다.

해설 문제점을 묻는 문제 – 화자가 이미 온라인에서 시도를 해 보았으나 회사 웹사이트가 다운이 되어 도움이 필요할 것 같다고 말했으므로 (A)가 정답이다.

호주

Questions 4-6 refer to the following telephone message.

M **4** Hello, Mr. Smith. I'm calling from the Kaminsky Theater in regard to the musical tickets that you purchased through our website last weekend. **5** Um... There was a mix-up in orders, and we accidentally sent the tickets to the wrong address—we are awfully sorry for this inconvenience. It is standard procedure to send out a new set of tickets. But as there are only a few days left before the show, I don't think we can deliver them to you in time. So here's what I'll do: **6** I will have the tickets ready for you here when you arrive. Just come by the box office, and they will be waiting for you.

4-6번은 다음 전화 메시지에 관한 문제입니다.

남 **4** 안녕하세요, 스미스 씨. 고객님께서 지난 주말 저희 웹사이트를 통해 구매해 주신 뮤지컬 표와 관련해 카민스키 극장에서 전화드립니다. **5** 어… 저희가 주문에 약간의 혼선이 있었던 관계로 실수로 잘못된 주소로 표를 발송해 드렸습니다—이런 불편을 드려 진심으로 죄송합니다. 규정대로 한다면 저희가 새로운 표를 발송해 드려야 합니다. 하지만 공연 전까지 며칠밖에 남지 않아서 그것을 제시간에 배달할 수 없을 것 같습니다. 그러니 이렇게 하죠: **6** 고객님께서 오실 때 표를 드릴 수 있게 준비해 두겠습니다. 매표소에 오시면, 고객님의 표가 있을 겁니다.

어휘 in regard to ~에 관하여 | purchase 구매하다 | mix-up 실수, 혼선 | address 주소 | inconvenience 불편 | standard 일반적인, 기준의 | procedure 절차 | send out 발송하다 | come by 들르다

---

4. 화자는 어디에서 전화를 하고 있는가?

    (A) 항공사

    (B) 박물관

    (C) 극장

    (D) 음반 가게

해설 근무지를 묻는 문제 – 화자가 지문의 초반에서 고객이 웹사이트에서 주문한 표와 관련하여 카민스키 극장에서 전화드린다고 언급하므로 (C)가 정답이다.

---

5. 화자에 따르면, 문제가 무엇인가?

    (A) 공연이 취소됐다.

    (B) 결제가 이루어지지 않았다.

    (C) 일부 서류가 분실됐다.

    (D) 표가 잘못된 주소로 배달됐다.

해설 문제점을 묻는 문제 – 화자가 약간의 혼선이 있어서 잘못된 주소로 표가 발송되어 사과하고 있으므로 (D)가 정답이다.

---

6. 화자는 청자에게 무엇을 하라고 요청하는가?

    (A) 매표소를 방문한다

    (B) 새로운 신용카드 정보를 제공한다

    (C) 웹사이트를 확인한다

    (D) 환불을 신청한다

해설 요청 사항을 묻는 문제 – 지문의 후반부에서 화자가 극장 매표소에 표를 준비해 두겠다고 했으므로 매표소에 들러 가져가야 한다는 것을 알 수 있다. 따라서 (A)가 정답이다.

미국

Questions 7-9 refer to the following telephone message.

W **7** Hi, this is Emma from Tayari Workshop. I'm calling with regard to your car you left at our garage. The repairs have been done, and it's ready for you to be picked up. The problem was as we described when we did the diagnosis, so the cost hasn't changed. **8** When you come pick your car up, you must bring the diagnostic form so that we can verify you. **9** I also have to let you know that we do have a holding cost for late pickups when we're at max capacity. We're almost full, and we have a busy week coming up.

7-9번은 다음 전화 메시지에 관한 문제입니다.

여 **7** 안녕하세요, 저는 타야리 작업장의 엠마입니다. 저희 차고에 놓고 가신 차량 관련하여 전화드립니다. 수리가 완료되어, 찾아가실 수 있습니다. 문제는 저희가 진단할 당시 설명해 드린 대로여서 비용은 변함이 없습니다. **8** 오셔서 차량을 찾아가실 때에는 저희가 확인할 수 있도록 진단서를 반드시 가져오셔야 합니다. **9** 또한 저희가 최대 수용량에 달할 때는 늦게 수령하실 경우 유지 비용이 발생함을 알려드립니다. 자리가 거의 없는 상태이며, 바쁜 한 주가 될 예정입니다.

어휘 workshop 작업장 | with regard to ~와 관련하여 | garage 주차장, 차고 | repair 수리 | ready 준비가 된 | pick up ~을 찾다 | describe 말로 설명하다 | diagnosis 진단 | cost 비용 | bring 가져오다 | diagnostic form 진단서 | verify 확인하다, 입증하다 | holding cost 유지 비용 | late 늦은 | pickup 수령 | max 최대, 최고 | capacity 수용력[량] | full 가득한, 빈 공간이 없는

---

7. 화자는 누구이겠는가?

    (A) 목수

    (B) 은행 직원

    (C) 교수

    (D) 정비공

해설 화자의 정체를 묻는 문제 – 지문의 초반에서 화자가 자신을 타이어 작업장의 엠마라며, 차고에 놓고 간 차량 관련하여 전화한다고 말했으므로 (D)가 정답이다.

8. 어떤 요건이 언급되는가?
(A) 문서
(B) 면허증
(C) 보증금
(D) 예약

해설 세부 사항을 묻는 문제 – 차량을 찾아갈 때 진단서를 반드시 가져오라고 말했으므로 (A)가 정답이다.

9. 화자가 "바쁜 한 주가 될 예정입니다"라고 말한 의도는 무엇인가?
(A) 청자는 친구를 데려와야 한다.
(B) 청자는 빨리 행동해야 한다.
(C) 요청이 나중에 변경될 수 있다.
(D) 세부 사항을 확인해야 한다.

해설 화자 의도 파악 문제 – 최대 수용량에 달할 때 청자가 늦게 수령할 경우 유지 비용이 발생한다며 자리가 거의 없는 상태이고 바쁜 한 주가 될 예정이라고 말한 것으로 보아, 차량을 빨리 찾아갈 것을 당부한 말임을 알 수 있다. 따라서 (B)가 정답이다.

미국

Questions 10-12 refer to the following telephone message and map.

M 🔟 Hi there. This is Tom, and I'm calling from Go2u. I'll be picking you up from the bus station today. I saw on the app that you selected the departure board as your pickup location. However, that location is typically extremely busy. 🕚 Would it be possible to pick you up from right outside the ticketing booth? That's where rideshare services are supposed to pick up passengers from. 🕛 If you are OK with this, please accept this change by opening your app and confirming. Thank you.

10-12번은 다음 전화 메시지와 지도에 관한 문제입니다.

🔟 안녕하세요. 제 이름은 톰이고, Go2u에서 전화드립니다. 제가 오늘 버스 정류장에서 당신을 픽업할 예정입니다. 앱에서 보니 출국장을 픽업 장소로 선택하셨더라고요. 그런데 그 위치는 보통 아주 혼잡합니다. 🕚 매표소 바로 밖에서 픽업할 수 있을까요? 거기가 보통 승차 공유 업체에서 승객을 태우는 장소거든요. 🕛 괜찮으시다면, 앱에 들어가서 확정하셔서 이 변경 사항을 수락해 주세요. 감사합니다.

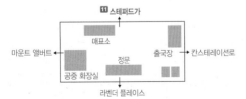

어휘 select 선택하다 | departure board 출국장 | pickup 태우러 감, 픽업 | location 위치, 장소 | typically 보통 | extremely 극도로 | possible 가능한 | right 바로 | outside ~ 바깥에 | ticketing booth 매표소 | rideshare 승차 공유 | be supposed to ~하기로 되어 있다 | passenger 승객

10. 화자는 누구겠는가?
(A) 관광 가이드
(B) 승차 공유 기사
(C) 호텔 접수 담당자
(D) 고객 서비스 담당자

해설 화자의 정체/직업을 묻는 문제 – 화자가 오늘 버스 정류장에서 당신을 픽업할 예정이라고 말했으므로 (B)가 정답이다.

11. 시각 자료를 보시오. 화자는 어디서 만나고 싶어 하는가?
(A) 스태퍼드가에서
(B) 칸스테레이션로에서
(C) 라벤더 플레이스에서
(D) 마운트 앨버트가에서

해설 시각 자료 연계 문제 – 화자가 매표소 바로 밖에서 픽업할 수 있는지 물었는데, 시각 자료에서 매표소 바로 밖이 스태퍼드가임을 알 수 있으므로 (A)가 정답이다.

12. 어떻게 변경 사항이 확정될 수 있는가?
(A) 회신 전화를 해서
(B) 이메일을 보내서
(C) 앱을 사용해서
(D) 결제를 확인해서

해설 세부 사항을 묻는 문제 – 화자가 괜찮으면, 앱에 들어가서 확정해서 이 변경 사항을 수락해달라고 말했으므로 (C)가 정답이다.

UNIT 18. 방송·보도

핵심 문제 유형
본서 p.228

1. (D)   2. (C)   3. (D)

1-3번은 다음 방송에 관한 문제입니다.

M 오늘 〈장안의 화제〉에서는 1️⃣ 애니메이터 노엘 샤프와 이야기 나눌 예정입니다. 2️⃣ 샤프 씨는 예술가 집안에서 자라, 자연스럽게 창의적인 쪽으로 끌렸습니다. 도시 풍경은 그의 초점이 되었고, 그의 작품은 도시의 일상을 담아냅니다. 최근에는 정부에서 전 세계에 윈터스버그 시를 홍보하는 작업을 하기로 서명했습니다. 방금 소식이 들어왔는데요, 노엘이 건물 안에 있으나, 3️⃣ 먼저 급히 서명해야 할 서류가 있다고 합니다. 그렇다면 지금이야말로 저희 후원사에서 보내는 메시지로

전환하기에 좋은 시간이네요. 잠시 후, 노엘에게 그의 작품에 관한 이야기를 들어 보겠습니다.

어휘 animator 만화 영화 제작자, 애니메이터 | raise 키우다 | naturally 자연스럽게 | gravitate ~에 자연히 끌리다 | urban 도시의 | scene 장면 | work 작품 | capture 포착하다, 담아내다 | sign on (서명을 하고) 계약하다 | government 정부 | promote 홍보하다 | rest 나머지 | complete 완료하다, 작성하다 | quick 빠른, 신속한 | paperwork 서류작업 | transition to ~으로 전환하다 | sponsor 후원사

---

1. 어떤 예술가가 인터뷰에 응할 것인가?
  (A) 화가
  (B) 사진가
  (C) 건축가
  (D) 애니메이터

해설 ① 문제 확인: What, artist, interviewed → 인터뷰에 응할 예술가
  ② 단서 찾기: 화자가 애니메이터 노엘 샤프와 이야기 나눌 예정이라고 말했으므로 (D)가 정답이다.

---

2. 화자에 따르면, 샤프 씨의 예술품의 주제는 무엇인가?
  (A) 자연
  (B) 사람
  (C) 도시
  (D) 동물

해설 ① 문제 확인: what, subjects of Mr. Sharp's artwork → Mr. Sharp 예술품의 주제
  ② 단서 찾기: 화자가 샤프 씨는 예술가 집안에서 자라, 자연스럽게 창의적인 쪽으로 끌렸다고 소개하며, 도시 풍경은 그의 초점이 되었고, 그의 작품은 도시의 일상을 담아낸다고 말했으므로 (C)가 정답이다.

---

3. 화자가 "먼저 급히 서명해야 할 서류가 있다고 합니다"라고 말할 때, 그가 의미한 것은?
  (A) 규정이 바뀌었다.
  (B) 샤프 씨가 원격으로 합류할 것이다.
  (C) 화자가 잠시 자리를 비워야 할 것이다.
  (D) 잠시 지연될 것이다.

해설 ① 문제 확인: "he has to complete some quick paperwork first" → 화자가 "먼저 급히 서명해야 할 서류가 있다고 합니다"라고 말한 의도
  ② 단서 찾기: 화자가 먼저 급히 서명해야 할 서류가 있다고 하면서, 그렇다면 지금이야말로 우리 후원사에서 보내는 메시지로 전환하기에 좋은 시간이라고 말했으므로 (D)가 정답이다.

Warm-up

1. (B)　**2.** (A)　**3.** (B)　**4.** (B)　**5.** (A)

Question 1 refers to the following broadcast.

M You're listening to the *Morning Show* on 92.5 FM. This morning, we'll be talking with Erika Dennard, a well-known food critic.

1번은 다음 방송에 관한 문제입니다.

남 여러분들께서는 FM 92.5의 〈아침 쇼〉를 청취하고 계십니다. 오늘 아침에는 유명한 음식 평론가이신 에리카 데나드와 이야기를 나눠 보도록 하겠습니다.

어휘 well-known 유명한 | food critic 음식 평론가

---

1. 에리카 데나드는 누구인가?
  (A) 영양사
  (B) 음식 평론가

해설 에리카 데나드라는 이름 바로 뒤에 유명한 음식 평론가라고 했으므로 (B)가 정답이다.

Question 2 refers to the following broadcast.

W In other news, the Live Healthy Network just released a new list of the most walk-friendly cities in the world. You can wait until our broadcast at 6 P.M. today, or you can visit our website for a sneak peek.

2번은 다음 방송에 관한 문제입니다.

여 다음 뉴스입니다. 리브 헬시 네트워크가 세계에서 가장 걷기 좋은 도시들의 새로운 목록을 방금 공개했습니다. 오늘 오후 6시에 하는 저희 방송을 기다려 주시거나, 저희 웹사이트에 방문하셔서 살짝 엿보실 수 있습니다.

어휘 release 공개하다 | -friendly ~에 적합한 | sneak peek 살짝 엿보기, 살짝 엿보다

---

2. 뉴스의 주요 내용은 무엇에 관한 것인가?
  (A) 도시 목록
  (B) 스포츠 경기

해설 화자는 리브 헬시 네트워크가 세계에서 가장 걷기 좋은 도시들의 새로운 목록을 이제 막 공개했다고 말하고 있으므로 (A)가 정답이다.

Question 3 refers to the following broadcast.

M In business news, Rapid Tire, one of the world's largest automobile tire manufacturers, will be supplying their products for VST Automobiles starting this June.

3번은 다음 방송에 관한 문제입니다.

남 비즈니스 뉴스로는, 세계에서 가장 큰 자동차 타이어 제조 업체 중 하

PART 4　UNIT 18

나인 래피드 타이어가 오는 6월부터 VST 자동차에 그들의 제품을 공급하게 될 것이라는 소식입니다.

어휘 automobile 자동차 I manufacturer 제조사 I supply 공급하다 I product 제품

---

3. 회사가 생산하는 것은 무엇인가?
   (A) 자동차
   (B) 차량용 타이어

해설 회사의 이름 뒤에 세계에서 가장 큰 자동차 타이어 제조 업체 중 하나라고 묘사하고 있으므로 (B)가 정답이다.

호주

Question 4 refers to the following broadcast.

Ⓜ Good evening, everyone. I'm Tom Larkin and welcome to the WKT 10 o'clock news. Dan Williams, the spokesperson for the Grant City Hospital, revealed the grand plan for the renovation of the new wing in the medical research facility at a press conference earlier this morning.

4번은 다음 방송에 관한 문제입니다.

Ⓝ 여러분 안녕하세요, 저는 톰 라킨입니다. WKT 10시 뉴스에 오신 것을 환영합니다. 오늘 아침에 있었던 기자 회견에서 그랜트 시티 병원의 대변인인 댄 윌리엄스가 의학 연구 시설에 있는 새 부속 건물의 개조 작업에 관한 원대한 계획을 발표했습니다.

어휘 spokesperson 대변인 I reveal 발표하다 I grand 원대한 I renovation 개조 I wing 부속 건물 I medical research 의학 연구 I facility 시설 I press conference 기자 회견

---

4. 댄 윌리엄스는 오늘 무엇을 발표했는가?
   (A) 몇몇 연구 결과물
   (B) 시설 개조

해설 화자는 그랜트 시티 병원의 대변인인 댄 윌리엄스가 의학 연구 시설에 있는 새 부속 건물의 개조 작업에 관한 원대한 계획을 밝혔다고 말했으므로 (B)가 정답이다.

영국

Question 5 refers to the following broadcast.

Ⓦ You're tuned in to JSBJ 90.1, the number one pop station in Scranton City. Now, here is an updated list of the various pop music contests in your local area.

5번은 다음 방송에 관한 문제입니다.

Ⓔ 여러분께선 스크랜턴 시 최고의 대중음악 방송 프로그램인 JSBJ 90.1을 청취하고 계십니다. 자, 여기 여러분들의 지역에 있는 다양한 대중음악 경연 대회들의 최신 목록이 있습니다.

어휘 tune in to ~으로 채널을 맞추다 I pop 대중음악 I various 다양한 I local 지역의

---

5. 무엇이 공지되고 있는가?
   (A) 음악 경연 대회
   (B) 음식 축제

해설 화자가 다양한 대중음악 경연 대회들의 최신 목록이 있다고 언급하므로 (A)가 정답이다.

Exercise 본서 p.230

1. (A)	2. (A)	3. (C)	4. (A)	5. (C)	6. (C)
7. (A)	8. (B)				

미국

Questions 1-2 refer to the following news report.

Ⓜ This is Eric Murray with your morning traffic news. ① Many drivers are facing heavy traffic in the morning due to the unexpected snow that piled up last night. Meteorologists had expected a few inches, but we see many areas that have gotten over two feet of snow. Crews are working very hard to clear the snow off the roads, but it will still take a while. So I don't recommend taking your car to work today. ② Instead, consider using the subway. Just be careful when you go outside, though, however you get to work!

1-2번은 다음 뉴스 보도에 관한 문제입니다.

Ⓝ 아침 교통 방송의 에릭 머리입니다. ① 오늘 아침 많은 운전자들이 어젯밤에 쌓인 예상치 못한 눈으로 인해 정체를 겪고 계십니다. 기상 학자들은 눈이 몇 인치 정도로만 쌓일 것으로 예상했지만, 눈이 2피트 이상 쌓인 곳이 많이 보이고 있습니다. 작업반이 도로에서 눈을 치우려고 열심히 일하고 있지만, 시간이 아직 꽤 걸릴 것 같습니다. 오늘 출근길에는 차를 가지고 가지 않으시기 바랍니다. ② 대신 지하철 이용을 고려해 보세요. 어떤 식으로 출근하시든 밖에 나가실 때는 조심하시기 바랍니다!

어휘 face 직면하다 I heavy traffic 교통 혼잡 I due to ~ 때문에 I unexpected 예기치 못한 I pile up 쌓이다 I meteorologist 기상 학자 I consider 고려하다 I commuter 통근자

---

1. 교통 문제를 야기한 주된 원인은 무엇인가?
   (A) 악천후
   (B) 시가 행렬
   (C) 도로 공사
   (D) 도시 경주

해설 세부 사항을 묻는 문제 – 화자가 많은 운전자들이 어젯밤 쌓인 예상치 못한 눈으로 인해 정체를 겪고 있다고 언급하고 있으므로 (A)가 정답이다.

2. 뉴스 리포터가 통근자들에게 권고하는 바는 무엇인가?

(A) **지하철을 탄다**

(B) 버스로 이용한다

(C) 걸어서 출근한다

(D) 자전거를 탄다

해설 세부 사항을 묻는 문제 – 지문의 후반부에서 화자가 차로 출근하지 말고 지하철을 타라고 권고하고 있으므로 (A)가 정답이다.

호주

Questions 3-4 refer to the following broadcast.

M **3** In the studio today is Alicia Swanson, the creator of the Nashville Botanical Garden. Since its opening last month, the garden has drawn hundreds of visitors. It is home to thousands of species of wild plants from all over the world. The garden hopes to conserve and restore endangered plants as well. **4** Ms. Swanson used to own a publishing company in Los Angeles but decided to follow her passion for nature five years ago. Her concept for the garden required a vast amount of space, and she confesses she had trouble finding the perfect location. Let's invite Ms. Swanson to tell us the story herself. Welcome, Ms. Swanson.

3-4번은 다음 방송에 관한 문제입니다.

여 **3** 오늘 스튜디오에는 내슈빌 식물원을 만드신 알리시아 스완슨이 찾아 주셨습니다. 지난달 개장 이후, 수백 명의 방문객이 정원을 찾았습니다. 정원은 전 세계 수천 종의 야생 식물의 서식지입니다. 또한 정원에서는 멸종 위기에 처한 식물을 보존하고 복원하기를 바랍니다. **4** 스완슨 씨는 원래 로스앤젤레스에서 출판사를 운영했는데, 5년 전 자연을 향한 열정을 따르기로 결심했습니다. 그녀는 자신이 구상한 정원에 방대한 공간이 필요해, 완벽한 장소를 찾느라 애를 먹었다고 고백합니다. 스완슨 씨를 모셔서 직접 이야기를 들어 볼까요. 어서 오세요, 스완슨 씨.

어휘 creator 창조자 | botanical garden 식물원 | opening 개장 | draw 끌어모으다 | hundreds of 수백의 | visitor 방문객 | home 서식지 | thousands of 수천의 | species 종 | wild 야생의 | conserve 보호[보존]하다 | restore 복원하다 | endangered 멸종 위기에 처한 | as well 또한 | own 소유하다 | publishing company 출판사 | follow 따르다 | passion 열정 | nature 자연 | concept 구상, 개념 | require 요구하다 | vast 방대한 | amount 양 | space 공간 | confess 고백하다 | perfect 완벽한 | location 장소

---

3. 알리시아 스완슨은 무엇을 만들었는가?

(A) 놀이공원

(B) 동물 보호 구역

(C) **식물원**

(D) 소매점

해설 세부 사항을 묻는 문제 – 화자가 알리시아 스완슨을 내슈빌 식물원을 만든 사람으로 소개했으므로 (C)가 정답이다.

4. 스완슨 씨는 과거에 어느 업계에서 일했는가?

(A) **출판**

(B) 금융

(C) 엔터테인먼트

(D) 제조

해설 세부 사항을 묻는 문제 – 스완슨 씨가 원래 로스앤젤레스에서 출판사를 운영하다가 5년 전에 자연을 향한 열정을 따르기로 결심했다고 했으므로 (A)가 정답이다.

호주

Questions 5-6 refer to the following news report.

M This is Kevin Warner with today's local news. **5** The Leiman Mall is now ready to open its doors to shoppers. This is good news for shoppers and the community alike. People are excited about the tremendous impact this mall will have on the local economy. **6** During the first week of May, many stores will be selling their merchandise at reduced prices. For a complete list of stores in the mall, visit www.leimanmall.com.

5-6번은 다음 뉴스 보도에 관한 문제입니다.

남 오늘의 지역 뉴스를 전하는 케빈 워너입니다. **5** 이제 라이먼 몰이 쇼핑객에게 문을 열 준비가 되었습니다. 이것은 쇼핑객뿐만 아니라 저희 지역 사회에도 좋은 소식입니다. 사람들은 이 쇼핑몰이 지역 경제에 엄청난 영향을 줄 것이라고 들떠 있습니다. **6** 5월 첫 주 동안 많은 상점이 상품을 할인가로 판매할 것입니다. 쇼핑몰 전 매장 목록을 보시려면 www.leimanmall.com을 방문해 주세요.

어휘 community 지역 사회 | alike 마찬가지로 | tremendous 엄청난 | impact 영향 | economy 경제 | merchandise 상품

---

5. 무엇이 지역 사회에 문을 열 것인가?

(A) 영화관

(B) 제조 공장

(C) **쇼핑센터**

(D) 피트니스센터

해설 주제를 묻는 문제 – 화자가 라이먼 몰이 쇼핑객에게 문을 열 준비가 되었다고 언급하므로 (C)가 정답이다.

6. 5월 첫 주 동안 어떤 일이 있을 것인가?

(A) 새 영화가 개봉될 것이다.

(B) 공사 작업이 시작될 것이다.

(C) **할인이 제공될 것이다.**

(D) 신제품이 출시될 것이다.

해설 세부 사항을 묻는 문제 – 지문의 후반부에서 5월 첫 주 동안 많은 상점이 상품을 할인가로 판매한다고 했으므로 (C)가 정답이다.

Questions 7-8 refer to the following radio broadcast.

W You're tuned in to KPRD Radio. Next, we have an update on the summer folk music festival, which begins this afternoon in Midsummer Park. **7** Unfortunately, the inclement weather has led to the day's first performance being called off. Organizers hope to still be able to hold the evening event, showcasing Sri Lankan musicians, as planned beginning at 8 P.M. The event runs from today for the next two weeks and entry is free of charge. **8** For a list of artists performing and dates, take a look at the festival website.

7-8번은 다음 라디오 방송에 관한 문제입니다.

여 여러분은 KPRD 라디오를 듣고 계십니다. 다음으로 오늘 오후 한여름 공원에서 시작되는 여름 민속 음악 축제 소식입니다. **7** 유감스럽게도 악천후로 인해 오늘의 첫 번째 공연이 취소되었습니다. 주최 측은 스리랑카 음악가를 소개하는 저녁 행사를 예정대로 오후 8시에 개최할 수 있기를 희망하고 있습니다. 행사는 오늘부터 앞으로 2주간 계속되며, 입장료는 무료입니다. **8** 공연하는 예술가들 목록과 일자를 보시려면 축제 웹사이트를 방문해 주십시오.

어휘 tune in to ~으로 채널을 맞추다 | folk music 민속 음악 | unfortunately 유감스럽게도 | inclement weather 악천후 | call off (= cancel) 취소하다 | organizer 주최자, 조직자 | hold 개최하다 | entry 입장 | free of charge 무료의

---

7. 어떤 변경 사항이 공지되고 있는가?
   (A) 공연이 취소되었다.
   (B) 일기 예보가 변경되었다.
   (C) 기관이 문을 닫았다.
   (D) 입장료가 면제되었다.

해설 주제를 묻는 문제 – 방송 중간 부분에 악천후로 인해 오늘의 첫 번째 공연이 취소되었다고 말하므로 (A)가 정답이다.

8. 화자에 의하면, 청자들은 웹사이트에서 무엇을 확인할 수 있는가?
   (A) 수정된 예보
   (B) 공연 스케줄
   (C) 새로운 표 가격
   (D) 대체 날짜

해설 세부 사항을 묻는 문제 – 방송 마지막 부분에 공연하는 예술가 목록과 일자를 보시려면 축제 웹사이트를 방문하라고 말했으므로 (B)가 정답이다.

Practice

본서 p.231

1. (A) 2. (D) 3. (C) 4. (D) 5. (A) 6. (A)
7. (B) 8. (C) 9. (D) 10. (C) 11. (D) 12. (B)

Questions 1-3 refer to the following broadcast.

W **1** In local news, construction on the new Arrowtown Complex is due to begin next month. The Complex will house prominent stores looking to set up shop in Arrowtown. There will also be indoor movie theaters and even a pool. **2** The Arrowtown council has released floor plans that show the facilities the finished building will host. You can find those on the council website. The first phase of the construction is expected to be completed in 18 months. **3** Residents are reminded that during this time, some roads may be closed to accommodate the process.

1-3번은 다음 방송에 관한 문제입니다.

여 **1** 지역 소식으로는, 신규 애로우타운 단지의 공사가 다음 달 시작할 예정입니다. 단지에는 애로우타운에 매장을 운영하려는 유명 상점들이 입점할 것입니다. 게다가 실내 영화관에 수영장까지 들어설 예정입니다. **2** 애로우타운 의회에서 완공된 건물에 들어설 시설을 보여 주는 평면도를 공개했습니다. 의회 웹사이트에서 확인하실 수 있습니다. 1차 공사는 18개월 후에 완료될 예정입니다. **3** 주민 여러분께서는 이 시기에 공사 과정을 감당하기 위해 일부 도로의 통행이 차단될 수 있음을 유념해 주시기 바랍니다.

어휘 construction 건설, 공사 | due to ~으로 인해 | begin 시작하다 | house 수용하다 | prominent 유명한 | set up shop 개업하다 | indoor 실내의 | pool 수영장 | council 의회 | release 공개하다 | floor plan 평면도 | show 보여 주다 | facility 시설 | finished 완성된, 마무리된 | host 주최하다 | phase 단계 | complete 완료하다 | resident 주민, 거주자 | remind 상기시키다 | road 도로 | close 폐쇄하다, 통행을 차단하다 | accommodate 수용하다 | process 과정, 절차

---

1. 방송은 무엇에 관한 것인가?
   (A) 건축 프로젝트
   (B) 스포츠 행사
   (C) 건물 철거
   (D) 음악 축제

해설 주제를 묻는 문제 – 방송의 처음 부분에서 신규 애로우타운 단지의 공사가 다음 달에 시작할 예정이라고 말하므로 방송의 내용이 건축 프로젝트에 관한 것임을 알 수 있다. 따라서 (A)가 정답이다.

2. 화자는 웹사이트에서 무엇을 이용할 수 있다고 말하는가?
   (A) 세부 일정
   (B) 지원 양식
   (C) 주요 연락 목록
   (D) 평면도

해설 세부 사항을 묻는 문제 – 애로우타운 의회에서 건물에 들어설 시설을 보여 주는 평면도를 공개했다고 하고 이는 웹사이트에서 확인할 수 있다고 말했으므로 (D)가 정답이다.

---

3. 화자는 청자들에게 무엇을 상기시키는가?

  (A) 다음 주에 투표가 있을 것이다.

  (B) 새 규칙이 시행되었다.

  (C) 일부 도로가 임시 폐쇄될 수 있다.

  (D) 자원봉사자가 아직 더 많이 필요하다.

해설 세부 사항을 묻는 문제 – 공사 과정을 감당하기 위해 일부 도로의 통행이 차단될 수 있다고 화자가 주민들에게 알려주고 있으므로 (C)가 정답이다.

Questions 4-6 refer to the following broadcast.

M **4** The dates for the annual Cossolow Movie Festival have been revealed. This year's festival will take place between September 19th to the 21st. **5** According to Cossolow's event organizer, Julia Bass, this year will be the most memorable festival yet because it will play host to a number of food trucks. This addresses last year's complaint that there were insufficient food options at the festival. So make a note of it on your calendar and bring the entire family. **6** To look up the showtimes of movies, visit the festival website.

4-6번은 다음 방송에 관한 문제입니다.

남 **4** 연례 코솔로 영화제 날짜가 공개됐습니다. 올해 축제는 9월 19일부터 21일까지 개최됩니다. **5** 코솔로 행사 주최자인 줄리아 바스에 따르면, 올해는 가장 기억에 남을 만한 행사가 될 텐데요, 수많은 푸드 트럭을 수용할 예정이기 때문입니다. 이는 축제 때 음식 종류가 부족했다는 작년의 불만 사항을 반영한 것인데요. 그러니 달력에 표시해 놓으셨다가 가족을 모두 데리고 가시기 바랍니다. **6** 상영될 영화 시간을 알아보시려면, 행사 웹사이트를 방문해 주세요.

어휘 date 날짜 | annual 연례의 | reveal 드러내다 | take place 개최되다 | organizer 주최자 | memorable 기억할 만한, 인상적인 | play host to ~의 개최 장소가 되다 | address 다루다 | complaint 불평 | insufficient 불충분한 | make a note of ~을 메모하다 | entire 전체의 | look up 찾아보다 | show 보여주다, 제시하다

---

4. 어떤 행사가 안내되고 있는가?

  (A) 스포츠 선수권 대회

  (B) 음악 콘서트

  (C) 연극 공연

  (D) 영화제

해설 주제를 묻는 문제 – 화자가 연례 코솔로 영화제 날짜가 공개됐다고 말했으므로 (D)가 정답이다.

---

5. 어떤 특징이 언급되는가?

  (A) 늘어난 음식 종류

  (B) 고급 행사장

  (C) 시간 연장

  (D) 전문가 패널

해설 세부 사항을 묻는 문제 – 행사 주최자인 줄리아 바스에 의하면, 올해 행사를 가장 기억에 남게 할 수 있는 특징이 수많은 푸드 트럭을 수용하는 것이라고 말했으므로 (A)가 정답이다.

---

6. 청자들은 웹사이트에서 무엇을 찾을 수 있는가?

  (A) 행사 일정표

  (B) 주차권

  (C) 입장권

  (D) 행사장 찾아가는 길

해설 세부 사항을 묻는 문제 – 상영될 영화 시간을 알아보려면 행사 웹사이트를 방문하라고 말했으므로 (A)가 정답이다.

Questions 7-9 refer to the following introduction to an interview.

M Thank you for tuning in to WHRK radio. I'm your host, Peter Jenkins. Today, **7** film director Victor Gallagher is here to talk about his latest motion picture, *The Lost Empire*. It's a sci-fi thriller that takes place on a remote island in the Pacific. Before making the film, **8** Victor spent four months struggling on the rough terrain of Eaton Island. That's a feat not many have attempted. There, he researched the history of the ancient residents and also the enigmatic gigantic statues known as Moai. **9** You can submit questions to Victor throughout today's show by either calling the studio or sending a text message to 555-WHRK. Welcome to the show, Victor.

7-9번은 다음 소개와 인터뷰에 관한 문제입니다.

남 WHRK 라디오를 청취해 주셔서 감사합니다. 진행자 피터 젱킨스입니다. 오늘, **7** 영화감독 빅터 갤러거를 여기 모시고 그의 최신작 〈잃어버린 제국〉에 대해서 얘기를 나누겠습니다. 이는 태평양의 외딴 섬에서 일어나는 공상 과학 스릴러입니다. 영화를 제작하기 전에 **8** 빅터는 이턴 섬의 험한 지형에서 고생하며 4개월을 보냈습니다. 그런 위업에 도전하는 사람들은 많지 않죠. 그곳에서 그는 고대 원주민들의 역사, 그리고 모아이라고 알려진 수수께끼 같은 거대한 조각상을 조사했습니다. **9** 오늘 방송 중 스튜디오로 전화를 주시거나 555-WHRK로 문자를 보내 주시면 빅터에게 질문하실 수 있습니다. 이 프로에 나와 주신 것을 환영합니다, 빅터.

어휘 motion picture 영화 | take place 일어나다, 발생하다 | remote 외딴, 먼 | terrain 지형 | feat 위업 | enigmatic 수수께끼 같은 | statue 조각상 | throughout ~ 내내 | text message 문자

---

7. 빅터 갤러거는 누구인가?

  (A) 자연 사진작가

  (B) 영화감독

  (C) 라디오 진행자

  (D) 역사학 교수

PART 4 UNIT 18

해설 세부 사항을 묻는 문제 – 화자가 빅터 갤러거를 영화감독으로 소개하고 있으므로 (B)가 정답이다.

─────────────

8. 화자가 "그런 위업에 도전하는 사람들은 많지 않죠"라고 말할 때 무엇을 의도하는가?

(A) 갤러거 씨는 새로운 언어를 배웠다.

(B) 갤러거 씨는 새로운 상품을 출시했다.

(C) 갤러거 씨는 어려운 과업을 완수했다.

(D) 갤러거 씨는 놀라운 발견을 했다.

해설 화자 의도 파악 문제 – 빅터가 이턴 섬의 험한 지형에서 4개월을 고생하며 보냈다고 하면서 이 같은 위업은 소수의 사람만이 도전한다고 말했으므로 그가 힘든 일을 해냈음을 강조하고 있다. 따라서 (C)가 정답이다.

─────────────

9. 청자들은 무엇을 하라고 요청받는가?

(A) 예약을 한다

(B) 웹사이트를 방문한다

(C) 사진을 제출한다

(D) 질문을 한다

해설 요청 사항을 묻는 문제 – 오늘 방송이 진행되는 동안 빅터에게 질문을 할 수 있다고 말했으므로 (D)가 정답이다.

─────────────

호주

Questions 10-12 refer to the following broadcast and map.

Ⓜ In an exciting development, 🔟 the city broke ground on the new Morristown Recreation Center this morning. Once completed, the center will host a variety of afterschool and holiday programs for children of all ages. The center will also offer free classes on basic computer skills for all citizens. 🔢 This is possible thanks to Ensocio Devices, who have generously donated some computers for all to use. The city expects the center to be one of the busiest buildings in the area. In anticipation, the council will be adding a new bus stop nearby. 🔢 The current plans indicate that the new bus stop will be at the intersection of Wingate Road and Avenue E. The plans as well as other information can be found on the council's website.

10-12번은 다음 방송과 지도에 관한 문제입니다.

📻 기대되는 소식으로는, 🔟 **시에서 오늘 아침 신규 모리스타운 레크리에이션 센터의 착공에 들어갔습니다.** 완공되면 센터에서 모든 연령대의 아이들을 위한 다양한 방과 후 및 휴일 프로그램을 주최하게 됩니다. 센터에서는 모든 시민을 위한 무료 기본 컴퓨터 기술 수업 또한 제공할 예정입니다. 🔢 **이는 엔소시오 디바이스 덕분에 가능하게 되었는데요, 모든 사람이 사용할 수 있도록 컴퓨터를 아낌없이 기부해 주셨습니다.** 시에서는 센터가 도시에서 가장 붐비는 건물이 될 것으로 예상하고 있습니다. 예상에 따라, 시의회에서는 인근에 신규 버스 정류장을 추가할 예정입니다. 🔢 **현재 계획상 신규 버스 정류장은 윈**

─────────────

게이트로와 E가 교차 지점에 위치할 예정입니다. 기타 정보를 비롯한 계획은 시의회 웹사이트에서 확인하실 수 있습니다.

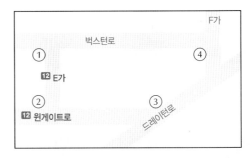

어휘 development 새로 전개된 사건 | break ground on 착공하다 | once 일단 ~하면 | complete 완료하다 | host 주최하다 | a variety of 다양한 | afterschool 방과 후의 | age 나이 | offer 제공하다 | citizen 시민 | possible 가능한 | thanks to ~덕분에 | generously 관대하게 | donate 기부하다 | expect 기대하다 | area 지역 | anticipation 예측 | council 시의회 | add 추가하다 | nearby 인근에 | current 현재의 | plan 계획 | indicate 나타내다 | intersection 교차로 | information 정보

─────────────

10. 방송의 주요 내용은 무엇인가?

(A) 곧 있을 마을 행사

(B) 신규 정책 소개

(C) 새 커뮤니티 센터 건설

(D) 전자 제품 매장 폐점

해설 담화의 주제를 묻는 문제 – 화자가 시에서 오늘 아침 신규 모리스타운 레크리에이션 센터의 착공에 들어갔다고 말했으므로 (C)가 정답이다.

─────────────

11. 회사는 무엇을 기부했는가?

(A) 로고 디자인

(B) 학습 계획안

(C) 건축 자재

(D) 컴퓨터

해설 세부 사항을 묻는 문제 – 화자가 컴퓨터 무료 수업이 엔소시오 디바이스 덕분에 가능하게 되었다면서, 모든 사람이 사용할 수 있도록 컴퓨터를 아낌없이 기부해 주었다고 말했으므로 (D)가 정답이다.

─────────────

12. 시각 자료를 보시오. 버스 정류장은 어디에 위치하겠는가?

(A) 1번 위치

(B) 2번 위치

(C) 3번 위치

(D) 4번 위치

해설 시각 자료 연계 문제 – 화자가 현재 계획상 신규 버스 정류장은 윈게이트로와 E가의 교차 지점에 위치할 예정이라고 했는데, 시각 자료에서 윈게이트로와 E가의 교차 지점은 2번 위치임을 알 수 있으므로 (B)가 정답이다.

UNIT 19. 연설·인물 소개

본서 p.236

핵심 문제 유형

1. (C) 2. (B) 3. (D)

1-3번은 다음 연설에 관한 문제입니다.

📢 싱가포르 중소기업 컨벤션에서는 여러분을 맞이하게 되어 기쁩니다. **1** 오늘, 여러분은 사업체를 성공적으로 시작한 전문가 패널의 이야기를 들을 수 있습니다. **2** 패널들은 세계 각지에서 오신 분들이지만, 저희는 지역을 대표하는 분을 모시는 것이 중요할 거라고 생각했습니다. 저희 게스트이신 루건 휴스는 싱가포르 출신이십니다. 휴스 씨께서는 도시에서 작은 회사를 차린 자신의 경험을 설명하며 이야기를 시작하실 겁니다. 한 가지 더 말씀드리고 싶은 게 있습니다. **3** 질문은 끝날 때까지 기다렸다가 해 주시기 바랍니다. 저희가 충분한 시간을 마련해 놓았습니다.

어휘 enterprise 기업 | panel 패널 | professional 전문가 | launch 시작하다 | successful 성공적인 | business 사업체 | panelist 토론자 | local 지역의 | representation 대표 | kick off 시작하다 | describe 설명하다 | experience 경험 | additional 추가의 | comment 의견, 코멘트 | allot 할당하다 | enough 충분한

---

1. 패널에 있는 사람들은 누구인가?
(A) 교수들
(B) 공무원들
(C) 기업가들
(D) 기자들

해설 ① 문제 확인: Who, people on the panel → 패널의 정체
② 단서 찾기: 화자가 성공적으로 사업체를 세운 전문가 패널의 이야기를 들을 수 있다고 말했으므로 (C)가 정답이다.
③ Paraphrasing: (지문 ➡ 정답)
professionals who have launched successful businesses → entrepreneurs

2. 휴스 씨는 왜 패널로 선택됐는가?
(A) 박사 학위가 있다.
(B) 지역 주민이다.
(C) 최근에 책을 썼다.
(D) 이중 국적자다.

해설 ① 문제 확인: Why, was Mr. Hughes, selected → 휴스 씨가 선택된 이유
② 단서 찾기: 패널들은 세계 각지에서 왔지만, 지역을 대표하는 사람을 패널로 초대하는 것이 중요하다고 생각해 싱가포르 출신인 휴스 씨를 소개하고 있으므로 (B)가 정답이다.

3. 화자는 청자들에게 무엇을 해 달라고 요청하는가?
(A) 핸드폰을 끈다
(B) 서로 자기소개한다
(C) 일부 자료를 검토한다
(D) 질문은 나중에 한다

해설 ① 문제 확인: What, speaker, ask, listeners to do → 화자가 청자들에게 요청한 것
② 단서 찾기: 화자가 청자들에게 질문은 기다렸다가 끝나면 해 달라고 요청했으므로 (D)가 정답이다.

Warm-up

본서 p.237

1. (A) 2. (A) 3. (B) 4. (B) 5. (A)

미국

Question 1 refers to the following introduction.

🅦 I have a quick announcement to make. Before we open, I would like to introduce to you our new head librarian, Gareth Thomas.

1번은 다음 소개에 관한 문제입니다.

🇨 급히 공지해 드릴 내용이 있습니다. 우리가 문을 열기 전에, 우리의 새 수석 사서이신 개러스 토머스를 여러분들께 소개해 드리고 싶습니다.

어휘 head librarian 수석 사서

1. 청자들이 일하는 장소는 어디이겠는가?
(A) 도서관에서
(B) 박물관에서

해설 화자가 문을 열기 전에, 새 수석 사서인 개러스 토머스를 소개하고 싶다고 말하므로 장소가 도서관임을 알 수 있다. 따라서 (A)가 정답이다.

호주

Question 2 refers to the following speech.

🅜 I'd like to welcome everyone to our new manufacturing factory here in Greensboro. This factory will feature a new tool called the Rack2.

2번은 다음 연설에 관한 문제입니다.

📢 이곳 그린즈버러의 신규 제조 공장에 오신 모든 분께 환영의 말씀드립니다. 이 공장은 Rack2라는 새로운 도구가 포함될 것입니다.

어휘 manufacturing 제조 | factory 공장 | feature 특징을 이루다 | tool 도구, 연장 | call 부르다

2. 화자는 어떤 종류의 행사에서 발표하고 있는가?
(A) 공장 개장식
(B) 기술 학회

해설 화자가 그린즈버러에 있는 신규 제조 공장에 온 것을 환영한다고 말했으므로 (A)가 정답이다.

[미국]

Question 3 refers to the following introduction.

M Welcome to the <u>yearly meeting</u> for The Artist Club. Everyone put your hands together for our <u>guest speaker</u> for the night. She is a <u>renowned artist</u>! Let's hear it for Sarah Ferguson!

3번은 다음 소개에 관한 문제입니다.

남 아티스트 클럽의 연례 회의에 오신 것을 환영합니다. 여러분 모두 오늘 밤 우리의 초대 연사를 위해 박수 부탁드립니다. 그녀는 유명한 예술가입니다! 사라 퍼거슨의 말씀을 들어봅시다!

어휘 put one's hands together 박수 치다 | guest speaker 초대 연사 | renowned 유명한

3. 어떤 종류의 행사가 열리고 있는가?
(A) 시상식
(B) 연례 회의

해설 첫 문장에서 아티스트 클럽의 연례 회의에 온 것을 환영한다고 말하고 있으므로 (B)가 정답이다.

[미국]

Question 4 refers to the following introduction.

M Thank you all for attending tonight's <u>annual charity event</u>. And now I'd like to introduce you to our <u>keynote speaker</u>, <u>novelist</u> Eve Fuentes.

4번은 다음 소개에 관한 문제입니다.

남 오늘 밤 연례 자선 행사에 참석해 주신 모든 분들께 감사드립니다. 이제 저희의 기조연설자이신 소설가 이브 푸엔테스를 소개해 드리겠습니다.

어휘 charity event 자선 행사 | keynote speaker 기조 연설자 | novelist 소설가

4. 이브 푸엔테스는 누구인가?
(A) 사서
(B) 저자

해설 이브 푸엔테스를 호명하기 전에 소설가로 소개했으므로 (B)가 정답이다.

[영국]

Question 5 refers to the following talk.

W I would like to thank everyone for attending today's <u>community forum</u>. As this town's <u>construction project manager</u>, I would like to <u>discuss</u> the two ideas that have been put forth for repurposing <u>the old railway</u>.

5번은 다음 소개에 관한 문제입니다.

여 오늘 지역사회 토론회에 참석해 주신 모든 분께 감사의 말씀드립니다. 이 마을의 건설 프로젝트 관리자로서, 저는 오래된 철로의 용도 변경을 위해 나온 두 가지 아이디어에 대해 논의하고 싶습니다.

어휘 attend 참석하다 | forum 토론회 | construction 건설 | put forth 내놓다 | repurpose 용도 변경하다 | railway 철로

5. 화자는 누구인가?
(A) 프로젝트 관리자
(B) 사업주

해설 건설 프로젝트 관리자로서 오래된 철로의 용도 변경에 대해 논의하고 싶다고 말했으므로 (A)가 정답이다.

Exercise
본서 p238

1. (D) **2.** (D) **3.** (B) **4.** (D) **5.** (B) **6.** (C)
7. (C) **8.** (B)

[미국]

Questions 1-2 refer to the following speech.

W Hello, everyone. **1 2** Please welcome our new marketing director, Kelly Montgomery. Before joining us, she worked at a leading marketing firm in Paris for the past two years. I recommend you stay after the meeting to meet Kelly and enjoy some food and beverages.

1-2번은 다음 연설에 관한 문제입니다.

여 안녕하세요, 여러분. **1 2** 저희의 새로운 마케팅 이사님이신 켈리 몽고메리를 환영해 주시기 바랍니다. 이분은 저희와 함께하시기 전에 최근 2년간 파리 굴지의 마케팅 회사에서 일했습니다. 회의 후에 남아 켈리와 만나보시고 다과도 즐기시기 바랍니다.

어휘 marketing director 마케팅 이사 | leading 굴지의 | firm 회사 | past 지난 | food and beverage 음식과 음료

1. 연설의 목적은 무엇인가?
(A) 정책을 설명하기 위해
(B) 새 회의 장소를 알리기 위해
(C) 회사를 홍보하기 위해
(D) 새로운 직원을 소개하기 위해

해설 목적을 묻는 문제 – 지문의 초반에 새로운 마케팅 이사인 켈리 몽고메리를 환영해 달라고 말하고 있으므로 새로운 직원을 소개하고 있음을 알 수 있다. 따라서 (D)가 정답이다.

2. 켈리 몽고메리는 누구인가?
(A) 설립자
(B) 음식 공급자

(C) 여행사 직원

(D) 마케팅 이사

해설 세부 사항을 묻는 문제 – 켈리 몽고메리라는 이름 바로 전에 새로운 마케팅 이사님이라고 소개되므로 (D)가 정답이다.

Questions 3-4 refer to the following talk.

W Welcome to today's training session. **3 4** I'll be going over some of the changes to the Employment Act that were implemented this year and how this changes employment contracts. In particular, I want to cover what you will need to know regarding the new health and safety requirements of all employees. With many employees now working from home, it is up to the employers to provide a safe workplace for their staff. Take a look at the sample contracts I have printed out. I've marked the changes in red.

3-4번은 다음 담화에 관한 문제입니다.

여 오늘 교육에 오신 것을 환영합니다. **3 4 저는 올해 시행된 고용법 변경 사항 몇 가지와 이에 따라 고용 계약서가 어떻게 달라질지에 대해 살펴볼 것입니다.** 특히 전 직원 대상 신규 보건 및 안전 요건과 관련해 여러분이 알아두셔야 할 것에 대해 다루고 싶습니다. 현재 많은 직원이 재택근무를 하고 있는 상황에서, 직원에게 안전한 일터를 제공하는 것은 고용주의 몫입니다. 제가 출력해 드린 계약서 견본을 살펴봐 주세요. 변경 사항에는 빨간색으로 표시해 놨습니다.

어휘 training session 교육 과정, 연수 | Employment Act 고용법 | implement 시행하다, 실시하다 | employment contract 고용 계약서 | cover 다루다 | regarding ~에 관하여 | safety 안전 | requirement 요건 | work from home 재택근무하다 | up to ~에 달려 있다 | employer 고용주 | provide 제공하다 | safe 안전한 | workplace 직장, 일터 | take a look at 살펴보다 | print out 출력하다 | mark 표시하다

---

3. 청자들은 누구인가?

(A) 위생 검사관들

(B) 사내 변호사들

(C) 공무원들

(D) 공인 회계사들

해설 청자의 정체를 묻는 문제 – 올해 새로 시행된 법과 달라질 계약서에 대해서 말하고 있으므로 (B)가 정답이다.

---

4. 교육 주제는 무엇인가?

(A) 새로운 채용 규정

(B) 간부 회의 실시

(C) 사내 행사 준비

(D) 고용법 변경 사항

해설 주제를 묻는 문제 – 화자가 올해 시행된 고용법과 고용 계약서의 변경 사항에 대해서 살펴보겠다고 말했으므로 (D)가 정답이다.

Questions 5-6 refer to the following speech and schedule.

M Welcome. I am Devin Horton. Unless you've been living under a rock, your focus is on all of the basketball coming our way. We have an exciting Saturday filled with some great match-ups, but there is one on everyone's mind. **5** It's the defending champions, The Scholars, taking on The Bulldogs. **6** I have a guest with me today, Miranda Hart. If the name rings a bell, it's because she owns The Bulldogs. She'll be talking about some of the roster changes that have been made this season and how they have contributed to their success.

5-6번은 다음 연설과 일정표에 관한 문제입니다.

남 환영합니다. 데빈 호턴입니다. 세상과 담쌓고 사는 게 아니라면, 다가오는 농구에 온 관심이 쏠려 있죠. 흥미진진한 토요일에는 위대한 대결들이 가득하지만, 모두의 마음속에 있는 건 하나입니다. **5 전년도 우승 팀, 스칼러스가 불독스와 대결을 펼칩니다.** **6 오늘은 저와 함께 하실 게스트 미란다 하트를 모셨습니다. 이름이 낯익다면, 불독스를 소유한 분이기 때문인데요.** 이번 시즌에 이루어진 일부 선수 교체와 팀의 활약에 어떻게 기여했는지에 대한 이야기를 들려줄 예정입니다.

토요일 일정	
오전 11시	아울스 대 시라이언즈
5 오후 1시 30분	**불독스 대 스칼러스**
오후 4시	크로커다일스 대 링스
오후 6시 30분	몬스터스 대 샤크스

어휘 live under a rock 세상과 담쌓고 살다 | match-up 대결, 대전 | defending champion 전년도 우승자 | take on ~와 대결하다 | ring a bell 낯이 익다 | own 소유하다 | roster (팀의) 선수 명단 | contribute 이바지하다, 기여하다

---

5. 시각 정보를 보시오. 추천한 경기는 몇 시에 시작하는가?

(A) 오전 11시

(B) 오후 1시 30분

(C) 오후 4시

(D) 오후 6시 30분

해설 시각 정보 연계 문제 – 화자가 작년에 우승한 팀인 스칼러스가 불독스와 대결을 펼친다고 했고, 일정표에서 두 팀의 경기 시간은 오후 1시 30분이므로 (B)가 정답이다.

---

6. 미란다 하트는 누구인가?

(A) 코치

(B) 전직 선수

(C) 구단주

(D) 스포츠 담당 기자

해설 세부 사항을 묻는 문제 – 화자가 미란다 하트를 게스트로 모셨다고 했고, 불독스를 소유한 사람이라고 소개했으므로 (C)가 정답이다.

Questions 7-8 refer to the following introduction.

W 7 Before we proceed, I'd like to introduce our newest employee, Richard Blunt. **8** Richard joins us from Coates Partners, where he worked for five years on Coates's innovative internet marketing strategy. He is also an occasional lecturer at the Central Marketing Institute. I'm sure you'll all agree that it's fantastic for us to have someone of Richard's expertise working here with us. He'll be heading up a review of our digital marketing strategy, and he'll be needing lots of input from all of us. If you'd like to participate directly in the task force that Richard's going to set up, please tell your manager.

7-8번은 다음 소개에 관한 문제입니다.

해 7 진행하기 전에, 우리 회사의 신규 직원인 리처드 블런트를 소개하고자 합니다. **8** 리처드는 코츠 파트너스에서 근무하였으며, 그곳에서 5년간 코츠의 혁신적인 인터넷 마케팅 전략을 위해 노력하였습니다. 그는 또한 중앙 마케팅 연구소에서 때때로 강연을 하고 있습니다. 리처드와 같은 전문 지식을 가진 사람이 이곳에서 우리와 함께 근무하게 되어 정말 멋지다는 점에 모두 동의할 것이라 생각합니다. 그는 우리의 디지털 마케팅 전략 검토를 책임질 것이며, 우리 모두의 많은 조언을 필요로 할 것입니다. 리처드가 설립할 단기 특별 팀에 바로 참여하고 싶다면, 여러분의 관리자에게 이야기해 주십시오.

어휘 proceed 진행하다 | innovative 혁신적인 | marketing strategy 마케팅 전략 | occasional 가끔의 | lecturer 강연자 | fantastic 환상적인 | expertise 전문 지식 | head up 이끌다, 책임지다 | input 조언, 입력, 입력하다 | participate in ~에 참여하다 | directly 곧장, 바로 | set up 수립하다, 설립하다

7. 담화의 주제는 무엇인가?
(A) 마케팅 전략을 분석하기 위해
(B) 공로상을 수여하기 위해
(C) 신규 채용자를 소개하기 위해
(D) 연구 결과에 대한 피드백을 제공하기 위해

해설 주제를 묻는 문제 – 담화의 처음 부분에 우리 회사의 신규 직원인 리처드 블런트를 소개하고자 한다고 말했으므로 (C)가 정답이다.

8. 블런트 씨의 전문 분야는 무엇인가?
(A) 채용 컨설팅
(B) 온라인 마케팅
(C) 금융 정책
(D) 교육 이론

해설 세부 사항을 묻는 문제 – 담화의 처음 부분에서 리처드는 코츠 파트너스에서 근무하였으며, 그곳에서 5년간 코츠의 혁신적인 인터넷 마케팅 전략을 위해 노력했다고 말했으므로 (B)가 정답이다.

Practice

본서 p.239

1. (C)	2. (C)	3. (B)	4. (D)	5. (A)	6. (C)
7. (D)	8. (A)	9. (C)	10. (B)	11. (A)	12. (B)

Questions 1-3 refer to the following introduction.

W 1 Thank you everyone for joining us at this banquet tonight to celebrate the release of Yano Takahiro's new book. As you all know, **2** Ms. Takahiro is well known for the innovative websites she has designed over the last two decades. She has put a lot of thought and effort into her recently published book about Web design. The book has already gotten rave reviews—from computer specialists and laymen alike—and is expected to be a best seller. **3** She will be the keynote speaker tonight, and she will lay out for us the future of Web design. Ladies and gentlemen, I present to you Ms. Takahiro!

1-3번은 다음 소개에 관한 문제입니다.

해 1 오늘 밤 야노 타카히로의 신간 발표를 축하하기 위해 연회에 모여 주신 여러분께 감사드립니다. 여러분도 아시다시피, **2** 타카히로 씨는 지난 20년 동안 그녀가 디자인한 혁신적인 웹사이트들로 유명합니다. 그녀는 최근 그녀가 출판한 웹 디자인 관련 신간 서적에 많은 고심과 노력을 담았습니다. 이 책은 컴퓨터 전문가는 물론 비전문가들에게도 이미 극찬을 받고 있으며, 곧 베스트셀러가 될 것이라고 예상됩니다. **3** 오늘 밤 기조 연설자로서, 그녀는 저희에게 웹 디자인의 미래에 대한 연설을 해 주실 것입니다. 신사 숙녀 여러분, 타카히로 씨를 소개합니다!

어휘 celebrate 축하하다 | release 발간, 출시 | innovative 혁신적인 | decade 10년 | publish 출판하다 | rave review 극찬 | specialist 전문가 | layman 비전문가 | lay out 펼쳐 놓다

1. 행사의 목적은 무엇인가?
(A) 퇴직하는 직원에게 명예를 주기 위해
(B) 자선단체를 위한 돈을 모금하기 위해
(C) 책의 출간을 축하하기 위해
(D) 회사의 업적을 인정하기 위해

해설 목적을 묻는 문제 – 첫 문장에서 오늘 밤 야노 타카히로의 신간 발표를 축하하기 위해 모여 주어 감사하다고 언급되므로 (C)가 정답이다.

2. 타카히로 씨는 무엇으로 유명한가?
(A) 경영 기술
(B) 리더십 기술
(C) 창의성
(D) 연구

해설 세부 사항을 묻는 문제 – 화자가 타카히로 씨는 지난 20년 동안 혁신적인 웹사이트를 개발한 것으로 유명하다고 말했으므로 (C)가 정답이다.

---

3. 타카히로 씨는 주로 무엇에 대해 이야기할 것인가?

(A) 새로운 컴퓨터 기술

(B) 웹 디자인의 미래

(C) 고객을 유치하는 방법

(D) 직원들에게 동기 부여를 하는 방법

해설 다음에 할 일을 묻는 문제 – 지문의 후반부에서 오늘 밤 기조 연설자로서, 그녀는 웹 디자인의 미래에 대한 연설을 해줄 것이라고 말하므로 (B)가 정답이다.

호주

Questions 4-6 refer to the following speech.

Ⓜ Thank you for inviting me to be a part of this convention today. I'm Max Robertson, and ④ I'm the founder of SJJ Technology Solutions, a software company. At SJJ, ⑤ we create computer programs that can assist real estate agents like you. Our latest software, for example, can send you new property listing notifications when they come on the market. ⑥ Our program is sure to save you time, so you will have more time to concentrate on other important jobs like meeting your clients. We've put all the tools you'll need in one place. This means you can just make a few clicks to finish your work.

4-6번은 다음 연설에 관한 문제입니다.

㎐ 오늘 이 컨벤션에 초대해 주셔서 감사합니다. 저는 맥스 로버트선이고, ④ **소프트웨어 회사인 SJJ 기술 솔루션즈의 창립자입니다.** SJJ에서는 ⑤ **여러분과 같은 부동산 중개인을 도울 수 있는 컴퓨터 프로그램을 만듭니다.** 예를 들어, 저희 최신 소프트웨어는 신규 부동산 매물이 시장에 나오면 여러분에게 알림을 보낼 수 있습니다. ⑥ **저희 프로그램은 확실히 여러분의 시간을 절약해 드리기에,** 고객과의 만남 같은 다른 중요한 업무에 집중할 시간이 더 많아질 것입니다. 저희는 여러분이 필요로 하실 만한 모든 도구를 한 공간으로 모았습니다. 즉, 클릭 몇 번으로 업무를 마무리할 수 있게 됩니다.

어휘 invite 초대하다 | founder 창립자 | assist 도와주다 | real estate agent 부동산 중개인 | latest 최신의 | property 부동산 | listing 매물 | notification 알림 | be sure to 반드시 ~하다 | save 절약하다 | concentrate on ~에 집중하다 | client 고객 | tool 도구 | need 필요로 하다 | place 장소, 공간 | mean 의미하다 | click (컴퓨터 마우스를) 클릭함 | finish 끝내다

---

4. 화자는 어떤 종류의 제품에 대해 이야기하고 있는가?

(A) 건설 장비

(B) 비디오카메라

(C) 가정용 가구

(D) 소프트웨어 프로그램

해설 세부 사항을 묻는 문제 – 화자의 정체가 소프트웨어 회사인 SJJ 기술 솔루션즈의 창립자라고 했으므로 (D)가 정답이다.

---

5. 청자들은 누구인가?

(A) 부동산 중개인들

(B) 행사 기획자들

(C) 펀드 매니저들

(D) 취재 기자들

해설 청자의 정체를 묻는 문제 – 화자가 부동산 중개인인 청자들과 같은 사람들을 도울 수 있는 컴퓨터 프로그램을 만든다고 말했으므로 (A)가 정답이다.

---

6. 화자에 따르면, 제품의 이점은 무엇인가?

(A) 저렴하다.

(B) 오래 유지된다.

(C) 시간을 절약한다.

(D) 안전한 근무 환경을 만들어 준다.

해설 세부 사항을 묻는 문제 – 프로그램을 사용하면 시간을 절약해 준다고 말했으므로 (C)가 정답이다.

영국

Questions 7-9 refer to the following introduction.

Ⓦ Thank you for attending this week's presentation at City Hall. ⑦ Today's guest is Alfred Bell, a renowned chef and restaurant owner. Bell became a household name following the release of his cookbook, *A Journey Through Food*, which was released just last year. ⑧ In the short time the book has been available, it has already been translated into four different languages. But today, Mr. Bell is joining us to discuss something else. ⑨ He will be talking about the new health regulation that will require local restaurants to specify all the ingredients used for each dish they serve. Although some restaurant owners are skeptical about this regulation, city officials believe this would help diners make informed decisions when they eat out.

7-9번은 다음 소개에 관한 문제입니다.

㎝ 이번 주 시청 프레젠테이션에 참석해 주셔서 감사합니다. ⑦ **오늘의 게스트는 유명 셰프이자 레스토랑 주인인 알프레드 벨입니다.** 벨은 자신의 요리책 《음식을 통한 여행》을 출간한 이후 유명 인사가 되었는데요, 그 책은 겨우 작년에 나왔습니다. ⑧ **책은 판매가 시작된 지 얼마 지나지 않아 벌써 4개 언어로 번역되었습니다.** 하지만 오늘 벨 씨는 다른 이야기를 하러 이 자리에 나왔습니다. ⑨ **지역 식당들에 제공하는 모든 요리에 전체 재료를 명시하도록 요구하는 보건 규정에 관해 이야기해 주실 예정입니다.** 일부 식당 주인들은 이 규정에 대해 회의적인 입장이지만, 시 관계자는 이것이 식당을 이용하는 사람들이 외식할 때 정보에 근거한 결정을 내리는 데 도움이 줄 것으로 보고 있습니다.

어휘 attend 참석하다 | presentation 프레젠테이션 | renownd 유명한 | chef 셰프 | owner 주인, 소유주 | household name 누구나 아는 이름 | following ~ 후에 | release 출시, 발간; 출시하다 | cookbook 요리책 | journey 여행 | available 이용 가능한 | translate 번역하다 | join 함께 하다 | discuss 논의하다 | health regulation 보건 규정 | require 요구하다 | local 지역의 | specify 명시하다 | ingredient 재료 | use 사용하다 | dish 요리 | serve (식당 등에서 음식을) 제공하다 | skeptical 회의적인, 의심 많은 | city official 시 공무원 | diner (식당에서) 식사하는 사람 | informed 정보에 근거한 | decision 결정 | eat out 외식하다

---

7. 알프레드 벨은 어떤 업계에서 일하는가?

(A) 교육

(B) 금융

(C) 의학

(D) 요식

해설 세부 사항을 묻는 문제 – 화자가 오늘의 게스트인 알프레드 벨을 셰프와 식당 주인으로 소개했으므로 (D)가 정답이다.

---

8. 화자는 왜 "벌써 4개 언어로 번역되었습니다"라고 말하는가?

(A) 책의 인기를 강조하기 위해

(B) 놀라운 수치를 언급하기 위해

(C) 새로운 기회를 제안하기 위해

(D) 판매 목표액을 명확히 하기 위해

해설 화자 의도 파악 문제 – 화자가 책의 판매가 시작된 지 얼마 지나지 않아 4개 언어로 번역되었다고 말한 것이므로 책의 인기를 강조하기 위한 것임을 알 수 있다. 따라서 (A)가 정답이다.

---

9. 화자에 따르면, 오늘 발표에서는 무엇이 논의될 것인가?

(A) 지역 사회 의견

(B) 업무 경험

(C) 보건 규정

(D) 사업주를 위한 행사

해설 세부 사항을 묻는 문제 – 화자는 벨 씨가 지역 식당들에 제공하는 모든 요리에 전체 재료를 명시하도록 요구하는 보건 규정에 관해 이야기해 줄 예정이라고 말했으므로 (C)가 정답이다.

영국

Questions 10-12 refer to the following introduction and map.

W Welcome to the Cladaire House. Today, you'll get to know about the colorful life of 🔟 Lauren Cladaire, who many believed to be the best female painter of her time. 🔢 It was here, in this small cottage, where Ms. Cladaire was born and first began her work. During the tour today, I'll be showing you the study in which she created her masterpieces, the stamps she collected, and several photos of her family.

🔢 Normally, we'd start with the kitchen area, but we'll go there last today since workers are installing new lights in there right now. So we'll begin our tour with the room right next to it.

10-12번은 다음 소개와 지도에 관한 문제입니다.

🔢 클라데이어 자택에 오신 걸 환영합니다. 오늘 여러분은 🔟 많은 이들이 당대 최고의 화가라고 여겼던 로렌 클라데이어의 다채로운 삶에 관하여 알게 되실 것입니다. 🔢 클라데이어 씨가 태어나고 처음으로 작품 활동을 시작한 곳이 바로 이 작은 오두막집입니다. 오늘 투어에서는 여러분에게 그녀가 걸작품을 만들어 냈던 서재와 그녀가 수집했던 우표, 그리고 가족사진 몇 장을 보여 드리겠습니다. 🔢 보통은 주방에서 시작하지만 오늘은 현재 인부들이 그곳에 새 전등을 설치하고 있는 관계로 마지막에 가겠습니다. 그럼 바로 옆방에서 투어를 시작하도록 하죠.

[클라데이어 자택]

침실	서재
	창고
🔢 거실	주방

어휘 colorful 파란만장한 | female 여성인 | cottage 오두막집 | be born 태어나다 | study 서재 | masterpiece 걸작품 | collect 모으다 | install 설치하다

---

10. 로렌 클라데이어는 누구인가?

(A) 사진작가

(B) 화가

(C) 셰프

(D) 저자

해설 세부 사항을 묻는 문제 – 로렌 클라데이어를 많은 사람들이 당대 최고의 화가라고 여겼다고 소개하고 있으므로 (B)가 정답이다.

---

11. 클라데이어 자택에 대해 언급된 것은 무엇인가?

(A) 클라데이어 씨의 생가이다.

(B) 정기적으로 공연을 연다.

(C) 식당으로 바뀌었다.

(D) 방대한 우표 모음집을 판다.

해설 세부 사항을 묻는 문제 – 화자가 클라데이어 씨의 오두막집을 소개하며, 그녀가 태어난 곳이라고 말했으므로 (A)가 정답이다.

---

12. 시각 정보를 보시오. 청자들은 집의 어느 곳부터 먼저 볼 것인가?

(A) 주방

(B) 거실

(C) 침실

(D) 서재

해설 시각 정보 연계 문제 – 보동은 주방 공간에서 시작하지만 현재 인부들이 그곳에 새 전등을 설치하고 있어서 마지막에 간다고 말하며 투어를 바로 옆방에서 시작한다고 했고, 지도상 주방 바로 옆이 거실이므로 (B)가 정답이다.

UNIT 20. 광고·관광·견학

핵심 문제 유형

본서 p.244

1. (D)　　**2.** (C)　　**3.** (A)

1-3번은 다음 광고에 관한 문제입니다.

광 1 세탁하는 데 너무 많은 시간을 보내고 있나요? 그렇다면 새로 나온 FX-300 세탁기를 사용해 보세요. FX-300은 대부분의 다른 세탁기의 절반 정도 시간에 여러분의 모든 옷을 안전하게 세탁해 드립니다! **2** FX-300은 최근 〈홈 기술 잡지〉에 올해의 1등 제품으로 실렸습니다. **3** 그리고 이번 달 안에 주문하시면, 소매 가격에서 25퍼센트 할인을 받게 됩니다. 그러니 오늘 555-2314로 전화하셔서 FX-300을 주문하세요.

어휘　spend time 시간을 보내다, 시간을 할애하다 | laundry 세탁, 빨래, 세탁물 | try (시험 삼아) 해 보다 | washing machine (가정용) 세탁기 | feature ~을 특집 기사로 다루다 | retail price 소매 가격 | compact 소형의 | appliance (가정용) 기기

---

1. 무엇이 광고되고 있는가?
(A) 소형차
(B) 컴퓨터 게임
(C) 핸드폰
(D) 세탁기

해설　① 문제 확인: What, advertised → 광고되고 있는 제품을 묻는 문제
② 단서 찾기: 세탁하는 데 많은 시간을 보내고 있다면 F-X300 세탁기를 사용해 시간을 절약해 보라고 말하고 있으므로 (D)가 정답이다.

---

2. 제품은 최근 어디에 실렸는가?
(A) 웹사이트에
(B) 무역 박람회에
(C) 잡지에
(D) 텔레비전 프로그램에

해설　① 문제 확인: Where, product, recently, featured → 최근에 제품의 광고가 실린 매체를 묻는 문제
② 단서 찾기: 최근 〈홈 기술 잡지〉에 올해의 가장 인기 있는 제품으로 소개됐다고 말했으므로 (C)가 정답이다.

---

3. 이달에 무엇이 제공되는가?
(A) 할인된 가격
(B) 연장된 보증 기간
(C) 무료 증정품
(D) 빠른 배송 서비스

해설　① 문제 확인: What, offered, this month → 이번 달에 무엇이 제공되는지 묻는 문제
② 단서 찾기: 화자가 이번 달 안에 주문하면 25퍼센트 할인을 받을 수 있다고 말했으므로 (A)가 정답이다.

Warm-up

본서 p.245

1. (B)　　**2.** (A)　　**3.** (A)　　**4.** (B)　　**5.** (B)

호주

Question 1 refers to the following advertisement.

Ⓜ We are happy to announce that Star Fitness Center is now open for business. Here at Star Fitness Center, we pride ourselves in knowing that all your health and exercise needs will be met by a team of knowledgeable and caring professionals. Sign up today!

1번은 다음 광고에 관한 문제입니다.

남 스타 피트니스센터의 개점을 알리게 되어 기쁩니다. 이곳 스타 피트니스센터에서, 운동에 대해 잘 알고 상냥한 전문가들로 구성된 팀이 여러분들께서 원하시는 건강과 운동 요구를 충족시켜드릴 것을 확신하며 이에 자부심을 느낍니다. 오늘 바로 등록하세요!

어휘　be open for business 영업을 하고 있다 | need 필요(성), 요구 | meet (필요·요구 등을) 충족시키다 | knowledgeable 많이 아는 | caring 보살피는 | professional 전문가

---

1. 무엇이 광고되고 있는가?
(A) 의료 센터
(B) 피트니스센터

해설　첫 문장에서 스타 피트니스센터라고 소개하고 있으므로 (B)가 정답이다.

미국

Question 2 refers to the following talk.

Ⓜ Welcome to the Pre-Grand Opening Tour of our city's new art museum. As most of you are aware, we at the City Arts Council have worked very hard planning the renovation of one of our city's most popular tourist attractions. Our goal is to open to the public next Saturday. But since you're a contributor, we wanted you to be the first to see the new gallery.

2번은 다음 담화에 관한 문제입니다.

남 우리 도시의 새 미술관에 대한 개장 전 견학에 오신 것을 환영합니다. 여러분 대부분이 아시다시피, 저희 도시 미술 위원회는 우리 도시에서 가장 인기 있는 관광 명소 중의 하나에 대한 개조 공사를 계획하면서 아주 열심히 노력해 왔습니다. 저희 목표는 다음 주 토요일에 일반 대중에게 개장하는 것입니다. 하지만 여러분께서 기부자이시므로, 저희는 여러분이 처음으로 미술관을 보기를 원했습니다.

어휘　aware 알고 있는 | plan 계획하다 | renovation 개조, 보수 | tourist attraction 관광 명소 | the public 일반 대중 | contributor 기부자

2. 모임의 주 목적은 무엇인가?

(A) 미술관을 견학하기 위해

(B) 건물 수리 작업을 검토하기 위해

해설 화자가 새 미술관의 개장 전 견학에 온 것을 환영하고 있으므로 (A)가 정답이다.

영국

Question 3 refers to the following advertisement.

W Do you need a long vacation or simply want to get away? Whatever your travel needs may be, Rampart Travel Agency is here for you. Give us a call, and we'll meet all your needs, from airline booking to accommodations!

3번은 다음 광고에 관한 문제입니다.

여 긴 휴가가 필요하신가요, 아니면 그냥 떠나고 싶으신가요? 여러분의 여행 요구가 무엇이든, 여러분 곁엔 람파르트 여행사가 있습니다. 전화 주시면 저희가 항공 예약부터 숙소까지 여러분께서 필요로 하시는 모든 것들을 맞춰 드리겠습니다!

어휘 get away 떠나다 | need 요구, 필요(성) | accommodation 숙소

---

3. 무엇이 광고되고 있는가?

(A) 여행사

(B) 항공사

해설 람파르트 여행사라는 회사명에서 바로 유추가 가능하므로 (A)가 정답이다.

미국

Question 4 refers to the following talk.

M Attention, please. This sculpture is one of our finest. This is called *Lovers Holding Hands*. It is the masterpiece of world-renowned artist Donald Judd. He is one of the most notable sculptors in history.

4번은 다음 담화에 관한 문제입니다.

남 주목해 주시기 바랍니다. 이 조각품은 저희가 보유한 최고의 작품 중 하나입니다. 이 작품은 〈손을 잡고 있는 연인들〉이라고 불립니다. 이는 세계적으로 유명한 미술가 도날드 저드가 만든 걸작입니다. 이분은 역사상 가장 주목할 만한 조각가 중 한 분입니다.

어휘 sculpture 조각품 | masterpiece 걸작 | renowned 유명한 | notable 주목할 만한, 유명한 | sculptor 조각가

---

4. 화자는 누구이겠는가?

(A) 풍경 화가

(B) 박물관 가이드

해설 화자가 〈손을 잡고 있는 연인들〉이라는 조각품이 그들이 보유한 최고의 작품 중 하나라고 소개하고 있으므로 (B)가 정답이다.

미국

Question 5 refers to the following advertisement.

W Does your company have many sensitive documents, photos, or spreadsheets that you need to dispose of safely? Use Hines Business Solutions' patented document destruction service! Our shredding service will help you get rid of all unwanted files that clutter your office.

5번은 다음 광고에 관한 문제입니다.

여 회사에 안전하게 처리해야 하는 민감한 문서, 사진, 스프레드시트가 많으세요? 하인즈 비즈니스 솔루션의 특허받은 문서 파기 서비스를 이용해 보세요! 저희 문서 분쇄 서비스는 사무실을 어지럽히는 필요 없는 파일을 모조리 없애 드립니다.

어휘 sensitive 민감한 | document 서류 | spreadsheet 스프레드시트 | dispose of 없애다, 처리하다 | safely 안전하게 | patent 특허를 획득하다 | destruction 파괴, 파기 | shred (갈가리) 자르다 | get rid of 제거하다 | unwanted 원치 않는 | clutter (장소를) 어지르다

---

5. 어떤 유형의 서비스가 광고되고 있는가?

(A) 데이터 저장

(B) 문서 처분

해설 화자가 하인즈 비즈니스 솔루션의 문서 파기 서비스를 이용해 보라고 말하므로 (B)가 정답이다.

Exercise

본서 p.246

1. (A) 2. (D) 3. (A) 4. (D) 5. (B) 6. (A)
7. (B) 8. (B)

미국

Questions 1-2 refer to the following advertisement.

W 1 Quench your thirst with Samba Juice! All of our ingredients are organic and 100 percent natural. This drink is free of sugar and preservatives. But most importantly, it's delicious! And 2 if you complete a brief questionnaire on our website, we will send you a stylish Samba T-shirt.

1-2번은 다음 광고에 관한 문제입니다.

여 1 삼바 주스로 여러분의 갈증을 날려 버리세요! 저희의 모든 재료들은 다 유기농이며 100퍼센트 천연 재료들입니다. 이 음료에는 설탕과 방부제가 없습니다. 하지만 가장 중요한 것은 맛있다는 거죠! 그리고 2 저희 웹사이트에서 간단한 설문을 작성해 주시면 멋진 삼바 티셔츠를 보내드립니다.

어휘 quench (갈증을) 풀다 | thirst 갈증 | ingredient 재료 | organic 유기농의 | natural 천연의 | free of ~이 없는 | preservative 방부제 | questionnaire 설문 조사, 설문지

---

1. 무엇이 광고되고 있는가?

(A) 음료

(B) 매장 개업

(C) 메뉴

(D) 주간 할인 판매

해설 광고의 대상을 묻는 문제 – 첫 문장에서 삼바 주스로 갈증을 날려 버리라고 언급하므로 (A)가 정답이다.

2. 고객들은 왜 설문을 작성해야 하는가?

(A) 신용카드의 자격을 부여받기 위해

(B) 현금을 받기 위해

(C) 할인을 받기 위해

(D) 의류 상품을 받기 위해

해설 세부 사항을 묻는 문제 – 화자가 웹사이트를 방문해서 설문을 작성하면 무료 티셔츠를 받을 수 있다고 말하므로 (D)가 정답이다.

미국

Questions 3-4 refer to the following tour information.

Ⓜ Now I'll walk you through our bottling facility. This is where we bottle our soft drinks, which are then shipped to the supermarkets. On your left, you'll see all of the flavors you're familiar with. ❸ And over here, these are some of the new flavors we'll be releasing soon. Trust me, you'll be going back to your supermarket for more of these. I'll be handing out some samples soon, so you'll be among the first to try them. ❹ After the samples, I'll take you to our gift shop, where you can receive your own personalized bottles. Don't worry, it's all included as part of the tour, so don't take out your wallets.

3-4번은 다음 견학 안내에 관한 문제입니다.

Ⓦ 이제 병입 시설로 안내해 드리겠습니다. 여기가 바로 자사의 청량음료를 병에 담는 곳이고, 그러고 나서 슈퍼마켓으로 배송됩니다. 왼쪽에는 여러분이 잘 알고 있는 모든 맛을 보실 수 있습니다. ❸ 그리고 여기, 이것은 우리가 곧 출시할 새로운 맛입니다. 절 믿으세요, 여러분은 이것을 더 맛보려고 슈퍼마켓에 다시 가게 될 거예요. 제가 곧 샘플을 나눠 드릴 텐데, 여러분이 그것을 최초로 시음하는 분이 될 것입니다. ❹ 샘플 시간이 끝나면, 개인 맞춤 병을 받으실 수 있는 저희 선물 가게로 안내해 드리겠습니다. 걱정 마세요, 모두 견학의 일부로 포함되어 있으니 지갑은 넣어 두셔도 됩니다.

어휘 walk ~ through ~에게 …을 보여 주다 ǀ bottle 병; 병에 담다 ǀ soft drink 청량음료 ǀ ship 배송하다 ǀ flavor 맛 ǀ be familiar with ~을 잘 알고 있다, ~에 친숙하다 ǀ release 출시하다, 공개하다 ǀ hand out 나눠 주다 ǀ personalized 개인 맞춤형의

3. 화자는 왜 "여러분은 이것을 더 맛보려고 슈퍼마켓에 다시 가게 될 거예요"라고 말하는가?

(A) 제품에 대해 흥미를 불러일으키기 위해

(B) 손님들에게 환불을 받을 것을 조언하기 위해

(C) 특별 승진을 발표하기 위해

(D) 제품이 싸게 판매될 것임을 내비치기 위해

해설 화자 의도 파악 문제 – 화자가 새 맛을 곧 출시할 거라고 하며, 청자들이 그 제품을 더 맛보기 위해 슈퍼마켓에 다시 가게 될 거라고 말하고 있으므로 새로 나올 제품에 대한 흥미를 불러일으키기 위한 것임을 알 수 있다. 따라서 (A)가 정답이다.

4. 화자는 청자들이 무엇을 이용할 수 있다고 말하는가?

(A) 할인 쿠폰

(B) 샘플 선물

(C) 지갑

(D) 개인 맞춤형 병

해설 세부 사항을 묻는 문제 – 샘플 시간이 끝나면 청자들이 개인 맞춤 병을 받을 수 있다고 하며 선물 가게로 안내해 주겠다고 말했으므로 (D)가 정답이다.

호주

Questions 5-6 refer to the following advertisement.

Ⓜ Come and see for yourself the best of what Los Angelinos can offer at Skyview Apartments. ❺ It is located near Tauro Drive where you can enjoy the most luxurious shopping center. And it is within walking distance from the beach where you can relax after a long day of work. No other apartment complex can compare to Skyview Apartments. ❻ Call now and mention this radio advertisement to receive 20 percent off your first month's rent.

5-6번은 다음 광고에 관한 문제입니다.

Ⓦ 로스앤젤리노스가 줄 수 있는 최고의 선물을 스카이뷰 아파트에 오셔서 직접 확인해 보세요. ❺ 저희 아파트는 가장 럭셔리한 쇼핑센터를 즐기실 수 있는 타우로 드라이브 근처에 위치해 있습니다. 또한 여러분이 긴 하루의 일과를 마치고 나서 휴식을 취하실 수 있는 해변도 걸어서 갈 수 있을 만큼 가까이에 있습니다. 스카이뷰 아파트와 견줄 만한 아파트는 없을 것입니다. ❻ 지금 전화 주셔서 이 라디오 광고에 대해 언급하시고 첫 달 집세의 20퍼센트를 할인받으세요.

어휘 locate 위치시키다 ǀ luxurious 호화로운 ǀ walking distance 걸어서 갈 수 있는 거리의 ǀ compare to 비교하다, 견주다 ǀ rent 집세

5. 화자에 따르면, 스카이뷰 아파트 근처에 있는 것은 무엇인가?

(A) 박물관

(B) 해변

(C) 지하철역

(D) 극장

해설 세부 사항을 묻는 문제 – 화자가 아파트는 가장 럭셔리한 쇼핑센터를 즐길 수 있는 타우로 드라이브 근처에 위치해 있고 긴 하루 일과를 마치고 나서 휴식을 취하실 수 있는 해변도 걸어서 갈 수 있을 만큼 가까이에 있다고 언급하므로 (B)가 정답이다.

6. 할인을 받으려면 청자들은 무엇을 해야 하는가?

(A) 라디오 광고에 대해 언급한다

(B) 1년 계약을 체결한다

PART 4 UNIT 20

(C) 설문조사에 참여한다

(D) 한 업체를 추천한다

해설 세부 사항을 묻는 문제 – 화자가 지금 전화해서 이 라디오 광고에 대해 언급하면 첫 달 집세의 20퍼센트를 할인받을 수 있다고 말했으므로 (A)가 정답이다.

영국

Questions 7-8 refer to the following advertisement and graph.

Ⓦ Are you environmentally conscious? Do you constantly worry about the impact you are having on your environment? Let Confidence Electric help you. We are the city's largest provider of electricity. Our latest project has been to install solar panels to power homes during the day. Today, **7** solar energy is our fastest-growing primary energy source. If you are interested or want to find out more, **8** we have some videos and testimonies available on our website. Inquire now and receive a complimentary home inspection from one of our experts, who will let you know what Confidence Electric can do for you.

7-8번은 다음 광고와 표에 관한 문제입니다.

Ⓞ 환경에 관심이 있으신가요? 당신이 환경에 미치는 영향을 끊임없이 걱정하시나요? 컨피덴스 일렉트릭에서 당신을 도와드리겠습니다. 저희는 도시 내 최대 규모의 전기 공급 업체입니다. 저희 최신 프로젝트는 낮 시간 동안 가정에 동력을 공급해 줄 태양 전지판을 설치하는 것입니다. 오늘날, **7** 태양 에너지는 빠르게 성장하는 주요 에너지원입니다. 관심 있으시거나 더 자세한 내용을 알아보고 싶으시면, **8** 저희 웹사이트에서 영상과 후기를 읽어 보실 수 있습니다. 지금 문의하시고 저희 전문가에게 무료 가정 점검을 받아 보세요. 저희 전문가가 컨피덴스 일렉트릭에서 무엇을 제공해 드릴 수 있는지 알려드릴 겁니다.

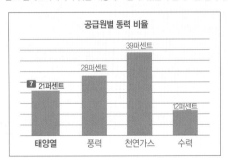

공급원별 동력 비율

어휘 environmentally conscious 환경을 의식하는 | constantly 끊임없이 | worry about ~에 대해 걱정하다 | impact 영향 | environment 환경 | provider 공급사 | electricity 전기 | latest 최신의 | install 설치하다 | solar panel 태양 전지판 | power 동력을 공급하다 | home 가정 | solar energy 태양 에너지 | fastest-growing 빠르게 성장하는 | primary 주요한 | energy source 에너지원 | testimony 후기 | inquire 문의하다 | complimentary 무료의 | inspection 점검 | expert 전문가

---

7. 시각 정보를 보시오. 회사의 동력 중 어느 정도가 새로운 공급원으로 발생되는가?

(A) 12퍼센트

(B) 21퍼센트

(C) 28퍼센트

(D) 39퍼센트

해설 시각 정보 연계 문제 – 화자가 회사에서 진행하는 최신 프로젝트가 가정에 동력을 공급해 줄 태양 전지판을 설치하는 것이라고 하면서 태양 에너지가 빠르게 성장하는 주요 에너지원이라고 말했고, 표에서 태양열의 비율이 21퍼센트라는 것을 알 수 있다. 따라서 (B)가 정답이다.

---

8. 화자는 웹사이트에서 무엇을 이용할 수 있다고 말하는가?

(A) 할인 상품

(B) 정보성 영상

(C) 제품 설계도

(D) 가격표

해설 세부 사항을 묻는 문제 – 더 자세한 내용을 알고 싶으면 회사 웹사이트에 가서 영상을 보고 후기를 읽어 볼 수 있다고 말했으므로 (B)가 정답이다.

Practice

본서 p.247

1. (A)	2. (D)	3. (B)	4. (C)	5. (A)	6. (D)
7. (C)	8. (B)	9. (C)	10. (C)	11. (D)	12. (B)

미국

Questions 1-3 refer to the following tour information.

Ⓜ Welcome to Johnson's Juices. **1** Thank you for coming to this session to try some of our latest juice flavors. We'd like to invite you to provide your honest feedback through interviews and questionnaires. For a bit of context, we are a new company specializing in organic juices prepared fresh in our kitchen. **2** While similar companies charge a premium on such products, we maintain that fresh juices should be available to anyone, and this is reflected in our reasonable prices. **3** And after today's session, you can pick up your very own assortment of drinks as a token of our appreciation.

1-3번은 다음 견학 안내에 관한 문제입니다.

Ⓝ 존슨스 주스에 오신 것을 환영합니다. **1** 저희 최신 주스 맛을 마셔보는 이번 세션에 와 주셔서 감사드립니다. 인터뷰와 설문지를 통해 여러분의 솔직한 의견을 제공해 주시기를 부탁드립니다. 약간의 정보를 드리자면, 저희는 저희 주방에서 갓 짜낸 신선한 유기농 주스를 전문으로 하는 신규 회사입니다. **2** 유사 기업에서는 그런 제품에 할증료를 부과하지만, 저희는 누구나 신선한 주스를 마실 수 있어야 한다는 입장이며, 이는 합리적인 가격으로 반영되어 있습니다. **3** 오늘 세션이 끝난 후에는 저희가 감사의 표시로 준비한 음료 세트를 가져가시기 바랍니다.

어휘 latest 최신의 | juice 주스 | flavor 맛 | honest 솔직한 | questionnaire 설문지 | context 상황, 맥락 | specialize in ~을 전문으로 하다 | organic 유기농 | prepare 준비하다 | similar 유사한 | charge 부과하다 | premium 할증료 | maintain 주장하다, 유지하다 | reflect 반영하다 | reasonable 합리적인 | pick up 가져가다 | assortment 모음, 종합 | drink 음료 | as a token of ~의 표시로 | appreciation 감사 | focus group (시장 조사 등을 위해 각 계층을 대표하는 사람들로 구성된) 포커스 그룹

1. 청자들은 누구이겠는가?
(A) 포커스 그룹 참가자들
(B) 마케팅 담당자들
(C) 잠재 투자자들
(D) 사업 분석가들

해설 청자의 정체를 묻는 문제 – 화자가 청자들에게 최신 주스 맛을 마셔보는 세션에 참여해서 감사하다며 인터뷰와 설문지를 통해 솔직한 의견을 남겨 주는 것을 부탁했으므로 (A)가 정답이다.

2. 화자는 회사 제품을 왜 자랑스러워하는가?
(A) 여러 국가에서 이용할 수 있다.
(B) 지역 스포츠 팀의 지지를 받았다.
(C) 지속 가능한 포장지에 나온다.
(D) 저렴한 가격에 판매된다.

해설 세부 사항을 묻는 문제 – 화자가 존슨스 주스의 신선한 주스를 누구나 마실 수 있어야 한다며 이를 합리적인 가격으로 반영되었다고 말했으므로 (D)가 정답이다.

3. 화자에 따르면, 청자들은 세션이 끝나면 무엇을 할 수 있는가?
(A) 소식지를 신청한다
(B) 일부 제품을 받는다
(C) 새로운 맛을 제안한다
(D) 시설을 견학한다

해설 다음에 할 일을 묻는 문제 – 화자가 세션이 끝난 후 청자들에게 감사의 표시로 준비한 음료 세트를 가져가라고 말했으므로 (B)가 정답이다.

영국

Questions 4-6 refer to the following advertisement.

W Summer is just around the corner, and we know what that means. You want to finally get around to building that garden or shed in your backyard. **4** Whatever your plans are, Fraine Brothers has your landscaping needs covered. **5** With over twenty offices throughout the country, you can be reassured we will get the job done to your satisfaction. When you're ready, give us a call to talk about your plans. We have also revamped our website to now include an online form to book consultations. **6** If you go through our new form,

we will give you a 10% discount on the final price.

4-6번은 다음 광고에 관한 문제입니다.

여 여름이 코앞으로 다가왔습니다. 저희는 이게 무슨 의미인지 잘 알고 있습니다. 드디어 뒷마당에 텃밭이든 창고든 지을 마음이 생기셨을 겁니다. **4** 어떤 계획을 갖고 계시든, 프레인 브라더스에서는 당신의 조경 요구 사항을 해결해 드립니다. **5** 전국 곳곳에 스무 곳 넘게 사무실을 보유하고 있어, 만족스러운 작업 처리에 안심하실 수 있습니다. 준비되시면, 저희에게 전화 주셔서 계획을 알려주세요. 또한 저희가 웹사이트를 개편하여 이제 상담을 예약하는 온라인 양식이 포함되어 있습니다. **6** 새로운 양식을 이용하시는 경우, 최종 가격에서 10퍼센트 할인을 제공해 드립니다.

어휘 finally 마침내 | get around to ~할 짬을 내다. ~에 관심을 갖다 | shed 창고, 작업장 | backyard 뒷마당 | landscaping 조경 | cover 책임지다, 떠맡다 | throughout 도처에 | reassure 안심시키다 | satisfaction 만족 | revamp 개조하다, 개편하다 | book 예약하다 | consultation 상담 | go through ~을 거치다 | final 최종의 | price 가격

4. 어떤 서비스가 광고되고 있는가?
(A) 나무 손질
(B) 배관 공사
(C) 조경 작업
(D) 주택 수리

해설 광고 대상을 묻는 문제 – 프레인 브라더스가 청자들의 조경 요구 사항을 해결해 준다고 했으므로 (C)가 정답이다.

5. 화자는 회사에 관하여 무엇을 강조하는가?
(A) 지점이 여러 개 있다.
(B) 첨단 기계를 사용한다.
(C) 최저가를 제공한다.
(D) 한동안 영업해 왔다.

해설 세부 사항을 묻는 문제 – 화자가 사무실이 전국 곳곳에 스무 곳 넘게 있다고 했고, 만족스러운 일 처리에 청자들이 안심할 수 있다고 말했으므로 (A)가 정답이다.

6. 청자들은 할인받으려면 무엇을 해야 하는가?
(A) 후기를 올린다
(B) 특정 날짜 전에 전화한다
(C) 추천한다
(D) 온라인 서식을 작성한다

해설 다음에 할 일을 묻는 문제 – 화자가 새로운 양식을 작성한 경우, 최종 가격에서 10퍼센트 할인을 제공한다고 말했으므로 (D)가 정답이다.

영국

Questions 7-9 refer to the following talk.

W I'd like to welcome everyone to the provincial park. I'm excited to take you on a tour of one of the largest natural areas in the province. **7** I'm sure the diversity of the native plants you will encounter during our trek will impress you. Many of them are unique to our park. **8** The land was graciously donated to the province by local resident, Victoria Haynes, so that others could also appreciate its beauty. Some of you have told me you were nervous about the trek we're going on today. **9** There are several challenging trails in the park. But those trails can wait for another time. There are plenty of things to see in the easier trail.

7-9번은 다음 담화에 관한 문제입니다.

🎙 주립 공원에 오신 모든 분을 환영합니다. 주내 최대 규모의 자연 지역 투어에 여러분을 안내하게 되어 기쁩니다. **7** 트레킹을 하면서 보시게 될 다양한 토종 식물에 깊은 감명을 받게 되실 겁니다. 그중 다수는 저희 공원에만 있습니다. **8** 땅은 인자하게도 지역 주민이신 빅토리아 헤인즈께서 주에 기증해 주셔서, 다른 분들도 그 아름다움을 감상할 수 있게 해 주셨습니다. 저희가 오늘 하게 될 트레킹에 대해 몇몇 분이 긴장된다는 의견을 주셨습니다. **9** 공원에는 힘든 산길이 여러 개 있습니다. 하지만 그러한 산길은 다음 기회로 미룰 수 있습니다. 쉬운 산길에는 볼거리가 가득합니다.

어휘 provincial 주의 | park 공원 | natural 자연의 | area 지역 | province 주 | diversity 다양성 | native 토종의 | plant 식물 | trek 트레킹 | impress 깊은 인상을 주다 | unique 고유의 | graciously 자애롭게 | donate 기증하다 | appreciate 감상하다 | beauty 아름다움 | nervous 불안해하는, 걱정하는 | challenging 도전 의식을 불러 일으키는 | trail 산길 | plenty of 많은

---

7. 화자는 청자들이 무엇에 감명받게 될 거라고 말하는가?

(A) 공원 방문자 센터

(B) 산꼭대기에서의 경치

(C) 일부 식물

(D) 일부 동물

해설 세부 사항을 묻는 문제 - 청자들이 트레킹을 하면서 다양한 토종 식물을 보며 깊은 감명을 받게 될 거라고 말했으므로 (C)가 정답이다.

---

8. 빅토리아 헤인즈는 무엇을 했는가?

(A) 다큐멘터리 영화를 감독했다.

(B) 토지를 기부했다.

(C) 스포츠 경기에서 우승했다.

(D) 주립 공원을 설계했다.

해설 세부 사항을 묻는 문제 - 화자가 지역 주민인 빅토리아 헤인즈가 땅을 주에 기증해 줬다고 말했으므로 (B)가 정답이다.

---

9. 화자가 "그러한 산길은 다음 기회로 미룰 수 있습니다"라고 말할 때 무엇을 의도하는가?

(A) 공원 산책로에 익숙하지 않다.

(B) 날씨가 바뀔 것으로 예상된다.

(C) 청자들은 걱정하지 않아도 된다.

(D) 시간이 충분하지 않아 걱정한다.

해설 화자 의도 파악 문제 - 공원에는 험한 산길이 여러 개가 있지만, 그런 산길은 다음 기회로 미룰 수 있다고 하며 볼거리가 가득한 쉬운 산길로 안내해 주는 것임을 알 수 있다. 따라서 (C)가 정답이다.

Questions 10-12 refer to the following advertisement and subscription options.

🎙 Do you like trying something new? Then Billie's new meal delivery service is for you. **10** Every month, our staff puts together three different meals using quality ingredients to deliver to your door. All you need to do is follow step-by-step instructions to make amazing dishes. **11** And starting in March, we will be offering same-day shipping to ensure you receive only the freshest ingredients. Check out our website and select the number of months you would like to subscribe to. We are currently offering a special deal. To qualify, **12** sign up for at least three months and receive an extra box on us.

10-12번은 다음 광고와 구독 종류에 관한 문제입니다.

🎙 무언가 새로운 것을 시도해 보는 걸 좋아하시나요? 그렇다면 빌리의 새로운 식사 배송 서비스가 있습니다. **10** 매달 저희 직원이 고품질의 재료로 세 가지 다채로운 식사를 구성해 여러분의 문 앞에 배송해 드립니다. 여러분은 그저 단계별 안내에 따라 훌륭한 요리를 만들어 주기만 하면 됩니다. **11** 그리고 3월부터는 신선한 재료만을 받아 보실 수 있도록 당일 배송을 제공해 드릴 예정입니다. 저희 웹사이트를 살펴보시고 구독하고 싶은 개월 수를 선택해 주세요. 현재 특별 상품을 제공해 드리고 있습니다. 자격을 얻으려면, **12** 최소 세 달치를 등록하셔서 저희가 보내드리는 추가 박스를 받아 보세요.

구독 종류	
1개월: 30달러	**12** 3개월: 85달러
6개월: 160달러	12개월: 300달러

어휘 meal 식사 | delivery 배송; 배송하다 | put together (이것저것을 모아) 만들다 | quality 양질의, 고급의 | ingredient 재료 | follow 따르다 | step-by-step 단계적인 | instruction 안내 | amazing 굉장한, 훌륭한 | dish 요리 | same-day 당일의 | shipping 배송 | ensure 보장하다 | fresh 신선한 | check out 확인하다 | subscribe 구독하다; 구독 | currently 현재 | special deal 특별 상품 | qualify 자격을 얻다 | sign up for 등록하다 | at least 최소한 | extra 추가의 | option 선택

---

10. 월간 배송으로 무엇이 광고되고 있는가?

(A) 스킨케어 제품

(B) 문구류

(C) 밀키트

(D) 신선한 꽃

해설 광고 대상을 묻는 문제 – 화자가 매달 직원이 고품질의 재료를 가지고 세 가지 식사를 구성한다고 말했으므로 (C)가 정답이다.

---

11. 화자는 3월에 무엇을 이용할 수 있게 된다고 말하는가?

(A) 실시간 배송 조회

(B) 선물 포장 서비스

(C) 냉장 배송

(D) 빠른 배송

해설 세부 사항을 묻는 문제 – 화자가 3월부터 청자들이 신선한 재료를 받을 수 있도록 당일 배송을 제공할 예정이라고 말했으므로 (D)가 정답이다.

---

12. 시각 정보를 보시오. 추가 박스를 받는 데 필요한 최소 구독 금액은 무엇인가?

(A) 30달러

(B) 85달러

(C) 160달러

(D) 300달러

해설 시각 정보 연계 문제 – 화자가 최소 석 달 치를 등록해야 추가 박스를 보내 준다고 했고, 구독 종류에서 3개월 치 금액이 85달러이므로 (B)가 정답이다.

REVIEW TEST

본서 p.250

71. (A)	72. (B)	73. (A)	74. (B)	75. (A)	76. (C)
77. (A)	78. (D)	79. (A)	80. (B)	81. (D)	82. (B)
83. (A)	84. (A)	85. (C)	86. (B)	87. (B)	88. (C)
89. (C)	90. (C)	91. (D)	92. (D)	93. (A)	94. (D)
95. (A)	96. (B)	97. (C)	98. (C)	99. (D)	100. (A)

미국

Questions 71-73 refer to the following tour information.

M 71 Welcome to Madison Island. On today's boat tour, you'll have the opportunity to see some of the island's native fish and birds as well as some breathtaking scenery. We'll stop by the north side of the island, where you'll be able to go for a swim at Armand Bay and have some food. 72 If there are some friends and family you've been meaning to write to, there are also some postcards for sale at the gift shop. 73 Before we depart, can everyone please remember to put all of your valuables in the

locker under your seats? If you need help, raise your hand.

71-73 번은 다음 투어 안내에 관한 문제입니다.

M 71 매디슨 섬에 오신 것을 환영합니다. 오늘 보트 투어에서 여러분은 환상적인 풍경과 함께 섬의 토종 물고기 및 새 일부를 볼 기회를 얻게 됩니다. 저희는 섬의 북쪽에 잠시 들를 예정인데, 이곳에서 여러분은 아먼드 만에서 수영을 하고 음식을 드실 수 있습니다. 72 편지를 보내려고 했던 친구 및 가족이 있으시다면, 기념품점에서 엽서도 판매하고 있습니다. 73 출발하기 전에 귀중품은 모두 여러분의 좌석 밑에 있는 사물함에 넣어 두는 것을 기억하시지요? 도움이 필요하시면 손을 들어 주세요.

어휘 opportunity 기회 ㅣ native 토종의 ㅣ breathtaking 숨 막히게 아름다운 ㅣ scenery 풍경 ㅣ stop by 들르다 ㅣ go for a swim 수영하러 가다 ㅣ postcard 엽서 ㅣ depart 출발하다 ㅣ remember 기억하다 ㅣ valuable 귀중품 ㅣ locker 사물함 ㅣ raise 들어 올리다

---

71. 어떤 종류의 투어가 이야기되고 있는가?

(A) 섬 생태 투어

(B) 도시 투어

(C) 대학교 캠퍼스 투어

(D) 박물관 투어

해설 담화의 주제를 묻는 문제 – 화자가 메디슨 섬에 오신 것을 환영합니다. 오늘 보트 투어에서 여러분은 환상적인 풍경과 함께 섬의 토종 물고기 및 새 일부를 볼 기회를 얻게 된다고 말했으므로 (A)가 정답이다.

---

72. 화자에 따르면, 기념품점에서 살 수 있는 것은?

(A) 의류

(B) 엽서

(C) 간식

(D) 장난감

해설 세부 사항을 묻는 문제 – 화자가 편지를 보내려고 했던 친구 및 가족이 있으시다면, 기념품점에서 엽서도 판매하고 있다고 말했으므로 (B)가 정답이다.

---

73. 화자는 청자들에게 무엇을 상기시키는가?

(A) 개인 물품은 사물함에 보관해야 한다.

(B) 표는 사전에 구입해야 한다.

(C) 안전 규정을 돌려봐야 한다.

(D) 설문지를 작성해야 한다.

해설 제안·요청 사항을 묻는 문제 – 화자가 "출발하기 전에 귀중품은 모두 여러분의 좌석 밑에 있는 사물함에 넣어 두는 것을 기억하시죠?"라고 말했으므로 (A)가 정답이다.

호주

Questions 74-76 refer to the following telephone message.

M Hey, Lauren. It's Brad. 74 I know we had planned

to eat dinner with the new regional director who's coming by the office tomorrow, **but I'm afraid I can't join—I have too much work to do.** I was, however, able to review the itinerary that you prepared, and overall, it looks great. But **75** I did email you some suggestions for just a couple of small revisions. **76** Let me know if you have any questions about my comments. I'll be in the office until 5 o'clock today.

74-76번은 다음 전화 메시지에 관한 문제입니다.

🔊 안녕, 로런. 브랜드예요. **74** 우리가 내일 사무실에 방문하시는 새 지사장님과 저녁 계획이 있다는 걸 알고 있지만 저는 함께 못 갈 것 같아요. 할 일이 너무 많거든요. 하지만 당신이 준비한 일정표를 검토했는데 전반적으로 훌륭해 보여요. 그래도 **75** 두세 개 정도의 사소한 수정을 제안하는 이메일을 보내기는 했어요. **76** 제 의견에 질문이 있으면 알려주세요. **오늘 5시까지 사무실에 있을게요.**

어휘 regional director 지사장 | come by ~에 들르다 | itinerary 일정표 | overall 종합적으로, 전반적으로 | revision 수정 | comment 논평, 의견

---

74. 내일 누가 사무실을 방문하는가?
(A) 잠재 고객
(B) 임원
(C) 건물 검사관
(D) 기자

해설 세부 사항을 묻는 문제 – 내일 사무실에 방문하는 새 지사장과 저녁 식사를 하기로 계획했다는 걸 알고 있다고 말했으므로 (B)가 정답이다.

75. 화자는 청자에게 무엇을 보냈는가?
(A) 변경 제안 사항
(B) 회의 메모
(C) 잡지 기사
(D) 여행사 직원의 연락처

해설 세부 사항을 묻는 문제 – 두세 개 정도의 수정 제안 사항을 이메일로 보냈다고 말했으므로 (A)가 정답이다.

76. 화자는 왜 "오늘 5시까지 사무실에 있을게요"라고 말하는가?
(A) 프로젝트 마감일이 오늘이라는 것을 강조하기 위해
(B) 청자에게 워크숍에 등록하도록 독려하기 위해
(C) 청자를 도와줄 수 있다는 것을 알려주기 위해
(D) 회의 일정을 다시 잡자고 요청하기 위해

해설 화자 의도 파악 문제 – 화자가 자기 의견에 질문이 있으면 알려달라며 오늘 5시까지 사무실에 있겠다고 말한 것이므로 그때까지 질문에 대답할 수 있다는 의미이다. 따라서 (C)가 정답이다.

영국

Questions 77-79 refer to the following advertisement.

🔊 Are you a certified primary school teacher? **77** Seasons Tutoring is currently looking for friendly

and professional teachers to join our casual teaching team. We offer students around the country tutoring sessions across a wide range of subjects. **78** Unlike other tutoring companies, you will be free to tutor as many or as few students as you like, and you can make it work around your schedule. We also offer teaching resources and activities to minimize your work. **79** If this interests you, go to our website and read the full description. We look forward to hearing from you.

77-79번은 다음 광고에 관한 문제입니다.

🔊 공인 초등학교 선생님이세요? **77** 시즌스 튜터링에서는 현재 저희 임시 교수 팀에 합류할 다정하며 전문적인 선생님들을 찾고 있습니다. 저희는 전국의 학생들에게 방대한 과목의 개인 교습 수업을 제공합니다. **78** 다른 개인 교습 업체들과는 달리, 자유롭게 원하는 만큼 많은 혹은 적은 수의 학생들을 개인 지도할 수 있으며, 당신의 일정에 맞출 수도 있습니다. 또한 당신의 업무를 최소한으로 만들어 드리기 위해 교수 자료도 제공해 드립니다. **79** 관심 있으시면, 저희 웹사이트로 가셔서 전체 설명을 읽어 보세요. 여러분의 연락을 기다리겠습니다.

어휘 certified 공인의 | primary school 초등학교 | currently 현재 | friendly 다정한, 우호적인 | professional 전문적인 | casual 임시의 | tutor 개인 교습을 하다 | a range of 다양한 | subject 과목 | unlike ~와 달리 | work around one's schedule ~의 일정에 맞추다 | minimize 최소화하다 | interest ~의 관심을 끌다 | description 설명, 묘사

---

77. 광고의 목적은 무엇인가?
(A) 일자리를 광고하려고
(B) 서비스의 변경 사항을 열거하려고
(C) 곧 있을 프로모션을 알리려고
(D) 행사 기금을 마련하려고

해설 광고 목적을 묻는 문제 – 화자가 "시즌스 튜터링에서는 임시 교수팀에 합류할 다정하며 전문적인 선생님들을 찾고 있다고 말했으므로 (A)가 정답이다.

78. 화자의 회사는 경쟁 업체들과 어떻게 다른가?
(A) 해외 고객을 보유한다.
(B) 업계 상을 받았다.
(C) 선진 기술을 사용한다.
(D) 유연한 일정 관리를 제공한다.

해설 세부 사항을 묻는 문제 – 화자가 다른 개인 교습 업체들과는 달리, 자유롭게 원하는 만큼 많은 혹은 적은 수의 학생들을 개인 지도할 수 있으며, 당신의 일정에 맞출 수도 있다고 말했으므로 (D)가 정답이다.

79. 화자는 청자들에게 무엇을 하라고 권장하는가?
(A) 더 많은 정보를 얻으라고
(B) 상담원과 이야기 나누라고
(C) 지원서를 제출하라고
(D) 온라인 세션에 참석하라고

해설 제안·요청 사항을 묻는 문제 – 화자가 관심 있으시면, 저희 웹사이트로 가셔서 전체 설명을 읽어 보라고 말했으므로 (A)가 정답이다.

Questions 80-82 refer to the following radio broadcast.

W **80** Today, I am happy to host Jimmy Butler, the head engineer for the Lockheed Motor Company. Mr. Butler and his team members have created a car that runs solely on hydropower. **81** As a matter of fact, Mr. Butler is fresh off his trip to the Netherlands, where the Aquos—their upcoming car—has been test-driven for the first time. Today, he will be presenting to us the innovative features of the new car. **82** At the end of the show, you will even have an opportunity to direct your questions to Mr. Butler. Everyone, please welcome Mr. Jimmy Butler! Let's give him a round of applause!

80-82번은 다음 라디오 방송에 관한 문제입니다.

여 **80** 오늘 저는 락히드 자동차 사의 수석 엔지니어이신 지미 버틀러를 모시게 되어 매우 기쁩니다. 버틀러 씨와 그의 팀 동료들은 오직 수력으로만 움직이는 자동차를 만들어 냈습니다. **81** 사실, 버틀러 씨는 신형차 아쿠오스의 첫 시범 운행을 위해 방문했던 네덜란드에서 막 돌아오셨습니다. 오늘 그는 신형차의 혁신적 사양에 관해 우리에게 설명해 주실 겁니다. **82** 이 프로그램의 마지막에는 여러분들께서 버틀러 씨에게 직접 질문을 하실 수 있는 기회도 갖게 될 것입니다. 여러분, 지미 버틀러 씨를 맞이해 주십시오! 큰 박수 부탁드립니다!

어휘 host (행사를) 주최하다, (라디오 프로를) 진행하다 | engineer 엔지니어, 기술자 | create 만들다 | solely 오직 | hydropower 수소 에너지 | for the first time 최초로 | present 보여 주다 | innovative 혁신적인 | feature 사양 | opportunity 기회 | give ~ a round of applause ~에게 큰 박수를 보내다

80. 지미 버틀러는 누구인가?
(A) 전문 운전사
(B) 자동차 엔지니어
(C) 여행사 직원
(D) 컴퓨터 전문가

해설 세부 사항을 묻는 문제 – 첫 문장에서 지미 버틀러라는 이름을 언급한 후 락히드 자동차 사의 수석 엔지니어라고 밝혔으므로 (B)가 정답이다.

81. 네덜란드에서 무슨 일이 있었는가?
(A) 상이 수여되었다.
(B) 계약을 수주했다.
(C) 판매가 성사되었다.
(D) 차량 시운전이 있었다.

해설 세부 사항을 묻는 문제 – 화자가 버틀러 씨가 신형차인 아쿠오스의 첫 시범 운행을 위해 방문했던 네덜란드에서 막 돌아왔다고 언급하므로 (D)가 정답이다.

---

82. 청중들이 하도록 장려받은 것은 무엇인가?
(A) 온라인으로 의견을 작성한다
(B) 질문을 한다
(C) 버틀러 씨에게 조언해 준다
(D) 다과를 가져간다

해설 요청 사항을 묻는 문제 – 지문의 후반부에서 화자가 프로그램의 마지막에는, 버틀러 씨에게 직접 질문을 하실 수 있는 기회도 가지게 될 거라고 말하며 박수로 환영해 달라고 요청하므로 (B)가 정답이다.

Questions 83-85 refer to the following telephone message.

W Hi, Mr. Freeman. I am calling you to notify you that I will be at your house tomorrow to work on removing the tree from your property. **83** Usually, a job like this takes a day. However, the tree you specified is over 30 meters tall. **84** Also, we'll place some plastic tarp around your house to pick up dirt and branches to minimize any cleanup you may have to do. There's no added cost to you, so you don't have to worry about that. **85** Also, you noted that there may be another tree you want to take care of. We'll have to see if it runs onto any other properties. If you show me the blueprints, I can see if it will cause any issues.

83-85번은 다음 전화 메시지에 관한 문제입니다.

여 안녕하세요, 프리먼 씨. 제가 내일 당신 자택에 방문해 나무 제거 작업을 할 예정임을 알려드리고자 전화드렸습니다. **83** 보통 이런 작업에는 하루가 소요됩니다. 하지만 말씀하신 나무는 높이가 30미터가 넘어요. **84** 그리고, 정리 작업을 최소한으로 만들어 드리고자 흙과 나뭇가지를 거둬 낼 수 있게 저희가 자택 주변으로 비닐 방수포를 깔 예정입니다. 추가되는 비용은 없으니 그 점은 염려하지 않으셔도 됩니다. **85** 그리고 처리하고 싶은 나무가 하나 더 있을 수도 있다고 하셨죠. 그게 다른 부지에 걸쳐 있는지 저희가 살펴봐야 할 겁니다. 저한테 설계도를 보여 주시면 문제가 될지 여부를 제가 알 수 있어요.

어휘 notify 알려주다 | remove 제거하다 | property 부동산 | specify 명시하다 | place 놓다 | plastic 비닐로 된 | tarp 방수포 | pick up 집다 | dirt 흙 | branch 나뭇가지 | minimize 최소화하다 | clean up 치우다 | added 추가된 | cost 비용 | note 언급하다 | take care of 처리하다 | blueprint 설계도 | cause 야기하다

---

83. 화자가 "말씀하신 나무는 높이가 30미터가 넘어요"라고 말할 때, 그녀가 의미한 것은?
(A) 작업이 예상보다 더 걸릴 것이다.
(B) 승인 양식을 작성해야 할 것이다.
(C) 추가 작업자를 고용해야 할 것이다.
(D) 몇몇 특수 장비가 필요할 것이다.

해설 화자 의도 파악 문제 – 화자가 보통 이런 작업에는 하루가 소요된다고 하면서, "하지만 말씀하신 나무는 높이가 30미터가 넘어요."라고 말한 것이므로 (A)가 정답이다.

84. 화자에 따르면, 비닐 방수포는 어떤 용도에 사용되는가?

    (A) 낙하 물질을 모으기 위해

    (B) 집을 덮기 위해

    (C) 기상 상황에서 보호하기 위해

    (D) 사람들의 접근을 차단하기 위해

해설 세부 사항을 묻는 문제 – 화자가 정리 작업을 최소화하기 위해 흙과 나뭇가지를 거둬 낼 수 있도록 자택 주변으로 비닐 방수포를 깔 예정이라고 말했으므로 (A)가 정답이다.

- -

85. 화자는 청자가 자신에게 무엇을 보여 주기를 원하는가?

    (A) 나무

    (B) 송장

    (C) 설계도

    (D) 사진

해설 세부 사항을 묻는 문제 – 화자가 자신에게 설계도를 보여 주면 문제가 될지 여부를 알 수 있다고 말했으므로 (C)가 정답이다.

호주

Questions 86-88 refer to the following instructions.

Ⓜ As you all know, 🮮86 we have been gathering feedback from customers on the deliveries we made for them over the last few months. After evaluating the feedback we have received, we decided to implement a new policy. Starting next week, when no one is available to directly accept a delivery, 🮮87 you will need to photograph the exact spot you leave the package. The photo will then be sent as text messages to our customers. This will let them know that their deliveries have been made. 🮮88 All of you will receive a new scanner with a built-in camera. Those will be handed out on Thursday.

86-88번은 다음 안내에 관한 문제입니다.

Ⓝ 모두 아시다시피, 🮮86 **저희는 지난 몇 달 동안 배송해 드린 고객들에게 의견을 수집해 왔습니다.** 그동안 받은 피드백을 평가한 후, 새로운 정책을 시행하기로 했습니다. 다음 주부터 배송을 직접 받을 사람이 없는 경우, 🮮87 **소포를 놓은 정확한 장소의 사진을 찍어야 합니다.** 그러면 사진은 고객에게 문자로 전송됩니다. 이는 배송이 완료되었음을 고객에게 알려주게 됩니다. 🮮88 **여러분 모두 내장 카메라가 장착된 새 스캐너를 받게 됩니다. 목요일에 나눠 드릴 예정입니다.**

어휘 gather 모으다 | feedback 피드백 | delivery 배송 | evaluate 평가하다 | implement 시행하다 | policy 정책, 규정 | available 이용 가능한 | directly 직접 | accept 수락하다 | photograph 사진을 찍다 | exact 정확한 | spot 장소 | leave 놓다 | package 소포, 패키지 | text message 문자 메시지 | scanner 스캐너 | built-in 내장된 | hand out 배포하다, 나눠주다

- -

86. 화자는 어디서 근무하겠는가?

    (A) 출장 연회 업체에서

    (B) 배송 업체에서

    (C) 가전제품 소매점에서

    (D) 가구점에서

해설 화자의 직업을 묻는 문제 – 화자가 지난 몇 달 동안 배송해 드린 고객들에게 의견을 수집해 왔다고 말했으므로 (B)가 정답이다.

- -

87. 화자는 직원들이 무엇을 시작하기를 원하는가?

    (A) 고객 불만 파악하기

    (B) 사진 촬영하기

    (C) 추가 근무하기

    (D) 정시 출근하기

해설 세부 사항을 묻는 문제 – 화자가 소포를 놓은 정확한 장소의 사진을 찍어야 한다고 말했으므로 (B)가 정답이다.

- -

88. 화자에 따르면, 목요일에 무슨 일이 일어나는가?

    (A) 일정이 업데이트될 것이다.

    (B) 직원 오리엔테이션이 열릴 것이다.

    (C) 신규 장비가 배포될 것이다.

    (D) 직원이 더 채용될 것이다.

해설 세부 사항을 묻는 문제 – 화자가 여러분 모두 내장 카메라가 장착된 새 스캐너를 받게 됩니다. 목요일에 나눠드릴 예정입니다라고 말했으므로 (C)가 정답이다.

호주

Questions 89-91 refer to the following introduction.

Ⓜ Good afternoon. 🮮89 It's an honor to have such an esteemed designer for our first-ever Italian Artist's Conference. As you know, Italy has always been at the forefront in the world of design, and one of the main contributors currently is Maria Carboni. 🮮90 Ms. Carboni has made a name for herself in the fashion world. Her bags are known for their distinctive and unique designs. Now, 🮮91 she is going to give us a short lecture on new trends in design. You may want to get out a pen. I'm sure you'll want to write down some important points. Now, let's welcome Maria Carboni!

89-91번은 다음 소개에 관한 문제입니다.

Ⓝ 안녕하세요. 🮮89 **저희의 첫 번째 이탈리안 아티스트 컨퍼런스에 존경하는 디자이너를 모시게 되어 영광입니다.** 아시다시피, 이탈리아는 항상 디자인의 선두에 있어 왔고, 현재 그것에 이바지해 온 사람들 중 한 명은 마리아 카르보니입니다. 🮮90 **카르보니 씨는 패션 세계에 스스로 자신의 이름을 알려왔습니다.** 그녀의 가방은 독특하고 특별한 디자인으로 잘 알려져 있습니다. 자 이제, 🮮91 **그녀가 디자인의 새로운 트렌드에 대해 저희에게 짧은 강의를 해 줄 겁니다. 펜을 꺼내시는 게 좋을 거예요.** 받아 적고 싶은 중요한 포인트가 있을 겁니다. 자, 마리아 카르보니를 환영합시다!

어휘 honor 영광 | esteem 존경하다 | forefront 선두 | contribute 이바지하다 | be known for ~으로 알려져 있다 | distinctive 독특한 | unique 특별한 | lecture 강의

89. 이 담화가 일어나는 장소는 어디인가?

(A) 은퇴 만찬에서

(B) 시상식에서

(C) 컨퍼런스에서

(D) 축제에서

해설 장소를 묻는 문제 – 화자가 첫 문장에서 첫 번째 이탈리안 아티스트 컨퍼런스에 존경하는 디자이너를 모시게 되어 영광이라고 말하므로 (C)가 정답이다.

---

90. 마리아 카르보니는 누구인가?

(A) 이탈리아 배우

(B) 유명 화가

(C) 유명 디자이너

(D) 프로젝트 관리자

해설 세부 사항을 묻는 문제 – 화자가 마리아 카르보니라는 이름을 언급한 이후 그녀가 스스로 자신의 이름을 알렸고 그녀의 가방은 독특하고 특별한 디자인으로 잘 알려져 있다고 말하므로 (C)가 정답이다.

---

91. 화자가 "펜을 꺼내시는 게 좋을 거예요"라고 말할 때 무엇을 의도하는가?

(A) 청자들에게 수강 신청하는 것을 권장한다.

(B) 청자들에게 연필을 사용하지 않을 것을 알린다.

(C) 청자들이 그들의 이름을 쓰기를 원한다.

(D) 청자들이 필기할 것을 제안한다.

해설 화자 의도 파악 문제 – 화자가 마리아 카르보니가 디자인의 새로운 트렌드에 대해 강의할 것을 알리면서 받아 적고 싶은 중요한 포인트가 있을 것이라며 펜을 꺼내라고 말하므로 (D)가 정답이다.

미국

Questions 92-94 refer to the following excerpt from a meeting.

ⓜ The final item for today's meeting is the annual marketing fair. 🞵 Because the fair takes place in our city this year, our advertising agency has volunteered to help organize the event. In return for our services, our firm's name will be displayed prominently throughout the event. 🞷 The biggest advantage of this arrangement is that it will serve as a great promotional opportunity to attract prospective customers who would want to hire us. 🞸 We will be offering complimentary consultations to businesses that are interested in working with our firm. If you are available to help with the consultations, please notify me by the end of the week.

92-94번은 다음 회의 발췌록에 관한 문제입니다.

ⓝ 오늘 회의의 마지막 안건은 연례 마케팅 박람회입니다. 🞵 **이 박람회가 올해 우리 시에서 열리기 때문에 우리 광고 회사에서 이 행사 조직을 돕겠다고** 자원했어요. 우리의 서비스에 대한 보상으로 회사의 이름이 행사 내내 눈에 띄게 드러날 겁니다. 🞷 **이 방식의 가장 큰 이점**

은 우리를 고용하고 싶어 하는 미래 고객을 끌어들일 훌륭한 홍보 기회가 될 거라는 점입니다. 🞸 **우리 회사와 일하는 데 흥미를 보이는 업체에게 무료 상담을 제공할 거예요. 이 상담을 도와줄 수 있다면 이번 주 마지막 날에 저에게 알려주세요.**

어휘 annual 연간의, 연례의 ǀ advertising 광고 ǀ volunteer 자원하다 ǀ organize 조직하다 ǀ firm 회사 ǀ display 보여 주다 ǀ prominently 눈에 띄게, 두드러지게 ǀ advantage 이점 ǀ arrangement 합의, 협의 ǀ promotional 홍보의 ǀ opportunity 기회 ǀ attract 끌어들이다 ǀ prospective 장래의, 유망한 ǀ complimentary 무료의 ǀ consultation 상담 ǀ notify 알리다

---

92. 화자는 주로 무엇을 논의하고 있는가?

(A) 안내 책자를 디자인하는 것

(B) 요금을 인상하는 것

(C) 일정을 수정하는 것

(D) 박람회를 계획하는 것

해설 주제를 묻는 문제 – 이번 박람회가 올해 우리 시에서 열리기 때문에 우리 광고 회사에서 이 행사 준비에 자원했다고 말하며 담화를 이어가고 있으므로 박람회 계획이 논의 주제임을 알 수 있다. 따라서 (D)가 정답이다.

---

93. 화자는 이 방식의 가장 큰 이점이 무엇이라고 말하는가?

(A) 새 고객을 찾는 것

(B) 더 나은 사무실을 찾는 것

(C) 추가 비용을 줄이는 것

(D) 더 적합한 직원을 고용하는 것

해설 세부 사항을 묻는 문제 – 이 방식의 가장 큰 이점이 미래 고객을 끌어들일 훌륭한 홍보 기회가 될 거라고 말했으므로 (A)가 정답이다.

---

94. 화자는 무엇에 대한 도움을 요청하는가?

(A) 교통수단을 주선하는 것

(B) 제품을 검토하는 것

(C) 공급업체에 연락하는 것

(D) 상담을 제공하는 것

해설 요청 사항을 묻는 문제 – 우리 회사와 일하는 데 흥미를 보이는 업체에게 무료 상담을 제공하겠다고 하면서, 상담을 도와줄 수 있다면 이번 주 마지막 날까지 알려달라고 말했으므로 (D)가 정답이다.

영국

Questions 95-97 refer to the following announcement and sign.

ⓦ I'd like to welcome everyone to the 20th Annual City Run. 🞹 A special thanks goes to Beth's Outdoor Accessories for supplying snacks to all of our participants. Before we begin the run, there are two important announcements. First, we will only have three running routes this year, instead of the usual four. **96** The 10-kilometer route is unavailable today due to some urgent repairs on the road. We apologize to any runners who were planning on taking that route. **97** Finally, please remember to always follow the instructions of the event's volunteers. They will be standing at checkpoints along the routes wearing green vests.

95-97번은 다음 공지와 간판에 관한 문제입니다.

여 제20회 연례 시 마라톤 대회에 오신 모든 분들을 환영합니다. **95** 모든 참가자에게 간식을 공급해 주신 베스스 아웃도어 액세서리에게 특별히 감사를 표합니다. 달리기를 시작하기에 전 두 가지 중요한 공지 사항이 있습니다. 우선 기존의 네 개 루트 대신 올해는 세 개만 운영합니다. **96** 일부 긴급 도로 보수 작업 때문에 오늘은 10킬로미터 루트를 이용할 수 없습니다. 이 루트 이용을 계획하셨던 주자께는 죄송하다는 말씀을 드립니다. **97** 마지막으로, 항상 행사 자원봉사 요원들의 지시 사항을 따라야 한다는 점을 기억하시기 바랍니다. 이들은 초록색 조끼를 입고 각 루트에 있는 중간 기록 지점마다 서 있을 것입니다.

시 마라톤 대회	
주황색	7킬로미터
96 보라색	**10킬로미터**
분홍색	15킬로미터
검은색	20킬로미터

어휘 participant 참가자 | unavailable 이용할 수 없는 | instruction 지시 사항 | checkpoint 중간 기록 지점 | vest 조끼 | feedback 의견 | sign up for ~을 신청하다 | newsletter 소식지 | charity 자선 단체

95. 베스스 아웃도어 액세서리는 무엇을 제공하고 있는가?

(A) 간식
(B) 상품
(C) 의류 제품
(D) 상품권

해설 세부 사항을 묻는 문제 – 베스스 아웃도어 액세서리 업체에 참가자에게 간식을 제공해 준 데 대해 감사의 표시를 하고 있으므로 (A)가 정답이다.

96. 시각 정보를 보시오. 어느 루트가 폐쇄되었는가?

(A) 주황색 루트
(B) **보라색 루트**
(C) 분홍색 루트
(D) 검은색 루트

해설 시각 정보 연계 문제 – 도로 보수 작업으로 인해 오늘 10킬로미터 루트를 이용할 수 없다고 했고, 표지판에서 10킬로미터에 해당하는 루트는 보라색이므로 (B)가 정답이다.

97. 참가자들에게 무엇을 하도록 상기시키고 있는가?

(A) 자신들의 경험에 대한 의견을 제공한다
(B) 소식지를 신청한다

(C) **자원봉사 요원들의 지시 사항을 따른다**
(D) 지역 자선단체에 돈을 기부한다

해설 세부 사항을 묻는 문제 – 행사 자원봉사 요원들의 지시 사항을 따라 줄 것을 기억해 달라고 말했으므로 (C)가 정답이다.

미국

Questions 98-100 refer to the following tour information and map.

W Good morning, everyone. **98** We've unfortunately received word that the road to Clarksburg Park has been blocked off due to an accident in the area. However, that won't be a problem because we still have plenty to do. The Petunia Mall is an attractive option, but the weather is looking great today. I think we should save that for a rainy day. **99** Instead, let's use this opportunity to head to Jadewood Forest and do some sightseeing there. We'll get to walk through the nature trail. **100** I know some spots that are simply perfect for taking photos, so bring your cameras.

98-100번은 다음 안내와 지도에 관한 문제입니다.

여 여러분, 안녕하세요. **98** 안타깝게도 클라크스버그 공원으로 가는 도로가 지역 내 사고로 차단됐다는 소식을 들었습니다. 하지만 그렇더라도 저희가 할 일은 많기 때문에 문제가 되진 않습니다. 페튜니아 몰이 매력적인 옵션이긴 하지만, 오늘은 날씨가 아주 좋아요. 그건 비 오는 날을 대비해 남겨 놓는 것이 좋을 것 같습니다. **99** 대신에, 이번 기회에 제이드우드 숲으로 가서 그곳에서 관광을 합시다. 자연 탐방로를 걷게 될 거예요. **100** 사진 찍기에 그야말로 더할 나위 없는 장소를 제가 알고 있으니, 카메라를 가져오세요.

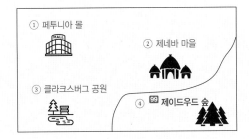

① 페튜니아 몰
② 제네바 마을
③ 클라크스버그 공원
④ **99** 제이드우드 숲

어휘 unfortunately 안타깝게도 | word 소식, 소문 | road 도로, 길 | block off 차단하다 | accident 사고 | area 지역 | plenty 풍부한 양 | attractive 매력적인 | save 남겨 두다, 아끼다 | opportunity 기회 | head to ~으로 향하다 | forest 숲 | sightseeing 관광 | walk 걷다 | nature 자연 | trail 산길, 오솔길 | spot 장소 | perfect 완벽한 | bring 가져가다

98. 무엇이 계획에 영향을 미쳤는가?

(A) 늦은 예약
(B) 가격 인상
(C) **도로 폐쇄**
(D) 기상 상태

해설 세부 사항을 묻는 문제 – 화자가 클라크스버그 공원으로 가는 도로가
사고로 차단됐다는 소식을 받았다고 말했으므로 (C)가 정답이다.

99. 시각 정보를 보시오. 화자는 관광을 위해 어디로 가는 것을 권하는가?

(A) 위치 1

(B) 위치 2

(C) 위치 3

(D) 위치 4

해설 시각 정보 연계 문제 – 화자가 제이드우드 숲에서 관광을 하자고 했
고, 지도에서 제이드우드 숲이 위치 ④에 있으므로 (D)가 정답이다.

100. 화자는 청자들에게 무엇을 하라고 권하는가?

(A) 사진을 찍는다

(B) 상점에서 선물을 한다

(C) 지역 식당에서 식사한다

(D) 축제에 참석한다

해설 세부 사항을 묻는 문제 – 화자가 청자들이 자연 탐방로를 걸을 거라고
하고, 사진을 찍기 위해 카메라를 가져오라고 했으므로 (A)가 정답이
다.

MEMO

MEMO

MEMO

파고다
토익 LC

기본 완성 | 해설서